Sexe, amour et féminisme

Judith G. Coffin

Sexe, amour et féminisme

Quand on écrivait à « Madame de Beauvoir »

Préfacé par Manon Garcia

Traduit de l'anglais (États-Unis)
par Marine Vaslin et Lorraine Delavaud

PLON
www.plon.fr

Titre original : *Sex, Love, and Letters. Writing Simone de Beauvoir.*

92, avenue de France
75013 Paris
www.plon.fr – www.lisez.com

Mise en pages : Nord Compo
Dépôt légal : juillet 2023
ISBN : 978-2-259-31539-5

À la mémoire de Vi et Ned Coffin,
Margot Coffin Lindsay et Bill Coffin

Préface

Après de longues années d'une invisibilisation injuste, la contribution de Simone de Beauvoir aux lettres et à la philosophie française est désormais largement reconnue en France : de plus en plus de livres sont publiés sur son travail, elle est entrée dans la Pléiade et nombre de jeunes gens se consacrent à l'étudier. Ce changement est le fruit, d'une part, du travail de chercheuses et chercheurs français·es comme Michèle Le Dœuff, Jean-Louis Jeannelle, Éliane Lecarme-Tabone et Michel Kaïl et, d'autre part, des efforts sans relâche de féministes, notamment anglophones, comme Toril Moi, Nancy Bauer, Peg Simmons, Kate Kirkpatrick et tant d'autres. Quoiqu'elle reste encore parfois dans l'ombre de Sartre, la réception de Beauvoir a progressivement gagné en autonomie, y compris – enfin ! – en France. *Amour, sexe et féminisme* vient à la fois renforcer cette nouvelle réception et la complexifier.

Il a pu être tentant pour nombre de chercheurs et de chercheuses (dont je suis) se consacrant à Beauvoir d'insister sur l'aspect sérieux, canonisable de l'écriture beauvoirienne, de montrer qu'elle était *un* philosophe et *un* écrivain comme les autres. Si Beauvoir avait été réduite à une austère imitatrice de Sartre, la prendre au sérieux nécessitait de montrer qu'elle valait autant que lui et que les autres écrivains et philosophes de son temps, Camus, Merleau-Ponty ou encore Levinas. Mais le tour de force de Judith Coffin dans ce livre est précisément d'examiner en quoi Beauvoir n'est pas un écrivain comme un autre mais une autrice originale, dont le sexe a à voir avec sa réception et peut-être, par ricochet, avec son écriture. Non pas au sens où elle écrirait ou penserait comme une femme, mais au sens où son lectorat se met en relation avec elle d'une manière particulière parce qu'elle est une femme, qui écrit sur les femmes. Certain·es ont vu dans la version américaine de *Sexe, amour et féminisme* le signe que Beauvoir avait reçu du « courrier du cœur », mais la réalité de ce que décrit Coffin est beaucoup plus subtile : des femmes, mais aussi des hommes – lesquels ont écrit environ un tiers des lettres – adressent leurs réflexions, leurs expériences, parfois leurs objections à Simone de Beauvoir d'une manière qui tient à la fois de la confidence et de l'espoir, peut-être, de se voir partie prenante d'une réflexion collective sur l'existence, à laquelle elle a su les associer. Sans doute que beaucoup de ces confidences n'auraient pas été faites à un homme, mais c'est à la fois parce que Beauvoir est une femme et parce qu'elle écrit sur la vie que la vie de ses lecteur·rices se manifeste de cette façon. C'est là un des grands paradoxes de la réception beauvoirienne, et

Coffin nous le montre : si Beauvoir, dans l'introduction du *Deuxième Sexe*, considère qu'elle est pour ainsi dire au-dessus des difficultés des femmes et affirme n'avoir jamais été traitée comme une femme (bien que ses Mémoires et la réception de son travail prouvent le contraire), son lectorat, lui, la place dans un corps de femme, dans une situation de femme.

Les lettres viennent cependant faire écho à l'une des grandes convictions de Beauvoir selon laquelle, « en vérité, il n'y a pas de divorce entre philosophie et vie[1] ». Cette formule est énigmatique, mais elle contient l'originalité de l'existentialisme beauvoirien. Beauvoir n'est pas intéressée seulement par les liens philosophiques entre essence et existence, par l'existence au sens métaphysique du terme, mais aussi par l'existence humaine, ce qu'on peut en découvrir, en comprendre et en dire. Or, les lettres qu'analyse Judith Coffin donnent à cette phrase une nouvelle profondeur : ce n'est pas uniquement sa vie telle qu'elle la raconte dans ses Mémoires qui est en lien fort avec sa philosophie ; sa philosophie résonne avec d'autres vies, qui la nourrissent en retour. En effet, on pourrait être tenté·es de croire que les lettres reçues par Beauvoir dessinent une relation à sens unique. En ce sens, Beauvoir serait le parangon de l'écrivain·e engagé·e, qui suscite chez son lectorat une prise de conscience sociale, politique et existentielle. Mais Coffin nous démontre que cette relation est plus profonde encore : les vies des lecteur·rices qui se déploient dans ces lettres sont extrêmement importantes pour Beauvoir, non

1. Simone de Beauvoir, *Idéalisme moral et réalisme politique*, Gallimard, 2017, p. 23.

seulement du fait de la confiance qu'elles lui donnent, mais aussi, et surtout, pour le matériau qu'elles fournissent à sa réflexion.

Quand Judith Coffin se retrouve face aux boîtes contenant des milliers de lettres de lecteurs et de lectrices, il ne s'agit pas pour elle d'en tirer un panégyrique de Beauvoir – au contraire, son livre est sans concessions et parfois fort sévère avec Beauvoir, tant sur sa façon de mener sa vie que sur la qualité de ses travaux. Coffin est historienne et nous offre un livre d'histoire culturelle du vingtième siècle qui a la vertu de décentrer les perspectives : alors qu'on croit souvent connaître le rôle qu'a joué l'autrice du *Deuxième Sexe* dans la France d'après-guerre, on y découvre, grâce à la réception en temps réel dont témoignent les lettres, une Beauvoir à la fois plus adulée encore qu'on ne l'imaginait et moins parfaitement visionnaire que certain·es, comme moi, voudraient le penser. Beauvoir apparaît comme un modèle, mais un modèle inaccessible, auquel on rêve sans pouvoir pleinement s'identifier tant elle fait figure d'exception : ses lecteur·rices ne s'illusionnent pas sur leur capacité à l'imiter et voient moins dans sa trajectoire un chemin à suivre qu'un espoir de ce que pourrait receler le futur.

Au-delà de cette projection du lectorat sur l'autrice, le livre montre comme l'œuvre beauvoirienne est intimement liée au développement d'une nouvelle subjectivité, d'un nouveau rapport à soi tel qu'il émerge durant les Trente Glorieuses. Beauvoir n'est pas simplement visionnaire, elle est profondément femme de son époque, influencée par elle et l'influençant en retour. Son engagement contre les exactions françaises en Algérie est au moins en partie le produit de son manque d'engagement dans la Résistance ; son activisme féministe dans les années 1970 peut s'interpréter comme l'envers de son rejet du féminisme lorsqu'elle commence à écrire *Le Deuxième Sexe.* On comprend, grâce à Judith Coffin, le rôle qu'ont joué ses lecteur·rices dans ces évolutions. Ces lettres, donc, ne se limitent pas à nous ouvrir une fenêtre sur la réception de Beauvoir, ni à retracer une histoire de la subjectivité, mais nous donnent à voir, tout en le façonnant, le monde dont Beauvoir fait partie. Or, ce monde est déjà un monde d'échanges transatlantiques.

Un autre aspect saisissant du livre de Judith Coffin tient en effet à la façon dont il nous invite à repenser – et à ré-historiciser – les échanges intellectuels entre la France et les États-Unis. Il est courant de penser l'histoire du féminisme, et de la philosophie féministe en particulier, comme un aller-retour transatlantique : Beauvoir aurait écrit *Le Deuxième Sexe*, les féministes américaines l'auraient lu, en auraient fait leur texte de référence (tant au sens où elles auraient construit à partir de lui et contre lui et au sens où elles l'auraient étudié en détail), et *Le Deuxième Sexe* serait ensuite revenu en France américanisé, comme le *French feminism* de Cixous et Kristeva. Ce scénario fleure bon le chauvinisme – après tout, nous avons inventé le féminisme – et l'anti-américanisme – ces Américain·es qui s'approprient les idées des autres pour mieux asseoir leur puissance. La réalité est infiniment plus complexe. D'une part, comme le rappelle Coffin, Beauvoir, au sortir de la guerre, est profondément influencée par la littérature et la pensée américaines, et en particulier par les réflexions sur la race qui ont cours aux États-Unis. Grâce à son travail pour *Les Temps modernes*, elle découvre et publie Richard Wright, qui devient son ami et guide ses lectures sur les injustices raciales lors de son séjour aux États-Unis en 1947. Son choc devant l'oppression des Africain·es-Américain·es a une influence considérable sur la manière dont elle théorise l'oppression des femmes dans *Le Deuxième Sexe*. D'autre part, les États-Unis prennent Beauvoir au sérieux lors de ce voyage, au point que les premières pages du *Deuxième Sexe* font leur apparition dans le *Vogue* américain bien avant d'être publiées en France.

Quand il paraît en France, *Le Deuxième Sexe* est lu en parallèle du rapport Kinsey sur la sexualité des hommes américains. Cette coïncidence éditoriale, que dévoile et analyse Coffin, permet de comprendre la réception biaisée à laquelle il a eu droit. On veut y voir un livre presque sociologique sur les pratiques sexuelles quand il s'agit plutôt d'un traité philosophique sur la différence sexuelle. En outre, par un effet assez amusant pour les lecteur·rices que nous sommes, Beauvoir se voit ainsi accusée de tous les torts que l'on imagine propres aux féministes d'aujourd'hui : elle serait à la solde des Américain·es, son féminisme serait marqué par la néfaste influence d'un supposé puritanisme américain tout-puissant venu troubler les jours heureux de l'amour à la française.

La dimension transatlantique de la réception du *Deuxième Sexe* se renforce encore lorsqu'il devient la bible du féminisme américain des années 1960 et 1970. Non seulement cette influence sur les féministes américaines permettra à Beauvoir d'être lue et considérée aux États-Unis souvent plus qu'elle ne l'était en France, mais elle va aussi offrir une nouvelle vie au *Deuxième Sexe* auprès du lectorat français dans les années 1970 : Beauvoir, qui s'était surtout forgé la réputation d'une mémorialiste et romancière respectée, apparaît soudain comme une pionnière féministe – au point qu'elle acceptera enfin cette épithète qu'elle avait longtemps reniée. Pour autant, ses relations avec le féminisme américain sont en double teinte : si elle s'attire l'admiration de grands noms des années 1970 comme Shulamith Firestone, elle refuse cependant d'endosser le rôle de vieille sage du mouvement, comme en témoigne la froideur avec laquelle elle reçoit Betty Friedan venue lui demander conseils et approbation.

Par ses analyses subtiles, détaillées, par ses nombreux changements d'échelle, depuis les minutieux détails des expériences des lecteur·rices jusqu'aux grandes évolutions historiques, Judith Coffin nous fait découvrir sous une lumière nouvelle la France des Trente Glorieuses, son histoire intellectuelle, culturelle et politique, en même temps que la figure de Simone de Beauvoir. Elle nous invite à nous méfier aussi bien des tentations hagiographiques que des préjugés sexistes à son égard et nous montre, dans le reflet exigeant de son lectorat, une autrice et son existence dans toute leur complexité et leur humanité.

Manon GARCIA

Note sur les sources et la traduction

On trouvera les archives de la correspondance de Simone de Beauvoir avec ses lecteur·rices au département des Manuscrits de la Bibliothèque nationale de France sous la référence Simone de Beauvoir, « Lettres reçues », sous-unité « Lettres reçues de lectrices et lecteurs », fonds NAF 28501. Au moment de la rédaction de ce livre, le fonds était encore en cours de classement, mais il comportait 46 boîtes contenant approximativement 11 000 lettres.

Les recherches n'ayant pas toujours permis de retrouver la trace de ces correspondant·es, les lettres ont été rendues anonymes. L'éditeur se tient à l'entière disposition des ayants droit qui se reconnaîtraient malgré tout.

Les éditions de l'œuvre de Simone de Beauvoir auxquelles il est fait référence au cours de l'ouvrage sont les suivantes (avec l'aimable autorisation des éditions Gallimard) :

Le Deuxième Sexe, t. 1 « Les faits et les mythes » et t. 2 « L'expérience vécue », Gallimard, coll. « Blanche », 1949.

Mémoires d'une jeune fille rangée, Gallimard, coll. « Folio », n° 786, 2008 [1958].

La Force de l'âge, Gallimard, « Folio », n° 1782, 1986 [1960].

Djamila Boupacha, avec Gisèle Halimi, Gallimard, coll. « Blanche », 1962.

La Femme rompue, Gallimard, coll. « Folio », n° 960, 2000 [1968].

La Force des choses, t. 1 et 2, Gallimard, coll. « Folio », nos 764 et 765, 1972.

Tout compte fait, Gallimard, coll. « Folio », n° 1022, 1978 [1972].

Lettres à Nelson Algren. Un amour transatlantique (1947-1964), Gallimard, coll. « Blanche », 1997.

L'autrice remercie les revues *French Politics, Culture & Society* et l'*American Historical Review* de lui avoir permis d'utiliser ses précédentes publications :

"Historicizing *The Second Sex*", *French Politics, Culture & Society*, hiver 2007/25 (n° 3), p. 123-148.

"Beauvoir, Kinsey, and Mid-Century Sex", *French Politics, Culture & Society*, été 2010/28 (n° 2), p. 18-37.

"Sex, Love, and Letters: Writing Simone de Beauvoir, 1949-1963", *The American Historical Review*, octobre 2010/115 (n° 4), p. 1061-1088.

Judith Coffin a traduit les lettres vers l'anglais dans la version originale de son livre. En rétablissant les lettres en français, cette édition est restée aussi fidèle que possible aux erreurs de syntaxe et autres fautes d'orthographe des correspondant·es. On ne s'étonnera donc pas de certaines formulations maladroites, ni de l'absence de la mention *sic* pour les signaler. « Mon défaut à m'exprimer est une des raisons pour lesquelles j'aime la clarté de vos livres », explique une lectrice (juillet 1968). Qui plus est, quelques épistolier·es, écrivant de l'étranger, faisaient l'effort de s'exprimer en français. Une correspondante prévient ainsi : « Vous trouverez sûrement des fautes d'orthographe dans cette lettre parce qu'il y a des mots dont je ne suis pas sûre » (26 décembre 1963), et une autre encore : « Vous écrire sera très difficile, car je ne sais pas votre langue et surtout quand on veut dire des choses tellement intimes et sérieuses. J'ai pensé demander une correction, projet abandonné, car je veux vous envoyer mes mots fous, incorrects comme tous les sentiments et pensées de ma vie actuelle » (9 mars 1966).

L'écriture inclusive adoptée dans la traduction, sauf dans le cas de citations, suit différents principes : féminisation des noms de fonctions, grades, métiers et titres ; usage des doublets (comme *celles et ceux*) et double flexion abrégée au moyen du point médian (*lecteur·rices, épistolier·es, les Français·es en Algérie*) ; recours aux termes épicènes ou englobants (*le public, la direction du journal, le couple*) et accord de proximité avec le dernier mot énuméré (*le livre et son autrice ont été traînées dans la boue ; comment son engagement et ses actions dans l'armée seront-elles jugées par l'histoire ?*), ou point médian dans le cas de personnes (*Sartre et Beauvoir se sont mutuellement inspiré·es*).

Sexe, amour et féminisme

Cette traduction française a été revue et adaptée par l'autrice. Elle a également été enrichie de plusieurs lettres par rapport à la version originale, dont une lettre de Simone de Beauvoir elle-même, avec tous nos remerciements à Sylvie Le Bon de Beauvoir. Nous tenons aussi à remercier chaleureusement les équipes du département des Manuscrits de la BnF, et en particulier Guillaume Delaunay, pour son aide et ses précieux conseils tout au long de la préparation de cette édition.

Introduction

Pénétrer si avant dans des vies étrangères que les gens, en entendant ma voix, aient l'impression de se parler à eux-mêmes : voilà ce que je souhaitais.

(Simone de Beauvoir, *La Force de l'âge,* 1960)

Rien ne m'avait préparée à l'intensité de ce que j'ai découvert en ouvrant le premier dossier qui contenait les lettres adressées à Simone de Beauvoir par ses lectrices et ses lecteurs. Mon saisissement s'explique peut-être par le suspense qui avait précédé ce moment : un fonds d'archives non cataloguées, pas encore accessibles au public, une conservatrice ayant la réputation d'être d'humeur changeante (qui s'est avérée accueillante et m'a beaucoup aidée), la rampe de l'escalier en pierre et son tapis rouge, le velours des rideaux de la porte vitrée menant à la salle des Manuscrits de la majestueuse Bibliothèque nationale de France, rue Vivienne, la durée du rituel qui consistait à troquer ma carte de bibliothèque contre une plaque, la plaque contre une fiche, puis à patienter dans la file pour échanger cette fiche contre une boîte remplie de documents, récupérer un crayon à papier jaune et, enfin, m'entendre annoncer l'interdiction formelle des reproductions photographiques comme de tout usage du stylo. Ou bien était-ce tout simplement de la naïveté. Je ne savais pas à quoi m'attendre, et je n'y avais pas vraiment réfléchi. À cette époque, je consultais de nouveaux travaux parus sur *Le Deuxième Sexe* et ma curiosité avait été piquée par un article rédigé par la conservatrice responsable de ce fonds d'archives, qu'elle était en train de classer[1]. Quoi qu'il en soit, ce jour-là, j'ai passé le reste de la journée clouée à mon fauteuil. Je me suis retrouvée plongée dans un déferlement de projections, d'identifications, d'attentes, de déceptions et de passions. Femmes et hommes voulaient faire la connaissance de Simone de Beauvoir pour lui raconter leurs souvenirs ou évoquer les siens. Ils et elles lui demandaient des conseils sur le mariage, l'amour, la contraception. Lui confiaient leurs secrets et joignaient des pages entières de leur journal intime. Le ton employé dans ces lettres était tout à fait surprenant, tantôt révérencieux, tantôt provocateur, charmeur ou plein d'esprit.

Comment cette abondante correspondance a-t-elle bien pu voir le jour ? La devons-nous au culte de la célébrité et à la place qu'il avait prise au XXe siècle ? Son origine est-elle à chercher du côté des thématiques traitées par Beauvoir ? Tient-elle à sa manière captivante de mêler le sérieux d'une dissertation philosophique au témoignage individuel ? à l'aura de « scandale » qui entourait sa personnalité de femme indépendante ? Ou faut-il plutôt chercher du côté de celles et ceux qui ont écrit ces lettres, en allant explorer identités et personnalités ? Quelles étaient leurs ambitions, leurs difficultés, quels sujets précis voulait-on aborder avec elle ? Existe-t-il un lien de temporalité avec ce moment précis de l'histoire ? avec la quête d'une connaissance de soi individuelle et collective, le développement de « l'incitation aux discours » sur soi-même et sur la sexualité, la transformation déconcertante des rôles genrés entre hommes et femmes et de leurs attentes respectives dans la France de l'après-guerre et au-delà ? Beauvoir elle-même souhaitait-elle ce type de réponses ? Telles sont les multiples interrogations à l'origine de ce livre. À travers ces archives pratiquement inexplorées, *Sexe, amour et féminisme* se penche sur les relations croisées entre les auteur·rices et leur lectorat[2]. J'y aborde la question de la vie de la littérature et de la théorie, et celle de la place qu'occupent la littérature et la théorie dans nos existences. La correspondance nous propose d'adopter un point de vue inhabituel : l'œuvre de Beauvoir en ressort transformée. Les courriers deviennent un moyen d'aller à la rencontre des hommes et des femmes qui la lisaient et, à travers chacun·e, du monde de l'après-guerre. Joan Scott le formule très justement : « L'archive est une provocation ; son contenu offre une ressource inépuisable qui permet de penser et repenser[3]. »

Ces lettres révèlent une intimité inattendue et parfaitement fascinante entre autrice et public lecteur, cultivée de manière consciente à la fois par Simone de Beauvoir elle-même et par ses lecteur·rices. Leur caractère intime tient aux sujets abordés et à la richesse des échanges, lesquels portent sur des idées, des sentiments, des fantasmes et des expériences. Le fait que cette intimité soit en grande partie fantasmée n'enlève rien à son intensité. Bien au contraire, ce sont précisément l'absence, la distance et le caractère même de l'échange épistolaire qui la rendent possible. Cette correspondance prolifique et la profondeur de cet attachement réciproque reposent largement sur les processus psychologiques de projection, de reconnaissance et de méconnaissance – s'imaginer un·e interlocuteur·rice, se positionner en tant que confident·e, se laisser aller à des monologues intérieurs, autrement dit toute la gamme de potentialités créatives qu'encouragent la lecture, l'écriture et, en particulier, l'écriture épistolaire.

Cette intimité était également le fruit d'une collaboration intellectuelle. Le transfert de la correspondance à la Bibliothèque nationale de France a été rendu possible grâce à Sylvie Le Bon de Beauvoir, fille adoptive et exécutrice testamentaire de Simone de Beauvoir. Dans un article présentant ce fonds d'archives, elle décrit avec un certain émerveillement à quel point Beauvoir était fascinée par les lettres de ses lecteur·rices : « Comment un écrivain s'engouffre-t-il dans ces existences de lui inconnues[4] ? » Le terme beauvoirien d'« existence » n'a pas été choisi au hasard. Il y a bien là un enjeu philosophique. Simone de Beauvoir a mis ces lettres de côté dans des sacs et des boîtes, en vrac, mais le fait qu'elle les ait gardées, donnant ainsi naissance à ces archives, n'a rien d'anodin. Au contraire, car les lettres laissent entrevoir l'idée que Beauvoir se faisait de l'écriture, de la vie, de la philosophie. Réfléchir à la singularité de son expérience ou de sa situation, décrire et, ce faisant, déployer le sens de ce qui est donné pour parvenir à la conscience du monde, telle était pour Beauvoir la portée philosophique de l'existentialisme et de la phénoménologie. Cette conviction se retrouve en toile de fond dans *Le Deuxième Sexe*, qui explore les significations de la phrase « Je suis une femme ». Elle a aussi motivé en partie la longue série d'ouvrages autobiographiques analysant ce processus : de quelle façon crée-t-on une réalité dans le monde, comment cette expérience est-elle vécue ? La même conviction est à l'origine de l'intérêt qu'elle porte à celles et ceux qui la lisent si attentivement. Comme Beauvoir n'avait de cesse de le répéter, ces échanges épistolaires ont ancré son œuvre dans le monde, lui conférant authenticité et véracité. En outre, les tentatives de ces gens ordinaires pour se décrire, pour évoquer leur existence et leur situation, constituent l'essence même de la philosophie[5]. Beauvoir accordait de l'importance à ces lettres, qui étaient tout aussi importantes pour leurs auteur·rices et le sont également pour nous. À travers elles, c'est un miroir de la condition existentielle de l'après-guerre que nous tendent Beauvoir et ses lecteur·rices. Cette correspondance trouve sa source dans l'histoire culturelle, intellectuelle et politique des décennies particulièrement mouvementées qui ont suivi la Seconde Guerre mondiale, période que les lettres nous aident à réinterpréter.

L'historiographie récente de l'Europe a mis en évidence la durée réelle de cet après-guerre, ses multiples aspects et les difficultés qu'il a engendrées[6]. La prise de conscience des horreurs de la guerre – en particulier la Shoah, mais pas seulement – a suscité un impérieux besoin de réflexion intellectuelle sur la condition humaine. La rapidité stupéfiante des changements économiques et sociaux a bouleversé les relations entre les sexes et les attentes des femmes et des hommes. Les fondements des politiques nationales et mondiales ont été ébranlés par la vague de fond des mouvements de lutte contre le colonialisme, pour les droits et pour la libération des femmes et des personnes homosexuelles. Ces soubresauts et leurs répercussions ont imprégné les sphères aussi bien géopolitiques que personnelles en incitant les gens (qu'il s'agisse d'intellectuel·les ou non) à s'interroger sur leur vie, leur personnalité, et à en discuter. Les lettres adressées à Beauvoir mettent en évidence ce télescopage entre tradition et bouleversements au moment de l'après-guerre ; elles laissent entrevoir les efforts réfléchis d'individus ordinaires pour se forger un nouveau moi, ainsi que les obstacles sociaux, culturels et psychologiques qui les entravent. Pour son ouvrage sur l'histoire de la pensée philosophique du milieu du XXe siècle, Mark Greif a choisi le titre *The Age of the Crisis of Man*, ou « L'Ère de la crise de l'homme », et souligne à raison « la tyrannie de l'uniformité et la dissimulation des différences » de ce discours[7]. Or, les lettres adressées à Beauvoir dévoilent les bouleversements existentiels de l'époque. Elles témoignent des combats contre les abstractions que sont l'homme et la femme. Et elles démontrent à quel point le questionnement philosophique de haut vol, la littérature populaire et le besoin d'introspection s'y sont retrouvés profondément mêlés. Cette correspondance lie la pensée à l'émotion et le cours de l'histoire à la vie privée.

Le rapport exceptionnel que Beauvoir a entretenu avec son public a traversé plusieurs générations, ce qui n'est pas un mince exploit pour une autrice. *Sexe, amour et féminisme* explore les relations entre Beauvoir et son lectorat tout au long de la période qui s'étend de 1949 à 1972, c'est-à-dire de la parution du *Deuxième Sexe* (1949), des *Mémoires d'une jeune fille rangée* (1958), de *La Force de l'âge* (1960) et de

La Force des choses (1963) jusqu'au bilan autobiographique de sa vie, *Tout compte fait* (1972). Ce dernier ouvrage, en approfondissant les arguments développés dans *Le Deuxième Sexe* et en les replaçant dans une perspective personnelle, a donné à de nouvelles générations l'envie de le lire[8]. Bien sûr, l'œuvre de Beauvoir est incroyablement diverse : romans, pièces de théâtre, nouvelles et nombreux essais sur la littérature, l'éthique, la politique et la philosophie. Toutefois, ces autres écrits ne seront que rarement mentionnés ici puisque le présent ouvrage s'intéresse de près à la correspondance de Beauvoir avec son lectorat, et aux écrits qui ont engendré la plus grande partie de ces échanges épistolaires, à savoir *Le Deuxième Sexe* et les volumes de ses Mémoires.

Beauvoir elle-même avait réfléchi à l'idée d'un livre tiré de cette correspondance. Dans son journal, elle confiait en juin 1958 :

> Des lettres. L'une, d'une Romaine, mariée, mère de deux grands enfants, ayant milité contre le fascisme et dans le parti communiste, atterrée par l'exécution de Nagy [Imre Nagy, leader de l'insurrection hongroise de 1956 contre la domination soviétique] et qui se plaint de sa vie : n'avoir rien à faire, ne pouvoir agir sur rien. Que de correspondantes me répètent : « C'est terrible d'être une femme ! » Non, je ne me trompais pas en écrivant *Le Deuxième Sexe*, j'avais même encore plus raison que je ne le pensais. Avec des extraits de lettres reçues depuis ce livre, on aurait un document navrant[9].

Le contenu des lettres est bien plus riche encore que ce passage ne le laisse entrevoir. La correspondance nous offre un précieux aperçu de la condition des femmes dans les années 1950 et 1960. On y trouve la description de leurs luttes contre l'absence de droits politiques et de leur volonté d'échapper à des horizons limités, le récit des expériences déroutantes liées au corps féminin, mais encore l'ignorance et les craintes entourant la sexualité, les drames épouvantables au sein des mariages et bien des préoccupations de cet ordre. Les nombreuses autres questions qui ont bouleversé la vie quotidienne des femmes et des hommes dans le monde de l'après-guerre y sont également abordées. Elles vont du prosaïque au politique : la maladie, le vieillissement, le logement et la famille, les identités sexuelles et de genre, les tensions de la guerre froide, la violence coloniale, les engagements éthiques. Loin de confirmer la « justesse » de l'analyse de Simone de Beauvoir dans *Le Deuxième Sexe* ou un autre ouvrage, les auteur·rices de ces lettres témoignent aussi bien des limites de ses concepts que de leur portée. On comprend alors pourquoi le personnage de Beauvoir a fasciné pendant tant d'années. Femmes et hommes se dévoilent dans toute leur complexité, comme des personnalités à part entière, mêlant intelligence et provocation. Ils et elles font de cette relation épistolaire un épisode passionnant de l'histoire de la philosophie, du féminisme, de la culture et de la politique.

Simone de Beauvoir n'a sans doute pas besoin de faire l'objet d'une longue présentation. *Le Deuxième Sexe* a été désigné comme l'« une des réévaluations culturelles les plus importantes de tous les temps[10] ». En 1949, alors que le continent tente de reconstruire la démocratie et de rebâtir un monde et une culture en lambeaux, elle soutient, dans un pays qui a attendu 1944 pour accorder le droit de vote aux femmes, que la question de l'égalité et de la liberté des femmes doit être complètement repensée, car elle n'est autre qu'une forme spécifique de la condition humaine. *Le Deuxième Sexe* développe une nouvelle conception du féminin par le prisme de la « situation », de l'« expérience vécue » ou, de manière peut-être encore plus concrète, l'envisage comme un processus dynamique en devenir. « On ne naît pas femme, on le devient. » Cette affirmation, à la fois élégante et laconique, va devenir la formule la plus utilisée pour décrire ce que les féministes de la deuxième vague (écrivant en langue anglaise) ont nommé le « genre », bien que le terme n'apparaisse jamais chez Beauvoir et que la distinction entre sexe et genre, dans ses réflexions, demeure inexistante[11]. *Le Deuxième Sexe* reprend à son compte les mythes et concepts structurant les catégories « féminin » et « masculin » afin d'apporter un nouvel éclairage sur différents pans de la culture occidentale : la littérature, la famille et le clan, les systèmes économiques, l'histoire, les générations, les structures psychologiques, le passage de l'enfance à l'âge adulte puis à la vieillesse et, enfin, la subjectivité. Le texte met en évidence les lacunes des théories alors dominantes sur l'inégalité des sexes – le libéralisme, le marxisme et la théorie psychanalytique – et entreprend l'élaboration d'une alternative philosophique. En ce sens, Beauvoir a commencé à faire de la théorie féministe une entreprise à part entière[12]. En abordant la sexualité féminine, *Le Deuxième Sexe* a bravé les tabous du XXe siècle. Le fait qu'une femme philosophe traite sérieusement de l'expérience de la sexualité féminine et la décrive en détail poussera l'éminent écrivain français conservateur François Mauriac à écrire à l'un de ses collègues de la revue

Les Temps modernes : « À présent, je sais tout sur le vagin de votre patronne[13]. » Si cette remarque est aujourd'hui tristement célèbre, elle témoigne en réalité (nous le verrons dans le premier chapitre) de la virulence des débats sur le thème de la « pudeur » qui font suite à la publication du *Deuxième Sexe* en 1949. Beauvoir ne s'est pas seulement aventurée sur un terrain tabou : elle a transformé notre compréhension de la sexualité en expliquant comment, en tant qu'expérience vécue, celle-ci a été façonnée par l'inégalité systématique et structurante découlant de l'altérité proclamée de la femme[14]. En d'autres termes, elle a posé le cadre d'une nouvelle vision politique de la sexualité. À partir des années 1960, la deuxième vague féministe approfondit les thématiques développées par Beauvoir, en soulignant d'abord comment les catégories de genre et de sexualité sont imbriquées, élaborées, reproduites et vécues, puis, plus récemment, en démontrant leur caractère instable et éminemment historique. Même en la dissociant du féminisme de la fin du XXe siècle, la richesse de la phénoménologie de Beauvoir – sa réflexion sur la subjectivité, la conscience, l'émotion, la domination et la soumission – fait de son œuvre un sujet de débats théoriques presque inépuisable. Les travaux de Michèle Le Dœuff, Camille Froidevaux-Metterie, Sandrine Sanos, Kate Kirkpatrick, Meryl Altman, Sonia Kruks, Skye Cleary, Marine Rouch et Manon Garcia en témoignent.

La vie de Simone de Beauvoir elle-même (1908-1986) a été extraordinaire. Beauvoir en a fait le récit tout d'abord dans *Les Mandarins*, roman retraçant la vie intellectuelle et politique du Paris de l'après-guerre, puis dans trois remarquables volumes de Mémoires, *Mémoires d'une jeune fille rangée* (1958), *La Force de l'âge* (1960) et *La Force des choses* (1963), qui seront suivis d'un bilan autobiographique, *Tout compte fait* (1972). Ces textes ont été réédités récemment par Jean-Louis Jeannelle et Éliane Lecarme-Tabone dans la prestigieuse collection de la Bibliothèque de la Pléiade, panthéon de la littérature française – une consécration qui rend hommage à la capacité qu'a eue Simone de Beauvoir de saisir à la fois l'essence de la vie d'un·e écrivain·e et la place centrale qu'occupe cette vie dans la littérature et dans la pensée. Ses Mémoires conjuguent brillamment récit autobiographique, réflexion existentielle et chronique historique, et ils sont à l'origine des échanges et du caractère intime de la correspondance qui s'est ensuivie. *Sexe, amour et féminisme* est une étude historique, mais j'espère donner envie aux lectrices et aux lecteurs d'aujourd'hui de redécouvrir ces ouvrages sous un jour qui leur permette d'en apprécier toute la dimension littéraire et de mesurer leur retentissement si particulier.

Dans ses Mémoires, Beauvoir raconte en détail son enfance, ses ambitions littéraires de jeunesse, ses frustrations et tout ce qu'elle a accompli. Elle fait voyager ses lecteur·rices dans le monde entier, à la découverte de l'Amazonie et du Mississippi. Dans les Alpes, elle fait de la randonnée, du ski et sillonne les routes en voiture. Elle traverse le Sahara en auto-stop. Intellectuelle de gauche, elle se rend à Cuba, en Chine et en Union soviétique ; elle franchit les frontières de la guerre froide pour rendre visite aux pays socialistes, se déplaçant jusqu'au Moyen-Orient, en Afrique du Nord et dans les pays coloniaux ou postcoloniaux, jusqu'aux confins de l'Empire. Elle partage ses conversations et ses idées politiques au même titre que ses élans intimes. Elle a vécu avec Sartre sans être mariée, et ce duo d'existentialistes est devenu l'un des couples les plus célèbres de l'après-guerre. Mais elle a également évoqué ses amitiés profondes et ses histoires d'amour avec l'Américain Nelson Algren, écrivain du prolétariat et « poète des bidonvilles de Chicago », ainsi qu'avec le journaliste et réalisateur Claude Lanzmann[15], et le récit de ces relations sentimentales et sexuelles passionnées fait figure de contrepoint saisissant à l'alliance intellectuelle qu'elle entretenait avec Sartre. Des générations entières d'admirateur·rices ont perçu sa vie comme un mélange captivant de glamour, de renommée littéraire, d'engagement politique, comme un exemple du champ des possibles qui s'offrent à l'être humain et de la capacité d'indépendance des femmes[16].

Presque toutes les facettes de l'image que Beauvoir a cultivée d'elle-même et de ses choix ont été l'objet de controverses. Ses détracteur·rices ont révélé les pans sombres de sa vie. Ayant déclaré sous l'Occupation qu'elle n'était ni juive ni franc-maçonne afin de conserver sa place à la radio d'État française, elle a été violemment critiquée pour sa compromission avec le régime de Vichy. Son manque de soutien pour des ami·es menacé·es par les nazis, ses engagements politiques ponctuels et souvent déroutants ont hanté son image. Alors qu'elle s'est voulue rebelle, rejetant la pensée bourgeoise, les conventions du mariage et de l'amour romantique, sa réputation a néanmoins été sévèrement entachée par des révélations sur sa jalousie et, de surcroît, sur le fait qu'elle aurait bassement profité de jeunes personnes qui étaient ses protégées et se seraient éprises d'elle, de Sartre, ou bien des deux. Beauvoir a partagé plusieurs partenaires sexuelles avec Sartre. Le couple échangeait ensuite des notes sur ces partenaires. Elle a nié pendant des années avoir eu des aventures avec des femmes et a toujours refusé de reconnaître les conséquences de son silence sur le sujet[17].

Le féminisme de Beauvoir, même dissocié de ces scandales, fait encore l'objet de débats. Sa philosophie a été jugée trop libérale ou trop marxiste, ou alors incapable de réconcilier ces deux positions, les critiques affirmant qu'elle avait échoué à élaborer une théorie cohérente de l'histoire et du changement. Les féministes de la deuxième vague se sont indignées de son scepticisme à l'égard de leur mouvement politique, et sa phrase célèbre, « Les femmes ne disent pas “nous” », a incité toute une génération d'historiennes, dans les années 1960 et 1970, à recenser dans le détail les fruits de l'activisme et de la solidarité féminine, ainsi qu'à démontrer les limites de ses théories sur l'histoire[18]. C'est lors d'une conférence célébrant le trentième anniversaire du *Deuxième Sexe* qu'Audre Lorde prononce cette fameuse phrase : « On ne pourra pas détruire la maison du maître avec les outils du maître. » Depuis, les militantes marginalisées par le féminisme blanc européen et américain ont montré à quel point l'universalisme produit sa propre altérité, dans la mesure où il exclut les femmes de couleur, lesbiennes, queers, pauvres, et toutes celles qui n'entrent pas dans les catégories définies par les féministes blanches[19]. Une lecture attentive suffit en général pour relever l'attitude quelque peu hautaine et la réserve dont Beauvoir fait preuve dans ses récits à l'égard des figures féminines. D'autres ont fait part de leur déception et de leur désapprobation face aux réticences de l'écrivaine à s'impliquer directement dans ce qui relève de la condition des femmes. Dans son étude publiée en 2015, la féministe française Marie-Jo Bonnet se montre particulièrement acerbe envers ce qu'elle considère comme de la duplicité et de l'aveuglement de la part de Beauvoir, à commencer par son refus de reconnaître ses propres relations lesbiennes. À ses yeux, ce déni ébranle son statut de théoricienne du genre ou de la sexualité et interroge la place emblématique que l'écrivaine occupe encore au sein du féminisme, tout comme l'admiration qu'elle continue à susciter[20].

Je ne cherche pas ici à déterminer si Beauvoir doit être un sujet d'admiration ou de défiance. Le contenu du fonds d'archives donne raison à ces deux sentiments contradictoires. J'ai préféré essayer de comprendre comment des femmes et des hommes tout à fait ordinaires en sont venu·es à la considérer comme une interlocutrice idéale, à laquelle on confiait ses difficultés quotidiennes et qu'on sollicitait à la manière d'un courrier du cœur. Si Beauvoir se considérait comme une écrivaine et une théoricienne de la sexualité et de la condition de femmes, une large partie de son lectorat la percevait avant tout comme une femme écrivaine, écrivant pour les femmes. Il y a là un véritable paradoxe : loin des illusions de Beauvoir qui s'imaginait avoir échappé aux situations décrites dans *Le Deuxième Sexe*, sa propre vie était une illustration même de ces difficultés, ce que son lectorat ne manquait pas de lui rappeler. En d'autres termes, alors que Beauvoir s'inscrivait dans la tradition intellectuelle française universaliste, son public la singularisait en la ramenant à son corps et sa situation de femme. Cette dynamique l'a longtemps contrariée. Beauvoir a fini par devenir celle qu'elle avait toujours été aux yeux de son lectorat : une autrice pour le public féminin, et une féministe à part entière plutôt qu'une écrivaine réfléchissant à des questions féministes. En l'appliquant à leur propre vie, ces lecteur·rices ont traduit sa manière si particulière de tisser ensemble le personnel, le politique et le philosophique et ont contribué, en retour, à forger sa pensée. En résumé, la Simone de Beauvoir que nous connaissons aujourd'hui n'existerait pas sans le rôle formateur qu'a joué son lectorat.

Présenter ces épistolier·es n'est pas une mince entreprise, car il s'agit d'un groupe de personnes particulièrement hétéroclite. Par ailleurs, la législation française sur la vie privée nous oblige à garder l'anonymat pour une grande partie d'entre eux. On trouve aussi bien des femmes que des hommes, des personnes âgées, dans la fleur de l'âge ou bien plus jeunes, des individus « rangés » ou des rebelles à l'ordre établi. Les lettres proviennent de différents lieux du monde francophone incluant l'Afrique du Nord et de l'Ouest, les pays scandinaves, l'Europe de l'Est, l'Amérique latine, les États-Unis ou encore l'Angleterre. D'autres courriers sont postés depuis Paris même. Beauvoir fait partie des auteur·rices engagé·es les plus important·es de la scène internationale, où elle apparaît en tant que figure nationale représentant la France dans le monde. Dans les années 1950 et 1960, l'intérêt du public international pour l'existentialisme français est à son apogée ; aux yeux du monde, qui se relève de l'horreur de la Seconde Guerre mondiale, ce courant philosophique propose un nouvel humanisme dont le programme se résume en termes simples : une liberté radicale, la capacité à s'inventer soi-même et à définir ses propres choix, la responsabilité et l'engagement. Ainsi les personnes qui écrivent à Beauvoir sont-elles aussi bien de studieux·ses étudiant·es en philosophie ou en littérature que des lecteur·rices de magazines comme *Paris Match*, *Elle* ou le quotidien le *Time.* Dans ses colonnes, cette presse publie des articles qui la présentent comme la première dame de l'existentialisme ou comme une « célébrité dans le monde de la philosophie[21] ». Beauvoir est lue dans le monde entier, en français ou grâce à des traductions. Son public ne cesse de s'étendre, ce qui va encore allonger dans le temps la relation qu'elle entretient avec lui. « La France n'est pas le monde », lui écrit une femme de Bogota en 1970. « Outre-mer votre œuvre est dévorée, j'ai encore des connaissances qui à peine commencent *Le Deuxième Sexe*. Et s'émerveillent[22] ! » La popularité de Beauvoir va bien au-delà des barrières sociales et du capital culturel et éducatif. Elle franchit les frontières nationales : les lettres sont envoyées par des écrivain·es, des écrivain·es en devenir, des enseignant·es, des étudiant·es à l'université, des écolières, des travailleuses et des travailleurs sociaux, des ouvrier·es d'usine, des médecins, des psychologues et des psychanalystes, des femmes au foyer. Si l'on garde à l'esprit le défi que représentent à la fois la lecture de ses ouvrages et l'envoi d'une lettre à un·e auteur·rice, on comprend qu'il s'agit là d'un éventail de lecteur·rices étonnamment large. Environ un tiers des lettres ont été écrites par des hommes, ce qui permet d'appréhender la richesse des thématiques abordées par Beauvoir et nous rappelle l'intérêt et l'implication des hommes dans des sujets comme la vie privée, l'individualité et la quête des femmes pour l'égalité et la liberté.

On note une grande diversité dans les motivations et les désirs qui ont poussé ces lecteur·rices à prendre la plume. Toutes et tous n'ont pas la même connaissance du monde ni les mêmes capacités d'expression. Beaucoup aspirent à devenir écrivain·es ou intellectuel·les. « Moi aussi, j'aime les mots et les idées », lui confie une épistolière[23]. Certain·es, en revanche, n'ont reçu que très peu d'éducation formelle. La variété de ces profils est perceptible dans les courriers. Les envois prennent la forme de cartes postales, de messages de vacances, de cartes de visite professionnelles, de coupures de presse et de photos (la plupart de ces dernières n'ont pas été conservées) ou bien de lettres. Une grande partie de ces correspondant·es écrivent à la main, ce qui, mieux que des courriers dactylographiés, témoignait alors d'une certaine politesse et d'un formalisme plus adéquat. Certain·es écrivent longuement et avec fluidité, d'autres sur du papier à carreaux avec une difficulté évidente, raturant des mots et des phrases. « Ne vous fiez pas à mon écriture. Je ne sais pas écrire avec une pointe Bic », prévient une lectrice avant d'ajouter : « Mais c'est pratique[24]. »

Ce public intime remet en question les idées radicales de l'écrivaine et sa vie extraordinaire. On lui fait part des vives émotions provoquées par la lecture de son œuvre. On affiche un certain scepticisme par rapport à la manière savamment étudiée avec laquelle elle se décrivait. On essaie de concilier ses propres ambitions et sa situation avec l'exemple qu'elle propose. On réfléchit à voix haute à la question existentielle classique, au sens de la liberté, ainsi qu'à la relation entre la libération sexuelle, l'émancipation des femmes, l'anticolonialisme, l'antiracisme et les droits humains, tous ces mouvements qui s'entrecoupent, mais d'une manière imprévisible et pas toujours cohérente. Certain·es lecteur·rices sont en quête d'affinités intellectuelles. D'autres, en partageant les aventures d'une écrivaine, recherchent un certain romantisme, et parfois même un lien de nature érotique. Beauvoir révèle beaucoup de sa propre intimité dans ses textes, ce qui encourage son lectorat à en faire autant : « Cela doit vous arriver bien souvent n'est-ce pas que des gens vous écrivent et qu'ils vous racontent un peu leur vie[25] ! »

À de rares exceptions près, nous n'avons pas les réponses de Beauvoir. Et cette absence, à bien des égards, rend les archives de la correspondance encore plus intéressantes, engendrant inévitablement un formidable casse-tête méthodologique. Premièrement, en étant obligé·es de décentrer l'autrice et son « influence », nous nous tournons vers ces publics intimes qui permettent à un·e écrivain·e d'exister et assoient son autorité – ce rapport imaginaire entre auteur·rice et lectorat est au cœur de la réception des idées. La relation est modelée par les attentes, les attachements et les fantasmes des deux parties. Celles et ceux qui prennent la plume cherchent à nouer un lien avec une écrivaine fantasmée et engagent une conversation avec la personne, ou la voix, qui émerge de ses écrits. Les archives nous invitent à nous servir à notre tour de notre imagination pour recréer ces échanges. J'ai entrepris de reconstituer les allers-retours entre celles et ceux qui ont écrit ces lettres, d'une part, et Beauvoir (à travers ses écrits), d'autre part, en mettant l'accent sur le dialogue que ces correspondant·es tenaient absolument à avoir avec elle. Ainsi, l'une d'entre elles confie à Beauvoir qu'elle lui a écrit « en oubliant (ou presque) que c'est un entretien à sens unique[26] ».

Deuxièmement, même si la salle des Manuscrits de la BnF ne nous donne à voir que les lettres de Beauvoir, il s'agit bien d'un véritable échange. De nombreuses lettres sont l'occasion de remercier Beauvoir pour ses réponses : « Je n'arrive pas à croire que vous m'ayez répondu[27]. » On lui témoigne de la reconnaissance : « Je vous ai écrit deux fois dans ma vie, et vous m'avez répondu les deux fois, avec le discernement et la compassion qui sont les vôtres » ; « Je vous avais déjà écrit après *La Force de l'âge* et vous m'aviez répondu. Je garde cette lettre comme un très précieux cadeau[28] ». Quelques années après le début de mes recherches, j'ai découvert une preuve particulièrement frappante de l'implication de l'écrivaine dans cette correspondance. J'ai eu entre les mains une longue lettre (dix pages manuscrites) dans laquelle un homme, qui avait lu les Mémoires de Beauvoir, se confiait de manière surprenante. Il évoquait avec envie la relation qui la liait à Sartre, tandis qu'il se trouvait lui-même en pleine tourmente dans sa vie amoureuse. Son mariage battait de l'aile et, après quelques hésitations, il avait entamé une liaison passionnée avec une femme plus jeune. Cette relation était devenue compliquée : chacun·e avait des aventures de son côté, il était jaloux des jeunes amis de son amante, que sa possessivité et ses batifolages rendaient furieuse. Le couple avait rompu puis s'était réconcilié plusieurs fois avant de mettre fin à son histoire. Il avait recopié dans son courrier des passages entiers de la dernière lettre de son amante, une lettre de rupture. « Jamais je n'aurais cru que je l'aimais autant, et que je pouvais tant souffrir d'amour à 43 ans », écrivait-il, avec l'espoir que Beauvoir l'aide à déchiffrer cette histoire qu'il « ne comprenait qu'à demi[29] ».

La lettre était signée du nom du père d'une proche amie. Je n'ai rien dit, pour respecter l'anonymat de ce correspondant. Mais j'ai fini par apprendre, par des moyens détournés, que Beauvoir lui avait répondu. J'ai eu accès à cette lettre – une lettre épatante (ci-contre). Beauvoir aurait pu manquer de temps ou demeurer indifférente à cette histoire qui ne la concernait pas. Et pourtant, elle avait pris la peine de répondre, elle avait décortiqué les détails du courrier, les avait commentés, qualifiant de « mauvaise foi » la possessivité de cet homme envers son amante. Elle avait également pris soin de corriger l'interprétation qu'il faisait de sa vie : le drame de sa jalousie et de ce conflit n'avait « rien à voir » avec le « pacte » qui la liait à Sartre. C'est cette lettre remarquable qui m'a ouvert les yeux sur le caractère inhabituel du lien entre Simone de Beauvoir et ses lecteur·rices, et du sérieux de son attachement. Et c'est ce qui m'a amenée à mettre la relation auteur·rice-lectorat au cœur de ce livre.

Si l'on commence à y prêter attention, l'attachement de l'autrice à son public saute aux yeux : elle l'aborde dans de longs passages sur le pouvoir de la lecture et le plaisir qu'elle procure, dans des hommages à ses lecteur·rices, et dans les nombreuses évocations de la satisfaction qu'elle trouve dans ce lien[30]. Comme elle le précise dans ces lignes marquantes de *La Force de l'âge*, elle écrivait à la fois pour être aimée à travers ses livres, mais aussi pour « pénétrer » dans d'autres univers, pour prendre part aux dialogues intérieurs de ses lecteur·rices, et mêler sa voix à la leur. Beaucoup lui confient que c'est exactement ce qui se produit. Une lettre le formule en ces termes : « Vous êtes communicative avec vos lecteurs », avant de la décrire comme dotée de l'« hypersensibilité la plus pure[31] ».

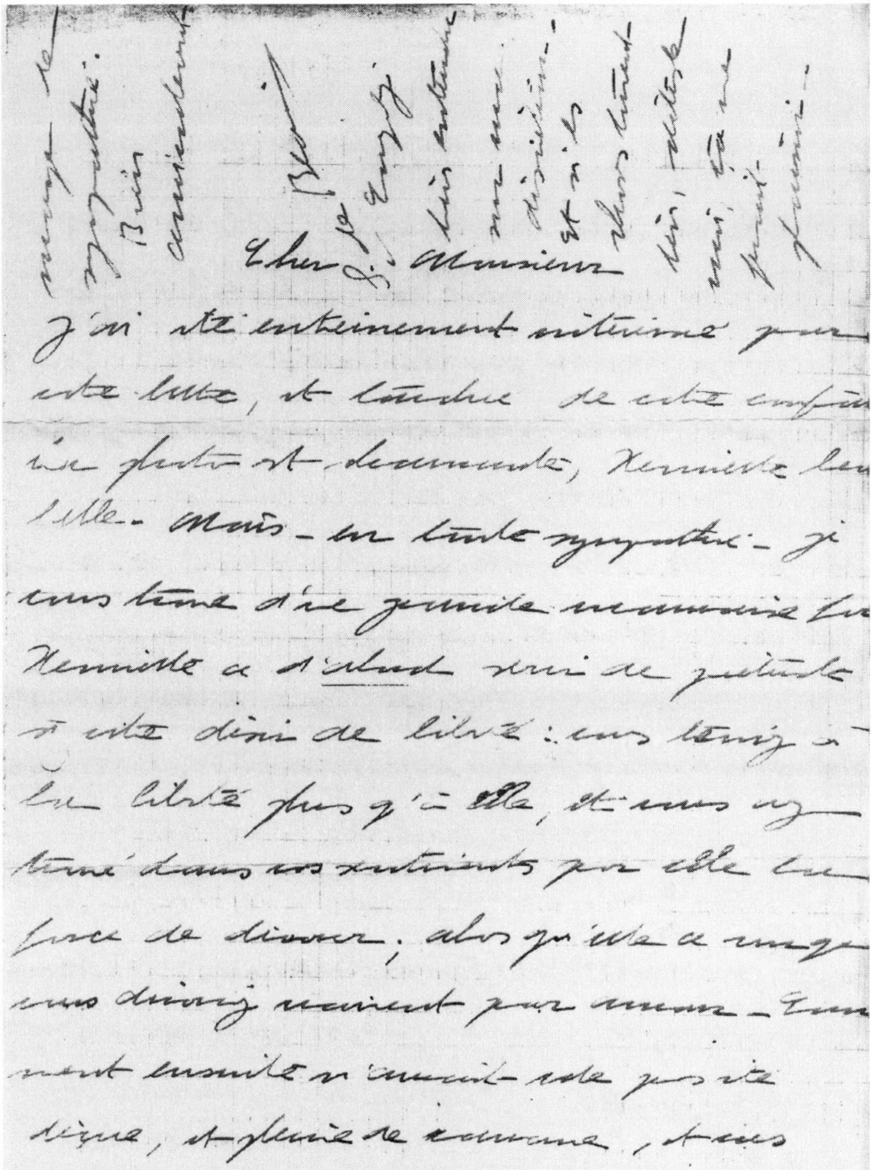
Cher Monsieur

J'ai été extrêmement intéressée par cette lettre, et touchée de cette confiance [illegible] et désarmante, Henriette [illegible] belle. Mais – en toute sympathie – je vous trouve d'une grande mauvaise foi. Henriette a d'abord servi de prétexte à cette désir de liberté : vous teniez à la liberté plus qu'à elle, et vous [illegible] tenu dans vos sentiments par elle [illegible] force de divorcer, alors qu'elle a [illegible] vous divorciez vraiment pour amour – Comment ensuite n'aurait-elle pas été digne, et pleine de rancune, et [illegible]

[illegible] message [illegible] sympathie. Bien amicalement [illegible]

Réponse de Simone de Beauvoir à un lecteur, vers l'été 1964. C'est l'une des rares lettres de Beauvoir que nous conservons dans le contexte de cette correspondance exceptionnelle.

Collection privée. Tous nos remerciements vont à Sylvie Le Bon de Beauvoir et Kattalin Gabriel.

cependant — c'est logique — les hommes dans
les bras de qui vous l'avez jetée ? Rien =
qu'avec une pensée aux Santé, et
quand vous aviez le même âge, vous preniez
à 20 ans. Tandis que vous avez 20 ans de
plus qu'Henriette ; elle avait besoin, pendant
quelques années au moins, de sincérité, de
fidélité.. Je dois dire que je l'ai toujours [illegible]

Je ne sais si vous avez vous-même ce devoir
de la remarquer ; en tous cas, nul ne
peut vous aider, sinon vous-même.

Je peux aussi comprendre le désir que
vous avez eu de ne pas vous ré-engager de cette
sorte. Mais alors il fallait vous retirer à
temps de Henriette.

Vous êtes une [illegible] [illegible]

Une autre fait remarquer : « Il me semble qu'il y a un certain type de communication entre l'écrivain et le lecteur que vous avez établi à la perfection, et je suis persuadé que vous êtes l'un des rares écrivains à être énormément lus, et réellement, par un public que la littérature n'a guère touché[32]. »

Pourtant, cette relation n'a rien d'une heureuse communion des cœurs ni d'une « ventriloquie » existentielle. En effet, vouloir « pénétrer dans des vies étrangères », pour reprendre le caractère quelque peu intrusif de la formule de Beauvoir, ne pouvait que susciter des malentendus, des attentes impossibles à satisfaire et provoquer une forme de résistance ou de colère… Ses correspondant·es exposent dans le détail leurs propres ambitions, leurs désirs et leurs idées personnelles. Ils et elles réinterprètent les concepts et le vocabulaire de Beauvoir et se les réapproprient, l'obligeant à engager, de son côté, une réflexion sur l'écho que son écriture et sa vie trouvent en chacun·e. L'écrivaine doit alors se confronter à la remise en question de ses opinions politiques, de l'image de philosophe olympienne qu'elle s'est forgée, ce qui l'amène à se saisir de nouvelles thématiques. L'une des lettres interroge ainsi : « Quand on publie ses idées sur beaucoup de choses, ne s'attend-on pas un peu à ce qu'elles vous reviennent chargées. Chargées du poids des autres[33] ? » Les concepts développés par Simone de Beauvoir, son vocabulaire et l'histoire de sa vie lui sont en effet revenues « chargées du poids des autres » et, qui plus est, d'autres bien différent·es.

Pour établir cette relation, autrice et lecteur·rices doivent surmonter des disparités sociales et culturelles importantes. De part et d'autre, les échanges sont ponctués de jalousie, de rancœur, de colère et de désirs contrariés. Beauvoir se montre notamment assez sévère, voire cruelle, avec les nombreuses femmes mariées d'un certain âge qui la lisent avec enthousiasme. Elle les juge tristement conventionnelles, désespérément résignées à niveler leurs attentes vers le bas et à rétrécir leurs horizons. Ces lectrices ne se laissent pas décourager pour autant. Leur lien avec Beauvoir les conduit à devenir les philosophes de leur propre vie, et la réciprocité de ce lien demeure profonde.

Où il est question de livres, de lectorat et de la culture au XXe siècle

L'histoire culturelle du XXe siècle a été marquée par l'émergence d'une attention nouvelle portée au public, aux sentiments et aux émotions. Elle foisonne de passionnantes histoires concernant des spectateur·rices ou, plus récemment, des auditeur·rices. À l'ère du cinéma, de la radio et de la télévision, les livres et la lecture ont continué d'occuper une place importante dans la vie des gens, contribuant au dynamisme du siècle et aux capacités d'introspection et de mobilisation politique de chacun·e. La maison d'édition britannique Penguin Book, fondée en 1935, est emblématique de cette « révolution du livre » au XXe siècle. Ses deux fondateurs vont démontrer à leurs collègues du monde entier qu'il existe un véritable intérêt populaire pour une littérature de qualité, des romans ou des ouvrages de non-fiction à des tarifs abordables. L'édition américaine, épargnée par la destruction de la Seconde Guerre mondiale, connaît une croissance particulièrement forte dans les années 1940. Dans les décennies qui suivent, cette révolution du paysage éditorial et des pratiques de lecture traverse l'Europe et le monde en voie de décolonisation[34]. En France, le Livre de poche est lancé en 1953. Durant les Trente Glorieuses, ces ouvrages bon marché et bien conçus figurent parmi les produits phares de cette révolution de la consommation. L'éducation se développe rapidement, le nombre d'étudiant·es qui ont accès aux livres augmente et la vie intellectuelle se démocratise. Parallèlement à ces évolutions, on assiste à l'émergence de nouveaux médias, sans que les uns excluent les autres. Non seulement les intellectuel·les français·es jouissent d'une position de prestige, fruit d'une tradition de longue date, mais ils et elles font preuve de talents de commentateur·rices, devenant ainsi des intervenant·es de choix pour la radio et la télévision. Les émissions télévisuelles comme « Lectures pour tous », dont la diffusion hebdomadaire commence en 1953, montrent que la lecture, et même la lecture d'ouvrages philosophiques ardus, est à la portée de tout le monde[35].

Le premier volume autobiographique de Beauvoir, *Mémoires d'une jeune fille rangée* (1953), paraît en format poche en 1963. Beauvoir s'inquiète alors pour sa réputation, redoutant d'être déclassée au rang des auteur·rices de best-sellers. Son appréhension est prématurée. Ses ouvrages ne deviennent pas immédiatement des produits de grande consommation. Il faut attendre 1968 pour que *Les Mandarins* et *Le Deuxième Sexe* soient édités en livres de poche. Néanmoins, on observe une très forte appétence pour les lectures ambitieuses, les idées audacieuses, une connaissance approfondie du monde et de soi-même, y compris en matière de sexualité. La lecture demeure tout aussi révolutionnaire au XXe siècle qu'elle l'a été au XVIIIe. La soif d'un accès plus démocratique à des œuvres dites « sérieuses » crée une demande dans le champ littéraire et nourrit ce besoin d'échanges et de dialogue avec l'autrice.

La vitalité du XXe siècle dans le domaine du livre et de la lecture n'est qu'un aspect de ce panorama. Il convient également d'examiner les dynamiques commerciales et culturelles du monde de l'édition, extrêmement marquées par des phénomènes de genre. Il était à prévoir que Beauvoir, en tant que femme philosophe travaillant également à une œuvre autobiographique, se retrouverait positionnée dans le secteur éditorial dévolu aux femmes, dans la sphère des revues *Elle* et *Marie Claire*, de magazines et de livres dont les thématiques recouvraient la fiction romantique, les confidences et les conseils. Les émissions de radio diffusées l'après-midi faisaient également partie de ce domaine. Dans les décennies qui suivent la Seconde Guerre mondiale, le secteur de l'imprimé s'impose sur la scène commerciale et, avec l'émancipation politique des femmes et leur nouveau rôle de consommatrices, les secteurs culturels ou littéraires acquièrent un poids non négligeable. De même, un nombre croissant d'expert·es affirment s'adresser aux femmes et parler en leur nom. Simone de Beauvoir n'hésite pas à joindre sa voix au mouvement, tout en dénonçant certains aspects de cette « culture féminine » : le sentimentalisme, la féminité mystifiée, la soumission à la vanité et aux privilèges masculins et le déterminisme d'un horizon limité pour les femmes. Dès 1947, certains passages du *Deuxième Sexe* sont publiés dans le magazine américain *Vogue* sous le titre « Le piège de la féminité », bien avant d'apparaître dans les colonnes des *Temps modernes*[36]. Malgré sa critique virulente, la rencontre de Beauvoir avec son lectorat se forge bel et bien à l'aune des attentes et des codes des femmes imprégnées de cette culture féminine commerciale – avec ses penchants pour l'expertise dans le domaine affectif, les confessions ou les révélations intimes, et la langue normée de la psychologie populaire. Les liens avec ces femmes ordinaires en ont été resserrés, façonnant ainsi en profondeur l'œuvre de Beauvoir.

Ces échanges nous ramènent au cœur des débats essentiels et des moments charnières qui ont marqué le XXe siècle. Quatre de ces périodes revêtent une importance particulière. La première, longue et douloureuse, correspond à la période qui survient immédiatement après la Seconde Guerre mondiale. L'année 1945 marque la fin d'un conflit qui s'est étalé sur trente ans, entre la Première Guerre mondiale et les événements qu'elle entraîne à sa suite : l'effondrement économique et la chute des démocraties, la montée du fascisme, du nazisme, du stalinisme, ainsi que d'autres formes d'autoritarisme antilibéral, deux terribles guerres totales et un génocide. Des ravages aussi considérables ne pouvaient que se réveler ardus à surmonter. En 1945, comme l'explique Tony Judt dans *Postwar*, « la plus grande de toutes les illusions de l'Europe – désormais discréditée au-delà d'un point de non-retour – était la "civilisation européenne" elle-même ». Pendant un demi-siècle encore, l'Europe, en particulier, se trouvera hantée par cette « ombre de l'histoire[37] ». C'est ce contexte qui oblige les penseur·ses français·es à s'engager pleinement dans la voie d'une réflexion philosophique sérieuse afin de réhabiliter la culture française aux yeux du monde. La diffusion et la popularité de l'existentialisme français, attestées par cette correspondance, sont l'une des preuves de leur succès.

Les horreurs de la guerre qui se sont lentement succédé les unes après les autres ont pesé sur Beauvoir et son lectorat. Éprouvé·es par ce contexte, les premier·es critiques du *Deuxième Sexe* taxent Beauvoir, et plus généralement l'existentialisme, d'amoralité, qui ne serait autre que le symptôme d'un effondrement civilisationnel. Ses détracteur·rices dénigrent son analyse de l'expérience féminine, du corps et de la sexualité en l'accusant de se vautrer dans l'abject, l'obscénité, et de franchir les limites de la décence. Le spectre de la guerre hante toujours les nombreux·ses correspondant·es qui lui écrivent dans les années 1950 et 1960, car la lecture de ses Mémoires leur permet d'entreprendre un travail personnel sur les souvenirs douloureux de trahison ou de collaboration de ces années-là. Hans Ulrich Gumbrecht évoque cette « latence » de la Seconde Guerre mondiale : cachée, non résolue et aux contours flous, elle refait régulièrement surface à différentes périodes de la vie culturelle et politique. Le lectorat de Beauvoir témoigne de cette période de latence. D'autant que la guerre froide, par sa polarisation de la politique, ses dénis et ses amnésies, a largement contribué à ce que, comme l'explique Gumbrecht, la « ligne d'arrivée de l'après-guerre » soit sans cesse repoussée[38].

La deuxième période de mutation, qui se superpose à la première, est celle de l'explosion des révoltes anticoloniales. En deux décennies, la France, la Grande-Bretagne, la Hollande, la Belgique, le Portugal et l'Italie assistent à l'effondrement de leur empire colonial. La guerre menée par la France contre l'indépendance de l'Algérie, entre 1954 et 1962, est l'un des conflits les plus violents, et celui qui laissera le goût le plus amer. Nous associons cette guerre aux noms d'intellectuels français comme Frantz Fanon, Jean-Paul Sartre et Albert Camus, dont les alliances (ou les oppositions irréconciliables) ont accentué la polarisation des débats internationaux sur la crise algérienne. Mais nous verrons au fil des chapitres à quel point ce thème émerge également des écrits de Beauvoir, comment ces textes ont été reçus et quelles émotions politiques leur lecture a provoquées au sein du public. Les luttes pour la décolonisation se sont propagées dans le monde entier sous la forme de mouvements de défense des droits civiques. On a également assisté, dans l'arène politique et judiciaire internationale, à l'émergence d'un discours en faveur des droits de l'humain qui s'accompagne d'un combat pour la « décolonisation des âmes », à la fois dans un monde en voie de décolonisation et dans les métropoles européennes. Lorsqu'on redécouvre l'œuvre de Beauvoir à travers les lettres qui lui ont été adressées, une partie de cette « latence » de la décolonisation nous devient évidente.

Troisième évolution ayant marqué ce siècle, l'émergence du sexe en tant que thématique éminemment contemporaine : c'est un sujet difficile mais incontournable, qui demande du courage individuel ou collectif et qui offre un terrain privilégié pour la connaissance du monde et de soi. Le « sexe milieu de siècle » (*midcentury sex*), comme j'ai choisi de désigner la sexualité d'alors, recouvre un champ incroyablement vaste dont les contours sont mal définis. Le terme fait référence tout à la fois à ce que nous nommerions aujourd'hui le « genre », les « rôles de genre », la « sexualité », l'« identité sexuelle et la subjectivité », les « désirs » ou les « pulsions ». Les choses du sexe au milieu du XXe siècle se trouvaient au centre d'enjeux considérables, qui touchaient à la fois à l'individualité, au comportement, à la personnalité, aux relations sociales, à la culture et à la politique. Or, le sujet n'était pas neuf. Depuis le début du XXe siècle, la culture et la pensée européenne, mais aussi américaine, avaient été obligées de reconnaître l'influence grandissante des théories de Freud, qui avait fait évoluer la place de la sexualité dans tous les domaines liés à l'humain, y compris la vie culturelle.

Les réactions véhémentes et contrastées qui ont suivi la publication du *Deuxième Sexe* en 1949 sont dues en grande partie à la force des associations derrière le mot chargé de « sexe ». Le livre de Beauvoir s'est retrouvé pris à partie, entraîné sur un très vaste terrain de discussions à ce sujet. Critiques et lecteur·rices rapprochent *Le Deuxième Sexe*, qui abordait de manière philosophique la dimension « autre » de la femme, d'un deuxième ouvrage, celui de l'Américain Alfred Kinsey, *Le Comportement sexuel de l'homme*, une étude statistique sur les comportements et orientations sexuelles parue en 1948 et traduite en 1949. Les chercheur·ses universitaires, dans l'ensemble, ont trouvé ce rapprochement incongru et pour ainsi dire comique, révélateur à leurs yeux d'une lecture erronée du texte de Beauvoir et de l'incompréhension de ses contemporain·es. Pour ma part, j'y vois une recontextualisation teintée de provocation, un signe qui nous invite à revisiter le passé, à remonter à la source, jusqu'à ce monde intellectuel singulier, pour retrouver la question à laquelle ces deux livres apportaient une réponse.

Le caractère impérieux de la question du « sexe » ne concernait pas uniquement le champ scientifique et les sciences sociales, c'était également un sujet personnel. Les correspondant·es de Beauvoir permettent de mettre en lumière la dimension existentielle de la sexualité à partir des années 1950 jusqu'au début des années 1970. La sexualité était en effet au cœur de l'« expérience du monde » beauvoirienne, qui se trouvait travaillée par les libertés, les contraintes, et par les profondes injustices que chacun·e était amené·e à rencontrer au cours de sa vie. Nombre de lecteur·rices désirent l'interpeller sur ce terrain de vérité pour aborder la sexualité et leur expérience individuelle sous tous ses aspects, malgré l'ignorance, l'isolement et le désarroi qui pouvaient l'entraver. Celles et ceux qui, aujourd'hui, pourraient s'identifier comme lesbiennes, gays, trans ou queers peinent, dans les années 1950 et 1960, à trouver des mots et des catégories correspondant à leur vécu. En France, les réticences à l'égard de la sexualité en général s'expliquent alors par référence à la « pudeur », une notion traditionnelle qui étouffe de longue date toute discussion autour de l'insatisfaction sexuelle et des difficultés conjugales, et relègue ces « problèmes » et leur résolution à la sphère personnelle ou au cercle privé et familial. Le discours sur la sexualité, et en particulier la sexualité féminine, était lui aussi encadré par le principe de « pudeur » qui en proscrivait toute évocation publique : il n'était toléré que sous couvert de l'effet « civilisateur » de l'amour ou celui, « diluant », de la romance, dont la culture populaire des années 1950 était saturée. La question des violences sexuelles était taboue. Fait tout aussi important, quoique moins visible, ces interdits touchaient également tout ce qui ne relevait pas du sexuel mais se trouvait néanmoins en lien avec le corps, comme le vieillissement, la maladie et la mort. L'« indécence » qu'on attribuait à Beauvoir provenait de son choix de situer au centre de la condition humaine non seulement la sexualité, mais également le corps tout entier, et de traiter ces deux sujets comme des thématiques dignes de réflexions et de discussions sérieuses plutôt que comme des questions jugées humiliantes, subjectives ou personnelles.

Il n'est pas aisé de déterminer si le regard que ce public porte sur lui-même pointe vers l'horizon féministe de la fin des années 1960 et des années 1970. Cette interrogation est importante, cependant. La quatrième évolution historique du siècle n'est autre que l'émergence du féminisme de la deuxième vague[39]. Le passage de la sphère personnelle à la sphère politique, pour reprendre cette formule consacrée, a connu, il est vrai, bien des hésitations. En réalité, les rapports entre privé et politique, de même que leurs rapports avec le féminisme, sont des cibles mouvantes. De plus, cette intimité périlleuse entre Beauvoir et son lectorat rend impossible toute tentative d'assignation simpliste : on ne peut affirmer qu'elle a incarné une avant-garde politique, intellectuelle ou féministe. Comme l'a expliqué la réalisatrice Bonnie Kreps, Beauvoir n'a jamais cherché à devenir le « joueur de flûte de Hamelin du féminisme[40] ». Or, la pensée politique de Beauvoir est d'une complexité remarquable. Beauvoir a toujours été radicale et inflexible au sujet des origines et des ramifications de l'inégalité des sexes, de la sexualisation de la domination et du rapport inévitable entre intimité et inégalité. Elle a mis en évidence la profondeur des contradictions de la subjectivité féminine. L'analyse qu'elle fait de ces contradictions ne lui a pas permis d'envisager que les femmes puissent s'engager collectivement pour agir sur le plan politique. Beauvoir a été vouée aux gémonies en raison de son ambivalence envers les mouvements des femmes et pour sa présentation, dans *Le Deuxième Sexe*, du féminisme comme un mouvement déjà révolu (« la querelle du féminisme [...] à présent [...] est à peu près close : n'en parlons plus ») et une impossibilité (« Les femmes ne disent pas "nous"[41] »). Pourtant, il est nécessaire d'interroger cette ambivalence, qui compte parmi l'un des sentiments les plus récurrents chez ses lectrices.

Dans leurs lettres, ces femmes tentent fréquemment de se raconter en reprenant les termes utilisés par Beauvoir. Elles sont donc particulièrement franches lorsqu'elles évoquent les difficultés rencontrées pour s'exprimer, pour trouver une voix ou affirmer une présence. Se décrire en tant que femme peut donner lieu à des sentiments extrêmement mitigés. Les correspondantes de Beauvoir apportent force détails sur les situations complexes et les impasses dans lesquelles elles se retrouvent du fait de leurs engagements politiques au nom des « femmes » ou du « féminisme ». L'action politique et les questionnements autour de la subjectivité gay et lesbienne suscitent la même ambivalence et autant d'émotions, d'interrogations et d'énigmes à résoudre. Les courriers rendent compte de ces actes de rébellion tout comme du pouvoir de séduction de la norme et des conventions. Parfois, on lutte seulement contre le « plaisir médiéval des grosses armoires bien rangées », ainsi que la formule une lectrice tentée par la vie d'épouse[42]. Les récits de ces vies sont le miroir d'une micropolitique de l'insoumission et du compromis. Ils nous permettent de porter un regard neuf sur la redéfinition radicale du féminisme et de la politique liée aux questions sexuelles qui a lieu de la fin des années 1960 et au début des années 1970.

Un public intime

Il est inutile de chercher à définir et catégoriser public et privé, personnel et politique, intérieur et extérieur au sein de ce dialogue entre autrice et lecteur·rices. Lorsque j'utilise le mot « intime » pour le définir, je souhaite précisément brouiller les frontières de ces catégories[43]. L'historien Bruno Cabanes définit l'intimité comme « ce qui est au cœur de la personne : l'espace intérieur personnel où se forme l'image de soi, à travers le corps et les gestes [...] où se façonnent les relations avec les autres, à travers les liens du sang et l'affection et [...] les souvenirs que nous associons aux lieux et aux objets[44] ». Le rôle joué par le corps, les gestes et les souvenirs dans la construction d'une subjectivité et de sa représentation ressort particulièrement dans ces lettres. Il s'avère toutefois difficile d'établir une distinction entre le cœur d'une personne et le monde extérieur. L'image de soi, en effet, ne se construit pas dans un espace intérieur, mais plutôt de manière intersubjective et discursive, en essayant et en échangeant des images, du vocabulaire, des concepts, comme le démontre si bien cette correspondance.

Dans ce livre, je fais usage de la notion d'intimité par rapport à la nature des liens qu'elle crée, ou la « densité de communication » qu'elle implique, comme le décrit le sociologue et théoricien Niklas Luhmann dans son ouvrage *Amour comme passion*. Selon Luhmann, dans une relation intime, aucun sentiment, aucune expérience n'est insignifiante ni inappropriée, et cette approche est déterminante dans la manière dont j'envisage la correspondance de Simone de Beauvoir. Luhmann utilise d'ailleurs une formule beauvoirienne pour le résumer : l'intimité nous invite à partager l'« expérience du monde » de l'autre[45]. L'existentialisme comme la phénoménologie posent pour principe fondateur que les êtres humains sont jetés dans le monde, ou dans une « situation ». Une fois confrontés au sens qui se déploie avec le monde, leur subjectivité prend forme à travers le langage, la connaissance, le corps et les sens. Devenir est un processus continu. Beauvoir a théorisé cette conception de l'expérience vécue et tenté de la restituer dans ses Mémoires. Pour les femmes et les hommes qui lui écrivaient, l'intimité signifiait échanger sur tous ces aspects de leur situation ou de leur expérience du monde.

L'intimité telle que je l'envisage s'inspire également de la conception de l'« intimité publique » proposée par Lauren Berlant. C'est un terme conçu pour nous faire réagir, car il vient sciemment perturber l'association que nous faisons d'ordinaire entre l'intime et le privé. Il formule une critique implicite de la théorie de Jürgen Habermas, qui a largement influencé la vision que nous avons de l'espace public comme champ de la raison et de l'échange d'idées. D'après Berlant, la sphère publique est saturée d'affects, de fantasmes et de désirs d'appartenance. Berlant s'intéresse en particulier à la culture féminine diffusée par les médias de masse, les magazines féminins, les romans à l'eau de rose, les talk-shows à la radio et la télévision, et ainsi de suite, comme autant d'espaces de médiation dans lesquels « le personnel se reflète à travers le général[46] ». Cette culture entretient un goût pour les confidences personnelles et l'intimité, ou du moins l'illusion de l'intimité, entre des personnes qui n'ont pas toujours grand-chose en commun. Dans un contexte de privation des droits politiques et d'immenses inégalités sociales et économiques, la sphère publique intime encourage un fantasme d'appartenance qui donne de l'espoir et rassure. Comme Berlant l'analyse avec finesse, celles et ceux qui sont attiré·es par ce phénomène « ont le sentiment que leur vie émotionnelle est déjà partagée par d'autres et qu'elle a atteint un niveau où elle revêt une signification générale, tout en restant fidèle à ce qu'elle a de personnel[47] ».

Si Berlant examine la culture et la politique américaines au XIXe et au XXe siècle, son analyse met en lumière les dynamiques à l'œuvre dans le champ culturel, où se situent justement les écrits de Beauvoir. Ces concepts décrivent les attentes que nourrissent les lecteur·rices par rapport à son œuvre. Nous verrons à plusieurs reprises au cours de ces pages à quel point ce type d'intimité peut se révéler puissante, les illusions cruelles qu'elle peut engendrer, et comment cet assemblage a donné forme au monde qui s'est créé entre Beauvoir et son lectorat, mêlant sphère publique, politique et affect. Il apparaît essentiel d'intégrer ce potentiel et ces illusions à notre réévaluation de l'héritage de Beauvoir, de même qu'à notre compréhension plus globale des dynamiques du féminisme et de son histoire.

Les archives en contexte

La correspondance de Simone de Beauvoir nous en apprend beaucoup sur la France à une période où, face à la honte de la Deuxième Guerre mondiale et à la répression brutale des insurrections anticoloniales, réhabiliter la culture française aux yeux du monde est devenu une nécessité. C'est pour cette raison, notamment, qu'il s'agit d'une histoire qui dépasse les frontières de la France. Dans les décennies d'après-guerre, le monde devient de plus en plus interconnecté, et le public lecteur s'internationalise. Beauvoir appelle ce développement l'« apparition du *oneworld* » et elle fait remarquer que ce phénomène, de manière assez soudaine, a transformé Sartre en un auteur cosmopolite[48]. Il en est de même pour elle. « J'ai de bons yeux et de bonnes oreilles », écrit à Beauvoir l'une de ses nombreuses lectrices assidues, une femme qui vit dans le Michigan et collectionne méthodiquement tous les articles écrits de ou sur Beauvoir parus dans des journaux ou des magazines comme le *New York Times, The Saturday Review* ou *Le Nouvel Observateur*[49]. Cette lectrice se sent impliquée dans les questions politiques existentielles qu'elle partage avec Beauvoir et estime que ces sujets « n'ont pas de frontières[50] ». Les intellectuel·les européen·nes se heurtent alors rapidement aux limites de leur pensée. Les concepts du soi et de l'autre, que Beauvoir, Sartre et d'autres appliquent de manière si large à leurs réflexions sur le colonialisme, sur les relations entre les races, sur l'antisémitisme et sur la question du genre, éludent et occultent bon nombre des différences qu'ils et elles tentent de théoriser. Cet universalisme qui, bientôt, va les reléguer au rang de théoricien·nes dépassé·es, est précisément ce qui les rend fascinant·es dans les années 1950 et 1960. En outre, beaucoup des développements historiques clés abordés dans ce livre ont une portée internationale, avec des déclinaisons nationales ou régionales. On peut citer, entre autres, le foisonnement de la littérature sur le sexe au milieu du XXe siècle, l'insatisfaction grandissante à l'égard du mariage traditionnel dans les années 1950 ou les protestations pacifistes et anticoloniales. Ce sentiment de connexion globale devient particulièrement aigu avec les mouvements sociaux de la fin des années 1960. Tout·e historien·ne se penche sur les contextes, les développements sociaux ou les cadres culturels qui lui paraissent pertinents. Dans ce livre, ces derniers sont parfois spécifiquement français et, à d'autres moments, ils revêtent une portée transnationale[51]. Savoir ajuster son angle de vue fait partie des devoirs de l'historien·ne.

Pour compléter cette présentation des archives, il me faut préciser qu'elles ne sont pas exhaustives. Presque toutes les lettres qui correspondent à la période de la fin des années 1940 jusqu'au début des années 1950 ont été malencontreusement perdues ou détruites[52]. Simone de Beauvoir a raconté dans ses Mémoires que la publication du *Deuxième Sexe* lui avait valu une série de lettres d'insultes et de courriers ignobles, dont très peu se trouvent dans les archives. La correspondance devient plus abondante au moment de la parution des *Mandarins* en 1954. L'autrice ayant reçu le prix Goncourt, son lectorat s'élargit en conséquence. Les vagues de courriers augmentent de façon spectaculaire avec la parution de chaque volume de ses Mémoires et la publicité qui accompagne leur sortie. Après *La Force des choses* (1963), elle reçoit un millier de lettres par an. Certaines lui parviennent directement chez elle dans son appartement, d'autres par l'intermédiaire de sa maison d'édition. Elle ne les classait pas et en jetait les enveloppes. Ces pratiques ont compliqué le travail de datation et de catalogage entrepris par la BnF depuis 1995, tâche encore inachevée[53]. Beauvoir ne conservait pas non plus de copie de ses réponses.

Les archives sont très volumineuses, mais se prêtent peu à l'analyse statistique, du moins au moment où j'écris ce livre puisque le catalogage est toujours en cours. Il est interdit de reproduire les lettres de quelque manière que ce soit et, à de rares exceptions près, les auteur·rices de ces courriers doivent rester anonymes. Il est possible que l'idiosyncrasie ou la singularité de ces lettres les rendent inadaptées à l'élaboration d'une histoire sociale de la lecture à plus grande échelle. Comme le fait remarquer Gérard Mauger, pour réaliser une vraie étude de cas concernant les pratiques et les expériences de lecture, il faut disposer d'indications précises sur la vie de ces lecteur·rices, leur cercle d'ami·es, leur famille, leur éducation, mais aussi sur la nature des autres livres dans leur bibliothèque. Or, nous n'avons pas accès à ces indications[54]. Je n'affirme pas que les personnes qui ont écrit ces courriers sont représentatives de l'ensemble du lectorat de Simone de Beauvoir, ni du public lecteur en général. Néanmoins, elles nous donnent un aperçu des processus de lecture, d'écriture et d'introspection et nous permettent ainsi de rejoindre la thèse de l'historienne britannique Carolyn Steedman, qui soutient que, « dans une certaine mesure, il est possible de récupérer des formes passées de connaissance et d'affect et l'une de nos missions est de les interroger[55] ».

L'histoire de la réception part d'un constat : « La vie de l'œuvre littéraire dans l'histoire est inconcevable sans la participation active de ceux auxquels elle est destinée[56]. » Ce point de départ a donné lieu à un important développement de recherches interdisciplinaires, trop vaste pour être résumé ici. L'objectif premier de mon propos n'est pas de documenter la capacité d'action des lecteur·rices, car les correspondant·es de Beauvoir en apportent des témoignages tout à fait convaincants, confirmant en retour la puissance de la lecture, de l'écriture et de l'identification dans la construction de l'expérience. Cette relation autrice-lectorat est empreinte de réciprocité, mais également marquée par toutes sortes d'inégalités : Beauvoir dispose de beaucoup plus de ressources, qu'elles soient discursives ou autres, que la plupart de celles et ceux qui lui écrivent. Pour autant, même les épistolier·es qui semblent se contenter du plaisir que la prose de Beauvoir leur procure, loin de rester dans une posture passive, tentent de mobiliser ses concepts ou un vocabulaire par ailleurs peu accessible. L'une des lectrices explique très bien comme elle se trouve immergée dans une expérience multisensorielle qui la rend particulièrement attentive et réactive :

> Je me suis toujours considérée une receveuse plutôt qu'une donneuse ; je lis, je pense, j'écoute beaucoup ; mais je ne crée pas. Je suis très sensible, une sorte d'instrument duquel le monde joue ; je vibre, je choisis et reproduis les sons que j'aime, j'accepte les idées et les impressions qui me paraissent bonnes et valides[57].

Beauvoir écrit qu'« un livre est un objet collectif : les lecteurs contribuent autant que l'auteur à le créer[58] ». La correspondance nous démontre à quel point cette idée doit être prise au sérieux. Elle ne fournit pas simplement un contexte permettant de mieux saisir les idées de Beauvoir[59]. Les intellectuel·les ne sont pas les seules personnes qui pensent, et ces lettres sont bien les archives d'une histoire intellectuelle – elles dévoilent les processus de création et de circulation des idées, nous indiquant aussi comment des réseaux se tissent autour de la figure de l'auteur·rice. Beauvoir élaborait un projet autobiographique tout en rédigeant des essais et en accordant de nombreux entretiens. Ces lettres lui parviennent alors même qu'elle est en train d'écrire et de réviser ses textes. Il s'agit d'un véritable dialogue en temps réel.

Écrire à un·e auteur·rice est une pratique qui s'inscrit dans l'histoire de la littérature, de la pensée et de la politique[60]. L'écrivaine belge Amélie Nothomb (1966-) s'est exprimée de façon très pertinente à ce sujet. Elle confie accorder une attention démesurée aux courriers de son lectorat. Son court roman, *Une forme de vie* (2010), débute par une correspondance imaginaire avec l'un de ses lecteurs, un soldat américain stationné en Irak. Je ne révélerai rien de l'intrigue ici, mais, au fur et à mesure que leurs échanges épistolaires deviennent de plus en plus tendus, entre jeux de pouvoir et mystifications, le roman prend la forme d'une réflexion sur la correspondance réelle entre Nothomb et son lectorat. Celle-ci porte un regard aussi ironique qu'étonnant sur la relation lecteur·rices-auteur·rice ; il est indéniable que les dynamiques à l'œuvre dans la correspondance de Beauvoir un demi-siècle plus tôt sont toujours à l'œuvre aujourd'hui. Les lecteur·rices de Nothomb évoquent allégrement l'excitation provoquée par la découverte de ce lien. La rencontre entre les lecteur·rices et l'autrice est comme celle de « Robinson [Crusoé] et Vendredi sur la plage de l'île ». Certain·es veulent absolument se reconnaître dans l'autrice, et d'autres, s'en dissocier. *C'est tout comme moi ! C'est tout l'inverse de moi !* Nothomb réfléchit aux risques que l'on court à s'emballer devant cette apparente communion des âmes. Évoquant son statut d'autrice, elle explique : « On est tellement enivré qu'on ne voit pas venir le danger. Et soudain, l'autre est là, devant la porte. [...] Les autres [les lecteur·rices] ont tant de façons de débarquer chez vous et de s'imposer. » Le lectorat de Beauvoir a fait irruption dans son œuvre avec ce même genre de richesse romanesque inattendue[61].

Finalement, les plaisirs et les périls sont légion lorsqu'on entreprend un travail de recherche dont le matériau se trouve être une correspondance, et il est difficile pour un·e historien·ne d'éviter ce que la théoricienne de la culture Margaretta Jolly appelle l'« étrangeté de la relation épistolaire par rapport à d'autres types d'échanges[62] ». Les lettres sont délibérément directes et enjôleuses. Elles sont théâtrales, et ce d'autant plus qu'elles s'adressent à une personnalité emblématique. Nombre d'épistolier·es de cette correspondance décrivent leurs missives comme des « bouteilles à la mer ». Pour une lectrice, écrire à Simone de Beauvoir s'apparente à « observer une porte étrange. Vous vous en approchez, vous hésitez... vous entrez dans un monde nouveau ». Beauvoir sert de point de repère : « Vous êtes en quelque sorte un phare, si je puis employer cette image usagée[63]. » Rien de surprenant au fait que je sois restée clouée à mon fauteuil à la BnF. Pourtant, ces lettres ne font pas que nous guider vers un monde intérieur autrement inaccessible. Elles portent l'empreinte du genre épistolaire et des pratiques de la correspondance, qui possèdent une dimension historique en constante évolution et un intérêt qui leur est propre[64].

Ce livre commence par deux chapitres destinés à replacer *Le Deuxième Sexe* dans un contexte historique plus large. Les lettres que Simone de Beauvoir a reçues à cette période ont disparu – elles ont été soit jetées, soit détruites. Ainsi, pour analyser les premières lectures du *Deuxième Sexe*, il a fallu se concentrer sur la critique et les recensions de l'époque. Les critiques avaient beau être des expert·es, ils et elles se sont révélé·es aussi imprévisibles que des lecteur·rices plus ordinaires une décennie plus tard. Leurs réactions sont restées rivées au texte et à l'image de Beauvoir. À partir du troisième chapitre, ce sont les épistolier·es qui nous servent de guides. En commençant par la correspondance entraînée par la publication des *Mémoires d'une jeune fille rangée*, je m'applique à suivre les différents courants qui ont permis un approfondissement de la relation autrice-lecteur·rices, mais qui l'ont également rendue plus tumultueuse : des souvenirs s'alimentant les uns les autres et un processus d'identification souvent passionné ; le partage des sentiments de honte et de désarroi provoqués par certains choix politiques ; des confidences sur des problèmes d'identité sexuelle, d'insatisfaction conjugale et de colère envers les personnes du sexe opposé. L'explosion du féminisme au début des années 1970 a amené Beauvoir à déclarer, dans *Tout compte fait*, qu'elle voulait bien se dire féministe. Cette conversion ne suffira pas à résoudre son ambivalence à l'égard du collectif des femmes. Elle ne mettra pas non plus fin aux nombreux conflits que ces lecteur·rices auront avec elle, avec le féminisme ou avec d'autres types d'engagements et d'identités politiques. La conclusion aborde la question des dynamiques politiques et affectives à l'œuvre dans le lien auteur·rices-lectorat ainsi que la place de ces archives en tant qu'artefacts culturels du XXe siècle.

Au début de sa carrière, alors que Simone de Beauvoir était en train d'écrire *Le Deuxième Sexe* et d'entamer la rédaction de ses Mémoires, elle ne pouvait imaginer l'impact extraordinaire qu'auraient ses livres. Le lien épistolaire intense qui s'est créé avec son public l'a prise de court et a façonné l'héritage qu'elle nous laisse. Nous reste également aujourd'hui tout un univers à explorer, constitué par un fonds d'archives remarquable et unique en son genre, un univers qui offre aux historien·nes la possibilité d'étudier à la fois l'entrelacement entre les pratiques de lecture et d'écriture, le phénomène culturel que représentent ces lettres, intimement liées à l'histoire des livres, et le XXe siècle, avec ses discussions sur le sexe, l'amour et la politique.

1

La vie intime de la nation

Lire Le Deuxième Sexe en 1949

Que la condition humaine soit une chose,
et la condition de la femme une autre chose – pire,
tout le monde en convient à peu près.

(Dominique Aury, recension du *Deuxième Sexe*, 1950)

La quasi-totalité du courrier des lecteur·rices rédigé au moment de la parution du *Deuxième Sexe* a disparu. Il n'en est pas moins essentiel de tenter de nous imaginer comment cette œuvre, qui deviendra la plus célèbre de Simone de Beauvoir, a été reçue à l'époque par le public. C'est l'objet de ce chapitre et du suivant, qui porteront sur la réception critique du *Deuxième Sexe* au moment de sa parution. Les journalistes et les critiques, se considérant comme les garant·es des standards littéraires et des goûts du public, estiment avoir toute légitimité pour décider de la pertinence des sujets qui méritent d'être débattus. Leurs opinions sur le lectorat dit « grand public », à l'époque, sont très arrêtées et souvent contradictoires. Les points de vue exprimés apportent un nouvel éclairage sur les thèses de Beauvoir et sur les attentes qui se sont cristallisées autour d'elle[1].

Notre analyse rétrospective de la réception du livre en 1949 est déformée par l'image que nous avons de Beauvoir comme d'une pionnière, une autrice en avance sur son temps. Notre propos est bien de souligner l'audace dont elle a fait preuve, tout en reconnaissant la difficulté d'un texte si ambitieux. *Le Deuxième Sexe* s'apparente bien à ce que les étudiant·es français·es appellent familièrement un « pavé » : huit cents pages mêlant argumentation philosophique exigeante, critique littéraire, histoire et sciences sociales, sans compter des descriptions étonnamment détaillées d'expériences sexuelles et corporelles. D'une part, ce livre vient mettre au centre des débats un thème inédit, une façon de reconsidérer de manière philosophique la condition, ou la situation, féminine. D'autre part, il construit une argumentation, soutenant que la femme est définie par rapport à l'homme en tant qu'« Autre », singulière et subordonnée. Enfin, l'ouvrage se distingue par la qualité de son écriture, à la fois experte, olympienne et introspective. *Le Deuxième Sexe* donne matière à de vastes débats et discussions. Pourtant, lorsque nous l'analysons en lui prêtant uniquement un caractère avant-gardiste, comme si *Le Deuxième Sexe* était déjà devenu ce classique de littérature féministe des années 1970, nous faisons comme si Beauvoir n'abordait qu'un seul sujet et ne s'adressait qu'à un seul lectorat, lequel est venu à elle bien plus tard. Cette lecture limitante ne tient pas compte des nombreuses ramifications de l'œuvre de Beauvoir, pas plus qu'elle ne met en lumière l'impact réel qu'a eu *Le Deuxième Sexe* lors de sa parution[2]. Les discussions autour du livre et l'image même de Beauvoir ont été durablement marquées par les controverses, les débats et les préoccupations de l'époque.

En France, le droit de vote est accordé aux femmes en 1944 – c'est-à-dire particulièrement tard – lorsque, sous la pression des alliés, le gouvernement français en exil du général de Gaulle, par décret, met fin à une situation d'impasse interminable. Le droit de vote des femmes ne sera pas perçu comme un tournant décisif ni comme une consécration à célébrer, mais plutôt comme un non-événement. La cuisante défaite de la France en 1940, l'occupation nazie et, plus encore, l'humiliation de la collaboration du gouvernement de Vichy avec le régime hitlérien sont encore vives dans les esprits. La France a perdu sa position géopolitique prédominante. Les tensions impérialistes déclenchées par la révolte anticoloniale et la répression menée par les colonisateurs sont déjà perceptibles. Le pays doit faire face dans l'urgence aux sévères pénuries de matériel ou au trafic de faux tickets de ravitaillement. La priorité est aussi à la reconstruction économique et politique. Les coalitions gouvernementales sur le territoire se fissurent, éprouvées par les grèves et les pénuries. L'escalade de la guerre froide accentue la polarisation de la politique internationale et nationale. Face à la crise, et au débat qui s'envenime au sujet de ce passé douloureux, les intellectuel·les de l'après-guerre en France cherchent à aller de l'avant pour « récupérer l'avenir[3] ».

Le ton que Beauvoir choisit d'employer fait écho à cette détermination. Dans le premier paragraphe du *Deuxième Sexe*, l'écrivaine donne l'impression de vouloir faire place nette en dégageant les livres et les articles accumulés sur son bureau, une manière de vider son esprit et repartir de zéro :

> J'ai longtemps hésité à écrire un livre sur la femme. Le sujet est irritant, surtout pour les femmes ; et il n'est pas neuf. La querelle du féminisme a fait couler assez d'encre, à présent elle est à peu près close : n'en parlons plus. On en parle encore cependant. Et il ne semble pas que les volumineuses sottises débitées pendant ce dernier siècle aient beaucoup éclairé le problème. D'ailleurs y a-t-il un problème ? Et quel est-il ? Y a-t-il même des femmes[4] ?

Cette volonté intellectuelle de faire table rase exige de repenser le point de départ même de la « femme » ou de la « féminité ». Beauvoir élabore une conception du féminin d'un point de vue existentiel et phénoménologique, en tant que « condition », « expérience vécue » ou, peut-être mieux encore, en tant que processus dynamique d'existence en devenir : « On ne naît pas femme, on le devient[5]. »

Elle s'affirme en tant que femme appartenant à une nouvelle génération d'intellectuel·les qui n'a que faire des débats passéistes. Elle s'agace de ces « volumineuses sottises » écrites au sujet des femmes. Elle prend clairement ses distances vis-à-vis des modèles d'actions politiques menées par des femmes. « En gros nous avons gagné la partie, écrit-elle dans les premières lignes d'introduction du livre. Nous ne sommes plus comme nos aînées des combattantes. Beaucoup de problèmes nous paraissent plus essentiels que ceux qui nous concernent singulièrement. » Elle est convaincue que le féminisme n'offre qu'une perspective politique réformiste limitée, faisant pâle figure en comparaison des autres mouvements qui sont en train de bouleverser le monde de l'après-guerre : « Les femmes – sauf en certains congrès qui restent des manifestations abstraites – ne disent pas “nous”. […] Les prolétaires ont fait la révolution en Russie, les Noirs à Haïti, les Indochinois se battent en Indochine : l’action des femmes n’a jamais été qu’une agitation symbolique ; elles n’ont gagné que ce que les hommes ont bien voulu leur concéder ; elles n’ont rien pris : elles ont reçu[6]. » Le sentiment d’urgence qui ressort de ces pages, le désaveu du féminisme bourgeois, l’intérêt porté à l’antiracisme et à l’anticolonialisme, et cette insistance sur la nécessité de recréer un humanisme tourné vers l’avenir, lié à une nouvelle conception de l’humanité des femmes, sont autant d’éléments qui inscrivent *Le Deuxième Sexe* de plain-pied dans la période de l’après-guerre.

La parution du *Deuxième Sexe* ne passe pas inaperçue. L’historienne Sylvie Chaperon s’est penchée sur le scandale qui a suivi en analysant la façon dont le livre et son autrice ont été traînées dans la boue. L’une des raisons derrière cette fureur tient aux profondes divisions politiques qui règnent alors dans le paysage culturel français. Le radicalisme de Beauvoir et de Sartre provoque la colère dans le camp des conservateur·rices. Mais en tentant de rester à l’écart de ce début de conflit larvé entre intellectuel·les, le couple s’attire le mépris des communistes. On assiste à une véritable guerre de tranchées autour du *Deuxième Sexe*[7]. Certaines parties du livre sont choquantes ou énigmatiques, sinon les deux. Les questions soulevées par les critiques en 1949, notamment sur les limites du débat public et sur le sens de la pudeur et de la décence qui l’encadre, n’auront de cesse de réapparaître dans les décennies suivantes. Ces conceptions ne concernent pas uniquement la thématique du sexe. Elles imprègnent aussi largement ce que l'on pourrait appeler l'« histoire intime de la nation[8] ». Les débats suscitent des réactions qui se retrouveront dans les courriers des lecteur·rices.

Partant de la subjectivité de leur propres opinions, les critiques s'arrogent le droit de dicter la teneur des débats publics autour du *Deuxième Sexe*. En fonction de ses positions dans le paysage journalistique ou dans les sphères de la pensée critique de l'après-guerre, chacun·e affiche des conceptions très différentes de ce que le public est en mesure d'entendre et d'accepter[9]. Trois points de vue se dégagent plus particulièrement dans le paysage de l'après-guerre. Le premier rejoint celui du magazine nouvellement créé *Paris Match*, assez proche de son homologue américain *Life*. Dans ses premiers numéros, *Paris Match* publie de longs extraits du *Deuxième Sexe*. La rédaction se montre confiante dans la capacité de son lectorat à accueillir les propos audacieux et provocateurs de Beauvoir. La revue *Les Temps modernes*, récemment arrivée dans le paysage éditorial elle aussi, propose une deuxième approche. Sartre et Beauvoir font partie de la direction de la publication. C'est une petite revue, radicale et intellectuelle, avec une vision beaucoup plus subversive de la provocation. Enfin, le troisième point de vue sera celui du supplément littéraire du plus ancien quotidien de presse français, *Le Figaro*. C'est dans ces pages que François Mauriac, écrivain catholique de renom, s'érigeant en défenseur de la littérature française et de la réputation de la nation, lance une attaque tous azimuts contre l'existentialisme et les figures ennemies qu'on lui associe. Mauriac se fait le porte-parole d'un public qui, selon lui, est consterné par le caractère obscène, intime et lubrique du livre. Dans les deux années qui suivent, tout d'abord dans un forum organisé par Mauriac puis, plus tard, s'exprimant à titre individuel dans différents journaux, une foule de critiques, issu·es de différents horizons du paysage culturel, vont tenter de résumer et de commenter *Le Deuxième Sexe*. Le texte de Beauvoir se retrouve ainsi au au cœur d'un débat présenté comme essentiel, à la fois pour la nation et pour les lecteur·rices. En examinant la manière dont ces critiques présentent *Le Deuxième Sexe*, incorporent ses théories à leur propre pensée et se confrontent aux sentiments exacerbés qu'elles ont suscités, on se rend compte que l'image d'une France catholique scandalisée tenait en fait de la généralisation. Cette perspective aide à mieux comprendre ce que pouvaient être la culture et la politique de l'après-guerre. Elle met également en lumière les attentes du public à l'égard des intellectuel·les et, inversement, les attentes des intellectuel·les à l'égard de celles et ceux qui suivent leurs publications – leurs *followers*.

Paris Match

Le Deuxième Sexe paraît à la manière d'un feuilleton[10]. *Paris Match* réagit dès la parution du premier tome en juin 1949. En août 1949, de grands extraits sont publiés dans ses colonnes. Une bande rouge en travers de la couverture du magazine annonce simplement : « La femme, cette inconnue ». Le choix de cette formulation, évoquant une figure ou une région encore inexplorée, mystérieuse, joue aussi avec les clichés de l'énigme du féminin, ou avec la référence freudienne au « continent noir » de la sexualité féminine. Selon *Paris Match*, c'est Beauvoir elle-même qui aurait choisi ce titre, peut-être dans le but de piquer la curiosité du public sur la critique qu'elle propose de ces mythes. « Qu'est-ce qu'une femme ? » demande *Le Deuxième Sexe*. La réponse commence par un long exposé sur les « données de la biologie » et les significations qu'on attribue aux différences sexuelles, avant de présenter aux lecteur·rices une critique des portraits psychologiques, sociaux et littéraires qu'on a pu faire du féminin. En cours de route, on découvre que les connaissances validées scientifiquement ou par le sens commun sont en réalité des constructions sociales, des mythes. Beauvoir l'affirme dans ce premier tome : l'essence de la féminité n'existe pas. À la place, il n'y a que la généreuse facticité du corps féminin et une constellation tout aussi foisonnante de mythes qui posent la femme comme « Autre », façonnant l'expérience, la conscience et la subjectivité féminines.

Sur la couverture, juste au-dessous du bandeau annonçant le livre de Beauvoir, *Paris Match* a placé une photographie de la vedette de cinéma Henri Vidal. Celui-ci prend la pose à la manière de son homologue américain, Rock Hudson : poitrine, poils et tétons sont visibles à travers son tee-shirt en résille[11]. Vidal est une icône de la masculinité. Ancien culturiste, il a figuré en tête d'affiche de six films, dont pratiquement tous mettent en valeur son torse athlétique. Dans *Fabiola*, qui, en 1949, vient de sortir sur les écrans, Vidal joue le rôle d'un jeune et beau gladiateur devenu secrètement chrétien. Le drame se déroule dans l'Empire romain en ruine, un déclin dont les dirigeants rendent les minorités chrétiennes responsables. Le héros est dénoncé et condamné à mort, mais se bat contre ses persécuteurs dans l'arène des gladiateurs. L'analogie avec les persécutions nazies et la résistance héroïque est on ne peut plus claire, tout en restant acceptable politiquement : nul besoin de trop réfléchir ni de faire un examen de conscience sur son propre rapport à l'antisémitisme pour acclamer une minorité chrétienne persécutée. La photo de Vidal et le film nous rappellent que, en 1949, la Seconde Guerre mondiale est encore bien présente, en toile de fond, dans les débats suscités par la publication du *Deuxième Sexe*.

Dans ce nouveau paysage de la presse française d'après-guerre, *Paris Match* marque un tournant. Le magazine a été lancé quelques mois plus tôt, en mars 1949. Son propriétaire, Jean Prouvost, déjà connu en tant que magnat de la presse dans l'entre-deux-guerres, est accusé d'entretenir des liens trop étroits avec le gouvernement collaborationniste de Vichy. Pour obtenir une nouvelle autorisation de publication, Prouvost remanie *Match*, le magazine sportif dont il est déjà propriétaire, et le transforme en le calquant sur le modèle américain de *Life*[12]. Le credo de *Paris Match* est celui du « règne de l'image ». Mais le magazine se préoccupe aussi du contenu de ses textes et propose régulièrement à des écrivain·es de s'exprimer dans ses colonnes. L'objectif est de couvrir les actualités et de représenter, pour les lecteur·rices, « les yeux et les oreilles du monde[13] ». Pour séduire le public, l'hebdomadaire joue la carte de la modernité exaltante ; la couverture du 6 août 1949 est révélatrice du type de lectorat qu'il imagine pouvoir cibler. En associant le texte de Simone de Beauvoir, que *Paris Match* présente comme « la première femme philosophe de l'histoire[14] », avec le corps viril de Vidal ainsi exposé, le magazine interpelle un public curieux et intelligent, prêt à relever les défis alors que le pays endolori se relève lentement des horreurs de la guerre.

Dans ce numéro du mois d'août, *Paris Match* présente donc Simone de Beauvoir et publie des extraits du premier tome du *Deuxième Sexe*. L'introduction (anonyme) est fidèle à ce qu'on peut attendre de ce type de magazines, couvrant l'actualité et les événements liés aux célébrités des sphères culturelles et politiques. Beauvoir est décrite comme une « belle femme au visage austère et serein », « si simple qu'elle repose l'œil ». Elle ne s'intéresse pas à la haute couture, elle achète ses robes dans les marchés portugais et ne possède qu'un seul manteau, rapporté de son récent voyage aux États-Unis. C'est « dans une institution privée de la rive gauche qu'elle a appris à lire » et « c'est à la Sorbonne qu'elle a appris à penser ». Effectivement, elle a beaucoup appris, puisqu'elle a passé l'agrégation de philosophie en 1929 à l'âge de vingt et un ans, devenant ainsi « la plus jeune agrégée de France ». Désormais « première femme philosophe apparue dans l'histoire des hommes », elle « vient d'écrire huit cents pages révolutionnaires sur un guéridon du "Flore" à Saint-Germain-des-Prés », café qu'on ne présente plus, au cœur de la scène existentialiste parisienne de l'époque.

Les responsables du magazine ne semblent pas douter des facultés de leur lectorat : les thèses de Beauvoir leur seront parfaitement intelligibles. *Paris Match* lui a proposé ses colonnes afin qu'elle « pose à ses lectrices et à ses lecteurs tous les problèmes qui caractérisent l'inquiétude de la femme moderne : [...] avortement, prostitution, égalité des sexes, mariage et divorce ». Les femmes françaises n'ayant obtenu que très récemment l'égalité sur le plan politique, le moment est venu pour une théoricienne de se pencher sur l'« éternelle question féminine » et d'aborder ce sujet de manière « lucide », en des termes philosophiques. Simone de Beauvoir a entrepris une tâche immense et originale : « dégager de la grande aventure humaine une philosophie de son sexe ». « La femme doit échapper à la condition d'infériorité que l'homme lui a imposée et que la majorité des femmes a jusqu'ici acceptée[15] » – ainsi *Paris Match*, à sa manière, résume-t-il la thèse de Beauvoir.

Le magazine tire à deux cent cinquante mille exemplaires environ. Cette présentation du *Deuxième Sexe* nous donne donc un aperçu de la manière dont des centaines de milliers de lecteur·rices ont découvert le livre pour la première fois. Le texte est accompagné de mises en contexte pour guider la lecture. Chaque extrait est précédé d'une note de plusieurs lignes et, même s'il s'agit de versions abrégées, chacune compte entre six et neuf paragraphes, reprenant souvent une partie du langage pointu et inhabituel de Beauvoir. L'extrait singulièrement intitulé « La malédiction mensuelle », qui regroupe des passages de la thèse de Beauvoir sur la question biologique de la féminité, en est un exemple. Dans cet extrait, Beauvoir pose la question « Qu'est-ce que la femme ? » avant de passer en revue la quantité d'images qui viennent à l'esprit quand on évoque la féminité. Partant du constat qu'il s'agit d'une notion difficile à définir, elle énumère dans la foulée les idées dérangeantes, voire grotesques, qui y sont associées.

> La femme ? C'est bien simple, disent les amateurs de formules simples : elle est une matrice, un ovaire ; elle est une femelle : ce mot suffit à la définir. Dans la bouche de l'homme, l'épithète « femelle » sonne comme une insulte ; pourtant il n'a pas honte de son animalité, il est fier au contraire si l'on dit de lui : « C'est un mâle ! » Le terme « femelle » est péjoratif. […] cependant [l'homme] veut trouver dans la biologie une justification de ce sentiment. Le mot « femelle » fait lever chez lui une sarabande d'images : […] monstrueuse et gavée la reine des termites règne sur les mâles asservis ; la mante religieuse, l'araignée repues d'amour broient leur partenaire et le dévorent ; la chienne en rut court les ruelles, traînant après elle un sillage d'odeurs perverses […]. Inerte, impatiente, rusée, stupide, insensible, lubrique, féroce, humiliée, l'homme projette dans la femme toutes les femelles à la fois[16].

Dans les extraits suivants, Beauvoir ne mâche pas ses mots sur le sujet de la procréation et de la famille : « La femme qui engendre […] se sent le jouet passif de forces obscures, […] engendrer, allaiter ne sont pas des *activités*, ce sont des fonctions naturelles ; la femme subit passivement son destin biologique[17]. » *Paris Match* présente un long passage dans lequel Beauvoir évoque *L'Origine de la famille, de la propriété privée et de l'État* de Friedrich Engels (1884) et *Les Structures élémentaires de la parenté* de Claude Lévi-Strauss (1949), dont Beauvoir avait lu le manuscrit avant publication. Cette analyse structuraliste, désormais célèbre, examine le mariage et la parenté en tant que relations entre les hommes. L'écrivaine s'appuie sur cette théorie pour élaborer l'argumentation philosophique et historique de son propre ouvrage. « Les femmes n'ont donc jamais constitué un groupe séparé qui se fût posé *pour soi* en face du groupement mâle ; elles n'ont jamais eu une relation directe et autonome avec les hommes[18]. » Elle décrit l'évolution des structures économiques, des codes juridiques et des institutions sociales qui ont placé la femme dans la posture de l'« Autre ». La famille bourgeoise du XIXe siècle scelle le statut de dépendance de la femme, avec la redéfinition de sa nature à l'aune des notions bourgeoises associées à la pureté féminine. Le développement de la prostitution pour fournir des services sexuels à l'homme bourgeois est une conséquence inévitable de ce processus. Dans cet extrait, Beauvoir passe en revue l'héritage de la Révolution de 1789, de la « Déclaration des droits de la femme » d'Olympe de Gouges, morte sur l'échafaud, au Code Napoléon qui, en 1804, replace les lois sur le mariage sous l'emprise du patriarcat.

Paris Match ne se dérobe pas devant le contenu de la section intitulée « Le grand problème du "birth control" ». L'extrait compare les « pays anglo-saxons », qui légalisent le contrôle des naissances, à la France, qui interdit la contraception mais aussi la diffusion de toute information sur les techniques contraceptives. La volonté de l'État français de donner au corps médical le monopole du savoir en matière de sexualité n'a pas empêché les femmes de s'informer sur la contraception ni d'interrompre leur grossesse. « Malgré religion et lois, l'avortement tient dans tous les pays une part considérable. En France, on en compte chaque année de huit cent mille à un million – soit autant que de naissances – les deux tiers des avortées étant des femmes mariées, beaucoup ayant déjà un ou deux enfants[19] », précise l'autrice.

La semaine suivante, le lectorat de *Paris Match* découvre, sous la plume de Beauvoir, une critique de la mystification de la féminité telle qu'elle apparaît dans la littérature. Peur de la chair, tentation ou pouvoirs magiques de la femme, mais encore tabous des menstruations, culte de la maternité et de la virginité, il ne s'agit que de projections, de solutions compensatoires pour gérer les sentiments ambivalents face à la nature humaine ou l'angoisse de la mort. La première sélection concerne Henri de Montherlant dont le roman en série, *Les Jeunes Filles*, paru dans les années 1930, est devenu le livre de chevet de nombreuses Françaises. Le choix est délibéré. Montherlant a flirté avec l'extrême droite et le régime de Vichy. Au moment de la Libération, il a été interdit de publication pendant un an. Beauvoir établit un parallèle entre ses sympathies collaborationnistes, son mépris pour les femmes et son incapacité à créer des personnages féminins un tant soit peu intéressants. Cette section a pour titre « Montherlant et la femme limace[20] ». Beauvoir voit en D. H. Lawrence un écrivain « aux antipodes » de Montherlant, mais ajoute que l'auteur de *L'Amant de lady Chatterley* « croit passionnément à la suprématie mâle ». Deux courtes sélections expédient ensuite de la même manière le cas du catholique « légèrement modernisé » Paul Claudel et du surréaliste André Breton[21]. Beauvoir termine par un éloge de Stendhal, dont les personnages féminins sont faits « de chair et d'os » : « Passionnées, ambitieuses, emprisonnées par des attentes sociales et des interdictions », elles sont toutes un « cœur généreux cherchant son chemin dans les ténèbres[22] ».

Ainsi Beauvoir a-t-elle été découverte à cette époque par des centaines de milliers de lecteur·rices. Les extraits de *Paris Match* nous permettent aussi de saisir le ton du magazine, plus factuel que scandalisé. La nouvelle revue fait tout pour se démarquer : ouverture d'esprit et nouveauté dans le choix des sujets vont de pair avec une certaine liberté de ton. Ce sont là trois traits caractéristiques de l'esprit *Paris Match*. Ainsi, l'irrévérence dont Beauvoir fait preuve apparaît tout à fait compatible avec un portrait d'Henri Vidal en une, et des photographies tape-à-l'œil de femmes sur la plage de Deauville au mois d'août.

Dans le paysage éditorial de l'après-guerre, on peut également citer le cas du magazine *Elle*. L'hebdomadaire manifeste le même enthousiasme pour les nouvelles libertés et la même confiance dans l'aptitude de ses lectrices à mettre de côté leurs inhibitions pour s'intéresser aux sujets que le comité de rédaction juge dans l'air du temps. Les thèmes sont variés : la participation à la vie politique, le difficile travail de reconstruction de l'après-guerre, l'ouverture d'esprit dans le domaine culturel, la connaissance de soi, y compris en matière de sexualité. Dans un article sur la frigidité féminine, sujet désormais prisé, l'une des chroniqueuses du magazine exhorte ses lectrices à « lever le voile de la fausse pudeur » et à se débarrasser de l'image de la femme fleur bleue, fragile et ignorante[23]. Tout comme *Paris Match*, *Elle* juge que cette image est en complet décalage avec les problèmes de l'après-guerre et les efforts de reconstruction d'une nation moderne.

La « pudeur » est un concept important, car il est au centre du discours émotionnellement chargé qui prédomine, en

France, autour du corps, de la sexualité et du genre. Cette notion est également primordiale pour explorer les grandes thématiques dont il est question ici et qui seront développées dans les prochains chapitres. Selon le contexte, le mot peut signifier « modestie », « retenue », « discrétion » ou « décence ». Le *Littré*, dictionnaire français d'usage au XIXe siècle, indique que « pudeur » dérive du terme latin *pudor*, qui signifie « honte » (et *pudere*, « avoir honte »), et le définit comme une « sorte de discrétion, de retenue, de modestie qui empêche de *dire*, d'*entendre* ou de *faire* certaines choses sans embarras[24] ». Dans son ouvrage intitulé *Études de psychologie sexuelle*, l'auteur britannique Havelock Ellis décrit en termes explicites le caractère genré de ce sentiment : la retenue et son émotion conjointe, la honte, constituent un ensemble de peurs qui « suffiraient à expliquer l'existence de la pudeur en tant que caractère sexuel secondaire d'ordre psychique » chez la femme[25]. À cette époque, la pudeur, à la fois protection et refuge, permet de maintenir l'équilibre émotionnel délicat des deux sexes. En d'autres termes, elle contribue à assujettir la sexualité féminine. Celle-ci, qui dépend d'un désir féminin entièrement tourné vers la satisfaction de l'homme, peut à tout moment devenir incontrôlable, perturbant la rationalité masculine et bouleversant les différences entre les sexes. Si, comme l'affirme le magazine *Elle*, on peut désormais considérer les excès de pudeur comme dépassés, le pouvoir de s'affranchir de ses normes, en revanche, reste une question d'actualité. Par ailleurs, la pudeur, au sens de « retenue », va bien au-delà de la sexualité. Elle s'étend à des sujets considérés comme touchant « de près à [...] la vie intime de quelqu'un ou à l'essence de quelque chose[26] ». La pudeur à la française et ses codes sont indissociables des sentiments liés à la vie intime de la nation et au malaise qui découle de son histoire récente. Et, sur ces questions, nombre de personnes préféreraient s'entourer d'épais murs protecteurs pour tracer des frontières claires entre vie privée et vie publique.

Les Temps modernes

Dans le monde des lettres françaises, à l'extrême opposé de ces magazines, Simone de Beauvoir et *Les Temps modernes*, revue à laquelle elle est associée, repoussent beaucoup plus loin les limites de l'acceptable. *Les Temps modernes* ont déjà publié des extraits du premier tome du *Deuxième Sexe* en 1948, alors que Beauvoir n'en avait pas encore achevé la rédaction. Au printemps 1949, la revue révèle en avant-première les passages les plus subversifs du deuxième tome. « L'initiation sexuelle de la femme », publiée en mai 1949, est suivie, en juin et juillet, de « La lesbienne » et « La maternité ». Ce dernier thème pourrait sembler anodin, mais l'article (tout comme le chapitre complet dans *Le Deuxième Sexe*) entame d'emblée une longue analyse sur la question de l'avortement, l'hypocrisie institutionnalisée et l'immoralité des lois qui en maintiennent l'illégalité. L'avortement, écrit Beauvoir, « hante » la vie sexuelle de la femme. Sa vision du monde sera transformée par cette expérience, qui va la confronter à tout ce que la société assigne à la notion de féminité. Le monde n'est pas fait à son image : son expérience de la sexualité est radicalement différente de celle de l'homme. Aux moments les plus cruciaux, son corps et ses choix ne lui appartiennent plus. Cette section sur la maternité présente, par des illustrations graphiques en pleine page, les cas de femmes hospitalisées dans des cliniques de ville après des avortements clandestins. En comparaison, les extraits publiés dans *Paris Match* sur le contrôle des naissances semblent extrêmement timorés, bien qu'ils aient pu passer pour audacieux dans les colonnes d'un magazine à grand tirage.

Beauvoir ne s'en tient pas là. Elle brave encore la norme en s'étendant sur la question du désir et de la sensualité féminine, depuis les plaisirs ressentis par le bébé et la petite fille jusqu'à l'érotisme des relations lesbiennes. En publiant les analyses sur la maternité et la lesbienne à dessein quasiment l'une après l'autre, Beauvoir veut montrer que les plaisirs sensuels de ces deux situations vécues par la femme, longuement détaillés sous sa plume, se font écho[27]. Elle s'en prend aux psychanalystes et à leur « conformisme moralisateur » à l'égard de l'homosexualité, qu'elle leur reproche de ne jamais envisager que comme une attitude « inauthentique ». Elle soutient qu'il n'y a aucune « malédiction fatale » dans l'histoire d'une personne ou dans son développement sexuel, mais qu'il s'agit d'une série de choix et que « la normalité du choix ne lui confère aucune valeur privilégiée[28] ».

Parmi ces trois articles, le plus provocateur, « L'initiation sexuelle de la femme », fait la une du numéro de mai des *Temps modernes*. Le texte n'est accompagné d'aucune présentation de la part du comité éditorial, ni d'informations sur l'ouvrage dont il est extrait. Il entre directement dans le vif du sujet :

« En un sens, l'initiation sexuelle de la femme, comme celle de l'homme, commence dès la plus tendre enfance. Il y a un apprentissage théorique et pratique qui se poursuit de manière continue depuis les phases orale, anale, génitale, jusqu'à l'âge adulte. Mais les expériences érotiques de la jeune fille ne sont pas un simple prolongement de ses activités sexuelles antérieures ; elles ont très souvent un caractère imprévu et brutal[29]. » Aujourd'hui, pour peu que son œuvre nous soit familière, on voit sans mal où Beauvoir veut en venir. L'« apprentissage théorique et pratique » de la sexualité fait partie du processus qui consiste à devenir femme, et c'est ce processus qu'examine en détail le second tome du *Deuxième Sexe*.

Néanmoins, la formule si pertinente de Beauvoir, « On ne naît pas femme, on le devient », qui pose le contexte de ce second tome et pourrait expliciter l'objectif de l'autrice, n'est pas reprise dans cet article. De plus, dès le deuxième paragraphe, Beauvoir entraîne les lecteur·rices dans une discussion sur les orgasmes clitoridiens et sur le lien ténu entre le plaisir sexuel des femmes et l'hétérosexualité reproductive :

> Le système clitoridien ne se modifie pas dans l'âge adulte et la femme conserve toute sa vie cette autonomie érotique ; le spasme clitoridien est comme l'orgasme mâle une sorte de détumescence qui s'obtient de manière quasi mécanique ; mais il n'est qu'indirectement lié au coït normal, il ne joue aucun rôle dans la procréation. C'est par le vagin que la femme est pénétrée et fécondée ; il ne devient un centre érotique que par l'intervention du mâle et celle-ci constitue toujours une sorte de viol[30].

La question des sensations vaginales illustre parfaitement la complexité érotique de la sexualité féminine : « Le plaisir est alors atteint par des contractions de la surface interne du vagin ; celles-ci se résolvent-elles en un orgasme précis et définitif ? C'est un point sur lequel on discute encore. Les données de l'anatomie sont très vagues[31]. » Beauvoir résume les débats confus de l'époque autour de la sexualité féminine. Elle s'inspire notamment des théories d'Helene Deutsch sur les « organes sexuels dédoublés » et les oppositions entre orgasme clitoridien et plaisir vaginal « abouti ». Deutsch a élaboré ces théories en tentant de confronter ses idées à celles de Freud ; chez Beauvoir, cette analyse se superpose à la tension existentielle à l'œuvre entre l'être pour soi et l'être pour les autres[32]. Si elle avait été publiée à part, « L'initiation sexuelle de la femme » aurait pu servir d'introduction, une introduction certes surprenante et quelque peu opaque, à la phénoménologie existentielle du corps de la femme théorisée par Simone de Beauvoir[33].

De son propre aveu, c'est avec ces trois articles des *Temps modernes* qu'elle a montré le plus d'audace, puisqu'ils placent la sexualité au cœur de l'« expérience vécue » de la femme[34]. Beauvoir soutient que la sexualité est un enjeu majeur pour tous les êtres humains, et qu'on ne peut la dissocier des processus d'acceptation de ses propres désirs, de son identité et de son avenir. Elle fait partie intégrante de la quête de l'être. Si le corps est l'« instrument de sa prise sur le monde », la sexualité elle, est l'un des principaux moyens permettant d'y trouver un point d'appui, ou du moins tenter d'y parvenir. Pour la femme, la sexualité implique de traverser un terrain miné d'interdictions et d'attentes sociales, d'expériences aliénantes et de plaisirs auxquels elle renonce, ou qui lui sont refusés, ou encore, comme dans le cas de l'orgasme, qui sont simplement difficiles à atteindre. Beauvoir écrit sans complexe et mêle à la langue de l'honnêteté scientifique une philosophie de l'existence au féminin.

Paris Match ne publie aucun extrait de ce type. *Les Temps modernes* se situent de toute évidence aux antipodes d'un magazine grand public, aussi osés soient-ils. La revue a une notion très différente de la provocation et ne s'embarrasse pas d'une quelconque forme de pudeur. Plutôt que de célébrer joyeusement la vie et la liberté de l'après-guerre, *Les Temps modernes* mettent l'accent sur la responsabilité et la liberté radicale. L'expression de la vérité et l'aptitude à sonder sa propre conscience prennent le pas sur les photographies racoleuses et la psychologie populaire[35]. Comme de nombreuses autres revues intellectuelles, *Les Temps modernes* voient le jour dans le contexte d'une presse française d'après-guerre bouleversée par la suspension massive des magazines et journaux ayant collaboré avec le régime nazi pendant l'Occupation[36]. La jeune revue ne fait pas que s'engouffrer dans ce nouvel espace, elle propose également un nouvel ordre du jour en accord avec cette culture d'après-guerre. Les écrivain·es ne peuvent pas fuir ce moment de leur histoire, toutes et tous doivent s'engager. Dans le premier numéro, Sartre précise : « Nous ne voulons rien manquer de notre temps. » Il présente ainsi la position philosophique de la revue, déclarant qu'il n'y a pas de nature humaine mais une condition humaine. L'être humain se caractérise par sa finitude : il naît et meurt, il existe dans le monde. Chaque être humain est « en situation », situation qui lui a été donnée. Il convient néanmoins de prendre la liberté humaine et la responsabilité éthique pour points de départ. « Nous concevons sans difficulté qu'un homme, encore que sa situation le conditionne totalement, puisse être un centre de détermination irréductible. [...] On ne fait pas ce qu'on veut et cependant on est responsable de ce qu'on est : voilà le fait[37]. » Dans la morosité qui accompagne en France ces années noires, et face à l'effondrement des normes constaté après deux guerres mondiales, cette posture philosophique apparaît fort engageante. Les Français·es sont séduit·es aussi par le discours sur la portée de l'écriture et la capacité de l'écrivain·e à saisir la réalité humaine et à changer le monde, car il se fonde sur le prestige de la littérature et des intellectuel·les, même si l'après-guerre en a redéfini la signification. La « théorisation de l'engagement » formulée par Sartre a été un « véritable coup de force symbolique », écrit l'historienne Gisèle Sapiro[38]. *Les Temps modernes,* pôle de la production littéraire à petite échelle, captent l'attention des cercles intellectuels radicaux en France et à l'étranger.

Que pouvait bien penser le lectorat des *Temps modernes* de « L'initiation sexuelle de la femme » ? Dans quelle mesure cet article de Beauvoir, ou *Le Deuxième Sexe* dans son intégralité, reflétaient-ils le projet porté par la revue ? La réponse à cette question n'a rien d'évident, et cette difficulté même participe du scandale. C'est pourquoi il est intéressant de se pencher sur les objectifs du journal. *Les Temps modernes* proposent une redéfinition des sujets qui doivent faire l'objet de débats publics et encouragent la réflexion critique au-delà des genres et des thématiques. La revue publie de la poésie, de la littérature, des critiques littéraires, de la philosophie et des chroniques culturelles sur le cinéma et la musique, en particulier le jazz. Comme Beauvoir le souligne dans son analyse rétrospective, *Les Temps modernes* englobent à la fois des essais, des récits de vie, de la philosophie, et « chaque produit social et chaque attitude – la plus intime et la plus publique[39] ». Son lectorat s'étend jusqu'au continent américain, mais aussi en Europe et dans le monde colonial. La revue se veut également proche du terrain, couvrant aussi bien la vie quotidienne, la politique, les petits larcins, les crimes de guerre, les études psychologiques et psychiatriques que la philosophie de l'éthique. Chaque numéro présente un dossier ou un témoignage accompagné de reportages et d'enquêtes.

La posture philosophique de la revue rejoint l'existentialisme sur l'importance de la création de sens dans l'examen phénoménologique de la perception, c'est-à-dire la manière dont le monde est porté à notre connaissance. L'« expérience vécue » est l'expression clé de la phénoménologie. La dimension psychologique du racisme colonial, l'expérience qui en est faite, la suprématie des Blancs sont autant de sujets qui illustrent de manière exemplaire les objectifs politiques du projet. *Les Temps modernes* publient de la littérature et de la poésie issues du mouvement de la négritude. Ils proposent des traductions des textes de l'écrivain africain-américain Richard Wright, et notamment *Black Boy*. Beauvoir tient à cette volonté d'intégrer de nouvelles voix dans le débat mondial sur la race et à faire découvrir ces témoignages bouleversants sur l'expérience quotidienne du racisme. L'analyse du racisme occupe une place prépondérante dans son ouvrage *L'Amérique au jour le jour*. Des extraits choisis sont publiés dans *Les Temps modernes*, en cinq séquences, juste avant les pages du *Deuxième Sexe*. L'écrivaine puise son inspiration et ses concepts auprès d'existentialistes africains-américains comme Wright, et des théoriciens de la négritude que sont Léopold Sédar Senghor (sénégalais), Aimé Césaire (martiniquais) et Léon Damas (guyanais). Ces auteurs ont écrit sur l'expérience de la colonisation et sur la condition des Noir·es sous la domination culturelle française, avec ses prétentions universalistes et ses préjugés racistes[40]. Qu'il s'agisse de genre ou de race, Beauvoir entend se débarrasser des mythes qui propagent l'idée de différence naturelle et rationalisent l'inégalité et l'oppression[41].

L'objectif du *Deuxième Sexe* s'inscrit donc dans la lignée d'autres projets portés par *Les Temps modernes*, même si ce rapprochement ne saute pas forcément aux yeux. L'approche de Beauvoir est interdisciplinaire, dans le même esprit que la ligne éditoriale des *Temps modernes*[42]. Elle balaie les champs de la littérature scientifique théorique et sociologique internationale qui étudient la condition de la femme au sens large : psychanalyse, recherche sur la sexualité, histoire de la propriété capitaliste et de la famille, étude anthropologique des clans. Elle souhaite mettre au jour les clés de voûte des structures sociales et apporter un nouvel éclairage sur les notions de perception et d'expérience. Enfin, en tant que membre du comité éditorial des *Temps modernes*, Beauvoir aime s'aventurer sur le terrain de la confrontation. L'époque est au renouveau et foisonne d'expérimentations et de débats. Comme elle l'explique, il y a sans cesse « des défis à relever, des erreurs à rectifier, des malentendus à dissiper, des critiques à repousser[43] ».

La revue veut de la controverse, elle va en avoir. L'article sur l'« initiation sexuelle de la femme » pouvait être quelque peu destabilisant, même pour des penseurs radicaux. À la sortie du *Deuxième Sexe*, Albert Camus, collègue intellectuel (et parfois allié) de Beauvoir, l'aurait accusée d'avoir ridiculisé le mâle français. Dans un passage du livre, l'écrivain de renom Julien Benda, évoquant l'« acte générateur consistant dans l'occupation d'un être par un autre être », était cité comme l'un des exemples de l'imagerie grandiloquente autour de la sexualité masculine dans la littérature française : l'homme est héroïque, il pénètre, il conquiert[44]. Camus a peut-être été rebuté par les longues descriptions de Beauvoir sur les expériences féminines et masculines du désir sexuel. L'homme, écrit-elle, entre fièrement en érection tandis que la femme devient passivement « humide ». Ce passage contient l'une des formulations les plus singulières de Beauvoir : « Le rut féminin, c'est la molle palpitation d'un coquillage[45]. »

Au nom de la décence : *Le Figaro littéraire* et le scandale

Si Camus a pu être embarrassé par les propos de Beauvoir, l'éminent écrivain et critique François Mauriac, lui, est outré. À la une du *Figaro*, le journal de la bourgeoisie française, il s'indigne et pose la question : « Un article sur "l'initiation sexuelle de la femme" est-il à sa place dans le sommaire d'une grave revue philosophique et littéraire[46] ? » Mauriac n'a pas réagi lors de la parution du premier tome du *Deuxième Sexe*, mais lorsque « L'initiation sexuelle de la femme » paraît dans les pages des *Temps modernes*, c'en est trop. Il passe à l'action et, profitant de la fonction qu'il occupe au *Figaro*, lance un cri de ralliement au nom de la culture : il lance ainsi une grande enquête, qui durera trois mois, sur l'état lamentable du paysage littéraire français contemporain. Presque toutes les biographies de Beauvoir ou les ouvrages qui évoquent l'histoire du *Deuxième Sexe* mentionnent la colère qui pousse Mauriac à dénoncer publiquement le livre. Il est souvent fait référence au message qu'il a adressé en privé à Roger Stéphane, collègue de Beauvoir aux *Temps modernes*, indiquant que le dernier numéro de la revue lui avait beaucoup appris sur le vagin et le clitoris de sa patronne. Mauriac a déclaré plus tard que ce type de langage ne lui ressemblait pas. C'est faux. Un an plus tard, dans une correspondance privée, il fulmine de nouveau contre des femmes de lettres qui ont critiqué son travail, en l'occurrence Claude-Edmonde Magny, agrégée de philosophie. Il ne peut plus supporter « ces idiotes instruites qui enfoncent leurs talons Louis XV sur toutes les voies sacrées de notre vie, ces connes pédantes et piaillantes, il faudrait les mettre dans une garderie d'enfants à torcher les derrières et à vider des pots jusqu'à la mort[47] ».

En 1949, Mauriac jouit d'un immense prestige. Véritable prototype de l'intellectuel catholique, il est membre de l'Académie française depuis 1933 ; il a été l'un des premiers intellectuels à s'engager dans la Résistance contre Vichy et le régime nazi, et c'est un catholique connu pour avoir courageusement défié le dogme de l'extrême droite[48]. Il a soutenu les républicains pendant la guerre civile espagnole (les républicains défendaient le gouvernement espagnol contre les conservateurs catholiques et les militaires, entrés en rébellion armée contre le pouvoir en place). Sous le régime de Vichy et pendant l'Occupation, Mauriac est intervenu pour empêcher l'Académie française de collaborer en bloc. Gaulliste conservateur, il fait cause commune avec des personnalités littéraires communistes en contribuant au journal résistant *Les Lettres françaises*. Il est brièvement président d'honneur du Comité national des écrivains à la Libération en 1944 et s'impose comme la voix littéraire la plus influente de la Résistance gaulliste. La misogynie patente de Mauriac n'a rien de surprenant, et ce n'est pas l'élément le plus notable de sa réaction aux articles de Beauvoir. Plus intéressant, en revanche, est le fait qu'il mobilise d'autres lecteur·rices, écrivain·es et représentant·es du monde des lettres français pour débattre du cas Beauvoir. La façon dont Mauriac a compris ce qui était en jeu dans l'acte d'écrire sur le « sexe » aide à mieux cerner les débats de l'époque autour de la notion de pudeur.

Le 30 mai, immédiatement après avoir découvert « L'initiation sexuelle de la femme » dans les pages des *Temps modernes,* Mauriac rédige un éditorial qui fait la une : il attaque la publication et lance une alerte contre ce qu'il épingle comme un dangereux virage culturel. La France, dans cette période d'après-guerre, doit continuer à occuper une place centrale dans le renouveau de l'humanisme. Elle ne peut trahir celles et ceux qui croient en elle depuis l'extérieur des frontières. « Trop souvent, nous ne pouvons confronter sans honte ce que certains peuples espèrent de nous à ce que nous leur donnons. Je crois pourtant qu'aujourd'hui ce qui rayonne de Paris, sur les décombres de l'Europe, a plus de portée et de gravité qu'à toute autre époque », écrit-il. « Qu'apportons-nous à cette jeunesse du monde qui capte le message de Saint-Germain-des-Prés ? » S'en prenant à Jean-Paul Sartre, son ennemi juré depuis une dizaine d'années, il déclare que la réponse à cette question lui donne la « nausée » : « Nous avons littéralement atteint les limites de l'abject[49]. » De son point de vue, l'article de Simone de Beauvoir n'est que la conclusion logique et insoutenable de tendances littéraires et théoriques d'une plus grande ampleur. Il faut à tout prix condamner ce tournant délétère :

> Il ne s'agit pas non plus de partir en guerre contre les grandes œuvres audacieuses, ni contre la poésie qui transfigure et qui purifie : il faut que l'homme soit connu et que nous jetions des torches dans ses abîmes. Mais l'abject n'est jamais beau. Sade et ses émules relèvent-il de la psychiatrie ou de la littérature ? Le sujet traité par Madame Simone de Beauvoir, « l'initiation sexuelle de la femme », est-il à sa place au sommaire d'une grave revue philosophique et littéraire[50] ?

Dans les numéros suivants du *Figaro* et dans son supplément littéraire hebdomadaire, Mauriac dresse le tableau d'un paysage littéraire et philosophique amoral, immoral et anormal. Ce faisant, il rapproche les existentialistes et les surréalistes, avec leur fascination subversive pour les rêves et l'inconscient, de Freud, qui a transformé la compréhension culturelle de l'être humain. Un lien est établi avec le regain d'intérêt pour le

Marquis de Sade, la littérature érotique et l'influence néfaste d'André Gide (dont le nom lui permet de désigner à mots couverts l'homosexualité)[51]. L'érotisme est désormais détaché de toute préoccupation morale, c'est une offense pour les sensibilités catholiques, mais également un danger pour la littérature et la culture, qui sont l'affaire de tout le monde. Mauriac invite les « jeunes intellectuels », qui représentent l'avenir de la France, à donner leur opinion dans les colonnes du *Figaro littéraire*. Sa question abrupte, posée sur un ton accusateur et éminemment politique, n'est autre que celle-ci : « Croyez-vous que le recours systématique, dans les lettres, aux forces instinctives et à la démence, et l'exploitation de l'érotisme qu'il a favorisé, constitue un danger pour l'individu, pour la nation, pour la littérature elle-même, et que certains hommes, certaines doctrines en portent la responsabilité[52] ? »

Les tribunes ouvertes sur le thème de la responsabilité de la littérature sont une tradition au *Figaro*, ce qui montre bien la nature des préoccupations culturelles françaises. Le journal (et Mauriac) avait organisé des échanges similaires en 1940, juste après la chute de la France sous le joug nazi[53]. L'enquête de 1949 suscite un grand intérêt. *Le Figaro littéraire* publie plus de trente réponses et en reçoit bien davantage. La période particulièrement douloureuse de l'après-guerre a exacerbé l'attachement à la morale dans la littérature française et ce moralisme, impliquant le sens de la responsabilité des écrivain·es, alimente aussi bien l'ambition de Beauvoir que la colère de Mauriac.

Évidemment, nombre de ces jeunes intellectuel·les ont plus à dire sur la thématique choisie par Beauvoir, symptomatique des répercussions de la guerre, que sur l'argumentation qu'elle développe. Un jeune homme affirme ainsi : « Le nouveau cataclysme que nous venons de subir [va étendre] pour des dizaines d'années ses germes de mort » ; il a favorisé la « doctrine » qui a pour nom l'existentialisme, doctrine qualifiée dans sa réponse d'« attrait morbide du désespoir ». Un autre, reprenant la thématique de Mauriac, écrit : « Un monde se termine, usé, pourrissant, et il laisse derrière lui une odeur nauséabonde qui soulève le cœur. » Le « recul du christianisme » et des institutions de l'État a semé le « chaos ». Comment une culture pourrait-elle survivre en étant sujette à des « désirs incontrôlés », dans une « ambiance désabusée », et sans aucun code moral ? Les personnes qui se sont engagées pour la nation, qui « ont risqué leurs vies » pour leur pays, connaissaient la valeur de normes morales solides[54].

Les conservateur·rices, tout comme les communistes, appellent de leurs vœux une littérature susceptible de redresser le pays. La littérature française se doit d'être « constructive, ardente, généreuse », afin que la France puisse cesser de pleurer sa grandeur perdue et la nation, se racheter aux yeux du monde[55]. Pierre de Boisdeffre, probablement le plus éminent des jeunes conservateurs qui participent à la discussion, s'agace et enjoint à ses collègues de laisser « nos imposteurs et nos masochistes à leur nausée » (le terme « nausée » faisant bien sûr référence à Sartre) pour « retrouver une littérature fondée sur la grandeur humaine[56] ». Plusieurs communistes approuvent expressément le langage de Boisdeffre et sa soif de « construire un monde nouveau[57] ».

Néanmoins, les personnes ayant répondu à l'enquête sont loin d'afficher toutes la même confiance que Boisdeffre. Accusations et dénonciations se mêlent à l'autoflagellation, et il est souvent bien difficile de discerner si Beauvoir, Sartre, Gide, Freud et le Marquis de Sade sont accusé·es de colporter des mensonges ou bien de révéler de douloureuses vérités. Le présent est décrit comme un « marécage », une période de « chaos » et de dégradation des consciences, marquée par un « mépris profond de l'homme[58] ». Certain·es de ces contributeur·rices lacèrent les doctrines philosophiques qui, au nom du « réalisme » et de l'« honnêteté », ont fait disparaître du monde la question du sens et réduit l'être humain à la dimension sexuelle. D'autres déclarent qu'il est temps de procéder à un sérieux examen de conscience. Pourquoi vouloir « fausser l'image du miroir » ? La littérature est le reflet de la société, et la société française, manifestement, a perdu ses espoirs et ses « héros ». La phrase « Nous aurons la littérature que nous méritons » résume bien ce sentiment partagé[59].

Mauriac enfonce le couteau dans la plaie : sexualité, mais aussi collaboration, honte, humiliation, répression, péché. Dans cette tourmente de récriminations et d'autoaccusations, on ne s'intéresse que très peu à l'argumentation développée par Beauvoir. Le sujet dont elle traite, en revanche, provoque une salve de réactions et d'amalgames. Parler du « fait sexuel », ou souligner qu'il est important d'en parler, équivaut à abaisser et à dégrader l'être humain, à signifier l'abdication de la civilisation ou des personnes face aux forces obscures du sexe et à l'« odeur nauséabonde » de l'instinct[60]. Il n'y a peut-être rien de surprenant à ce que, juste après la guerre, un discours sur l'humanisme meurtri et le besoin fébrile de voir celui-ci se restaurer assimile « Freud », raccourci utilisé pour désigner toutes les écoles psychanalytiques et tout intérêt manifesté à l'égard de la sexualité ou de l'inconscient, à la capitulation et au défaitisme. Mais il est frappant de constater la récurrence de ce schéma dans l'enquête. L'aspect particulièrement douloureux de ces amalgames est comme exacerbé par la prégnance des images laissées par ce passé récent, entre trahison, malhonnêteté, compromis, collaboration ouverte ou indifférence, autrement dit toute la palette des outrages subis pendant la guerre.

Le souvenir de la Seconde Guerre mondiale plane sur cette enquête ouverte. Plusieurs contributeurs s'accordent sur ce constat : Mauriac transforme des échanges sur la littérature et la pensée françaises en un débat sur la culpabilité[61]. L'un d'entre eux relève que chez Mauriac, la peur du péché, de la tentation et des crimes qu'il pourrait lui-même commettre sont en réalité symptomatiques d'un processus qui le dépasse : Mauriac ne fait que traduire les angoisses d'une culture qui tente d'échapper à ses propres démons[62]. Les témoignages recueillis au moyen de cette longue enquête regorgent de métaphores similaires sur le péché, la peur, la honte, la répression, la pudeur et le déni[63]. Quelle que soit la position exprimée sur *Le Deuxième Sexe*, la thématique du sexe agite le spectre de l'exploration des secrets et des confessions les plus intimes. Les partisan·es de Beauvoir défendent précisément son travail en ces termes, saluant sa capacité à se faire l'avocate d'un travail introspectif individuel et collectif en même temps que cette « volonté de regarder [le présent] en face », cette recherche de « la vérité dans toute sa franchise[64] ». *Le Deuxième Sexe* est perçu comme une forme d'« expression littéraire morale, saine, vivante[65] ».

La position de Mauriac est celle d'un homme profondément catholique. Lorsque certain·es intellectuel·les font remarquer, dans le cadre de l'enquête, que ses propres romans des années 1930 sont emplis de cet érotisme qu'il déplore, il leur répond qu'il faut s'entendre sur le sens du mot. Il cite le *Littré* et le dictionnaire de l'Académie française : est érotique « ce qui appartient, ce qui se rapporte à l'amour ». C'est le cri du désir de l'être humain avec tout ce que cela implique. C'est l'esprit luttant contre les désirs de la chair ou le « drame de l'homme divisé contre lui-même », un conflit que seule la découverte de l'amour de Dieu pourra transcender. Le drame de l'homme a à voir avec l'érotique. L'article de Beauvoir sur la sexualité féminine est, lui, de l'ordre de l'abject.

Parmi celles et ceux qui ont pris la plume pour cette enquête du *Figaro littéraire*, ou qui se sont exprimé·es dans d'autres chroniques, presque personne n'a eu recours au vocabulaire religieux. Comme un jeune correspondant le souligne, la droite catholique s'est tellement discréditée avec l'« ordre moral » du régime de Vichy que « les catholiques n'osent plus rien dire sur ce chapitre ». On raille volontiers Mauriac : « Vous voulez que notre génération se définisse autour de quelques idées : le Mal, la Pureté [...], la grâce du Seigneur, la chair avilie [...] ? Tous nous avons cette frayeur : Le mal est-il beau ? L'incitation sexuelle de la femme est-elle à sa place dans une revue philosophique ? Mais cela n'a aucune importance pour nous. » Un autre intervenant explique : « Notre temps n'a plus l'horreur théologique de la chair [...], le fait sexuel s'est vidé de la notion du péché. » Pour autant, le corps de la femme, sa sexualité et le langage attendu pour en parler sont entourés de tabous où se confondent interdits religieux et prohibitions plus laïques. Certains courriers reprochent à Beauvoir l'utilisation d'un vocabulaire « d'une précision impitoyable » que ne rebute « aucun détail, même horrible », et désapprouvent sa manière de décrire le « corps féminin » comme un « château hanté ». Le style médico-philosophique qu'elle déploie rend « écœurant ce qui est naturel et beau ». Sa vision de la sexualité est « vulgaire », d'une « obscénité pédante », c'est un « inventaire des ressorts amoraux de l'individu » et un « étalage de l'inavoué », ou de l'inavouable[66].

Lorsqu'il clôt son enquête, Mauriac présente des excuses au lectorat du *Figaro.* L'absence relative d'indignation le laisse profondément interloqué. Il regrette le manque de sensibilité de cette jeune génération d'écrivain·es et de lecteur·rices, bercée non par des comptines pour enfants ni par la lecture de contes de fées, mais par les « récits des camps d'épouvante ». Il n'hésite pas à aborder ce qu'il estime être les véritables enjeux : « La pudeur, elle aussi a été déportée : elle aussi revient d'Auschwitz. La littérature érotique porte témoignage contre nous, les anciens, dans la mesure où nous sommes responsables des crimes parmi lesquels nos fils ont grandi[67]. » Ce commentaire, mélange de condamnation et d'autoaccusation aussi choquant que déroutant, sera l'un des plus marquants parmi les textes réunis pendant ces trois mois d'enquête. Il montre bien le bouleversement et le sentiment d'horreur qui ont suivi la vague de témoignages déchirants recueillis auprès des survivant·es des camps de concentration. Parmi ces récits d'expérience, on trouve *L'Univers concentrationnaire* (1946) et *Les Jours de notre mort* (1947) de David Rousset, *L'Espèce humaine* de Robert Antelme (1947), ainsi que la première série de témoignages recueillis par Germaine Tillion auprès de ses camarades de déportation dans le camp de femmes de Ravensbrück (1946), projet que Tillion poursuivra par la suite. On peut citer aussi *L'Homme et la Bête* de Louis Martin-Chauffier (1948), récit dans lequel on retrouve l'expression d'une angoisse liée, comme chez Mauriac, à la foi catholique[68]. Le discours de Mauriac est à replacer dans son contexte. Comme beaucoup de ses contemporain·es, il cherche à donner un sens aux crimes dont il a été témoin. Selon lui, ce sens réside dans la destruction même de l'humanité et du caractère sacré de la vie. Dans ses écrits, ces thèmes se confondent avec les crimes moraux dont l'État et la nation française se sont rendues coupables, l'angoisse d'avoir à aller de l'avant dans un monde aux valeurs brisées, le sentiment d'être l'objet d'accusations ou de témoignages à charge, et sa rage misogyne devant les écrits irrévérencieux et provocants de Beauvoir. On ressent aussi cette angoisse dans l'image dramatique qu'il convoque, celle de la « pudeur » revenant d'Auschwitz, en témoin traumatisé par la faillite des valeurs de sa génération. Si la pudeur devait s'apparenter à une valeur ou à une source d'inspiration morale, n'aurait-elle pas pu tenir à distance les élans les plus sombres de l'humanité plutôt que de les camoufler ? Une fois sa fragilité mise au jour, la décence a dégénéré ; elle s'est transformée en hypocrisie et en aveuglement. Les nouveaux modes de défense et la volonté de se protéger sont tout à fait compréhensibles lorsqu'on les replace dans ce contexte historique. Il en va de même pour la colère qu'affichent ces écrivains : elle est dirigée contre une femme qui a osé écrire non pas sur des femmes déclarant leur amour pour les hommes ou pour leur famille, mais sur leurs désirs sexuels et leurs cauchemars.

Des silences

Si l'on s'intéresse à l'ensemble des compte rendus parus en France sur le *Deuxième Sexe*, on constate qu'un certain nombre de thématiques ont à peine été abordées. Il n'est fait que rarement allusion à l'émancipation des femmes, comme si le vote avait dénué le rêve des suffragettes de tout intérêt[69]. Seul·es quelques critiques français·es semblent envisager que Beauvoir puisse se faire l'écho d'un mouvement de mécontentement des femmes beaucoup plus vaste[70]. Bien des auteur·rices de ces recensions mentionnent toutefois les relations dégradées entre les sexes outre-Atlantique ou le « matriarcat » américain, par allusion à l'influence politique des femmes[71].

Les sujets de la contraception et de l'avortement sont peu présents, bien que certaines chroniques désapprouvent l'« égoïsme sexuel » ou l'« individualisme » de Beauvoir. Les critiques bienveillant·es n'osent pas décrire les faits directement. On évoque plutôt les difficultés qu'ont rencontrées les femmes au moment historique où elles ont dû investir le monde du travail avec de nouvelles charges sans avoir été libérées des « anciennes servitudes » ni des « problèmes biologiques et sociologiques ». Un compte rendu remarquable, rédigé par une femme protestante, traite des dilemmes quotidiens auxquels les femmes doivent faire face et de leur isolement en cas de grossesse non désirée. Ces femmes, aux prises avec leurs responsabilités, ne bénéficient ni de l'aide ni de la compréhension de l'Église, retirée dans son silence. Lorsqu'en 1949, l'article de Beauvoir intitulé « La maternité » paraît dans

Les Temps modernes, des femmes et des hommes commencent à se rendre discrètement dans les locaux de la revue, ainsi qu'au domicile de l'autrice, pour demander les coordonnées de médecins susceptibles de pratiquer des interruptions de grossesse[72]. La volonté affichée par *Paris Match* d'aborder les thématiques de la contraception et de l'avortement suggère que le magazine à grand tirage a bien mesuré à quel point une population très étendue désirait avoir accès à une véritable information en matière de sexualité et de contrôle des naissances, et ce, en dépit de tout catholicisme.

Les critiques ou les lecteur·rices chevronné·es, pour l'essentiel, gardent également le silence sur la question du lien entre soumission de genre et soumission raciale et coloniale. La spécificité de la femme en tant qu'« Autre », et son échec à « contester la souveraineté masculine » sont des thèmes centraux du *Deuxième Sexe*. S'inspirant de l'analyse des préjudices subis exposée par Gunnar Myrdal en 1944 dans son ouvrage *An American Dilemma*[73], Beauvoir établit une analogie entre les mythes de l'infériorité féminine, l'antisémitisme et le racisme des lois Jim Crow adoptées dans les États du sud de l'Amérique. Dans sa conclusion, elle compare la position des hommes de bonne volonté à celle des administrateurs des colonies qui n'ont pas d'autre choix que de se rendre complices des structures d'assujettissement. Son analyse du mélange de mépris et de préjudices auquel la femme est confrontée emprunte beaucoup aux textes de ses contemporain·es sur le racisme et sur la façon dont celui-ci est vécu. L'influence de Richard Wright est très présente dans *L'Amérique au jour le jour* (1948) et dans *Le Deuxième Sexe*[74]. Beauvoir compare l'assujettissement des femmes à celui des autres minorités, leurs ressemblances ou leurs différences, et ses questionnements rejoignent les préoccupations de la plupart de ses interlocuteur·rices et ami·es. Son analyse fait également le lien avec des études d'envergure internationale comme *An American Dilemma* de Myrdal, et avec la montée naissante de l'anticolonialisme, sujet auquel la gauche française et *Les Temps modernes* s'intéressent. La seule chroniqueuse qui mentionnera cette partie de la thèse de Beauvoir précise que ces éléments « donnent au livre un accent de vérité et justifient son intérêt[75] ». Toutefois, il n'est fait nulle part mention des parallèles évidents entre le racisme américain et le colonialisme français, alors que le racisme, scrupuleusement circonscrit comme « américain », est pourtant largement débattu par la gauche française. L'heure n'est pas encore à mettre l'assujettissement de la femme sur le même plan. Les analogies entre aliénation sexuelle et raciale pourraient troubler la gauche au même titre que la droite, car s'engager dans cette réflexion, c'est prendre le risque d'entraîner les débats sur un terrain miné : celui du rôle de la violence, de la sexualité et du contrôle des relations sexuelles à l'intérieur de ces deux systèmes, qu'il s'agisse du lynchage, du viol ou de la condamnation du « métissage ».

Dominique Aury

En mettant l'accent sur les silences et le scandale qui ont accompagné la parution du *Deuxième Sexe* en 1949, on s'expose à minimiser le sérieux des intenses débats que le livre a suscités. Comme le fait très justement remarquer l'historienne Sandrine Sanos, Beauvoir n'est pas la seule femme à vouloir s'attaquer aux sujets liés à la condition féminine, y compris aux questions de sexualité. Françoise d'Eaubonne, l'une des rares écrivaines féministes intrépides de l'époque, prend la défense de Beauvoir en ridiculisant le style inquisiteur de Mauriac. L'autrice et psychanalyste Maryse Choisi se félicite que Beauvoir ambitionne de pousser la psychanalyse à se confronter aux clichés féminins dépassés[76]. C'est à Dominique Aury, toutefois, que nous devons la recension la plus percutante. Aury (de son vrai nom Anne Desclos, car elle écrivait sous un nom d'emprunt) est une personnalité fascinante : traductrice, éditrice, dévoreuse de livres, chroniqueuse culturelle et littéraire, dans un premier temps sympathisante de la droite puis enrôlée dans la Résistance, elle est bien connue des milieux littéraires français et y dispose d'un réseau important[77]. En 1950, lorsqu'elle rédige une recension du *Deuxième Sexe* pour un petit journal culturel, elle fait partie du comité éditorial de Gallimard et elle est également secrétaire de rédaction de *La Nouvelle Revue française*, où elle travaille aux côtés de Jean Paulhan, directeur. Elle entretient des relations plus ou moins clandestines avec Paulhan et avec l'écrivaine féministe radicale Édith Thomas[78]. Aury fait l'éloge de la clarté morale de Beauvoir, de sa patience, de son courage et de son érudition. Elle s'en prend à celles et ceux qui se disent désarçonné·es par ses thèses ou par son langage explicite. D'une part, le langage adopté par Beauvoir dans son analyse de la sexualité féminine est couramment utilisé, à l'échelle internationale, dans les champs de la psychologie, de la sexologie et des sciences sociales et, d'autre part, les arguments qu'elle développe ne sont pas différents de ceux que les marxistes ont exposés au XIXe siècle. Mais, explique Aury, si l'approche de Beauvoir choque, c'est parce qu'« il semblait entendu, une fois pour toutes, qu'il existe des domaines réservés, deux fois tabous, interdits au premier degré au commun du public, et au second degré aux femmes ». Seul le corps médical et les prêtres sont habilités à parler de sexualité. *Le Deuxième Sexe* « viole en même temps les règles de la pudeur et de l'éducation ». De la part d'une femme, un langage aussi franc est une « usurpation », d'autant plus que Beauvoir écrit sans manifester aucun signe de honte ni de gêne[79].

La recension d'Aury témoigne d'une appréciation radicale et contemporaine du *Deuxième Sexe*. Aury admire le courage avec lequel Beauvoir s'attaque aux questions essentielles sur la condition des femmes. Elle partage son analyse de l'état de dépendance exaspérant qui limite la femme et de la position de cette dernière en tant qu'« Autre » de l'homme. Par-dessus tout, Aury salue sa peinture crue et détaillée de l'expérience vécue du point de vue du corps féminin. Beauvoir décrit longuement le processus qui consiste à devenir femme : l'humiliation et le dégoût ressentis par la jeune fille lors de ses premières règles, l'expérience du premier rapport sexuel en tant que jeune femme, cette peur permanente de tomber enceinte et la profonde ambivalence à l'égard de la maternité. Elle a particulièrement bien rendu l'impuissance et le choc qui sont ceux d'une jeune femme face aux « processus organiques qui s'emparent d'un jeune corps et ne le lâchent plus ». Comme Aury le précise, « au sortir des documents des psychanalystes sur l'enfance, l'adolescence et la vie passionnelle des femmes, on la voit émerger comme d'une descente aux enfers[80] ».

Ce compte rendu s'avère d'autant plus remarquable que, masquée derrière un autre nom de plume, Aury est aussi l'autrice d'*Histoire d'O*, livre qui va devenir l'un des romans érotiques les plus populaires des années 1950. *Histoire d'O* fait entendre la voix d'une femme. Il s'agit d'une fiction érotique qui raconte la soumission volontaire et absolue de cette femme à la totalité des désirs sexuels de l'homme qu'elle aime et ce, quelle que soit leur cruauté, comme se mettre à la disposition sexuelle d'autres hommes. Pauline Réage met en scène O dans des situations grotesques d'exhibition, d'humiliation et de torture auxquelles celle-ci s'abandonne, jouissant de plaisirs sadomasochistes. Afin d'empêcher sa parution, la Commission française du livre décrit le roman comme « violemment et consciemment immoral, où les scènes de débauche à deux ou plusieurs personnages alternent avec des scènes de cruauté sexuelle » ; « par là même, ajoute-t-on, il outrage les bonnes mœurs ». Aury elle-même le décrira plus tard comme l'expression d'un « amour pur qui reste pur à travers la débauche ». Elle affirme l'avoir écrit comme une suite de lettres destinées à séduire Paulhan. Admirateur, de Sade, celui-ci l'avait mise au défi de rédiger un texte érotique à la manière du Divin Marquis. Aury a déclaré que les fantasmes d'O étaient le fruit de sa propre imagination. Elle entendait montrer par la voix et le comportement de son héroïne que l'univers érotique de la femme pouvait être « aussi fou que celui des hommes, aussi obsédant ». Aury rédige sa recension du *Deuxième Sexe* alors même qu'elle travaille à son *Histoire d'O*, qui ne sera publiée qu'en 1954[81].

À la fin de sa chronique, Aury ne cache pas un certain scepticisme : Beauvoir affiche sa foi (et Aury la compare en cela aux « Encyclopédistes » des Lumières) dans le pouvoir de la raison, capable, selon elle, de faire évoluer les mentalités de ses lecteur·rices. Aury réfute la conclusion optimiste du *Deuxième Sexe*, qui envisage une union « fraternelle » des femmes et des hommes pour forger un monde nouveau. Le changement ne se produira pas si facilement, écrit-elle, et Beauvoir n'a pas mesuré à quel point les femmes elles-mêmes contribuent à leur condition. Cette accusation est injuste, car Beauvoir prend très au sérieux la « complicité inhabituelle de la femme avec son oppresseur », ainsi que l'attrait de la « capitulation » ; elle exhorte les femmes à « abdiquer les privilèges » liés à l'acceptation de leur subordination et de leur position d'« Autre » par rapport à l'homme[82]. Cette position crée une distorsion subjective dans la personnalité de la femme et anéantit toute résistance. Mais l'existentialisme psychologique de Beauvoir ne parvient manifestement pas à convaincre Aury. En effet, avec ce contexte à l'esprit, on peut lire *Histoire d'O* comme une riposte implicite au *Deuxième Sexe*. Pour Beauvoir, la capitulation qui réside au cœur des politiques de l'intime n'est qu'un échec de la volonté. Pour Aury, les fantasmes d'O incarnent l'investissement psychique aussi intransigeant qu'énigmatique de la femme dans sa propre condition. Beauvoir met l'accent sur les choix éthiques. Aury, elle, dévoile les dimensions perverses du plaisir (masculin et féminin) et le pouvoir des fantasmes dévoyés ou inavouables[83].

Finalement, et il s'agit là d'un point capital lorsqu'on aborde la question du lectorat, Aury poursuit sa chronique en s'imaginant être à la fois l'autrice du *Deuxième Sexe* et sa lectrice. La longue analyse de Beauvoir sur la sexualité, qui refuse toute euphémisation et détaille les expériences sexuelles douloureuses tout en insistant sur la dimension de plaisir, constitue une prise de risque pour l'autrice, note Aury avec perspicacité[84]. Beauvoir s'est dévoilée plus qu'elle n'avait imaginé le faire, créant une intimité délicate avec son lectorat : « Elle s'expose en quelque mesure, se compromet et compromet avec elle les autres femmes, qui ne sont pas les dernières à lui en vouloir[85]. » Aury, qui écrit sous deux pseudonymes, sait de quoi elle parle, qu'il s'agisse des mécanismes d'autoprotection, des codes de la pudeur ou des dangers encourus à dévoiler ce qui relève de l'intime. Si la « fausse pudeur », pour reprendre la formule quelque peu méprisante du magazine *Elle*, est une notion complètement dépassée, toujours est-il que vulnérabilité, honte et humiliation continuent d'accompagner l'expérience et le récit du corps de la femme et de ses émotions sexuelles. Décrire en détail les désirs sexuels et les plaisirs sensuels féminins, comme le font Beauvoir et Aury, c'est courir le risque de se voir reprocher un manque de dignité et de maîtrise de soi, deux piliers de la féminité. Quant à avancer que les femmes souffrent aussi de misère sexuelle chronique, ce n'est autre que le comble du déshonneur.

Quelle lecture les femmes « ordinaires » vont-elles bien pouvoir faire du *Deuxième Sexe* ? Les spéculations vont bon train parmi les critiques. Auront-elles le sentiment d'être comprises, analysées et défendues, ou bien, au contraire, vont-elles se sentir dévoilées au grand jour et pointées du doigt ? Un critique qualifie le livre de « manuel détaché et froid ». Considérant que les lectrices ne se reconnaîtront en aucune façon dans les « vitrines du muséum d'histoire naturelle de Madame de Beauvoir », il « estime sérieusement qu'une femme ne peut pas avoir des chances d'émouvoir des hommes, et, surtout, des femmes que si, traitant de la femme, elle en parle en femme[86] ». Les chroniqueuses comme Aury émettent une opinion résolument inverse : Beauvoir construit son récit à partir d'elle-même, et sa voix est bien celle d'une femme[87].

Qu'une femme écrive sur le sexe en tant que femme, en mettant l'accent sur l'« expérience vécue », c'est là une des caractéristiques les plus déconcertantes de l'ensemble de l'œuvre de Beauvoir. Cette démarche défie les normes du discours autant que l'équilibre émotionnel auquel veille la notion de pudeur. Elle montre clairement à quel point, pour parler de sexualité, il était difficile d'élaborer un langage qui ne soit pas systématiquement perçu comme érotique ou pornographique, tout en évitant l'écueil d'employer un ton qui, parce qu'il exige une trop grande implication de la part des lecteur·rices, pouvait être interprété comme une menace. Le caractère personnel, intime et fouillé de l'étude de Beauvoir n'est pas le fruit du hasard. C'est un choix délibéré dont la portée est philosophique. La position théorique de Beauvoir se rapproche de celle de son collègue et ami, le phénoménologue Maurice Merleau-Ponty :

> Désormais, ce qu'il y a de métaphysique dans l'homme ne peut plus être rapporté à quelque au-delà de son être empirique – à Dieu, à la Conscience –, c'est dans son être même, dans ses amours, dans ses haines, dans son histoire individuelle ou collective que l'homme est métaphysique, et la métaphysique n'est plus, comme disait Descartes, l'affaire de quelques heures par mois ; elle est présente, comme le pensait Pascal, dans le moindre mouvement du cœur[88]. »

Dans *Le Deuxième Sexe*, peu d'élans du cœur ou de désirs du corps ont été laissés de côté. Cette exploration est et restera une composante essentielle, bien que complexe, de la relation entre Simone de Beauvoir et ses lecteur·rices.

*

Le Deuxième Sexe a été rédigé en un an et demi, délai extraordinairement court qui atteste des multiples ambitions d'une intellectuelle engagée dans la période d'après-guerre. Il s'agit, pour Beauvoir, de mettre en avant l'existentialisme comme pratique philosophique et d'entreprendre en même temps la théorisation phénoménologique du corps et de l'expérience corporelle, ce qui signifiait lire les recherches et les témoignages littéraires sur la sexualité au prisme de l'expérience vécue, se confronter aux grandes figures du canon littéraire et comprendre les différentes formes de l'altérité et des préjugés raciaux. C'est cette culture intellectuelle, intransigeante quant à la responsabilité et au pouvoir de l'écrit, qui façonne le sens profond de la pensée que Beauvoir entend élaborer. Si *Le Deuxième Sexe* prend tant de directions différentes, c'est parce que son autrice est engagée corps et âme dans de nombreuses problématiques de son époque et qu'elle est déterminée à « ne rien manquer ». Les lecteur·rices ne pouvaient que rebondir sur les différents sujets qui animent cette vaste analyse. *Le Deuxième Sexe* est un livre imposant, difficile à lire, et l'époque est à la fois douloureuse et incertaine. Critiques, journaux et revues s'emparent des thématiques qui sont proches de leurs préoccupations : les traumatismes de la guerre, la limite entre érotisme et obscénité et la responsabilité, pour les écrivain·es, de livrer la vérité dans le respect des règles de la décence et du caractère privé de certaines choses. Comme Beauvoir elle-même le fera remarquer, c'était « une époque qui avait envie de se connaître[89] ». Toutefois, ce besoin d'introspection et de connaissance de soi s'accommode mal avec la période d'après-guerre, marquée par le souci de préserver la vie intime et politique de la nation, et celui de se défaire de l'image persistante du corps féminin comme une éminente zone de danger.

2

Beauvoir, Kinsey et les choses du sexe au milieu du siècle

La frénésie avec laquelle tout un public,
non uniquement anglo-saxon, dévore tout
ce qui touche aux questions sexuelles
vaudrait toute une étude.

(Julien BENDA,
« Vie sociale et sexualité.
Situation de la femme »)

Parmi les nombreuses évolutions culturelles néfastes que François Mauriac associe au *Deuxième Sexe*, l'une se démarque plus particulièrement : il s'agit de la nouvelle vague de recherches dans le domaine de la sexualité. Le rapport d'Alfred Kinsey sur le « comportement sexuel de l'homme », qui paraît en 1948, en est un exemple significatif. Dans une étude de plus de mille pages, avec un nombre substantiel de statistiques à l'appui, Kinsey et son équipe de scientifiques américain·es examinent dans le détail une extraordinaire quantité d'actes, de pratiques, de penchants et de goûts en matière de sexualité, autant d'éléments découverts en observant leurs concitoyens. Pour Mauriac, ce genre d'étude, ces découvertes et l'intérêt manifesté par le public sont tout bonnement consternants. Les écrivain·es ne s'occupent désormais plus d'amour ni d'éros mais se tournent vers la sexualité « comme un objet d'étude, comme un problème ». À une période où la culture et la philosophie devraient constituer un rempart pour préserver l'âme humaine, on ne fait que dévoiler la vulgarité de l'humanité : ces écrivain·es ont « déchiré tous les voiles[1] ». Le réquisitoire de Mauriac balaie d'un seul revers Beauvoir, Kinsey, Sartre et Freud. Ces noms sont également repris par un nombre étonnant de critiques, aussi bien dans les réponses à l'appel lancé par Mauriac dans le supplément littéraire du *Figaro* que dans les comptes rendus rédigés sur *Le Deuxième Sexe*[2]. Les critiques, profondément investi·es dans leur conception du rôle de la littérature et de la responsabilité des écrivain·es, reprochent au *Deuxième Sexe* et au rapport Kinsey de corrompre le public. Les deux études sont comparées à la « jungle érotique » de la culture américaine populaire et aux magazines de mode, un univers commercial où règnent le sensationnalisme et la débauche. Les critiques qui tentent de replacer *Le Deuxième Sexe* dans le contexte historique plus large de la culture contemporaine en restent à la vision réductrice d'une étude scientifique sur la sexualité et à l'apparente obsession du public pour le sujet.

Alfred C. Kinsey obtient son doctorat en biologie à Harvard en 1920. Professeur à l'université de l'Indiana, il enseigne l'entomologie et la zoologie, et étudie l'évolution des mouches à galles. En 1938, il se tourne vers l'étude de la diversité des comportements sexuels humains, fondant ses recherches sur des récits d'expériences sexuelles, tout d'abord celles de ses étudiant·es, puis en élargissant son matériau d'investigation au niveau régional et national. Grâce à des financements reçus de la Fondation Rockefeller et du Conseil national de la recherche, il fonde l'Institut de recherche sur la sexologie et commence à réunir des données statistiques sur une très grande diversité de pratiques sexuelles. *Le Comportement sexuel de l'homme* s'appuie sur l'étude de 6 000 cas au total. Le rapport est publié aux États-Unis en janvier 1948. Il fait son apparition dans les rayons des librairies de Paris en décembre de la même année, soit six mois avant la sortie du premier tome du *Deuxième Sexe* au printemps 1949. Curieusement, cette association malencontreuse ne va pas s'arrêter là, puisque *Le Deuxième Sexe* est édité aux États-Unis par Alfred A. Knopf en 1953, juste avant la parution du second rapport Kinsey, *Le Comportement sexuel de la femme*. Beauvoir et Kinsey se sont donc retrouvé·es lu·es et commenté·es ensemble des deux côtés de l'Atlantique. Pourtant, aucune des études récentes menées sur l'un·e ou l'autre de ces deux auteur·rices ne s'est penchée plus avant sur ce fait[3]. Certes, les spécialistes ont souvent relevé les liens étroits de l'œuvre de Beauvoir avec le milieu américain de la recherche et l'écriture de ses contemporain·es, en particulier, mais pas seulement, sur la question de la race, et l'expérience formatrice de ses séjours aux États-Unis est connue elle aussi[4]. Toutefois, les analogies qui s'établissent entre *Le Deuxième Sexe* et le rapport Kinsey sont plus difficiles à appréhender.

Pour une partie du lectorat du début des années 1950, même parmi les plus aguerri·es à la compréhension de ses raisonnements philosophiques, on ne lit pas Beauvoir, semble-t-il, sans faire référence à Kinsey. Prenons pour exemple le cas d'une lectrice idéale, brillante philosophe européenne ayant fui le nazisme pour s'installer aux États-Unis. Son nom figure sur la « liste féminine » qu'Alfred Knopf a dressée pour faire rédiger en interne des recensions du *Deuxième Sexe*. Le service commercial de la maison d'édition Alfred A. Knopf lui envoie les épreuves du texte en lui demandant de bien vouloir transmettre ses commentaires, qui seront utilisés pour la promotion du livre. Et Hannah Arendt de répondre :

> Je vous remercie de l'amabilité que vous avez eue de me faire parvenir *Le Deuxième Sexe* de Simone de Beauvoir et regrette sincèrement de vous décevoir par ma réponse. La vérité est que je n'ai pas aimé le livre, ce qui ne m'empêche pas de penser qu'il aura un succès considérable. D'une certaine manière, il comble une demande de la part du public qui attendait le rapport Kinsley [*sic*] sur la femme, qui n'a jamais été publié, et même si ce livre n'a pas la rigueur scientifique de l'arsenal Kinsley, son exactitude (limitée) ne diminuera toutefois pas la valeur qu'il aura à cet égard.

Arendt n'a peut-être pas lu Kinsey (elle se trompe sur son nom) mais elle a néanmoins connaissance du phénomène « Kinsley » et du vaste débat culturel dans lequel il s'inscrit :

une preuve s'il en est de l'intérêt pour l'« arsenal » scientifique et de la soif de savoir du public américain sur la question de la sexualité. Arendt ne voit pas en quoi la validité scientifique de Kinsey peut être utile, et ne fait pas plus cas de la philosophie de Beauvoir :

> Du moins, l'absence de ce type de critères « scientifiques » ne m'aurait pas dérangée, mais les généralisations historiques de Mademoiselle de Beauvoir m'ont agacée. Je pense qu'elles sont dues au fait qu'elle sélectionne ses sources de manière partielle et insuffisante. Avoir omis presque toutes les grandes histoires d'amour de la littérature, avoir complètement oublié Shakespeare, Homère, Sophocle et leur avoir préféré, choix littéraire qui s'avère très problématique, des récits de confidences intimes abaisse le niveau de la discussion au point que la moindre opinion, ou presque, devient plus ou moins arbitraire. Les prédicats philosophiques introduits dans le débat (quelle que soit la valeur intrinsèque de ces prédicats) ne sont d'aucune aide : ce sont des notions préconçues et elles fonctionnent comme telles, en excluant à la fois l'évidence historique et l'expérience tangible.

Le sexe n'est pas un sujet anodin en soi, mais Arendt aurait préféré une analyse sur le modèle proposé par Freud dans *Malaise dans la civilisation* (1929), qui se concentre sur les tensions à l'œuvre dans ce domaine : la dimension sociale et les contraintes qui en découlent, d'une part, et les autres aspects perturbateurs et inconscients, au caractère antisocial, d'autre part. Elle écrit ainsi :

> Le problème objectif que pose ce livre, c'est qu'il traite le sexe comme un phénomène social. Le problème en lui-même, bien sûr, est tout à fait légitime. Mais il se trouve également que le sexe, en tant que force procréatrice, se situe au fondement de la société, tandis que, dans un autre sens, il a toujours représenté une puissance antisociale. Seules deux qualités pourraient fournir le pouvoir de rédemption nécessaire dans une discussion sur le sexe en tant que phénomène social : posséder le sens de l'humour et avoir le plus grand respect pour l'amour. Les débats qui s'aventurent au-delà de l'amour et de l'humour ont une tendance certaine à tourner au ridicule en raison même de la nature spécifique du sujet. J'ai l'impression que ce livre ne parvient pas toujours à se tenir loin de cet écueil et que son autrice en est curieusement inconsciente[5].

Arendt ignore délibérément les arguments de Beauvoir sur la soumission de la femme. Elle refuse de voir un rapport entre le sujet traité et ses propres préoccupations, à savoir les racines du pouvoir autoritaire, l'antisémitisme, le colonialisme et l'inégalité raciale. S'il existe une quelconque filiation entre la phénoménologie existentielle de Heidegger, mentor (et plus encore) d'Arendt, et Sartre, Beauvoir et leur pensée philosophique, Arendt ne veut pas en entendre parler. Elle préfère assimiler l'œuvre de Beauvoir à un genre peu accessible et clairement mineur, celui des études sur le comportement sexuel à la mode de Kinsey dans lesquelles les êtres humains ne sont jamais que des animaux biologiques un peu plus évolués.

#8 (HA)

WC

YES

CON

Hannah Arendt 130 Morningside Drive New York 27 , N.Y.

December 16, 1952.

Mr. William Cole
Alfred A. Knopf, Inc.
501 Madison Avenue
New York 22, N.Y.

Dear Mr. Cole:

I thank you for your kindness in sending me Simone de Beauvoir's book The Second Sex and I sincerely regret that my answer will disappoint you. The truth is that I did not like the book, but think that it will have a considerable success. In a way, it fills a public demand for the never published Kinsley report on the Femals and I feel that its lack of Kinsley's scientific apparatus and (limited) accuracy will not diminish its value in this respect.

I at least would not have been disturbed by this kind of "scientific" standards. But I have been irritated by Miss Beauvoir's historical generalizations which, I think, are due to her one-sided and poor selection of sources. The omission of almost all great love-stories in literature, the complete oblivion of Shakespeare, Homer, Sophocles and the preference for a very dubious kind of confession literature lower the level of discussion to a point where almost every opinion becomes more or less arbitrary. The introduction of philosophical categories into the discussion (no matter which intrinsic value these categories may have) does not help; they are and function like preconceived notions which exclude both historical evidence and tangible experience.

The objective problem of the book is to treat sex as a social phenomenon. The problem itself is, of course, entirely legitimate. But it so happens that sex as procreative force is the fundament of society while,in an other sense,it always has been an anti-social power. The two saving graces in a discussion of sex as a social phenomenon would be a sense of humour and a reverential awe for love. Discussions which move beyond love a nd humour have a certain tendency to become plain ridiculous because of the special nature of the subject matter. I have the impression that this book does not always succeed in avoiding this danger and that its author is curiously unaware of it.

Very sincerely yours,

Hannah Arendt

Compte rendu de lecture du *Deuxième Sexe* par Hannah Arendt, 16 décembre 1952.

Cette juxtaposition entre une existentialiste française citant Hegel et Stendhal et un zoologiste plein de zèle exerçant dans l'Indiana est tout à fait emblématique de la lecture erronée que les contemporain·es de Simone de Beauvoir ont faite du *Deuxième Sexe*, et elle montre à quel point le livre a été mal compris[6]. En réalité, l'association Beauvoir-Kinsey permet un examen intertextuel beaucoup plus complet de l'œuvre de Beauvoir. Les deux ouvrages peuvent se rattacher à ce que j'ai appelé le « sexe milieu de siècle » (*midcentury sex*), c'est-à-dire ce moment spécifique de l'histoire où se déploie une conscience particulièrement ample et vive du sens de la sexualité et de son importance. Le sociologue français Michel Bozon a montré que le terme de « sexualité » était à « géométrie variable ». C'est un entrelacs de lignes et de cercles reliant des domaines qui, eux-mêmes, se superposent : corps, psyché, émotions, identité, motivations, désirs, relations sociales, culture. Comme l'affirme Bozon, cet aspect a eu tendance à s'accentuer avec le temps[7]. À force d'être théorisées et rethéorisées à partir de la fin du XIXe siècle, les variations autour des notions de sexe et de sexualité ont fini par se retrouver amalgamées, au milieu du XXe siècle, sous une seule et même catégorie réservée au sexe : un sujet fascinant, capital et à la limite de l'incohérence[8].

Ce moment particulier dans l'histoire intellectuelle de la sexualité, qui s'esquisse vers 1950, est le résultat conjonctu-rel de tendances enclenchées depuis la fin du XIXe siècle. Il s'agit, entre autres, de l'émergence de la sexologie en tant que discipline scientifique, de la réinterprétation psychanalytique de la sexualité, des mouvements de réforme féministes et homosexuels qui établissent un lien entre sexualité et évolution de la société, mais aussi de la fascination de l'anthropologie pour les liens de parenté et la notion de culture. Après deux guerres mondiales, ces tendances de fond se mêlent à d'autres questionnements : d'une part, des réflexions pessimistes sur la cruauté humaine, la violence, la domination et la soumission ; d'autre part, l'érotisme ambiant véhiculé par la culture et la consommation de masse. Si Beauvoir suscite autant de polémiques, c'est notamment parce que la question du « sexe », à la fin des années 1940, soulève des enjeux majeurs. S'agit-il avant tout d'anatomie, de psychologie, ou encore d'émotions, et conscientes ou inconscientes ? d'un instinct de reproduction, ou bien d'un exutoire trouvé dans le plaisir ? d'une manière d'exprimer l'amour, ou plutôt le mépris ? Comment acquérir des connaissances sur le sujet, et qu'y a-t-il à découvrir ? À quel niveau faut-il s'interroger ? au niveau individuel, à l'échelle de la société, ou de l'espèce ? Toute discussion sur le sujet ébranle inévitablement des convictions philosophiques, des positions éthiques, des visions sociétales ou des méthodologies scientifiques. Et, fatalement, ces débats convoquent utopies ou cauchemars. Avec le recul permis par la connaissance du contexte, nous comprenons mieux le monde dans lequel vivaient les lecteur·rices de Simone de Beauvoir. Si la plupart des courriers de cette époque ont été perdus, Kinsey est bien présent dans les quelques lettres qui ont été conservées. Le fait que les critiques ne parviennent pas non plus à dépasser l'amalgame entre Beauvoir et Kinsey souligne bien les enjeux de cette association[9].

Kinsey en France, Beauvoir aux États-Unis

Dans cette France de l'après-guerre, « Kinsey », pour les critiques et le lectorat, va vite devenir un mot fourre-tout servant à désigner des éléments divers : l'engouement des sciences sociales américaines pour les données statistiques et ces analyses consistant à « quantifier » la vie quotidienne ; la conception du sexe comme une notion dissociée de la reproduction, de la population, de la famille, de l'amour, du mariage, des enfants ou de la société ; et aussi la fascination des médias pour le sexe. En outre, aux yeux de beaucoup, la compilation établie par Kinsey sur les pratiques sexuelles réelles (de l'homosexualité et de la masturbation jusqu'au « zoo-érotisme »), supposée représenter les pratiques communes du « mâle américain », ne serait qu'une somme d'allégations parfaitement ahurissantes[10]. Dans la mesure où Beauvoir place sur le même plan la femme mariée, la mère, la lesbienne et la prostituée, les critiques estiment qu'elle partage le point de vue Kinsey quant aux frontières de la normalité. Celles et ceux qui la défendent, tout comme ses détracteur·rices, ont recours à cet argument. Jean-Marie Domenach, intellectuel catholique de gauche et défenseur du *Deuxième Sexe*, secrétaire de rédaction (puis rédacteur en chef) d'*Esprit*, revue de gauche catholique et anticommuniste, voit dans le texte de Beauvoir une confirmation des thèses les plus importantes de Kinsey. Il fait l'éloge de son chapitre sur la sexualité lesbienne en établissant un parallèle avec Kinsey, dont les conclusions obligent à « réviser » les conceptions classiques de la normalité. Les critiques s'inquiètent de cette association. Pierre de Boisdeffre, jeune conservateur ayant répondu à l'enquête ouverte de Mauriac dans le supplément littéraire du *Figaro*, lance cette mise en garde : « Après avoir fait figure d'exception », l'« amoral » et l'« anormal » risquent de rapidement devenir la « règle », et cet égarement est d'autant plus infâme qu'il survient dans la foulée des horreurs de la guerre[11].

« Kinsey » sert également de raccourci pour désigner l'Amérique, la culture et le tempérament de cette nation dans ce qu'elle a de spécifique. Les ponts entre *Le Deuxième Sexe* et le rapport Kinsey font surgir le spectre de l'emprise culturelle croissante des États-Unis. En effet, les inquiétudes à l'égard des troupes américaines à la fin de la Seconde Guerre mondiale sont fortement empreintes de peurs liées au sexe et à la race. De plus, face au vif intérêt du capitalisme américain pour les marchés européens, des voix s'élèvent contre le danger de cet attrait assujettissant. Ainsi, les conclusions de Kinsey confortent les populations européennes dans une opinion formulée depuis longtemps déjà : les États-Unis sont un « bouillonnement d'énergies et d'appétits individuels sous une écorce de moralité puritaine ». Seul un pays capable d'autant d'excès peut être aussi « obsédé » par la sexualité[12]. Seul un pays faisant preuve d'autant de naïveté peut se laisser ainsi berner par des statistiques, et s'attaquer ensuite, sous couvert de cette pseudo-science, aux « faux problèmes et aux difficultés imaginaires » associées à la sexualité. Les détracteur·rices de Simone de Beauvoir mettent en garde : l'autrice a beau professer qu'elle souhaite l'émancipation des femmes, les courants venus des États-Unis ne font qu'encourager, de façon à peine déguisée, la promotion massive de la pornographie. Une critique particulièrement acerbe le fait remarquer :

> Je ne m'inquiéterais pas outre mesure des « frustrations » de Madame de Beauvoir, si elles ne s'inscrivaient pas dans cette sorte de croisade dont je parlais tout à l'heure. Si elles ne venaient pas après les pauvretés du rapport Kinsey et la redécouverte des complexes et des refoulements, par une Amérique qui cherche à donner un nom au malaise dont elle souffre. Si, à ses laborieuses menaces, ne répondaient, comme un multiple écho, toute une série de publications adaptées à l'éventail des différentes clientèles, au dernier degré duquel on trouve la basse pornographique des *Amour Digest* et des *Sexual Digest*[13].

Épisode culturel de grande ampleur, le phénomène « Kinsey » va contribuer à la notoriété du *Deuxième Sexe* tout en orientant certaines interprétations. Les rapprochements avec le best-seller américain et l'engouement médiatique font ressortir la pertinence de l'étude de Beauvoir, révélatrice de changements plus profonds dans la culture de masse. Les critiques pointent du doigt le succès croissant de magazines comme *Elle* ou *Marie Claire*, qui encouragent la connaissance sexuelle de soi (ou l'indécence). Ces détracteur·rices déplorent les effets délétères de la psychologie dans la sphère politique et dénoncent le consumérisme sous couvert d'érotisme ou de « sexualité diffuse[14] ». Jean-Marie Domenach, lui, croit qu'une étude sérieuse sur la sexualité peut constituer une porte d'entrée sur l'être humain, sur la société, mais également sur l'intersubjectivité et les relations de personne à personne. Il soutient que ce sujet n'a rien à voir avec ce qu'il appelle la « sexualité de type hollywoodien », promue par les médias et le commerce, et qui n'a d'autre objectif que celui d'attiser les appétits et les fantasmes populaires. C'est cette frénésie culturelle consumériste, tournée vers les biens de consommation, la mode ou les stars de cinéma, qui est « polygamique » et « perverse », et non le travail de Simone de Beauvoir ou de Kinsey[15]. Celles et ceux qui prennent part au débat ne s'embarrassent pas de cette distinction.

Lorsque, quatre ans plus tard, *Le Deuxième Sexe* est présenté au lectorat américain, le rapport Kinsey sert de référence. Dans le Nord-Est américain, les journaux des grandes villes s'accordent pour encenser l'ouvrage : « Il ne fait aucun doute que ce livre sera populaire, que beaucoup de gens le liront, et qu'il suscitera peut-être autant de discussions que le rapport Kinsey[16] » (*The Hartford Courant*) ; *Le Deuxième Sexe* « devrait plaire à tous les fans de Kinsey, et comme pour le classique de Kinsey, plutôt que de ricaner, il faut le lire attentivement[17] » (*The Boston Traveler*) ; pour *The Herald Tribune* encore, le livre est un « gantelet jeté en défi au Dr Kinsey[18] ». En couverture du *New York Times Book Review*, l'anthropologue Clyde Kluckhohn, de l'université de Harvard, déclare que *Le Deuxième Sexe* « devrait être le livret d'accompagnement indispensable à celles et ceux qui vont lire le prochain rapport de Kinsey et ses associés. Car Mlle de Beauvoir dit beaucoup de choses importantes sur la sexualité que le groupe d'Indiana ne pourra pas nous apprendre[19] ». Le soutien très médiatisé de Kluckhohn pousse une connaissance de Beauvoir aux États-Unis à lui envoyer une lettre de félicitations : « Si le public prend cette critique au sérieux, vous pourriez remporter un succès économique extraordinaire… Espérons que vous allez devenir riche[20] ! » Un chroniqueur reprend les termes de Kluckhohn, qualifiant *Le Deuxième Sexe* de « livret d'accompagnement du prochain rapport Kinsey sur le comportement sexuel du deuxième sexe[21] ».

Les critiques américain·es mettent l'accent sur les différences entre Kinsey et Beauvoir : un homme américain et une femme européenne, un scientifique et une humaniste, la jeunesse américaine pleine d'optimisme et le radicalisme européen décadent. Tout comme chez leurs homologues français·es, les généralisations vont bon train : se focaliser sur les caractéristiques typiquement nationales, c'est éviter de se confronter à des idées qui pourraient se révéler dérangeantes. L'« imagerie sensorielle précise » de Beauvoir est française[22]. Sa philosophie, qualifiée par un chroniqueur de « jargon répugnant de l'existentialisme », est française[23]. Le féminisme de Beauvoir est estampillé français : les femmes sont peut-être des citoyennes de seconde classe sur le Vieux Continent, mais ce n'est évidemment pas le cas aux États-Unis. Beauvoir « brossait le tableau d'un paysage qui avait disparu de la scène américaine[24] ». Les recensions outre-Atlantique reviennent souvent sur le fait que *Le Deuxième Sexe*, avec son « nihilisme », son « défaitisme », son « sensationnalisme négatif » et son « imagerie déformée », est le produit de la morosité européenne, et l'un des comptes rendus fait écho aux doléances de François Mauriac sur la culture d'après-guerre[25]. Dans une critique farouche du *Comportement sexuel de l'homme*, le sociologue de Harvard Carle C. Zimmerman en arrive à assimiler le rapport

Kinsey à la « philosophie douteuse » de l'existentialisme, qui a fait disparaître le sens et la valeur de la civilisation[26].

Le « caractère national » est une notion très prégnante dans les débats en sciences sociales des années 1940 et 1950 et dans les courants de pensée à l'époque de la guerre froide. Lors des années qui suivent la guerre, les réseaux d'échanges intellectuels et culturels entre les États-Unis et l'Europe se créent et se renforcent. Les voyages que Simone de Beauvoir effectue aux États-Unis alors qu'elle est en train de travailler à la rédaction du *Deuxième Sexe* en sont une illustration. Comme le souligne Judith Surkis, la conception même des spécificités qu'on associe à la sexualité d'une nation dépend des rapprochements et des échanges avec d'autres modèles, y compris lorsque ces derniers sont démentis ou contestés[27]. La multiplication des références au caractère national s'opère donc sur un mode à la fois cosmopolite et défensif. Ce schéma illustre le statut nouveau dont bénéficie la sexualité, à la fois clé de la personnalité, du processus de formation psychologique et de l'individualité, vision encouragée par la popularité croissante des théories freudiennes. Selon les anthropologues de l'école néo-freudienne Culture et personnalité, si la culture est une « nouvelle forme d'individualité conférée à la société », alors l'organisation de la sexualité, de la parenté et des rôles sexuels est à examiner sous un angle nouveau, car son rôle devient déterminant[28]. Lire Beauvoir et Kinsey comme si l'un·e et l'autre incarnaient, en matière de sexualité, des comportements ou une culture « française » ou « américaine » relève d'un échafaudage interprétatif prêt à l'emploi. Cet acharnement à classifier les deux livres, tantôt en les assimilant l'un à l'autre, tantôt en insistant grossièrement sur de prétendues caractéristiques nationales aux antipodes les unes des autres, témoigne d'une confusion encore plus grande sur leur thématique commune. On peut également y voir une réaction face à des ouvrages d'un genre tout à fait particulier, inclassables selon les critères habituels, ce qui en fait des livres à la fois déboussolants et à sensation.

Un journaliste américain annonce que *Le Comportement sexuel de l'homme* « contient plus de dynamite qu'aucun autre document scientifique publié depuis le livre de Darwin[29] ». Pour Françoise d'Eaubonne, amie de Beauvoir, l'argumentation présentée dans *Le Deuxième Sexe* a « autant de tranquille audace qu'un char », « emportant tout sur son passage[30] ». Ces deux études, qui entendent remettre les choses à plat, le font sur un terrain déjà balisé. En cette moitié du XXe siècle, au moins deux générations de penseur·ses se sont déjà penchées sur la question du sexe, tout en envisageant les conséquences scientifiques, psychologiques, morales ou légales de ces nouvelles définitions.

Ce contexte explique pourquoi l'influence de l'autrice dépasse les frontières de la France. Le monde de la recherche s'ouvre à des instituts scientifiques indépendants de plus en plus professionnels, et les résultats sont publiés dans des journaux qui circulent dans le monde entier. Des penseur·ses sans accès au pouvoir scientifique par les voies traditionnelles, comme les écrivaines et les chercheuses, y participent pleinement. Les études sur le sexe se recoupent en un projet interdisciplinaire à la frontière entre la médecine et de la psychologie, mais englobant aussi les théories culturelles et l'anthropologie. Pour résumer brièvement l'évolution de la situation entre 1880 et la Seconde

Guerre mondiale, il n'est désormais plus possible de s'en tenir à une seule « rubrique universelle sur le sexe », selon laquelle les rôles sociaux, les tempéraments masculin et féminin et les émotions des hommes et des femmes trouveraient leur source dans les déterminants biologiques du mâle et de la femelle[31]. Au milieu du XXe siècle, le terme « sexe » est toujours présent, mais la notion a été tellement théorisée, rethéorisée et revendiquée par plusieurs générations que le mot, avec ses innombrables ramifications, a fini par s'effondrer sous son propre poids. À partir de la moitié du siècle, il est remplacé par une pluralité de termes : « genre », « rôles de genre » ou « sexualité ». Aujourd'hui encore, on continue à redéfinir ces termes et à les démultiplier, de sorte qu'il semble peu probable que cette volatilité du « sexe » et de ses implications se stabilise un jour.

La sexologie en tant que science, avec un corpus de connaissances distinct et reconnu en tant que tel, est apparue dans les dernières décennies du XIXe siècle. Ces premiers jalons, pour la plupart, ont été posés sous la forme d'études cliniques, telle l'étude réalisée par le psychiatre allemand Richard von Krafft-Ebing (1840-1902), publiée sous le titre intimidant *Psychopathia sexualis* (*Psychopathie sexuelle : étude clinique et médico-légale*, 1886). Krafft-Ebing écrit en allemand, mais le titre en latin indique clairement le type de public auquel s'adresse l'ouvrage : juges, criminologues et collègues médecins, en aucun cas le public non initié. *Psychopathia sexualis* présente dans le détail des centaines de cas de « perversions » sexuelles, terme utilisé pour désigner les actes sexuels dont l'objectif premier n'est pas la procréation. Au fil des éditions suivantes, Krafft-Ebing approfondit ses recherches, découvrant de nouveaux cas de « perversions » et inventant de nouveaux termes. *Psychopathia sexualis* devient une compilation des connaissances psychiatriques sur le sujet de la diversité sexuelle. Toutefois, Krafft-Ebing et d'autres psychiatres de la fin du XIXe siècle introduisent une évolution capitale, à savoir que les sexualités déviantes ne sont plus envisagées comme des symptômes extérieurs et « plus ou moins uniques » de troubles mentaux. Elles commencent à être considérées comme indissociables d'un « instinct sexuel plus général, autonome et continu », définissant ainsi la sexualité d'une personne[32].

Krafft-Ebing se montre globalement compréhensif par rapport aux perversions qu'il répertorie, laissant entendre qu'elles ne sont pas nécessairement immorales. Albert Moll, qui a fait connaître Krafft-Ebing en France, souligne également que les perversions de la nature n'engendrent pas d'êtres « pervers » chez les humains, et ses travaux déclenchent un flux de témoignages de la part de personnes qui se sentent désormais mieux comprises[33]. D'autres chercheur·ses s'engagent de manière nettement plus politique, ouvrant la voie du réformisme. Ainsi en est-il de Havelock Ellis (1859-1939), médecin et intellectuel britannique qui dénonce la censure exercée par la législation et la médecine sur les sexualités dites « pathologiques ». Son étude sur l'homosexualité, *L'Inversion sexuelle* (*Sexual Inversion*), paraît en 1896, mais ne peut être publiée qu'en allemand dans un premier temps. Les librairies qui commercialisent la version anglaise clandestine sont poursuivies en justice – le président du tribunal voit dans le livre une publication obscène dissimulée derrière les habits de la science. « Sur ce domaine particulier, le mal que cause l'ignorance est augmenté à nos efforts à supprimer tout ce qui ne saurait l'être, efforts qui en tout cas déforment ces tentatives de suppression », écrit Ellis dans la préface qu'il rédige en 1897 pour ses *Études de psychologie sexuelle*[34]. Entre 1897 et 1928, Ellis publie sept volumes sur les pulsions, les besoins, les désirs et les comportements sexuels – l'autoérotisme, le narcissisme, l'inversion sexuelle et l'homosexualité – et soutient qu'il n'y a là que des manifestations communes de l'instinct sexuel (*L'Inversion sexuelle* deviendra le deuxième volume de cette série). D'autres études sur l'inversion, l'homosexualité et la transsexualité sont publiées par Magnus Hirschfeld. Fondateur de l'Institut des sciences sexuelles de Berlin en 1919, il élabore une théorie sur les « sexualités intermédiaires » et réalise, dans les années 1920, la première opération chirurgicale de changement de sexe. D'autres travaux similaires discréditent l'idée selon laquelle masculin et féminin seraient ancrés dans la biologie et que leur expression « naturelle » se manifesterait de manière nécessairement différente et complémentaire chez l'homme et la femme au niveau des émotions, des tempéraments et des rôles sociaux. Mais le bouleversement de ce paradigme entraîne l'apparition de nouvelles énigmes : l'inversion sexuelle doit-elle être comprise comme un comportement sexué ou non ? Et ce chez les hommes ? chez les femmes ? Toutefois, ces interrogations ne circulent que dans des cercles médicaux et psychiatriques relativement restreints. Jusqu'en 1935, seul le corps médical a accès aux *Études de psychologie sexuelle*[35]. Dans la plupart de ces travaux, les questions liées à la sexualité féminine, y compris l'inversion féminine, n'émergeront que dans un deuxième temps, comme des réflexions *a posteriori*[36].

Parmi les motivations qui sous-tendaient ces travaux, il y avait sans doute celle de mettre fin à la stigmatisation des relations homosexuelles et de la sexualité féminine, ainsi qu'à l'angoisse et aux conséquences dévastatrices qui leur étaient liées. Hirschfeld fait publiquement campagne pour la dépénalisation de l'homosexualité en Allemagne et ailleurs. En Allemagne, il fait cause commune avec la féministe Helene Stöcker, figure de proue de la Ligue allemande pour la protection des mères et la réforme sexuelle. La Ligue défend des réformes visant à défaire l'étau du mariage qui pèse sur les relations entre hommes et femmes. Les autres revendications portent sur la dépénalisation de l'homosexualité, la libéralisation du divorce, la reconnaissance des enfants illégitimes, le droit à la contraception et à l'avortement. Réformateur·rices et sexologues s'interrogent sur la finalité du « sexe », sur la quête de l'intimité et du plaisir par les individus, sur la compatibilité entre plaisir et reproduction ou entre désir et amour. L'émancipation sexuelle, avec ce qui en résulte, est encore une autre source de questionnements : dans quelle mesure l'être humain, une fois libéré de la domination sexuelle, de la misère conjugale ou des désirs illicites, peut-il accéder à l'expansion de sa propre conscience, au développement de ses potentialités sociales et individuelles ? Est-il dès lors capable d'adopter un comportement plus éthique envers ses semblables ? Et quels changements cela implique-t-il pour la condition des femmes[37] ?

Si l'on connaît surtout les chercheur·ses en sexologie du côté allemand et britannique, les mêmes types de travaux se développent aussi dans différents pays, et les connaissances se propagent au niveau international, même si leur diffusion ne se fait pas toujours de manière uniforme. Révélées dans des ouvrages fondamentaux, les découvertes les plus notables ont tôt fait de circuler, quand bien même ces ouvrages ne sont pas traduits[38]. Les chercheur·ses en sexologie entreprennent des études comparatives. Ces travaux renforcent les hiérarchisations coloniales et racistes, mais ils mettent également en évidence des similitudes et des caractéristiques universelles en matière de sexualité humaine, éléments qui viennent ébranler les convictions sur la supériorité européenne[39]. Le domaine couvert par la sexologie est large et varié. Un certain nombre d'écoles de pensée proposent des approches très différentes sur le poids relatif des critères biologiques, psychologiques et culturels. Pourtant, il semble y avoir convergence vers une nouvelle conception de la sexualité, dont on pourrait désormais débattre « sans invoquer, de manière absolument nécessaire, les faits anatomiques[40] ».

Si la sphère occupée par le « sexe milieu de siècle » est aussi vaste, c'est surtout en raison de l'impact révolutionnaire de la psychanalyse. En effet, la discipline se répand de plus en plus dans les champs de la connaissance scientifique et culturelle. Freud a fait bien plus que renforcer les tendances en cours dans les disciplines scientifiques traitant de sexualité. Il a replacé la sexualité au cœur d'une nouvelle théorie de la personnalité, à la jonction entre corps et esprit. La sexualité est le lien primaire entre les structures biologiques et psychiques[41]. Sa formation est complexe. La sexualité de l'enfant est celle d'un « pervers polymorphe », elle tourne autour des émotions et des désirs. Lors de l'évolution vers la maturité, les liens qui se tissent entre l'esprit et le corps sont de plus en plus étroits, se superposant les uns aux autres. Il faut du temps pour qu'une personne devienne un être de sexe masculin ou féminin, et le processus de développement psychosexuel n'a rien d'une rencontre heureuse avec le destin. Il s'agit plutôt d'une bataille qui laissera des traces indélébiles, un combat inévitablement incertain avec des désirs, des interdictions et des refoulements intériorisés. La façon dont masculinité et féminité émergent de ce processus, et les clés pour comprendre, en particulier, la féminité – le fameux « continent noir » de la psychologie –, rejoignent, dans l'entre-deux-guerres, les questions les plus controversées dans le monde de la psychanalyse[42]. Karen Horney, Melanie Klein, Ernest Jones et Helene Deutsch s'interrogent pour savoir s'il est possible d'élaborer une théorie cohérente sur le développement sexuel féminin à partir de la conception freudienne de la libido masculine. Leurs recherches portent sur les influences respectives de la société, de la culture et de la biologie sur les « caractéristiques spécifiques de la sexualité dite féminine[43] ». En dehors des cercles psychanalytiques, ces débats apparaissent excessivement techniques. En France, il faut attendre les années 1950 pour que la psychanalyse ou les ouvrages en sciences de la sexualité soient popularisés. Les notions en lien avec la diversité sexuelle sont mises à l'écart et estampillées « américaines » ou bien « hirschfeldiennes ». Personne parmi les contemporain·es de Beauvoir (y compris celles et ceux qui l'ont présentée en parallèle de Kinsey) n'a pensé à situer son texte dans le cadre des débats psychanalytiques sur la féminité.

La psychanalyse, pourtant, contribue à enrichir ce qu'on entend par « sexualité ». Comme le note Philip Rieff, Freud utilise le mot « sexualité » pour désigner des « actes sensuels concrets », mais aussi le sentiment que le parent ressent pour l'enfant (le narcissisme parental), l'enfant pour le parent (le désir incestueux), et même les liens entre personne meneuse et personne suiveuse (« identification »), entre la ou le maître et son élève (le « transfert analytique[44] »). Cette reconceptualisation a des répercussions dans les domaines scientifiques, en psychologie, en médecine, mais aussi sur les terrains de l'anthropologie, de la théorie sociale et de la pensée politique. Les théoricien·nes de l'école Culture et personnalité font de la sexualité une partie intégrante de l'étude de l'anthropologie et des cultures comparées[45]. Dans la culture élitiste de l'entre-deux-guerres, le nom de Freud fait son entrée dans le langage du modernisme, en écho à l'intérêt marqué du modernisme pour la communication, l'intériorité, le moi, la conscience et le caractère complexe de ces notions. Au début des années 1950, le freudisme s'est vulgarisé (et, avec lui, le concept de sexe comme élément central de la personnalité) ; il est désormais profondément ancré dans la culture populaire, dans l'économie et dans les médias[46].

Les deux guerres mondiales ont révélé le besoin urgent de repenser la notion d'être humain. Nombre d'interrogations qui assaillent le monde culturel et intellectuel de l'après-guerre se trouvent liées à la sexualité : le problème du repeuplement, la consolidation des valeurs de la famille et du mariage, la construction d'une société civile sur de nouvelles bases, et le triste défi (souvent abordé sous un angle freudien) consistant à comprendre les processus d'agression, de violence, de soumission et de nuisances volontaires. La thématique est présente aussi bien dans les discours des radicales et des radicaux, qui préconisent de parler franchement, que dans ceux des conservateur·rices, plus convaincu·es que jamais des précieux attributs de la « civilisation » – la division du travail, des pères forts et des mères dévouées[47]. La place exacte qu'occupe la sexualité dans l'analyse de ces interrogations au moment de l'après-guerre n'est pas toujours claire. Dagmar Herzog a bien mis en évidence l'extraordinaire résonance de la psychanalyse et des concepts associés à la sexualité une fois ces notions rethéorisées d'abord par Freud, puis par toute une génération de disciples, de censeur·ses et de critiques :

> Comme les nombreuses écoles de pensée qui ont emprunté [à la psychanalyse], celle-ci ne s'est pas contentée de théoriser le sexe *per se*, mais elle n'a cessé de se confronter à l'énigme des liens qui existent entre le désir sexuel et d'autres aspects des motivations de l'être humain, des désirs de connexion interpersonnelle anaclitiques et sans connotation sexuelle jusqu'à l'anxiété, l'agression et l'ambition. Pour certaines personnes observant la scène psychanalytique, les désirs ou les troubles sexuels expliquaient à peu près tout. Pour d'autres, le rapport de causalité était complètement inversé : le sexe avait un rapport avec tout sauf avec lui-même ; les problèmes qui n'étaient pas d'ordre sexuel – y compris, précisément, l'ambition, l'agressivité et l'anxiété – étaient sans cesse examinés sous l'angle de la question sexuelle[48].

Pour reprendre la métaphore employée par Bozon, si la sexualité est une question à « géométrie variable », le sexe, au milieu du XXe siècle, ressemble fort au ruban de Möbius, tournant sur lui-même en une boucle sans fin.

Beauvoir *vs* Kinsey

Ce long épisode n'a aucune incidence sur les travaux de Beauvoir et de Kinsey, lesquels, chacun de leur côté, font table rase de tout ce qui a déjà pu être établi auparavant. Étonnamment, ni Beauvoir ni Kinsey ne ressentent le besoin de reconnaître les travaux précurseurs, ni de s'inscrire dans la continuité des débats antérieurs. Leurs positions sont anti-freudiennes, quoique chacune d'une manière distincte. L'un·e et l'autre affichent le même mépris pour le conservatisme de l'époque – les hymnes de l'après-guerre à la gloire de la maternité, de la famille et de l'autorité, ou encore de l'hétérosexualité comme source d'épanouissement. Les lire avec une double approche – à la fois en miroir et en les opposant –, à la lumière des préoccupations de leurs contemporain·es, permet de mettre en évidence leurs conceptions très différentes de la question du sexe. Leurs textes révèlent deux parcours singuliers parmi la grande diversité des approches qui vont aboutir à l'émergence de nouvelles théories sur la sexualité, sur l'humain et sur les politiques publiques tout au long d'une période qui commence à ce moment précis du milieu du XXe siècle et se poursuit jusqu'à sa fin.

Kinsey s'intéresse au comportement sexuel de l'espèce humaine avec le naturalisme militant qui caractérise sa démarche. *Le Comportement sexuel de l'homme* porte sur la fréquence et les sources de satisfaction sexuelle chez les Américains. Les auteurs de l'étude ont essayé d'« accumuler objectivement une masse de faits sur les problèmes sexuels », et « la méthode employée dans les travaux a été celle de la taxinomie[49] ». La sexualité y est définie comme une pulsion ayant besoin de s'extérioriser ou de se libérer ; seule façon de permettre un traitement statistique de l'expérience sexuelle, « les calculs de fréquence [...] ne prennent en considération que les activités sexuelles ayant conduit à l'orgasme[50] ». Kinsey ne se montre pas indifférent à la psychologie ; de fait, ses différends avec les psychologues et le scepticisme qu'il affiche à l'égard de la « psychologie du bon sens » vont grandement contribuer à la visibilité de son ouvrage. Selon lui, se concentrer sur des comportements quantifiables reste le meilleur moyen de se prémunir contre des positions dogmatiques, des mystifications et des discours moralisateurs, aussi bien du côté des professionnel·les que de l'opinion publique. Pour acquérir des connaissances en matière de sexualité, il convient d'entreprendre des mesures permettant de quantifier et d'évaluer l'étendue réelle des variations sexuelles chez les êtres humains.

Dans les chapitres d'introduction du *Comportement sexuel de l'homme*, Kinsey détaille le nombre exponentiel de sciences, disciplines académiques et institutions culturelles qui déclarent s'intéresser à la sexualité ou revendiquent leur expertise en la matière : la médecine, l'éthique, la religion, la philosophie, les programmes radiophoniques, la psychiatrie et la psychanalyse, les législateur·rices et les instances gouvernementales, la criminologie, les éducateur·rices spécialisé·es pour la jeunesse et en délinquance juvénile et, plus largement, l'ensemble des institutions éducatives. La liste, en deux colonnes, occupe deux pages du rapport. Comme le montre Kinsey, ces institutions, ou celles et ceux qui ont la charge de ces pratiques thérapeutiques, ont des opinions très arrêtées – opinions que toutes et tous défendent vivement – quant à ce que doit être un comportement sexuel normal et conforme aux attentes. Sur ce point, Kinsey s'emballe : d'après lui, ces croyances n'ont aucun fondement. L'« intérêt passionné que porte l'être humain aux questions sexuelles » n'a d'égal que sa « stupéfiante ignorance » dans ce domaine. Faisant référence à Ellis et à Freud, à la sexologie et à la psychanalyse, Kinsey observe qu'« aucun de ces auteurs, en dépit de leur talent à discerner la signification de certains faits, n'a jamais eu une connaissance exacte, ni même approximative, des activités sexuelles de l'individu moyen ». Il décrit la théorie psychanalytique comme un principe « purement dogmatique, sans aucune donnée le confirmant ». D'une manière générale, les expert·es en sciences sociales se fondent sur des « conjonctures » et des « impressions », soit des « méthodes de commis voyageur » qui les amènent à « faire des incursions, en touristes, dans un milieu social assez différent du leur », entraînant une « évidente confusion de valeurs morales, de théories philosophiques et de faits[51] ».

Kinsey affirme avec aplomb que les sciences naturelles sont plus à même d'appréhender la complexité de la vie moderne et l'immensité de ses perspectives : selon lui, « on ne s'est pas toujours rendu compte que les problèmes qui se posaient sur le terrain des sciences humaines exigeaient une intelligence de l'espèce toute entière ». Kinsey compile des chiffres, calcule des moyennes et va plus loin encore. Son rapport détonne par le caractère ambitieux de ses descriptions, et le fait qu'il détaille les comportements sexuels banals dans leur grande diversité. En outre, et il s'agit là d'un geste militant, il inclut dans la communauté humaine « ordinaire » celles et ceux qu'il qualifie d'« individus extrêmes sexuellement ». Les études de cas ne l'intéressent pas, ce qui fait de lui un chercheur en marge de la tradition européenne dans le domaine de la sexologie. D'après Kinsey, le seul objectif du sexe est de parvenir à une satisfaction. C'est pourquoi celui-ci ne peut être « perverti ». Kinsey établit une cartographie pour définir « l'ordre des écarts qui peuvent se rencontrer entre deux individus vivant dans la même ville et dans le voisinage l'un de l'autre, dans les mêmes centres d'affaires et se rencontrant dans des activités sociales communes ». Non seulement ces disparités peuvent passer totalement inaperçues, mais, comme le remarque Kinsey avec ironie, elles ne semblent pas perturber la vie quotidienne des petites villes américaines ni les relations de bon voisinage. Pour pouvoir comprendre cet « ordre d'écart », et mener à bien les entretiens dans le cadre de l'enquête, ses collaborateur·rices doivent pouvoir faire abstraction de leurs propres présupposés en matière de normalité et d'anormalité. Plus concrètement, Kinsey leur recommande de ne pas s'appuyer sur de quelconques théories, mais plutôt de se familiariser avec la gamme de pratiques sexuelles sur lesquelles les personnes sont interrogées. « Il est difficile, en général, d'effectuer une exploration fructueuse si l'on n'a pas quelque notion du genre de choses que l'on s'attend à découvrir[52]. »

On comprend aisément pourquoi ce ton irrévérencieux et décalé plaît à Simone de Beauvoir. Elle lit le rapport Kinsey sur les hommes en décembre 1948, au moment où elle rédige l'introduction du *Deuxième Sexe* et entame l'écriture du deuxième tome. « Que d'informations intéressantes et comiques ! » écrit-elle à son amant américain Nelson Algren. « Si la même enquête existait sur les femmes, ça m'aiderait[53]. » Ce qui séduit dans le rapport Kinsey, c'est qu'il s'attaque au déni et à l'ignorance. Le regard ironique de l'auteur sur la mystification de l'amour hétérosexuel, ainsi que le ton cru avec lequel il décrit le plaisir et les manières de l'atteindre, parviennent à choquer sans offenser. Il se peut que la lecture du rapport Kinsey ait incité Beauvoir, dès les premières lignes du *Deuxième Sexe*, à s'en prendre aux « volumineuses sottises débitées pendant ce dernier siècle » au sujet des femmes, et l'on peut voir dans cette intertextualité un geste réformiste radical[54].

Pourtant, Beauvoir aurait difficilement pu choisir un point de départ plus différent. Il est impossible de faire abstraction de l'humanité dans l'être humain : « L'homme n'est pas une espèce naturelle : c'est une idée historique[55]. » Être humain·e, c'est développer toutes ses possibilités, c'est « s'ouvrir » à un avenir, « se projeter », se créer soi-même et développer ses capacités à transformer son moi comme à transformer le monde. Il s'agit là de la « revendication fondamentale de tout sujet ». Le drame de la féminité et de la sexualité féminine réside dans les efforts que doit déployer la femme, dans un monde qui la catégorise comme cette « Autre » non essentielle, pour combler ces aspirations. Comment, dans la situation qui est la sienne, devant manœuvrer dans un enchevêtrement d'obstacles à la fois externes et intériorisés, une femme peut-elle devenir « humaine » ? Cette interrogation est au cœur de l'étude de Beauvoir.

Pour elle, la sexualité constitue une dimension du « corps vécu par le sujet[56] ». Beauvoir emprunte à Freud l'idée essentielle de l'appropriation psychologique des données anatomiques. Elle déplore néanmoins que sa théorie de la sexualité soit fondée sur un modèle masculin et ainsi réduite à une conception limitée du désir et de la sensualité féminine. Elle affirme également la psyché humaine telle qu'elle est conçue par Freud n'est pas « ouverte sur le monde ». La théorie de l'inconscient s'oppose fondamentalement à la phénoménologie, cette dernière étant une philosophie de la conscience ; elle est purement et simplement incompatible avec la manière dont Beauvoir envisage les choix éthiques personnels et la liberté individuelle. La psychanalyse ne fait que proposer un « ersatz de la morale », centré sur le concept de normalité psychologique[57]. Beauvoir connaît peu le travail de Freud, et ce qu'elle en sait provient de sources indirectes. Elle s'inspire largement des études de cas effectuées par le médecin et psychanalyste autrichien Wilhelm Stekel, tandis que Freud ne les trouve d'aucune utilité. Ironiquement, pour décrire la sexualité féminine, Beauvoir s'appuie beaucoup sur les travaux d'Helene Deutsch, alors même que cette dernière prend le parti de Freud contre des féministes telle la psychanalyste allemande Karen Horney et qu'elle présente la maternité comme le moment de sa vie où la femme, épanouie, accomplit son destin[58]. Si Beauvoir formule des critiques à l'égard de la doctrine freudienne, elle le fait avec respect et, en 1949, en France, l'attention qu'elle porte à la psychanalyse est suffisante pour qu'on la qualifie confusément de freudienne[59].

Si l'on se replace dans le contexte plus large de la question du sexe en cette moitié du XXe siècle, on peut trouver plus surprenant ce fond de rébellion exprimé, au nom de la liberté, à l'encontre de Freud et de ses disciples. Surprenante également, la façon dont Beauvoir entreprend de réinterpréter le développement sexuel féminin à travers la voix d'une femme, en prenant en compte le vécu corporel des désirs et des contraintes, ainsi que le rôle joué par le corps dans la conscience et l'expérience. Beauvoir ne fait pratiquement aucune référence aux féministes réformistes dont les théories sont déjà connues, alors que sa réflexion porte elle aussi sur l'éthique sexuelle, la femme en tant que sujet moral et l'asymétrie entre les femmes et les hommes. Selon elle, la répression ne s'exerce pas sous la forme de conventions sociales oppressantes, ni des normes décrétées par ces expert·es plein·es de certitudes auxquel·les s'attaque Kinsey. Elle se manifeste plutôt à travers la question du genre et de la différence. Parce qu'il est résolument lié à l'amour, le sexe est une puissante invitation à la complicité, mais il fait également courir le risque de se bercer d'illusions ou de s'accommoder de trop peu. La domination masculine est inscrite et naturalisée dans l'acte sexuel lui-même, puis réaffirmée dans le langage et les images du désir, qui sont inexorablement genrées. Beauvoir n'a pas le projet de réconcilier cette pulsion impérieuse avec les inévitables exigences de la civilisation, ni de prôner plus de tolérance dans le domaine de la sexualité. Son objectif est de revendiquer la liberté de la femme et d'affirmer sa position de sujet désirant. Comme elle l'écrit en 1959 (dans le magazine *Esquire*, à la cible éditoriale tout à fait appropriée[60]), refuser d'être une « idole inaccessible », c'est « affirmer qu'on est semblable et égale à l'homme, c'est reconnaître qu'il existe un désir et un plaisir mutuel entre la femme et lui[61] ».

Dans le second tome du *Deuxième Sexe*, la description détaillée des désirs ressentis par la petite fille, les passages sur la puberté, les règles, l'initiation sexuelle et sur l'érotisme lesbien ou hétérosexuel donnent à voir l'expérience du sujet vécue à travers le corps. Ces chapitres visent à présenter concrètement, et d'une manière qui permette aux femmes de s'identifier, les expériences multiples vécues à travers un corps de femme, ainsi que l'« existence faite corps » : la femme en tant que matérialité et conscience, cernée par un champ de possibilités limité. Ces pages attestent du « caractère dramatique de la sexualité » qui, selon Beauvoir, ne s'exprime pas seulement à travers la grossesse et la gestation, et, avec elles, toutes les valeurs essentielles associées à la maternité, mais se manifeste aussi sous la forme de peurs, de vulnérabilités, de désirs et de plaisirs[62]. Nul besoin de se plonger attentivement dans la lecture du texte pour y trouver les images saisissantes utilisées par l'autrice afin de décrire la violence sexuelle et l'aliénation des désirs et du plaisir de la femme. Tout comme leurs homologues européen·nes, les critiques aux États-Unis s'interrogent : le lectorat va-t-il être « émoustillé » par ces lignes, ou plutôt « révulsé[63] » ?

« Ça parle de sexe, et elle n'y va pas par quatre chemins », commente l'un des chroniqueurs[64]. Le tableau que Simone de Beauvoir dresse des moments de révolte, de colère ou de quête du plaisir embarrasse un lecteur comme Clyde Kluckhohn, qui s'inquiète au motif qu'« il est peut-être trop question de sexualité dans le *Deuxième Sexe* », tout en jugeant les travaux de l'anthropologue Margaret Mead plus « convenables ». Il aurait préféré que l'accent soit mis sur les déterminants sociaux et culturels de ce que Mead et d'autres chercheur·ses nomment les « rôles sexuels », plutôt que sur le corps et tous ces détails[65]. Exprimant dans le *New Yorker* un point de vue diamétralement opposé, Brendan Gill salue le travail de Beauvoir et en particulier son « parfum de témérité[66] ».

Le radicalisme de Beauvoir par rapport à la sexualité se révèle tout à fait différent de celui de Kinsey. Le tournant radical de ce dernier se résume à séparer le sexe de l'amour, et le comportement, des relations humaines. Beauvoir, quant à elle, considère comme essentielles les dimensions intersubjectives et sociales de la relation sexuelle. De la même manière que Fanon, Richard Wright et les existentialistes américain·es, qui s'intéressent à l'expérience vécue face à la domination raciale et à la catégorisation en tant qu'autre, Beauvoir s'attache à décrire l'expérience vécue, mais aussi ce que nous pourrions appeler aujourd'hui la « micropolitique » des relations sexuelles, où se jouent sans cesse les questions de consentement, d'échange mutuel, de pouvoir et de domination. Kinsey s'applique à mettre à l'écart ce que Beauvoir place au centre. Il n'est fait nulle part mention, dans *Le Comportement sexuel de l'homme*, des aspects existentialistes liés à la sexualité – peurs, gravité des enjeux, relations de prédation ou violence. Si certains passages du *Deuxième Sexe* peuvent sembler un peu mélodramatiques, le ton du rapport Kinsey, lui, est totalement détaché : l'« impartialité scientifique » et la neutralité de son langage d'observateur mettent entre parenthèses l'influence de la culture et des sentiments dans ce qu'il appelle le « coït rassurant ».

Kinsey n'a pas grand-chose à dire sur le viol, notamment. Il se montre critique envers les moralisateur·rices qui, parmi ses contemporain·es désapprouvent le coït hors mariage. Le même éventail de comportements sexuels est utilisé pour catégoriser des pratiques condamnées par la loi, comme l'adultère et la sodomie. Cette méthodologie fait presque complètement disparaître la violence sexuelle de l'étude. Le viol n'y est mentionné qu'une seule fois, à côté des maladies vénériennes et des relations illégitimes, en tant que véritable problème sociétal en lien avec la sexualité. Kinsey a surtout voulu démontrer que la masturbation, le sexe oral et l'homosexualité ne doivent faire l'objet ni de réprobation sociale ni de répression légale. La contraception et l'avortement, qui sont des sujets importants pour Beauvoir, sont quasiment absents des deux rapports Kinsey. Une fois de plus, il s'agit d'un choix délibéré. Kinsey se concentre sur la « satisfaction sexuelle » précisément pour permettre de corriger la « confusion » qui est faite, selon lui, entre « comportement sexuel » et « fonction reproductive ». Sur la question de la grossesse et la peur de tomber enceinte, alors même que pour les femmes, sexe et reproduction sont forcément liées, Kinsey se retranche tellement dans ses positions que l'effet en est presque comique. Il soutient ainsi, et ce n'est pas franchement convaincant, que « la probabilité qu'un acte de coït spécifique puisse aboutir à une grossesse est faible en réalité[67] ».

Tout aussi évidents sont les points communs entre Kinsey et Beauvoir. Kinsey soutient que les femmes ressentent du plaisir et du désir et, sur ce point, il est peut-être même plus catégorique que Beauvoir. Sur la question, largement débattue, de l'hypothétique passage du plaisir vaginal au plaisir clitoridien, Kinsey écrit : « Aucune donnée anatomique ne permet d'indiquer qu'une telle transformation physique ait pu être observée, ni qu'elle soit possible[68]. » Les deux ont à cœur de décrire de manière approfondie, détaillée et précise les expériences de ces vastes univers semi-clandestins, souhaitant démanteler les mythes et défricher de nouveaux territoires tant sur le plan de la morale qu'au niveau intellectuel. Il existe des affinités étranges entre la taxinomie de Kinsey, les centaines de catégories qu'il utilise pour décrire les comportements sexuels, ses compilations statistiques sur la vie sexuelle de milliers d'Américain·es, et le travail non moins ambitieux de Beauvoir, qui recense et décrit la multitude des mythes, pratiques et désirs forgeant la diversité des expériences sexuelles de la femme. Sa démarche phénoménologique n'a pas pour objectif d'« expliquer », mais d'« énoncer une expérience du monde[69] ».

Un fossé épistémologique sépare pourtant leurs deux approches : d'un côté, la voie de l'observation neutre, de l'assimilation taxinomique et l'idéal de véracité scientifique ; de l'autre, la phénoménologie et l'idéal d'authenticité. Mais il y a également un fossé philosophique et politique entre Kinsey et Beauvoir quant au type de vérité que chacun·e désire défendre. Pour Kinsey, la liberté correspond avant tout à un combat contre les restrictions et les interdictions autoritaires inhumaines. Pour Beauvoir, il s'agit de parvenir à des rapports humains intersubjectifs plus authentiques, fondés sur davantage de réciprocité. Mais une similitude frappante subsiste : l'un·e comme l'autre ont pour objectif, en s'appuyant sur la force de descriptions sans ambages, de faire table rase des « volumineuses sottises », des mythes destructeurs, des discours moralisateurs et des dogmes accumulés au cours des siècles. Comme Beauvoir le précise en 1949 dans un passage recensant les points communs entre leurs deux études, « démystifier l'amour et l'érotisme est une entreprise dont les implications sont plus vastes qu'on ne pourrait le penser[70] ». C'est tout l'édifice de la pensée sociale et psychologique qui a besoin d'être rasé afin de faire place nette aux nouveaux savoirs élaborés par les deux intellectuel·les, même si ce savoir a été collecté de manière fort différente. Comme le fait remarquer l'une des chroniqueuses américaines du *Deuxième Sexe*, « la conséquence de ce livre, au fond, même pour celles et ceux qui ne sont pas d'accord avec la majeure partie de son contenu, c'est qu'il révèle une quantité insoupçonnable de vérités[71] ».

Le Deuxième Sexe ne reste pas étiqueté très longtemps comme « livret d'accompagnement » du rapport Kinsey. *Les Mandarins*, publiés en 1954, et les Mémoires de Beauvoir, qui s'ouvrent en 1958, vont révéler des intertextualités plus pertinentes. Toutefois, il est intéressant de constater que celles et ceux qui continuent à faire le lien entre elle et Kinsey sont en majeure partie des critiques et des porte-parole homosexuel·les, pour qui Beauvoir et Kinsey ont eu le mérite d'avoir torpillé les concepts normatifs du sexe considéré comme « naturel », et d'avoir contribué à faire connaître l'existence du désir gay et lesbien en proposant une notion plus étendue de l'éventail des possibilités sexuelles[72]. Réexaminer ce lien entre Beauvoir et Kinsey, c'est aussi remettre en perspective les éléments au cœur du processus qui consiste à devenir pleinement humain·e : la corporalité, l'expérience sexuelle, l'articulation du désir. On comprend dès lors beaucoup mieux en quoi *Le Deuxième Sexe* a été une œuvre radicale.

Les enquêtes d'opinion après 1950

Dans la deuxième moitié du xxe siècle, marquée par l'émergence de ces questions autour du sexe, un dernier élément mérite un examen attentif : il s'agit des nouvelles formes d'enquêtes d'opinion. Dans le monde de l'après-guerre, où commerce et publicité sont en pleine expansion, le « sexe », désormais moins associé aux notions de vice ou de pathologie, peut être compris comme la manifestation d'un désir plus global de la part des consommateur·rices. Les agences de publicité et les organismes de recherche se mettent donc à financer des études promettant de dévoiler les désirs inavouables du public. Le monde de la politique et de la presse se lance également dans l'entreprise. Les magazines s'aperçoivent que les enquêtes sur les envies et les désirs sont extrêmement appréciées de leur lectorat[73]. Si les enquêtes d'opinion, ainsi que le marché pour ce type d'investigations, mettent plus de temps à se développer en France, les études inspirées par celle de Kinsey sont, elles, de plus en plus nombreuses. Les magazines féminins, en particulier, proposent à leur lectorat des questionnaires ou des sondages à caractère pseudo-statistique et ludique qui sont autant d'occasions de discuter des questions de sexualité ou de repousser les limites de la pudeur, tout en restant dans celles de l'acceptable. Les lectrices apprécient ces enquêtes qui piquent leur curiosité et font écho à un nouveau penchant un peu risqué : le désir de mieux se connaître. Le magazine *Elle* commente le rapport Kinsey sur les femmes avec enthousiasme : l'anonymat des statistiques permet aux femmes de se confier individuellement sans avoir à s'inquiéter ou à redouter le scandale. Vivre dans ce monde moderne, c'est aussi, comme *Elle* le suggère régulièrement à ses lectrices, apprendre à « se comparer à la norme » ou bien « se connaître et connaître les autres » et, ce faisant, apprendre à décoder le langage des statistiques et comprendre les rudiments de la psychologie sociale[74].

En 1958, *Elle* lance une étude sur le sexe et l'amour. Le résultat, intitulé « La Française et l'amour », est une enquête hybride remarquable à mi-chemin entre Beauvoir et Kinsey, fruit d'une trame qui conjugue sciences sociales et culture de masse. Les résultats sont présentés dans neuf numéros consécutifs du magazine, mais aussi sous la forme d'une publication statistique austère dans *Sondages*, la revue de l'Institut français d'opinion publique, puis d'un téléfilm et, enfin, d'un livre de poche grand public incluant des essais rédigés par des journalistes et des écrivain·es connu·es[75]. « La Française et l'amour » est en partie une enquête statistique, un questionnaire de 60 questions distribué à 1 000 femmes de différentes régions françaises, urbaines et rurales. C'est également une « étude psychosociale » réalisée à partir de longs entretiens avec 90 participantes interrogées sur leur « vie de femme ». Des entretiens d'expert·es complètent ces témoignages : des psychiatres, des directeur·rices d'écoles pour filles, des intervenant·es de rubriques de conseils dans la presse féminine et une religieuse responsable d'un centre de naissance pour mères célibataires. Les auteur·rices gardent leurs distances avec Kinsey – il s'agit d'une étude de psychologie et non de physiologie –, mais défendent l'intérêt de ce type d'enquêtes. L'introduction l'annonce d'emblée : « l'application des méthodes scientifiques à l'analyse de notre monde intérieur » va « dans le sens de l'époque[76] ». Les responsables de l'enquête sont fier·es de souligner que ni ce sujet intime ni les questions indiscrètes n'ont été des obstacles à sa réalisation. Les femmes interrogées ont répondu aux questions attentivement et en détail. Françoise Giroud, qui a participé au lancement de l'enquête, précise que même s'il peut sembler étrange d'employer le langage statistique pour parler d'amour, ce langage est préférable aux euphémismes timorés des conversations mère-fille ou aux spéculations d'adolescent·es à moitié ignorant·es[77]. Selon la revue *Sondages*, « la pratique de plus en plus fréquente et de plus en plus divulguée par la presse des sondages et des interviews a modifié l'opinion du public non spécialement sur les problèmes de l'amour mais en général, sur la collaboration à toutes sortes d'études psychosociales[78] ». Avec la multiplication de ces études, il devient plus facile de parler de sexe.

La structure de l'enquête est presque entièrement calquée sur celle du *Deuxième Sexe*. Elle passe en revue les différentes étapes de la vie d'une femme : enfance, adolescence, virginité, première expérience sexuelle, mariage, adultère, divorce et célibat, c'est-à-dire des versions édulcorées des « situations » décrites par Simone de Beauvoir et qui omettent celles de la prostitution ou du lesbianisme. « Une femme MODERNE peut-elle encore incarner l'éternel féminin ? » interroge le magazine *Elle*. La partie de l'enquête qui traite de l'enfance est publiée avec un titre en bandeau et cette question : comment la femme est-elle « initiée au mystère de son propre destin[79] » ? Conserver une part de mystère tout en démantelant les mythes n'est pas une tâche aisée, mais le magazine *Elle* en a fait sa spécialité, et c'est en grande partie par l'intermédiaire de cette revue que l'œuvre de Beauvoir commence à être connue.

Le lien entre Beauvoir et Kinsey s'est prolongé, contre toute attente, de *Elle* à Hannah Arendt. Les biographes de Beauvoir y ont vu le signe d'une incompréhension et d'une simplification du propos de la philosophe européenne. Pour certain·es historien·nes de l'histoire intellectuelle, prendre cette association au sérieux montre bien le danger qu'il y a à laisser les « forces du "contexte" » envahir le périmètre d'une étude philosophique significative[80]. La question ici est de cerner ce que les deux textes révèlent sur le « sexe » à ce moment charnière du XXe siècle, à savoir la profonde imbrication de ce qui va se déployer, ensuite, en courants théoriques distincts sur la sexualité, avec leurs ramifications – freudiennes, marxistes, libérales, libérationnistes, féministes, etc. Les projets politiques de Kinsey et Beauvoir sont différents. Kinsey se préoccupe de la libération sexuelle. Ce phénomène fait profondément écho aux sentiments qu'hétéro- et homosexuel·les partagent à l'époque. Femmes et hommes ne sont pas heureux·ses et ont envie d'autre chose, et ce sentiment va jouer un rôle croissant dans le mouvement de libération homosexuelle. Beauvoir, elle, plaide pour la liberté des femmes, même si elle ne se considère pas comme féministe. Au cours des cinquante années à venir, il arrivera que ces projets politiques se croisent, mais aussi, parfois, qu'ils entrent violemment en collision.

L'association entre son travail et celui de Kinsey va déterminer la manière dont le lectorat découvre les idées de Simone de Beauvoir. Elle aura également des répercussions sur la circulation de son texte[81]. Le phénomène Kinsey apporte une confirmation flagrante de la volonté de savoir qui émerge, au début de cette seconde moitié du XXe siècle, autour des thématiques sociétales, de la sexualité et de la connaissance de soi. Grâce à lui, ces interrogations sous forme d'enquêtes vont devenir partie prenante du débat séculaire sur les questions de sexualité. Avec le rapport Kinsey, *Le Deuxième Sexe* intègre les circuits commerciaux de la presse féminine ; il va à la rencontre de cette « intimité publique » propre à la culture féminine et de ses attentes singulières en matière d'interaction entre lecteur·rices ou avec les auteur·rices. En cheminant avec cette culture féminine, la trajectoire de Beauvoir se réoriente dans l'imaginaire populaire : elle prend un caractère plus familier, ce qui prépare le terrain pour les échanges et confidences à venir. Lorsque l'enquête « La Française et l'amour » paraît en 1959, le lien intime entre Simone de Beauvoir et le public existe grâce à son roman *Les Mandarins*, publié cinq années plus tôt, mais plus encore grâce à la découverte de ses Mémoires.

3

Les lecteur·rices prennent la plume

Madame de Beauvoir, j'ai le plaisir de me compter
parmi les admiratrices les plus ferventes de votre œuvre
et de votre personnalité !

(13 septembre 1958)

Par je ne sais quel phénomène, après la lecture de ce livre,
je me sens soudainement très proche de vous
et éprouve le besoin de vous le dire.

(4 janvier 1960)

Je mets en vous beaucoup d'espérance,
et vous me décevrez cruellement si vous ne m'accordez
ni la confiance ni l'appui que j'attends de vous.

(19 avril 1960)

Dans les années 1950, Simone de Beauvoir accède à la célébrité littéraire. Avant même d'être sélectionné pour le prestigieux prix Goncourt, son roman *Les Mandarins* (1954) est déjà un succès et fait beaucoup parler de lui[1]. Il dépeint les cercles intellectuels français, les débats politiques, littéraires et éthiques qui les animent, mais aussi leurs vies sentimentales agitées. Beauvoir est déjà une écrivaine accomplie. Elle a publié des romans, des pièces de théâtre, des essais philosophiques sur la justice, l'éthique et la morale (les sujets vont du procès de Robert Brasillach, accusé de crime d'intelligence avec l'ennemi pendant la Deuxième Guerre mondiale, jusqu'aux remous suscités par la publication d'une nouvelle édition des textes du Marquis de Sade). Elle a partagé les réflexions inspirées de ses voyages aux États-Unis (*L'Amérique au jour le jour*, ouvrage dédicacé à Richard et Ellen Wright) et écrit son « livre sur les femmes ». *Les Mandarins* paraissent cinq ans plus tard. Le roman offre un aperçu de toutes les questions qui préoccupent la sphère intellectuelle parisienne en cette période d'après-guerre : la sombre histoire de la collaboration et des déportations en masse, les débats au sujet des camps en Union soviétique, les efforts pour créer un mouvement non aligné à gauche et, d'une manière générale, le poids du passé et les incertitudes qui pèsent sur l'avenir[2]. Beauvoir a refusé qu'on attribue à ce livre l'étiquette de « roman à clé ». Pourtant, il semble évident qu'il s'inspire de faits réels dans le cercle de ses relations, entre les disputes, les dilemmes, les alliances, les amitiés et les liaisons amoureuses. L'écriture de ce livre a dû relever d'un véritable exercice d'équilibriste. Sartre, par exemple, a souhaité qu'il soit entièrement révisé, et Nelson Algren, avec lequel Simone de Beauvoir entretenait une relation suivie depuis son séjour aux États-Unis, n'a pas du tout apprécié de se retrouver, sous une forme à peine déguisée, dans les pages du roman. Son travail intense donne naissance à une épopée de l'existentialisme d'après-guerre, avec toutes les angoisses qui lui sont liées. Ce genre d'ouvrage, à la fois sérieux et accessible, va contribuer au développement du secteur de l'édition, en plein essor dans cette moitié du XXe siècle. Le livre attire un public qui, autrement, n'aurait jamais lu Simone de Beauvoir. Gallimard, l'éditeur, sonde les lecteur·rices en glissant à l'intérieur des *Mandarins* des questionnaires au format carte postale pour leur demander si elles et ils ont aimé le livre et projettent d'en lire d'autres. « Oui, répond une lectrice, mais je n'ai pas pu lire *Le Deuxième Sexe*[3]. »

Le succès des *Mandarins* prépare le terrain pour les *Mémoires d'une jeune fille rangée* (1958), encore plus populaires, et qui seront suivis de *La Force de l'âge* (1960) puis de *La Force des choses* (1963). La renommée de Simone de Beauvoir est internationale : un éditeur yougoslave souhaite faire traduire les *Mémoires d'une jeune fille rangée* dans la foulée, tout comme une maison d'édition israélienne qui avait pourtant refusé *Le Deuxième Sexe*. La célébrité de Beauvoir s'étend dans ce qui s'apparente alors à une sorte de métropole mondiale. Les courriers arrivent de Varsovie, Zagreb, Alep, Durban, Montréal, mais aussi des anciennes colonies françaises d'Afrique du Nord et de l'Ouest (et de celles qui vont bientôt prendre leur indépendance). Indira Gandhi écrit à Beauvoir pour lui dire à quel point elle a apprécié *Les Mandarins*[4].

À la fin de la décennie, les lecteur·rices, après avoir lu ses Mémoires, se tournent vers ses ouvrages antérieurs. C'est à cette période que la correspondance commence à prendre de l'ampleur. « Je viens de terminer votre livre *Mémoires d'une jeune fille rangée*, et je veux vous dire quel bouleversement il m'a apporté », confie une habitante de Hussein-Dey, en Algérie. Comme beaucoup d'autres, elle « dévore » Beauvoir à rebours, s'attaquant d'abord aux *Mémoires d'une jeune fille rangée* pour lire ensuite *Les Mandarins* et *Le Deuxième Sexe*. Il est de plus en plus fréquent de trouver des connexions entre ces différents livres : *Les Mandarins* sont ainsi une « victoire » des idées de l'autrice « complétant d'une manière si exquise et chaleureuse le grand aperçu objectif et scientifique de la femme dans *Le Deuxième Sexe* », lui rapporte-t-on dans une lettre. L'histoire d'amour racontée dans *Les Mandarins* entre Anne, la psychanalyste française, et Lewis, son amant américain, est interprétée comme une suite à *L'Amérique au jour le jour*, un récit sur « deux modes de culture, deux sensibilités et même deux sexualités différentes ». Les lecteur·rices parviennent désormais à mieux discerner les ponts entre la vie de Beauvoir et le raisonnement qu'elle a développé auparavant dans *Le Deuxième Sexe* : « Il est bon que ce livre soit écrit par vous, qui mettez aussi en pratique les qualités qu'on refuse en général à la femme[5]. » Le retentissement que ces Mémoires vont trouver et la construction de cette relation dans la durée s'expliquent par un effet cumulatif. Trois éléments se superposent : la somme des réflexions engagées par la philosophe, sa vie d'écrivaine, et le récit qu'elle fait de sa vie.

La célébrité littéraire

Les lecteur·rices passent d'un livre de Simone de Beauvoir à un autre. On lit les articles qui paraissent sur elle, les entretiens qu'elle accorde, des fragments de ses textes dans le magazine *Elle*, des extraits et des critiques dans *Le Figaro*, *France Soir* et *L'Express* ; on découvre un portrait d'elle dans *Match*, un entretien dans *L'Humanité*, des photographies dans *Jours de France* et le *Time*. Elle passe à la radio et à la télévision dans l'émission « Lecture pour tous[6] ». À cette époque, lire Beauvoir signifie souvent lire ce qu'on écrit sur elle, et ce phénomène s'inscrit lui aussi dans une perspective plus large : le public veut s'informer, connaître les idées qu'elle défend et les réactions qu'elles provoquent. On lit ce qui paraît dans la presse sur ses Mémoires, ses romans ou sur sa vie « privée » si scandaleusement publique. Dans les pages du magazine *Elle*, les abonnées peuvent trouver une synthèse de ses idées sur la « servitude du mariage ». Une lectrice reconnaît avec humour n'avoir rien lu de Beauvoir sinon son horoscope[7].

La culture littéraire du Paris des années 1950 rehausse le prestige intellectuel : on apprécie le crédit politique des idées, la rigueur morale, mais aussi un certain côté glamour. Les années 1950 marquent un point culminant de l'investissement des Français·es dans le domaine littéraire. Comme l'ont noté Judith Lyon-Caen et Dinah Ribard, la notion d'engagement associée aux existentialistes français·es, cette conviction que les intellectuel·les ont un devoir de responsabilité et doivent s'engager en abordant les grandes questions de leur époque, prend le contrepied de la vision qui considère l'entreprise littéraire comme le « terrain d'une activité créatrice à la fois autonome et désintéressée ». S'engager requiert un certain courage, puisqu'il s'agit de faire entrer le politique dans le domaine, considéré jusque-là comme privé et sacré, de la littérature[8]. Sur le plan national, on investit des espoirs démesurés dans la littérature et la philosophie françaises : en cette période d'après-guerre, toutes deux sont supposées redonner au pays la place qu'il occupait au niveau mondial. Les programmes radiophoniques et télévisuels d'État font la promotion des lettres françaises[9]. L'existentialisme se popularise et se diffuse au niveau international. Centrée sur la condition humaine, la transformation et la capacité à se réinventer, la philosophie qu'il propose est accessible à un large public. Pour les lecteur·rices vivant dans des pays rattachés à l'Empire colonial français, elle crée des liens avec la métropole. Les mouvements anticoloniaux sont en train d'émerger et ils peuvent puiser dans les théories existentialistes une philosophie des possibles, de la liberté psychologique et politique.

Cette culture littéraire française est étroitement imbriquée dans le développement des médias et la culture de masse de la société de consommation. L'image des écrivain·es et leurs raisonnements sont repris et diffusés à travers un kaléidoscope de magazines, de journaux, de programmes radio et d'émissions télévisuelles à un rythme qui s'accélère. La pression commerciale s'intensifie et les audiences évoluent. Beauvoir et Sartre comptent parmi les personnalités qui font les beaux jours des hebdomadaires aux couvertures de papier glacé, où les pages sur les célébrités côtoient les articles sur la mode, le sport, les nouvelles du monde et les images tape-à-l'œil. L'attachée de presse de Gallimard réclame des photographies et des citations qu'elle pourrait communiquer aux reporters et soutient énergiquement la campagne pour l'obtention du prix Goncourt. Nescafé, peut-être dans l'espoir d'utiliser les célèbres bistrots de Saint-Germain-des-Prés dans une campagne publicitaire, sollicite Beauvoir pour la promotion de son café. Les lecteur·rices écrivent pour lui demander des autographes et des photographies, cherchant à se faire une idée de la personne qu'elle est. « Dès que j'ai connu votre nom je trouve souvent des textes et des photos de vous dans les journaux. C'est pourquoi je peux écrire à vous », explique une correspondante espagnole pour qui les noms, les photos et les livres ne semblent pas suffire : « Il n'y a pas de disques avec votre voix, n'est-ce pas ? » Un étudiant cérémonieux : « À côté de vos œuvres que je serre sur mes rayons, j'aimerais beaucoup avoir un portrait vous représentant. Auriez-vous la magnanimité de m'honorer de votre photographie autographiée ? Je vous serais très reconnaissant pour cette insigne faveur[10]. »

La visibilité qu'elle a acquise rend Beauvoir plus familière et, pour certaines personnes, généralement des hommes, plus facile à approcher. « Sur une photo récente, vous m'avez paru moins lointaine et j'ai osé vous écrire », explique l'un d'entre eux[11]. « Une vraie Martini girl ! » plaisante un fervent admirateur de Mexico City. Il fait allusion à l'article consacré à *La Force de l'âge* dans le *Time*. « Je ne vous en veux pas pour les cafés, vous savez, ajoute-t-il. C'est peut-être à cause de cela qu'on peut vous écrire avec aisance, comme à une personne ordinaire[12]. » Une autre déclare : « Simone de Beauvoir, vous appartenez à nous toutes, c'est pourquoi je ne vous appelle pas Madame[13]. » Les termes employés résument très bien les nouvelles attentes qui émergent de cette culture de masse, à la fois plus commerciale et plus démocratique. Le ton de possessivité qui ressort des lettres est surprenant : les intellectuel·les comme Beauvoir sont devenu·es des biens culturels, des icônes. On parle d'elles, on parle d'eux et, plus étonnant encore, ce sont désormais des intimes qu'on pense connaître personnellement, pouvant mériter notre loyauté ou trahir notre confiance. Lorsqu'une femme, même philosophe, finit par appartenir à tout le monde, transformée en un bien culturel ou fantasmée comme une amie proche, le sexisme s'exprime parfois abruptement : « Les hommes admirent certainement autant vos jambes que vos livres[14]. »

Certaines lettres adressées à Beauvoir ne sont pas sans ressembler à celles qu'on enverrait à des stars de cinéma : dans leur quête d'information, leurs auteur·rices font montre d'un certain fétichisme et d'une forme de suridentification. « Toute information chuchote un petit secret qui permettra au lecteur de prendre possession d'une parcelle d'intimité de la star », écrit le grand sociologue français Edgar Morin à propos des nouvelles dimensions de cet avènement de la culture de masse dans les années 1950[15]. La correspondance conservée dans ces archives est la parfaite illustration d'un contexte culturel particulier dans lequel la célébrité et les communautés de « fans » occupent une place importante, tout comme les rubriques de conseils dans les magazines, les questionnaires psychologiques et les romans à l'eau de rose. Celles et ceux qui écrivent à Simone de Beauvoir ont envie d'entretenir avec elle un lien intime. Mais, dans le même temps, beaucoup refusent expressément d'être catégorisé·es ou étiqueté·es en tant que « fans ». « Même lorsque j'étais adolescente, je n'ai jamais envoyé des lettres de fan », explique une femme de trente-quatre ans dans une lettre rédigée en anglais et envoyée de Durban, en Afrique du Sud. Elle s'est décidée à prendre la plume, « à la fois gênée et tentée, dans une posture délicate mais motivée par la difficulté ». Une Londonienne (écrivant également en anglais) utilise des termes très similaires :

> Pendant les dix dernières années, j'ai lu un assez grand nombre de livres mais c'est la première fois que je ressens le besoin d'écrire à l'autrice pour la remercier. En fait, j'ai un peu peur, car je ne suis pas sûre qu'il soit correct de vous écrire comme ça. Mon fiancé (qui ne lit pas beaucoup) m'a fait de vagues remarques désobligeantes, il m'a dit que je me comportais comme une fan qui veut écrire à Elvis Presley pour lui demander sa photo et un autographe, mais ça m'est égal et je refuse de me laisser intimider[16].

L'influence de cette culture de la célébrité est rendue palpable à travers le besoin de rejeter le terme de « fan ». Mais les épistolier·es n'y échappent pas pour autant. La relation qui est en train de se nouer avec Simone de Beauvoir, et qui n'aura de cesse de s'approfondir avec la parution de chaque volume de ses Mémoires, peut être assimilée à ce que Sharon Marcus nomme la « tragédie de la célébrité, feuilleton interactif plein de suspense[17] ». Le lien entre l'autrice et ses épistolier·es, tout comme leurs affinités, s'articulent autour du culte de la célébrité, autour de l'attachement, l'intimité, l'émulation, l'imitation, la suridentification et l'identification erronée. De nombreuses autres dimensions entrent également en ligne de compte. En toile de fond, on perçoit des pratiques culturelles plus anciennes, comme la correspondance et la tenue d'un journal intime, ainsi que d'autres approches émergentes telles que la psychanalyse. Les discussions sont empreintes à la fois de sincérité existentielle et de psychologie populaire. On retrouve, dans la grande variété de lettres envoyées à Beauvoir, un nombre étonnant de phrases récurrentes et de formulations comparables. Leurs auteur·rices sont très largement imprégné·es du vocabulaire et des façons de s'exprimer en usage au milieu du XXe siècle. Même si ces correspondant·es ont l'impression de vivre une époque nouvelle et pensent réagir de façon personnelle, toutes et tous sont en même temps les artisan·es et les produits de cette période si spécifique sur le plan culturel et intellectuel. L'intimité qui se dégage des lettres adressées à Beauvoir est un phénomène particulièrement représentatif de cette période charnière, tant au niveau psychologique et culturel que sur le plan politique.

La correspondance comme genre littéraire

Exception faite du lecteur qui a osé la formule de la « Martini girl », rares sont les correspondant·es à se permettre d'écrire à Simone de Beauvoir comme si elle était une « personne ordinaire ». Au contraire, toutes et tous se montrent extrêmement conscient·es de la distance qui les sépare d'elle. « Vous êtes loin. Je suis tellement plus loin de vous que vous ne l'êtes de moi », lance à cet égard une lectrice intimidée par ce qu'on appelle dans une autre lettre « ces écrivains lointains, inaccessibles » : « Vous êtes de ces écrivains qui nous donnez du courage, seulement vous êtes tellement lointains, inaccessibles, qu'il faut s'accrocher dur aux mots à défaut d'une communication vivante. » On craint de paraître stupide, naïf·ve ou ignorant·e. On s'excuse de ne pas savoir bien écrire, d'être trop « lyrique » ou, et ce terme revient très souvent, « puéril·e ». On a honte de chercher des conseils et d'essayer d'engager une forme d'intimité avec une personne qui ferait figure d'autorité familiale, comme si l'on était incapable de mesurer, en adulte, le fossé qui sépare les lecteur·rices ordinaires d'une écrivaine-philosophe. Une correspondante explique à Beauvoir qu'elle a tellement aimé les *Mémoires d'une jeune fille rangée* qu'elle ne peut pas « résister à l'envie un peu puérile de lui répondre ». Elle décide de faire comme si Beauvoir lui avait écrit la première (son cas, nous allons le voir, n'est pas isolé, et sa démarche se justifie). Ailleurs, une autre lectrice s'exprime en des termes très précis sur la difficulté de trouver le ton adapté. Tenter de parler de soi revient à s'aventurer sur un terrain semé d'embûches. Par trois fois il lui a fallu recommencer sa lettre : « Pour réduire la distance entre la “femme de lettres-écrivain célèbre” que j'imaginais et l'étudiante anonyme dont je ressentais durement les limites et le peu d'avenir, je donnais dans le grand style et la rhétorique à tel point que cette écriture gourmée m'empêchait avant plusieurs pages d'en arriver au fait[18]. » Même si elle l'évoque d'une façon quelque peu imagée, la distance qu'elle perçoit entre la femme de lettres et l'étudiante anonyme qu'elle est montre bien à quel point la rédaction de ce type de courrier représentait un défi, et témoigne du courage de ces nombreux·ses lecteur·rices « ordinaires ».

L'intensité des émotions qui se dégage de la correspondance est tout à fait saisissante, de même que l'emphase avec laquelle les lecteur·rices rendent compte de leur situation individuelle. Les épistolier·es commencent en général par exprimer les sentiments contradictoires qui les habitent, des sentiments difficiles à comprendre et à contenir, de l'ordre du tiraillement entre leur admiration pour Beauvoir et la timidité. Aucun·e n'est bien certain·e qu'il soit convenable d'aborder les sujets qui lui tiennent à cœur. Plusieurs précisent que ce n'était pas dans leur souhait d'écrire, ou qu'il ne leur a pas été possible d'en réfréner l'envie. Se décider à prendre la plume, d'une certaine manière, est une façon de rendre hommage à l'autrice : son œuvre les a tellement touché·es personnellement que leurs barrières cèdent et que leurs hésitations s'évanouissent. Et ce cheminement les rend potentiellement dignes de l'admiration de Beauvoir, puisque toutes et tous ont pris des risques, faisant passer « la franchise avant la fierté[19] ». On peut dire que c'est un hommage rendu à ce qu'il y a de meilleur en chacun·e. En laissant planer le suspense, ces débuts de lettre imitent en partie certaines formulations de Beauvoir elle-même. La première phrase du *Deuxième Sexe*, en effet, n'est autre que « J'ai longtemps hésité à écrire un livre sur les femmes ». Les commentaires sur l'« aventure imprudente » qui consiste à écrire sur soi sont empruntés à la préface de *La Force de l'âge* (les adjectifs « gourmé » et « puéril » apparaissent également sous la plume de Beauvoir[20]). Quelle que soit la nature de ces différentes motivations ou du sens caché derrière ces mots, ils témoignent d'une agitation intérieure, d'un trop-plein d'émotions et du besoin de les exprimer. Le terme « épancher » surgit régulièrement dans les lettres. Une lectrice ira jusqu'à s'excuser pour ce qu'elle appelle un « déshabillage[21] ».

L'effet produit, avec son côté ostensiblement charmeur, est caractéristique du genre épistolaire. Les lettres sont rédigées avec soin. Cette forme d'écriture est une « pratique sociale qui possède ses propres codes et dont les règles sont bien connues[22] ».

Les guides d'écriture épistolaire ont fait leur apparition depuis longtemps déjà, après l'émergence de cette nouvelle culture de l'écriture en Europe et aux États-Unis. Ces ouvrages proposent une gamme de lettres types, avec des exemples de phrases élégantes et polies pour exprimer ses sentiments ou formuler des demandes. Avec le développement de l'alphabétisation, le nombre de manuels se multiplie. Chaque grande maison d'édition propose différentes versions : certaines fournissent des modèles pratiques, d'autres s'attachent à l'élégance du style épistolaire, mais toutes viennent renforcer les codes de la hiérarchie sociale, du pouvoir et de la politesse. À cette période charnière du XXe siècle, les conventions sont déjà bien établies. Elles sont enseignées aux élèves dans les écoles de la IIIe République (1870-1940), mais également plus tard. La pratique du genre épistolaire permet aux étudiant·es de stimuler leur imagination, de s'entraîner à s'exprimer et d'intégrer les codes de la courtoisie. Cet enseignement constitue un socle important de la pédagogie française. Comme le fait remarquer Martha Hanna, l'importance de l'initiation au style épistolaire dans l'enseignement de la République se répercutera, plus tard, dans les lettres des soldats de la Première Guerre mondiale. Cette guerre interminable, durant laquelle les hommes restent dans les tranchées, isolés de tout, pendant des périodes effroyablement longues, fournira malheureusement l'occasion de mettre ces apprentissages en pratique[23]. Avec l'accroissement de l'instruction populaire et la multiplication de ce genre d'exercices, les correspondances vont prendre une place grandissante dans la vie quotidienne, bien davantage qu'au siècle précédent. Tout au long des années 1950, de nouveaux manuels font leur apparition à l'attention de celles et ceux qui rencontreraient des difficultés dans la rédaction de tel ou tel type de lettre[24].

Les correspondant·es de Simone de Beauvoir mentionnent ces règles ou expliquent pourquoi leurs lettres les contournent : « Chère Madame, j'aurais voulu écrire Chère Simone de Beauvoir mais mon mari me dit que ça ne se fait pas », ou encore : « Madame, ou plutôt chère Madame, si vous me permettez, car vous comptez tellement pour nous, et depuis si longtemps qu'il nous est difficile de conserver nos distances avec vous » ; « Il faut me pardonner de vous dire "chère Simone de Beauvoir" mais je suis en telle communion d'idées avec vous et avec Jean-Paul Sartre que je ne saurais vous dire ce froid Chère madame... Vous faites partie des êtres aimés et je songe beaucoup à vous[25] ». Les nombreux courriers qui font part de cette hésitation – *Je ne sais pas exactement comment m'adresser à vous* – montrent bien que les protocoles de correspondance se sont assouplis au XXe siècle. La culture de la communication prend un caractère moins formel. On note une évolution similaire pour le choix du papier sur lequel ces courriers sont rédigés. Certain·es épistolier·es griffonnent de manière informelle sur des feuilles de carnet, généralement sous le coup de l'émotion ou du désarroi. Mais ces hésitations sont aussi typiques de la relation particulière entre l'autrice et ses lecteur·rices. Beauvoir est extrêmement présente dans ses propres textes, ce qui a peut-être provoqué cette familiarité et ce processus d'identification. Toutefois, il y a déjà quelque chose d'intimidant à imaginer une intellectuelle accomplie – une « grande écrivaine », « géniale et courageuse femme de lettres », « la plus grande Dame de l'Esprit de notre siècle[26] » – porter un jugement sur sa prose de simple lecteur·rice et sur son histoire personnelle.

L'art épistolaire se caractérise également par l'utilisation d'un ton plus direct. On s'exprime sur le mode de la conversation. Comme le résume parfaitement *La Grande Encyclopédie* du XIXe siècle, une lettre est un « moyen de s'entretenir avec ceux dont on est éloigné, une conversation entre absents ». Pour y parvenir, il faut s'imaginer en présence de la personne qui va nous lire, comme si celle-ci pouvait entendre le son de notre voix et nous regardait droit dans les yeux. En d'autres termes, le courrier s'apparente à une sorte de théâtre dont le but est de créer ce que l'historienne Cécile Dauphin appelle l'« illusion de l'oralité ». La tradition orale de la conversation et la manière de se présenter doivent bien évidemment respecter une étiquette spécifique et complexe. Parvenir, dans une lettre, à adopter un ton direct comme si l'on se trouvait en face de son interlocuteur·rice, tout en conservant des marques de déférence, tient de l'exercice d'équilibriste. Une fois la lettre postée, impossible de faire machine arrière. Les enjeux ne sont pas négligeables[27].

D'un côté, donc, la lettre ne correspond que très rarement à l'expression spontanée d'une émotion. De l'autre, la distance qu'elle implique en fait un excellent « théâtre pour l'élaboration et la mise en scène du soi », pour reprendre les termes de Liz Stanley. L'absence de contexte ou d'arrière-plan, caractéristique de la lettre qu'on écrit à un·e étranger·e, nous oblige à mentionner tout ce qui nous paraît important. « Tout ce qui a besoin d'être connu est précisé dans de tels échanges. La textualité est déterminante », précise Stanley[28]. Ainsi, nombre de ces correspondant·es s'épanchent sur leur situation en s'appliquant à la clarté de leur propos et à son exhaustivité. Les phrases empruntées à l'œuvre de Beauvoir ou à d'autres, ainsi que les mentions de personnages, sont destinées à leur faciliter la tâche. Un épistolier, au début de sa lettre, cite un passage de *L'Erreur de Narcisse* du philosophe français Louis Lavelle (1939), essai décrivant les tâtonnements qui rendent si difficile le processus par lequel nous sommes amené·es à nous regarder dans le miroir : « Alors commence ce jeu de reculs et de feintes par lequel [Narcisse] s'écarte de soi pour se voir et s'élance vers soi pour se saisir[29]. » L'auteur du courrier y voit un reflet de ses propres réflexions, mais aussi des *Mémoires d'une jeune fille rangée,* livre qu'il vient juste de terminer et qu'il trouve époustouflant[30].

En observant la manière dont ces épistolier·es partagent leurs idées, leurs sentiments, leurs désirs et leurs fantasmes, la façon dont toutes et tous racontent leurs souvenirs, leurs modèles d'identification, leurs attachements – même s'il ne s'agit que de tentatives ou de démarches ponctuelles –, on découvre également comment chacun·e plante le décor de son propre « théâtre du soi ». Un homme originaire de Belgique, rédigeant en anglais, décrit les plaisirs esthétiques et existentiels que lui procure la rédaction d'une lettre à une personne inconnue et en tant que personne inconnue lui-même, processus qui permet à la fois l'introspection et l'extériorisation : « Dans une lettre, celui qui écrit déclare d'emblée qu'il s'adresse à l'inconnu. Dans une lettre, celui qui écrit peut également être lui-même l'inconnu. Il s'agit d'un artifice, mais qui n'est pas sans procurer un certain plaisir… C'est un artifice par lequel l'auteur se détache lui-même de son propre "soi" et ne souffre pas d'en être la victime[31]. »

La construction des décors de ce théâtre peut prendre des formes variées, à commencer par la création d'une intimité imaginaire très forte. Dans leurs lettres, les épistolier·es ont vécu (et souvent dormi) avec les personnages de Beauvoir et ses livres : « Je viens de passer deux jours au lit avec pour merveilleux compagnon votre dernier livre [*L'Invitée*]. » Ou encore : « Je tiens à vous remercier de cette passion que j'ai pu mettre à la lecture de ce livre [*Les Mandarins*]. Pendant toute une nuit, j'ai vécu au milieu des Dubreuilh[32]. » Beauvoir soutient que les intellectuel·les parisien·nes dont il est question dans *Les Mandarins* n'ont rien à voir avec son vrai cercle d'ami·es, ce qui ne fait qu'encourager les jeux de devinette : « J'ai le sentiment de vous connaître depuis deux ans, cela tient à un livre. Voulez-vous bien me dire dans quelle mesure vous vous êtes livrée dans *Les Mandarins* ? » ; « Je ne sais pourquoi, j'ai mélangé la figure intelligente, compréhensive, féminine et principalement humaine de Anne avec l'auteur. Pour moi vous êtes Anne, dont la personnalité me plaît tant » ; « Je crois que vous ressemblez à Anne. [...] Ce que je voudrais vous connaître[33] ! » Non seulement Beauvoir est perçue comme une femme proche des réalités, dotée d'une grande profondeur de vue, mais elle semble également capable de tout comprendre. « Votre intelligence m'intimide, en même temps qu'elle m'inspire confiance, car vous devez être très compréhensive », écrit l'une de ses correspondantes. Les lecteur·rices se servent du texte comme d'un pont pour aller à la rencontre de l'autrice. Une correspondante l'exprime de manière très éloquente :

« Mon désir, c'est de connaître le visage réel de celle vers qui je me projetai si entièrement dans l'imaginaire et d'écouter sa voix. » On s'investira toujours plus dans le monde de l'écrivaine, dans son univers romanesque au même titre que dans sa vie, comme le montre cette autre épistolière qui termine sa lettre par une liste révélatrice : « Mon grand bonjour à Mr. Sartre, Mr. Bost, Olga et Mme. Violette Le Duc. Je vous embrasse avec tendresse[34]. »

Après la publication des *Mémoires d'une jeune fille rangée* en 1958, ces processus de projection, d'identification et de désir profond d'attachement s'intensifient en effet : « Je n'avais pas attendu pour vous admirer de lire ces Mémoires. Mais ils m'ont permis de vous aimer. » Étudiant·es, admirateur·rices et même docteur·es, on lui demande de toutes parts : « Madame serait-il possible de vous rencontrer ? » La boîte aux lettres de Simone de Beauvoir croule sous les déclarations. Les correspondant·es disent reconnaître des choses ou se reconnaître dans ses écrits. On tient absolument à lui faire savoir qu'on est de la même année de naissance qu'elle, qu'on a eu le même modèle familial, qu'on a également tourné le dos à l'Église, qu'on a des ambitions littéraires ou, et ces mentions reviennent souvent, qu'on a été stupéfait·e de trouver dans les pages de ses livres exactement la même chose que ce qu'on avait écrit dans son propre journal intime. Le processus d'identification nourrit les échanges d'idées. Une femme écrit pour assurer à la philosophe (et visiblement se rassurer elle-même) qu'elle n'a pas volé les idées de Beauvoir : « Je me suis simplement aperçue que les vôtres concordaient avec les miennes et j'en suis heureuse ; c'est pourquoi je me suis permise de vous écrire[35]. »

Ses correspondant·es l'ont bien remarqué : Beauvoir leur tend un miroir particulièrement flatteur. Si ses lectrices, notamment, se reconnaissent à ce point en elle, c'est dans l'élan de fierté qu'elle leur inspire, ou parce que l'écrivaine leur renvoie une meilleure image d'elles-mêmes. « Jamais encore je n'avais lu dans une autobiographie féminine [...] des lignes aussi lucides, aussi courageuses, aussi dépouillées de camouflage condescendant à l'entourage et à soi-même », lui confie-t-on. Une autre : « J'ai été une petite fille comme vous, une jeune fille comme vous ! C'est ce que des milliers de femmes pensent sûrement – avec orgueil – en vous lisant[36]. »

Les méandres des Mémoires

L'intimité s'est également construite à travers ce que l'universitaire et chercheuse en littérature Nancy K. Miller nomme la « mémoire interactive », mécanisme à l'œuvre dans la lecture d'un récit autobiographique : « La voix de l'identification donne accès à l'une des principales passerelles de propagation de la mémoire interactive. Vous suivez les mailles qui vous ramènent en arrière, même s'il n'y avait aucune histoire, simplement des mailles lâches que vous voyez désormais s'agencer et prendre la forme d'un tissu qui devient lisible, une matière à utiliser pour une autre histoire : la vôtre », explique-t-elle[37]. L'une de ces passerelles consiste à entretenir l'identification, ou bien à se convaincre soi-même de son existence. L'échange et la réciprocité sont un autre moyen d'y accéder. Il n'a pas échappé à bon nombre de correspondant·es que Beauvoir avait pris le risque de se livrer à un public parfois peu compréhensif. Une lectrice décrit les Mémoires de l'écrivaine comme une « grande lettre confidentielle » adressée à celles et ceux qui l'admirent et veulent en savoir plus sur elle. Une femme installée à Berlin expose sa conception de l'échange autobiographique : « Lorsque je lis des mémoires ou des œuvres autobiographiques, j'ai envie de raconter quelque chose de moi, moi aussi, j'ai l'impression que je dois vous rembourser pour vos confidences[38]. »

Les *Mémoires d'une jeune fille rangée* suscitent de très nombreux courriers dans lequels sont narrés, avec enthousiasme et gratitude, souvenirs d'enfance et « expériences vécues » interactives. Presque toutes ces lettres sont écrites par des femmes, et elles contiennent souvent des formulations très similaires, signe que ces expériences de lecture ont un socle commun. « Tous les souvenirs que vous évoquez, je les ai vécus, beaucoup des sentiments que vous décrivez, je les ai éprouvés ; angoisses, hardiesses, souffrance de famille, solitude (morale et physique), j'ai connu tout cela », écrit une femme. Une autre se confie : « Tout ce que vous dites dans vos "mémoires", je l'ai ressenti, j'aurais aimé pouvoir le dire. » Les contemporaines de Simone de Beauvoir qui sont plus âgées qu'elle se montrent particulièrement réceptives au récit de son enfance et de son éducation dans un milieu bourgeois catholique strict et oppressant. Comme l'écrivent ces femmes, à la fin des années 1950 et au début des années 1960, les jeunes générations ont du mal à s'imaginer à quoi pouvaient ressembler l'enfance et l'adolescence d'une fille avant la Première Guerre mondiale. Les jeunes ignorent tout du genre de conflits que les épistolières elles-mêmes pouvaient avoir avec leurs propres parents, d'une génération encore plus ancienne, puisque toutes et tous issu·es d'un monde qui n'avait pas connu 14-18. L'une d'elles confie : « Le divorce entre la génération actuelle est celle du siècle dernier me passionne. » Il est intéressant de noter que, par cette remarque, elle estompe les différences entre sa propre génération et celle de Beauvoir. Cette femme a vingt ans lorsque la Première Guerre mondiale éclate ; Beauvoir en a dix lorsque la guerre se termine. Un monde les sépare. Elle se sert pourtant des Mémoires de l'écrivaine pour revisiter sa propre histoire, comme si le fait d'avoir vécu dans un passé commun ou de s'ancrer dans une histoire déjà existante lui permettait de consolider et cette subjectivité, et le processus récent de prise de conscience de soi. Les tourments de l'adolescence sont un thème récurrent et, là encore, un vecteur d'affirmation de soi. « La jeunesse [...] est une période épouvantable », mais ces femmes savent désormais qu'elles ne sont ni « folles », ni seules. « Loin d'avoir peur de la mort comme vous, continue-t-elle, elle m'attirait, pensant y trouver une révélation sensationnelle et retrouver ma mère, perdue à 11 ans. J'attribue en partie cela à [...] mon ascendance mêlée (hollando-française) mais je vois qu'avec une hérédité beaucoup plus homogène vous avez traversé les mêmes épreuves. » Au nombre de ces épreuves communes, on compte également le fait d'avoir échappé à un mariage conventionnel (dans les *Mémoires d'une jeune fille rangée*, Beauvoir décrit ainsi avoir évité de peu un mariage avec son cousin Jacques, jeune homme charmant mais sans grandes ressources). À la faveur de cette identification, l'expérience se transforme : on découvre, à proprement parler, qu'il s'agit d'un moment décisif dans l'histoire d'une vie, et que celle-ci n'a de sens que parce qu'elle s'est construite autour de ce moment précis[39].

La Force de l'âge (1960), dont le récit prend fin avec la libération de la France en 1944, fournit une ossature similaire pour l'émergence des souvenirs liés à la Seconde Guerre mondiale, mais avec un enchaînement plus complexe où mémoire et identification s'entremêlent. Un homme juif écrit à Simone de Beauvoir une longue lettre dans laquelle il explique qu'il a beaucoup apprécié *La Force de l'âge*, mais que ses sentiments sont mitigés. Il trouve qu'elle a été particulièrement préservée pendant ces événements et fait observer, non sans amertume, la situation privilégiée qu'elle a connue. Le père de cet homme s'était engagé dans la Résistance dès l'arrivée des nazis en 1940 et avait passé la guerre de l'autre côté de la ligne de démarcation. Il avait accepté des missions quasiment suicidaires avant d'être capturé puis fusillé, juste avant la Libération. Il se trouvait à Lyon, ville qui, dans la France de Vichy, est restée en zone libre jusqu'au mois de novembre 1942. La ville a d'abord été un fief de la Résistance française avant d'abriter le quartier général de la Gestapo, qui lancera ensuite les opérations de répression. Pendant ce terrible « printemps de la terreur » de 1944, alors que le cours de la guerre se renverse en Europe de l'Ouest et que le pouvoir d'Hitler s'affaiblit, les nazis et les collaborateurs du régime de Vichy regroupent et assassinent dans la région des centaines de personnes. Les victimes sont des membres de la Résistance ainsi que des personnes juives, engagées ou non dans la Résistance. L'auteur de la lettre ne le mentionne pas, mais son père faisait partie des fondateur·rices du comité Amelot, un groupe de résistance juif qui a aidé des familles juives à se cacher et à fuir. Nous savons qu'il a été fusillé le 29 juin 1944 par la milice de Vichy, avec six autres hommes juifs, au cimetière de Rieux, un village au nord de Lyon.

Avec précaution, ce correspondant relève une certaine distorsion du passé dans les Mémoires de Beauvoir, qui donnent à ses activités pendant la guerre une portée plus politique que dans les faits. Beauvoir décrit par exemple une excursion à bicyclette dans la campagne en compagnie de Sartre comme si le couple avait traversé la ligne de démarcation entre la France occupée et la France libre dans le but de rencontrer des amis de Sartre engagés dans la Résistance. L'auteur de la lettre, qui connaît bien la Résistance, se montre sceptique et observe avec tact que Beauvoir a dépeint cette scène champêtre sous un jour quelque peu héroïque, ou patriotique. Il ne pense pas qu'elle l'ait fait consciemment ou qu'elle ait trahi en cela la confiance de ses lecteur·rices. Mais, un peu acerbe, il insiste : « De cette guerre, vous le reconnaissez vous-même, vous vous êtes tirée au mieux. » Il précisera malgré tout : « Même si bien sûr, en de mêmes circonstances, j'aurais agi souvent différemment, à aucun moment, de la première à la dernière ligne vous n'avez été pour moi, une étrangère. » Il voit en elle une âme sœur et se dit prêt à adopter son interprétation du processus par lequel la guerre s'introduit dans la vie des gens. Même en ayant péniblement traversé la période de l'Occupation, on peut transformer la guerre en une expérience formatrice et se servir de ce point d'appui pour s'engager sur la voie de la responsabilité et de la morale. L'auteur de la lettre s'efforce de mêler les traces de son passé au récit de Beauvoir et rassemble ses propres souvenirs tout en rectifiant ceux de l'écrivaine. « Vos notes sur l'exode m'ont rappelé la traversée de Paris que j'avais fait presque enfant quelques heures avant l'arrivée des allemands. Un Paris en plein jour absolument vide. Je m'étonnais presque que vous ne l'ayez pas raconté », écrit-il. « Vos descriptions se recoupent souvent de près avec mes souvenirs. » Comme l'explique très bien Nancy K. Miller, « les Mémoires sont le récit d'une expérience qui cherche à se rattacher à une communauté, à un cadre collectif[40] ». Ces allers-retours entre lecteur·rices et autrice aboutissent notamment à l'élaboration d'une communauté mémorielle. Celle-ci ne naît pas de manière spontanée, mais se construit méticuleusement[41].

Les archives de cette correspondance sont une caisse de résonance de la gamme des émotions que, de la douleur à la nostalgie, cette mémoire interactive pouvait faire ressurgir, comme de ses différentes déclinaisons : passive ou énergique, exprimant le besoin de s'affirmer ou bien le désir de rester en retrait. Une jeune femme qui n'a jamais lu une ligne de Beauvoir lui écrit depuis l'Allemagne qu'elle a entendu parler des *Mémoires d'une jeune fille rangée* dans un journal catholique et lui demande : « Voudriez-vous écrire l'histoire de MA vie[42] ? » Ce courrier témoigne peut-être d'un rapport particulièrement asymétrique, mais c'est un cas très révélateur : le lien entre l'autrice et son lectorat prend des formes qui vont de la reconnaissance (*je vous connais !*) à un sentiment d'affinité et de ressemblance (*je suis comme vous !*), jusqu'à une attitude plus passive et confiante (*racontez mon histoire !*). Dans l'esprit de la plupart des épistolier·es, Beauvoir est particulièrement à même d'interpréter leurs émotions, de comprendre leur situation familiale, de les sortir de leur isolement et de donner à leur vie une valeur et une dimension publique. Cette correspondante allemande a voulu effectuer une sorte de renversement par rapport à sa propre biographie ; d'autres se sont appuyé·es sur la vie de la philosophe pour revisiter leur histoire personnelle et la réécrire.

L'autobiographie

Les lecteur·rices se montrent étonnamment confiant·es en s'imaginant que Beauvoir attend leurs confidences. Même si elles et ils s'excusent souvent pour le caractère intrusif de leur démarche, bon nombre observent que l'écrivaine « laisse la porte ouverte à un échange ». Ainsi Beauvoir reçoit-elle ce genre de déclarations : « Après tout, c'est vous qui attirez la correspondance en signalant l'abondance du courrier reçu à l'occasion des livres antérieurs – comme aussi sa singularité. » Une correspondante explique ailleurs : « Dans vos premiers livres, vous me révélez à moi-même. Dans vos derniers livres, c'est vous qui vous révélez, c'est vous qui faites la confidence. Vous m'écoutez, je vous écoute, n'est-ce pas là un dialogue ? » Un correspondant, mesurant la distance à parcourir dans ce dialogue, écrit qu'il se sent « confiné au personnage de sous-préfet ». Dans son rôle de petit bureaucrate austère de province, il n'est pas certain d'avoir les ressources intellectuelles pour parler avec l'autrice de son œuvre, mais il lui fait part de ses observations : « Vous avez le souci constant de jeter des ponts entre vous et votre lecteur[43]. » Lui écrire, raconter sa propre histoire, est une façon de donner plus de sens à son monde et de sortir de son isolement.

Il n'y a rien d'étonnant à ce que les lecteur·rices enthousiastes des Mémoires aient souhaité prendre la plume pour parler de leur propre vie. Mais la façon dont chacun·e s'approprie le récit autobiographique est tout à fait remarquable, tout comme le rôle ainsi attribué à l'écrivaine (rôle qui, à leur sens, ne peut que l'intéresser) : « Je ne vous adresse aujourd'hui qu'un simple mot, et voici pourquoi : si je poursuis cette correspondance, je vais désirer deux choses dont, vraisemblablement, vous avez horreur : vous raconter ma vie – vous avouer que, moi aussi, j'écris » ; ou : « J'ai achevé récemment un assez long roman autobiographique. [...] Accepteriez-vous de me lire ? » ; ou encore : « Accepteriez-vous de lire un ou deux cahiers intimes, et me dire en gros ce que vous en pensez ? » Les épistolier·es se sentent encouragé·es à se raconter comme s'il s'agissait d'une « délivrance », une façon de mettre de l'ordre en soi. L'écriture, en outre, est perçue comme une « affirmation » de leurs idées et un moyen de devenir les auteur·rices de leur propre vie. Une correspondante le formule ainsi : « Je m'excuse de vous avoir envoyé une ébauche où j'avais jeté pêle-mêle des impressions de l'enfance autour desquelles les images des personnes qui nous sont chères réapparaissent avec plus de clarté. On comprend mieux par là le sens de la vie. » Cette nouvelle culture de la biographie, plus démocratique, a en quelque sorte encouragé cette lectrice à se lancer dans son projet :

> Le mot « biographie » qui s'applique aux grands hommes, aux grands écrivains tels que vous paraît bien prétentieux et presque ridicule dès qu'il sort de son cadre pour se fixer sur un simple individu parmi la multitude – mais notre époque a cela de merveilleux qu'elle permet à ceux qui en éprouvent le besoin de réaliser en tout petit ce que les grands réalisent sur une grande échelle.
> Ne pensez-vous pas que ce mot pourrait devenir « populaire » et chaque famille ajouterait à ses « Jeux de société » du dimanche le jeu de « biographie familiale » où l'on mettrait en relief le bien et le beau qui aident à s'affirmer les personnalités plus ou moins étouffées par la routine de tous les jours[44] ?

On trouve des dizaines de lettres dans cette veine. Les plus éloquentes proviennent de personnes qui estiment ne pas avoir les mots adéquats ou, détail intéressant, que leurs expériences ne font pas le poids par rapport à ce qu'elles ont à dire. Un interne en médecine de trente et un ans écrit ainsi : « J'ai des choses à dire, envie de les dire, mais je me sens très pauvre : je n'ai pas de passé. Je n'ai qu'une expérience, l'hôpital, ce n'est pas très intéressant. » Une femme juive d'un certain âge avait hésité à écrire à Beauvoir. Celle-ci lui avait répondu en demandant à en savoir plus. Dans sa réponse, cette correspondante explique : « J'ai dit que j'aurais volontiers envie de vous "raconter ma vie". Il ne s'agit pas de tenter une biographie que mon peu de valeur ne justifierait pas réellement. J'ai 35 ans. Origine : famille française, bourgeoise, <u>juive</u>. [...] Mon père et ma mère (celle-ci, ma meilleure amie) disparus en 43 à Auschwitz. Une quinzaine d'autres membres de la famille [...] déportés, disparus... » Elle passe rapidement sur le sujet, se figurant sans doute qu'il n'intéresse personne, et se blâme pour son attitude : « Je n'ai rien fait d'intéressant pendant la guerre. Je veux dire, pas d'engagement, pas d'action valable[45]. » Raconter son histoire impliquerait d'accuser les autres, de reconnaître sa propre impuissance et sa honte, ou les deux. En tout état de cause, contrairement à l'homme dont le père a été fusillé pour fait de résistance, elle a échoué à entreprendre le processus de construction personnelle préconisé par la pensée existentialiste. Et son récit, centré sur la passivité et la perte, ne serait pas bienvenu dans le contexte plus général de la culture mémorielle qui marque les années 1950 en France. Cette culture, honorant la Résistance, laisse entendre que les citoyen·nes français·es ont enduré stoïquement l'Occupation en restant cloîtré·es derrière leurs murs et que, ressorti·es indemnes de ces épreuves, toutes et tous sont désormais prêt·es à s'atteler à la reconstruction. Un tel récit ne correspondait pas à l'histoire de cette épistolière.

Celles et ceux qui refusent de céder à l'appel implicite de l'autobiographie nous en apprennent également beaucoup sur les dangers associés à ce genre littéraire, lequel implique d'avoir à affronter la douleur, l'embarras ou même la trahison. Une correspondante rapporte que, bien qu'il lui serait possible d'évoquer librement son enfance, elle n'a « aucune envie d'en parler par écrit » et n'a pas l'impression que cela lui « ferait du bien » ni l'« aiderait à voir clair ». Pourquoi, demande-t-elle, Beauvoir a-t-elle écrit ses Mémoires ? Pour « revivre » une partie de sa vie ou pour l'« exorciser » ? Elle poursuit en ajoutant : « Je m'excuse de l'indiscrétion de ma question, je n'avais aucunement, je vous l'assure, l'intention de vous la poser lorsque j'ai commencé cette lettre. » Et précise : « Je voudrais écrire des romans mais n'arrive pas à "me quitter". Je crois que je ne suis pas seule dans ce cas. » D'autres épistolier·es fustigent Beauvoir, lui reprochant d'avoir porté atteinte à la vie privée de ses ami·es, de sa famille et de ses enseignant·es en utilisant leurs vrais noms et, dans certains cas, d'avoir compromis leur réputation sans aucune raison[46]. L'autobiographie fait courir le risque de se dévoiler soi-même, mais également celui d'ébranler le cercle intime de la famille et des ami·es.

Cette invitation à écrire sur soi est liée, en toile de fond, à l'histoire plus ancienne d'une autre forme d'écriture intime : la tenue, dans le cadre privé, d'un registre quotidien, d'un carnet secret ou « journal intime ». Tenir un journal personnel ne relève pas nécessairement d'une activité associée à la vie privée ou à l'intime : des hommes et des femmes notent dans un journal leurs activités quotidiennes, les voyages, les dépenses et les décisions professionnelles, les naissances, décès et mariages au sein de leur entourage, dans le but de conserver des traces et de se souvenir des événements. La plupart du temps, ces registres, de nature pratique, sont rédigés de manière routinière. Les femmes de la classe moyenne tiennent avec zèle un journal de bord de leurs voyages, ce qui explique l'engouement suscité par les passages très longs et détaillés dans lesquels Simone de Beauvoir raconte ses randonnées, ses excursions en voiture ou à bicyclette dans les Alpes, les Dolomites ou l'Atlas, ses expéditions en auto-stop à travers le Sahara ou une croisière sur le Mississippi. Ces aventures sont d'autant plus remarquables qu'elles montrent à quel point Beauvoir était déterminée à vivre sa vie de femme en toute liberté. Elles alimentent les rêveries des lecteur·rices et ravivent leurs propres souvenirs. Depuis longtemps, on aborde aussi le thème de la lecture dans les journaux intimes : on y consigne les livres qu'on a lus et les pensées qu'ils ont inspirées. Dans la culture protestante, l'examen de conscience est un rituel quotidien, pratiqué aussi bien par les hommes que par les femmes ; à partir de la fin du XIXe siècle, il devient un moyen d'expression personnelle très répandu, en particulier chez les femmes. En France, toutefois, la tenue d'un journal intime renvoie à une pratique plus singulière. Elle fait partie de l'éducation religieuse quotidienne des jeunes filles. Le journal est conçu comme un moyen de se fixer des objectifs, de pratiquer la dévotion, de cultiver la vertu et l'humilité, de préférence au fil des jours[47]. Cette pratique plaît aux jeunes filles timides qui hésitent à écrire ou à exprimer leurs idées. L'une des correspondantes l'explique ainsi : « J'aime bien écrire, mais seulement des lettres (ou mon journal intime) où je parle à quelqu'un que j'aime[48]. »

La pratique du journal intime évolue et prend de l'ampleur dès l'instant où elle se fraie un chemin dans la littérature, à la fin du XIXe siècle. À cet égard, le journal de Marie Bashkirtseff marque une étape cruciale. Bashkirtseff naît en Russie, mais déménage en France avec sa mère alors qu'elle est âgée de sept ans. Elle fait ses humanités elle-même et étudie la peinture dans la seule académie parisienne qui accepte les femmes, où elle se fait remarquer pour son talent avant de mourir très jeune, à vingt-cinq ans, de la tuberculose. Son journal, publié de manière posthume en 1887, devient un vrai succès éditorial. Bashkirtseff a commencé à tenir un journal l'année de ses treize ans ; toute jeune déjà, elle ne cachait pas ses ambitions (« Je veux la gloire »), rapportant aussi dans son journal à quel point ces desseins sont contrariés. Le nouveau modèle d'écriture intime qu'elle introduit suscite la controverse. Cet égoïsme flagrant est-il approprié de la part d'une jeune femme ? De l'avis général, les critiques et les lecteur·rices français·es se montrent peu sensibles à de telles préoccupations. Le modèle confessionnel empreint de déférence est toujours en vigueur, particulièrement dans les familles et auprès des éducateur·rices catholiques, qui ne sont pas favorables à une expression personnelle trop poussée. Les secrets doivent être confiés à Dieu avec humilité, en pensant à Dieu ; il faut éviter l'orgueil et la vanité et « à tout prix il faut en chasser le moi[49] ». À la fin du XIXe siècle, la pratique du journal se répand de manière spectaculaire chez les filles, à la fois à la maison et dans le cadre de l'instruction publique qui se développe pour elles. Au sujet de cette pratique pédagogique, toutefois, les écoles de la République française se montrent beaucoup moins enthousiastes que leurs homologues britanniques. Que ces réticences aient un lien ou non avec le catholicisme, il semble en tout cas qu'elles soient spécifiques à la France.

Un autre point, peut-être plus important encore, mérite d'être souligné : les mères supervisent la rédaction du journal tenu par leurs filles et, dans les écoles catholiques, les jeunes femmes doivent le remettre aux religieuses, qui le leur retournent avec des commentaires. Dans les écoles laïques, la rédaction du journal se fait sur un livret d'exercices, le devoir habituel consistant à recopier des extraits de ses lectures afin de les mémoriser. Il faut prêter attention à l'orthographe, soigner la calligraphie ainsi que la mise en page[50]. L'objectif est bien la maîtrise d'un texte et son appropriation, il ne s'agit pas de s'exprimer soi-même à travers l'écriture. La correspondance adressée à Simone de Beauvoir porte l'empreinte de ces pratiques laïques, ainsi que des traditions catholiques plus anciennes[51]. Le poids d'une culture éducative hiérachisée y est très perceptible.

Pour ses lecteur·rices, lire Beauvoir est une invitation à l'écriture autobiographique, un appel à faire le récit d'une vie cohérente et déterminée. L'héritage des théoricien·nes de la culture met en lumière l'importance de ce processus et sa stimulante créativité. Pour le théoricien et critique culturel Raymond Williams, cette capacité à vivre des « expériences » et à les décrire est essentielle à la reconstruction d'un individu, à la communication avec les autres et à la création de liens au sein d'une communauté[52]. La féministe Kate Millett le formule de la façon suivante : « Pour une catégorie de sujets à qui on apprend à se cacher et avoir honte, même de nos propres pensées, l'autobiographie est un projet terrifiant, enivrant et vertigineux[53]. » Encourager les femmes à se raconter est un acte généreux, mais aussi un défi palpitant pour les lectrices : « Vous m'avez répondu de vous écrire et j'ai essayé de le faire, et de concrétiser sur le papier ce qu'il me semblait facile de vous dire – quelle aventure[54] ! » Les ponts qu'elle jette entre elle et son lectorat et ses mots d'encouragement pour ces écrivaines en devenir font de Beauvoir l'interlocutrice compréhensive et intelligente qu'elles ont toujours recherchée sans penser la mériter. En s'identifiant à elle et, plus précisément, en soulevant le sujet de cette identification dans leurs lettres, les épistolières élaborent une version différente de leur propre personnalité : rebelle, indépendante, curieuse et posée.

Malgré tout, la relation autrice-lectrices reproduit aussi globalement le schéma qui consiste à montrer son journal pour le voir annoté en retour. Telles de studieuses étudiantes, nombre d'épistolières proposent d'envoyer leurs journaux ou leurs notes de lecture ; certaines, après avoir recopié des passages des textes de Beauvoir comme s'il s'agissait d'un exercice scolaire, attendent ensuite de recevoir ses commentaires[55]. Elles nous renvoient l'image de jeunes filles plus rangées que révoltées. Le propos n'est pas de dénigrer ces correspondantes, mais bien de montrer que, dans ces échanges, le développement de leur propre personnalité est un processus intersubjectif : le théâtre du soi a besoin d'une audience. Poser des mots sur leurs émotions, comme la lecture des textes de Beauvoir les mettait au défi de le faire, être capable d'élaborer une narration à partir d'événements chaotiques, à moitié oubliés ou simplement fortuits, parvenir à transformer ces moments de vie en « expériences », tout cela leur confère à la fois de la valeur et une forme d'autorité. Mais dans ce processus, les épistolier·es suivent également des scénarios, des instructions, des règles discursives[56]. Ces épanchements d'âme *a priori* spontanés fournissent un excellent exemple de ce que peut être la formation discursive de l'expérience, et c'est là une dimension véritablement passionnante de cette correspondance.

Ce qu'on sait de la sexualité

Les lecteur·rices entraînent Beauvoir dans des « conversations » sur de nombreux sujets : la guerre d'Algérie, le mariage et les histoires d'amour, les perspectives politiques bouchées pour le féminisme. Mais, dès le début, l'intimité de cette correspondance s'est constituée autour de la question de la sexualité qui, pour des raisons de pudeur, était impossible à aborder avec d'autres, même au sein de la famille ou entre ami·es. Lorsqu'on pense à Simone de Beauvoir, l'image qui nous vient à l'esprit n'est généralement pas celle d'une conseillère en sexualité recevant les confidences des un·es et des autres. Toutefois, son lectorat avait de bonnes raisons de la percevoir ainsi. *Le Deuxième Sexe* pouvait s'apparenter à une encyclopédie de connaissances en matière de sexualité. *Les Mandarins* avaient démontré l'expertise de Beauvoir dans le domaine de la psychologie (Anne, le personnage principal, d'inspiration clairement autobiographique, est psychanalyste). Dans les *Mémoires d'une jeune fille rangée*, elle relate sa découverte précoce de la palette des émotions existantes : « J'appris ce qui sépare la détresse de la mélancolie, et la sécheresse de la sérénité ; j'appris les hésitations du cœur, ses délires, l'éclat des grands renoncements et les murmures souterrains de l'espoir[57]. » Des réflexions comme celles-ci suscitent un très grand nombre de confidences. « Pardonnez-moi, Madame, je ne voulais pas écrire là ma confession ni vous importuner, mais vous qui semblez connaître la misère des femmes de toutes conditions – dites-moi sincèrement si je peux espérer trouver quelque emploi à Paris », écrit ainsi une correspondante. Dans une autre lettre : « Depuis vos premiers livres, et depuis la lecture de votre *Deuxième Sexe* qui m'a particulièrement intéressée, puis vos mémoires, je m'étais promis de vous écrire[58]. » Pour écrire et pour parler, encore faut-il avoir les mots. Le désir sexuel et le plaisir sont tabous. Le malheur ne se dit pas. Une professeure de collège en Belgique, tentant de poser une question sur l'excitation sexuelle et l'orgasme sans employer aucun de ces termes, commence sa lettre ainsi :

> J'ai tellement remanié cette lettre que je dois me décider à l'envoyer telle quelle. Je la voulais brève pour ne pas vous importuner trop et parce que je ne cède pas à un besoin d'épanchement. D'autre part, certaines explications vous permettraient de juger combien j'ai besoin d'aide.
> La sagacité de vos observations, le courage et la générosité de votre position intellectuelle vous montrent évidemment capable de donner à l'objet de ma lettre (je ne me décide pas encore à l'énoncer simplement) sa réelle importance. [...]
> Je désire que vous ne me jugiez pas désinvolte à votre égard si je m'adresse à vous pour obtenir des renseignements d'hygiène[59].

C'est seulement à la deuxième page de la lettre que son autrice en arrive au fait : elle n'a jamais ressenti « ni amour ni émoi voluptueux » et personne ne l'a jamais fait « frémir de désir ». Elle se sent à la fois trop gênée et trop désorientée pour en dire plus sur le papier. Elle demande à Simone de Beauvoir s'il est possible de la rencontrer en personne. Si Beauvoir est capable d'écrire sur les spécificités de l'« érotisme féminin », la masturbation et le plaisir vaginal en utilisant des termes scientifiques et médicaux tout à fait acceptables, rares sont les lecteur·rices qui se résolvent à utiliser un langage un tant soit peu analogue[60].

Depuis le début du siècle, certaines féministes et quelques médecins progressistes ont commencé à prendre parti pour l'éducation sexuelle des filles. Un petit nombre de manuels, comme *Mères de demain* ou *Comment j'ai instruit mes filles*, visent à expliquer aux mères ce qui doit être enseigné à leur progéniture et comment elles doivent s'y prendre. Pourtant, il semble que les filles ne parviennent à grappiller que très peu d'informations auprès de leur mère tant qu'elles n'ont pas eu leurs premières règles et, même après, on veille à leur en dire le moins possible[61]. En 1949, lorsque le magazine *Elle* publie un sondage pour solliciter l'opinion de ses lectrices sur la mise en place d'une « éducation sexuelle », la majorité se dit favorable. Toutefois, aux yeux de l'État et des professions médicales, il y a urgence à repeupler la nation. Pour cette raison, depuis 1921, la loi française interdit la contraception et tout débat à ce sujet est également prohibé. Après la Seconde Guerre mondiale, la France s'impose comme l'État le plus pronataliste d'Europe. Allocations familiales, primes de naissance et compléments aux salaires uniques permettent de réduire les inégalités de classes : des ressources supplémentaires sont allouées aux familles de la classe ouvrière avec des enfants. L'État ne se préoccupe aucunement de la vulgarisation des connaissances dans le domaine sexuel. Il ne cherche pas à promouvoir autre chose qu'une « hygiène sexuelle » à la définition très stricte et se soucie uniquement des soins dispensés aux femmes durant la grossesse et l'accouchement. Derrière le terme d'« hygiène sexuelle » se cache une préoccupation précise : l'État vise à enrayer le développement des maladies vénériennes. Après la Seconde Guerre mondiale, il n'est plus possible de remplir cette mission par l'intermédiaire du système des maisons closes, tolérées par l'État, lesquelles soumettaient les prostituées – mais pas leurs clients – à des examens médicaux obligatoires. Ce système, en plein essor au XIXe siècle et relancé par le gouvernement de Vichy entre 1940 et 1944, disparaît à la Libération. Les maisons closes destinées aux troupes américaines peuvent continuer à fonctionner, mais en toute discrétion. Les préservatifs sont tellement associés à la prostitution à l'occasion de campagnes de prévention contre les maladies vénériennes que leur usage, bien que légal, se voit réprouvé dans les autres contextes – comble de l'ironie si l'on en juge par l'objectif pédagogique de ces mesures. D'autres initiatives en faveur de l'éducation sexuelle, même les plus minimes, n'aboutissent pas[62].

D'après Sarah Fishman, les années 1950 se caractérisent par un intérêt nouveau pour le « sexe » : « Il est considéré comme une force motrice déterminant des comportements qui vont au-delà du sexe lui-même, et comme une composante essentielle de la personnalité[63]. » Mais cette conception du sexe, abordée dans le chapitre précédent, est présentée à l'emporte-pièce et avec une telle abstraction qu'elle n'est même pas toujours reliée au corps, à des pratiques, des moments de volupté ou des conduites ayant effectivement un caractère sexuel. Il est possible de glaner des bribes de renseignements dans la littérature érotique, auprès de sages-femmes qualifiées, ou bien quelques informations, en langage codé et enrobé d'euphémismes, transmises par la famille ou les ami·es. La situation est la même qu'il s'agisse des plaisirs des sens, des méthodes préventives, des mesures prophylactiques ou de l'avortement. L'historienne Sally Alexander le confirme : « Les secrets autour du sexe étaient agencés comme les pièces d'un puzzle[64]. »

Beaucoup de femmes et d'hommes espèrent que Beauvoir va pouvoir leur donner une « adresse », autrement dit, les coordonnées d'un·e professionnel·le susceptible de leur fournir des informations sur la contraception ou l'avortement, de leur procurer des contraceptifs ou bien de pratiquer une intervention. En matière de sexualité, les renseignements fiables sont une denrée rare, comme en atteste un courrier édifiant daté de 1957. Il est rédigé par un homme marié depuis six ans, déjà père de quatre enfants, qui souhaite demander à Beauvoir des informations sur le contrôle des naissances. La lettre est très factuelle : « Madame, ce que je veux vous demander est bien simple : vous parlez à plusieurs reprises de "femme bouchée", de bouchon qui semble assurer l'immunité de la femme. Ma question est donc : où pourrais-je me procurer une telle sécurité ? » L'auteur de la lettre fait référence au diaphragme, alors uniquement disponible en Angleterre et aux États-Unis et qui, légalement, ne pouvait être ni vendu en France, ni importé.

> Je vous dois cependant quelque justification. Marié en 51, j'attends mon quatrième enfant en janvier prochain. Le premier est celui du mariage, le deuxième une imprudence mais le troisième a été conçu deux jours après la fin des règles, le quatrième, l'écoulement n'avait pas encore cessé. Vous comprendrez que ma femme ait peur maintenant plus que jamais de ce fait biologique qu'elle ne comprend peut-être pas parfaitement mais dont elle a eu à subir les effets.

> Ma seule ressource, si nous voulons pouvoir conserver quelques relations naturelles, est donc de trouver une protection sans défaillance que n'offre certes pas la Méthode Ogino.
> J'attends donc de vous que vous me donniez une adresse à laquelle je puisse me procurer cet instrument, si toutefois ma requête ne vous semble pas importune ni insolente.
> P.S. et, si possible, la dénomination exacte de cet engin.

Il a joint à sa lettre une photo de ses enfants[65].

Ce correspondant insolite explique sans détour les raisons de sa colère. Malgré tous ses efforts, le couple ne peut se fier aux informations qu'il a réussi à obtenir. Les calendriers Ogino-Knaus, mis au point par un médecin japonais et un sexologue autrichien, sont supposés permettre de calculer les périodes « sûres » du cycle menstruel. Ce procédé, considéré comme acceptable puisque conforme au modèle catholique prônant l'abstinence, a une efficacité très limitée. L'auteur de la lettre s'exprime ouvertement sur ses propres besoins sexuels et sur l'intérêt qu'il porte à la contraception, mais il sait que sa femme « subit les effets » de cette situation d'une manière tout à fait différente. Il s'agit là d'un témoignage remarquable qui illustre les enjeux communs, mais asymétriques, de la sexualité conjugale. Si la franchise de ce correspondant et le ton de sa lettre sont inhabituels, la situation du couple, elle, n'a rien d'original. À cette époque, le nombre d'avortements illégaux ne cesse d'augmenter, aussi bien chez les femmes mariées que chez les célibataires[66].

Les épistolier·es brisent les tabous sur l'homosexualité, quoiqu'avec différents degrés d'assurance et de confiance en soi. Le même jeune homme qui, pour plaisanter, désigne Beauvoir comme une habituée des cafés, une « Martini girl », la remercie d'avoir répondu à sa lettre. Nous ne savons pas ce qu'elle lui a écrit mais, en retour, il confie : « Le monde est tellement pesant et inconscient. Votre indulgence – à l'endroit des homosexuels en particulier – est précieuse. Je souhaiterais que vous écriviez sur eux. » D'origine canadienne, il vit à Mexico City et travaille dans une station radio. Jeune, de sexe masculin, cosmopolite et sûr de lui (du moins dans sa relation avec Beauvoir), il parvient à évoquer l'homosexualité en choisissant des mots du XXe siècle, et sans manifester ni angoisse ni désarroi. La situation est fort différente pour cette femme de Neuilly, plus âgée et esseulée dans la banlieue bourgeoise de Paris. Elle a du mal à trouver ses mots :

> J'ai si froid parmi les mâles et les femelles. Je cherche un oiseau rare qui, avant de se sentir « mâle » ou « femelle » a conscience de son état d'être humain. Cet oiseau rare se rencontre, paraît-il, assez souvent chez les mâles, mais pour l'approcher il faut être du même sexe. Le retrouver parmi les femmes ne serait possible que pour les personnes du sexe opposé. Que faire, dans ce cas ? Je sais que vous en êtes un. Pourrais-je vous parler ?

Cette correspondante a probablement déjà rodé ce langage dans d'autres contextes, car elle ne paraît pas douter que Beauvoir sera en mesure d'en déchiffrer les codes. Il semble qu'elle ait eu raison. Beauvoir lui a vraisemblablement répondu, puisqu'elle écrit à nouveau et, cette fois, semble beaucoup moins désorientée : « Tout en étant absolument normale, je ne rentre dans aucune catégorie[67]. » Le contraste entre ces deux lettres est frappant, à la fois dans le ton et dans les manières de décrire les attirances et l'identité sexuelle : l'homme de Mexico City est capable d'écrire le mot « homosexuels » tandis que la femme, pour décrire sa sexualité, a recours aux procédés rhétoriques de l'allusion et de la métaphore. Comme Michel Foucault l'avait déjà noté il y a longtemps, ce ne sont pas les choses passées sous silence qu'il est intéressant d'observer, mais les « différentes manières de ne pas les dire, comment se distribuent ceux qui peuvent et ceux qui ne peuvent pas en parler, quel type de discours est autorisé ou quelle forme de discrétion est requise pour les uns et les autres[68] ». La relative invisibilité des lesbiennes, la rareté des lieux de rencontre sûrs, la vulnérabilité des femmes et les codes de la pudeur qui régissent le désir féminin, ainsi que sa propre timidité, sont autant de paramètres qui expliquent que cette femme ait pu vivre sa sexualité de manière si différente. À l'époque, la question de la sexualité est tellement saturée d'interdictions légales, de tabous, d'inhibitions et d'ignorance que, davantage encore que dans la plupart des autres domaines, un certain nombre de paramètres liés à la situation sociale s'avèrent déterminants dans l'accès à la connaissance et l'élaboration de l'expérience : le sexe et l'âge, la classe sociale, le modèle familial, le cercle professionnel et l'environnement social. Ces facteurs se combinent de diverses manières : un projet ou une expérience mènent à d'autres projets et expériences, d'une façon qui peut déboucher sur des trajectoires et des possibilités entièrement différentes. Et le langage existant n'est pas suffisant pour exprimer tout l'éventail de ces possibilités.

Dans une lettre, « tout est textualité ». Beaucoup de correspondant·es disent à quel point il est difficile de trouver les mots : « Je suis consciente que cette lettre est pleine de choses à ne pas dire, d'autres à dire mieux, un fatras d'évidences et d'inutilités. Mon défaut à m'exprimer est une des raisons pour lesquelles j'aime la clarté de vos livres », ou encore : « Pardon de traduire si mal ce torrent de pensées, de sentiments, que [votre livre] a soulevés en moi. » Une jeune femme que son tête-à-tête avec la feuille de papier n'aide pas regrette que Beauvoir ne soit pas en face d'elle pour lui dire les mots qui l'inciteraient à parler. Le père de cette correspondante est alcoolique, sa famille est à la dérive, elle ne voit aucune issue à sa solitude de provinciale. Par une combinaison de facteurs liés à la fois à la classe sociale et à la culture provinciale, même l'amour se trouve « anéanti » dans ce qu'elle appelle « un milieu social comme le [sien] ».

> Je sors le dimanche, je vais au bal du samedi, vulgairement – quelle tristesse et je flirte – jamais je ne me serais donnée, pas pour un empire. J'ai vingt ans et je garde cette chose en moi pure – peut-être en ai-je souvent envie – mais je suis bourgeoise…
> Vous ne pourrez jamais me comprendre, vous, quelle vie magnifique – libre – oh ! […] tout paraît facile quand je vous lis et pourtant moi je ne peux vous exprimer tout ce que je ressens[69].

Une jeune femme sans diplôme, ouvrière dans une usine, a néanmoins lu *Le Deuxième Sexe* et *Les Mandarins* plusieurs fois, et elle précise qu'elle a prêté les livres à ses amies :

> J'ai derrière moi un passé de misère, une enfance sans père, des aventures abominables qui me paraissent difficiles à écrire, à décrire. Ce que je désire, c'est avoir votre adresse personnelle, pour vous faire certaines confidences, que l'on réserve d'ordinaire aux amis[70].

Un dernier exemple montre bien que la violence sexuelle et l'humiliation, en particulier au sein des familles, sont des sujets dont il est presque impossible de parler :

> Peut-être mon cauchemar c'est quelque chose d'ordinaire, mais je hais mon père, il est… oh, vous le pensez bien. La prostitution, c'est rien… sainte Marie-Madeleine, j'avais 12 ans, c'est rien vraiment. Mais ça… je veux mourir[71]…

Les lectrices utilisent le langage des confessions. Elles racontent leurs histoires en ayant recours à des stéréotypes du XIXe siècle, des récits de femmes désemparées et égarées par leurs « passions ». L'évocation de l'échec moral rejoint celle du désespoir psychologique : « Je dois dire que la jeunesse tant vantée par bien des gens fut pour moi une période épouvantable, où on est entraîné par ses passions dans des gouffres affreux dont on essaie en vain de sortir[72]. » Elles sont écartelées entre le besoin urgent de sortir de leur isolement et la honte qu'elles ressentent, exacerbée par un sentiment d'impuissance, d'ignorance, et par la difficulté à trouver les mots adéquats. Beauvoir, espèrent-elles, les comprendra.

Un courrier du cœur

Les lecteur·rices qui n'ont pas la « tête à la métaphysique » font confiance à Simone de Beauvoir et s'attendent à voir leurs confidences prises au sérieux : « En vous lisant, j'ai ressenti la chaleur d'une voix amie[73]. » L'historienne française Mona Ozouf propose une interprétation de ce lien remarquable en expliquant que l'œuvre de Beauvoir peut se lire comme un « immense courrier du cœur », à l'image de ces rubriques de magazines féminins où les lectrices se confient et demandent des conseils[74]. Cette comparaison peut sembler malvenue : une femme qui écrit pour les femmes doit-elle forcément tomber dans cette catégorie ? Les sujets abordés par Beauvoir, qu'il s'agisse de l'homosexualité, de l'avortement ou des violences sexuelles, dépassent largement le cadre de ces rubriques. Son propos n'est pas orienté sur les déceptions amoureuses récurrentes des femmes mais sur les illusions qu'elles entretiennent, les pièges et les échecs. Pour elle, la sexualité est un véritable champ de mines existentiel, une aventure à haut risque. La presse féminine, en revanche, ne parle jamais, ou presque, de « sexe » ni de « sexualité ». Le terme de prédilection est le mot « amour », sentiment qui permet de développer la vertu, l'altruisme et le bonheur au quotidien[75].

Pourtant, l'analogie avec les rubriques de conseils aux lectrices n'est pas complètement saugrenue. Partager des confidences, sortir de son isolement, découvrir que ses doutes, ses blessures, ses angoisses, ses désirs sont partagés par d'autres, espérer accéder à une expertise psychologique et des conseils avisés, percevoir une forme de sensibilité affective, et se confier à un·e interlocuteur·rice qui sait de quoi vous parlez et qui trouve votre situation digne d'intérêt, voilà qui est typique des courriers du cœur[76]. Plus largement, ce sont des traits caractéristiques de ce que Lauren Berlant nomme la « sphère publique intime » de la culture féminine, cette communauté affective qui se forme autour des romans à l'eau de rose, des rubriques de courrier du cœur, de la littérature sentimentale bas de gamme, des programmes de radio et de télévision, et en particulier les émissions participatives diffusées en journée. Plusieurs correspondant·es s'excusent de s'adresser à Simone de Beauvoir comme si la philosophe était responsable d'une rubrique de conseils dans un magazine. Voici un exemple parmi tant d'autres :

> Excusez-moi, je vous prie, de la liberté que je prends en vous écrivant – j'ai lu votre beau livre *Le Deuxième Sexe* et je pense que vous seule pouvez me donner conseil. J'ai à résoudre un difficile problème d'ordre conjugal et familial – je me sens, par moments, bien seule et très découragée. Je répugne à m'adresser à un courrier du cœur quelconque. Je pense que vous pouvez me conseiller utilement et sagement, car vous avez une vue générale très compréhensive de tous ces problèmes. Si cela ne vous dérange pas trop, pourriez-vous me fixer rendez-vous[77] ?

Le courrier du cœur sert de référence, il renvoie à cette culture de masse et sa dimension communicative, à la manière dont on parle des sentiments privés dans la sphère publique. Même si les épistolier·es affichent leurs distances par rapport au ton de ces magazines, méprisés par les intellectuel·les et les personnes cultivées, leur appropriation de l'œuvre de Beauvoir se révèle étonnamment liée à la « sphère publique intime ». Nous prendrons la mesure de ce public intime plus loin dans le livre, notamment dans le chapitre qui inspecte les courriers des correspondant·es en proie aux déceptions amoureuses ou aux problèmes de couple. Pour lors, je voudrais simplement mettre en lumière les éléments qui ont contribué à insuffler cette intimité à la correspondance de Simone de Beauvoir.

Il y a énormément de choses en jeu dans ces échanges entre l'autrice et son lectorat. La dimension intime est prédéterminée et surdimensionnée en raison de la nature même du genre épistolaire. En osant aborder ces thèmes avec Beauvoir, en particulier la question des impressions liées à la sexualité, ces correspondant·es ont le sentiment de briser des tabous, ce qui renforce l'impression d'intimité. Elle s'élabore également par le biais des confessions. Et elle est aussi la marque de cette culture féminine relayée par les médias.

Sur le divan

Comme nous allons le constater, cette intimité si fantasmée, cette soif de lien sont loin d'être à sens unique[78]. Examinons le long passage de *La Force de l'âge* dans lequel Beauvoir détaille les objectifs qu'elle s'est fixés en tant qu'écrivaine. Beauvoir s'imagine que sa voix va atteindre ses lecteur·rices pour ainsi dire directement, qu'elle va faire irruption dans leurs vies, leurs pensées, et qu'elle aboutira de cette manière à une forme d'immortalité littéraire (mais pas seulement) : « Pénétrer si avant dans des vies étrangères que les gens, en entendant ma voix, aient l'impression de se parler à eux-mêmes : voilà ce que je souhaitais ; si elle se multipliait dans des milliers de cœurs, il me semblait que mon existence rénovée, transfigurée, serait, d'une certaine manière, sauvée[79]. » Ces mots sont puissants. Son désir de nouer une telle relation intime se lit jusque dans le langage qu'elle adopte. On ne s'étonnera pas que cette phrase soit citée en retour par quantité de lecteur·rices, ni de constater que la réponse attendue prend des proportions incontrôlables. Comme l'explique une lectrice, les envies de connaître l'écrivaine sont désormais légitimées. C'est Beauvoir qui a encouragé ces attentes et ces exigences et si les émotions de cette correspondante s'emballent, la faute en revient à l'écrivaine.

> [...] j'aimerais pouvoir me retrancher derrière une réserve pleine de dignité – mais je ne sais pas attendre : je n'ai jamais su... J'ai participé à tant de moments de votre vie, ce livre [*La Force de l'âge*] a précisé tant de choses qui, pour moi, étaient restées floues, que je n'en suis que plus déçue d'être sans nouvelles de vous.
> Vous parlez de « pénétrer dans des vies étrangères ». Ce but, que vous atteignez, vous crée des devoirs et je ne peux plus, moi, vous considérer comme une étrangère.
> Voilà peut-être des réactions que vous déplaisent et que vous n'avez pas envisagées. Je ne m'en sens pas responsable[80].

Susciter l'amour et devenir un objet d'amour, éprouver de la jalousie et un sentiment de possessivité : difficile de ne pas identifier dans ces mécanismes la dynamique du transfert psychanalytique qui s'installe inévitablement entre l'analyste et l'analysé·e, mais aussi les fantômes, les fantasmes et les désirs introduits par chacun·e dans le processus psychanalytique. Tracie Matysik, spécialiste de l'histoire intellectuelle, l'explique très bien : « Pour Freud, le transfert était le mécanisme qui, à la fois, facilitait l'analyse en révélant l'intensité des désirs, des angoisses et des refoulements, et qui l'entravait en même temps, puisqu'il opérait sur la base de méconnaissances et d'identifications erronées[81]. » Cette formulation s'applique parfaitement aux échanges entre Beauvoir et son lectorat, dans lesquels ces méconnaissances et autres désirs exacerbés sont omniprésents. Bien évidemment, Beauvoir n'a pas dans l'idée d'endosser le rôle de l'analyste silencieuse derrière le divan, encourageant les personnes qui la lisent à laisser libre cours à leur imagination, leur demandant quelles projections elles ont nourries à son égard et ce que cela peut bien signifier. Elle veut pourtant influencer leurs représentations, leurs manières de s'investir et de s'identifier à elle ; elle souhaite même les instruire et les corriger. Elle les pousse à atteindre une version d'elles-mêmes qui ait du sens dans le cadre qu'elle propose : celle d'individus cohérents, responsables et capables de se prendre en charge personnellement. Les échecs sont souvent retentissants.

Parmi les correspondant·es de Beauvoir, beaucoup ont certainement perçu ce parallèle avec la psychanalyse, pensant qu'elle défendait vaguement les théories freudiennes ou se posait en apprentie analyste. À cet égard, les dissensions affichées par rapport à Freud dans *Le Deuxième Sexe* ont moins marqué les esprits que le rôle central occupé par la psychanalyse dans *Les Mandarins*. Anne, personnage indéniablement autobiographique, est psychanalyste, et nous observons et comprenons les autres personnages à travers ses yeux, même lorsque celle-ci tente de maîtriser ses propres passions subversives et d'assumer la relation tumultueuse qu'elle entretient avec un écrivain américain. Dans leurs courriers à Beauvoir, plusieurs lecteur·rices s'imaginent converser avec Anne, ce qui oblige à parler de soi d'une autre manière, pas forcément agréable, tout en dépassant clichés et lieux communs. « De toute façon, c'est incroyablement inconfortable d'écrire à une femme aussi soufflante que vous, aussi intelligente ! », écrit une lectrice suisse. C'est « pire que de se trouver en face d'une Anne psychanalyste ». Cette femme ignorait à quoi pouvait ressembler une analyse, mais peut-être en avait-elle un avant-goût à travers la rédaction de sa lettre[82]. « C'est très difficile de parler de soi-même, on n'y arrive qu'en répondant aux questions », écrit une autre. De nombreux·se correspondant·es souhaitent rencontrer Beauvoir. On ne cherche pas simplement une oreille attentive, mais une interlocutrice exigeante et un échange qui permette d'éclaircir certaines choses[83]. Beaucoup expliquent dans leurs courriers que les Mémoires de Beauvoir les ont amené·es vers une nouvelle forme d'introspection, plus poussée. Une épistolière commente : « Je trouve précieuse pour toutes les femmes votre analyse personnelle si serrée et si fidèle. Cela n'avait pas été fait de cette façon avant vous (et je suis très freudienne pourtant). » Un autre correspondant, se décrivant comme « pseudo-psy », déclare admirer le « courage et la sincérité contrôlée » qu'il a trouvées dans *La Force de l'âge*[84].

Ici, comme dans d'autres courriers, les épistolier·es conjuguent champ « psy » et honnêteté existentielle, alors même qu'il s'agit de démarches tout à fait différentes. L'existentialisme insiste sur la valeur de la « sincérité » ou de l'honnêteté dans la connaissance de soi et dans la lutte acharnée contre la mauvaise foi ou contre le déni de sa propre liberté. La psychanalyse s'engage avec beaucoup moins de confiance sur ce point et, en psychanalyse, le déni ne disparaît pas par la force de la volonté. Ce mélange entre psychanalyse et sincérité existentielle de la part des lecteur·rices est un bon reflet de cette période précise de l'histoire, mais il est aussi à rapprocher de la perception que Beauvoir a d'elle-même et de ses ambitions en tant qu'écrivaine.

La psychanalyse s'impose à la fois comme projet intellectuel radical mais aussi comme pratique culturelle, une technique pour explorer le « soi » qui commence à se développer. Une lettre adressée à Beauvoir par l'une de ses admiratrices américaines en témoigne. Comme la plupart des correspondant·es, cette jeune femme avait émis le souhait de rencontrer l'écrivaine. Fait rare, une entrevue va bien avoir lieu[85]. Leurs échanges ont visiblement été intenses et les sujets variés, tels que les espoirs de la jeune femme d'accéder à l'université, les croyances religieuses et spirituelles mais aussi l'action politique. Elle écrit à Beauvoir après la rencontre : « Merci énormément de bien avoir voulu me rencontrer. Maintenant je suis sûre que je ferai de la psychanalyse. Je tiens à faire des études sur la foi religieuse, et surtout sur les questions sexuelles, la femme en particulier[86]. » Sur la thématique de la sexualité, en plein essor dans cette seconde moitié du XXe siècle, la contribution la plus importante de la psychanalyse a sans doute été de poser des questions audacieuses sur les différences sexuelles et sur l'identité sexuelle, et de reconnaître que les réponses à ces questions étaient complexes et contre-intuitives[87]. Au début des années 1960, c'est la discipline qui s'impose de plus en plus pour évoluer dans ce domaine. En déroulant le fil de sa conversation avec Beauvoir, cette jeune femme entrevoit qu'une démarche rigoureuse d'introspection lui permettra d'appréhender à la fois des éléments extérieurs et intérieurs. Elle comprend que la connaissance qu'elle a d'elle-même et la sexualité des femmes sont pareillement empreintes de tabous, d'interdits, de mythes sociaux et culturels, et qu'à cet égard, la mise en œuvre d'une action politique peut s'avérer utile. La fascination récente qu'elle éprouve pour la psychanalyse va de pair avec un intérêt certain pour le féminisme, même si elle reste sur ses gardes : « Pour l'instant, j'ai bien des soucis avec le féminisme. Mais cela reste sur le plan des discours de l'abstraction – deux de mes amies étudiantes [...] sont décidées à s'attaquer au *Deuxième Sexe* dès la rentrée, je suis bien contente[88]. » Ce type de projet, tel que l'entreprenait cette Américaine et d'autres femmes comme elle, allait se concrétiser, dans les deux décennies suivantes, par une transformation à la fois de la psychanalyse et du féminisme.

*

L'année 1960 (après la publication des *Mandarins*, des *Mémoires d'une jeune fille rangée* et au moment de la parution de *La Force de l'âge*) marque le point d'orgue de la relation que Beauvoir entretient avec son public. On comprend, grâce aux archives de cette correspondance, à quel point la lecture de son œuvre pouvait être une aventure enthousiasmante, et pour quelles raisons. Différentes explications se dessinent : le processus exaltant de l'identification et l'invitation à se forger un nouveau soi, le défi que représentait l'écriture ou la réécriture de sa propre histoire, la présentation de cette démarche intellectuelle sous la forme d'un théâtre des émotions. Les Mémoires de l'écrivaine apportent une ossature qui permet à ses lecteur·rices de consolider et d'interpréter leurs propres souvenirs à travers une histoire commune, à la fois historique et existentielle. Cette histoire consiste à couper les ponts avec une famille, une religion, à traverser la guerre tant bien que mal, à se battre pour l'indépendance personnelle et à poursuivre, en cette période d'après-guerre, une quête de sens politique et d'intégrité.

Une correspondante, depuis Londres, explique ce qu'elle ressent après la lecture des œuvres de Beauvoir :

> Je suis littéralement captivée au plus haut point par chaque livre que vous avez écrit. Ensuite je réfléchis et je me sens profondément satisfaite ; c'est un sentiment extrêmement gratifiant et réconfortant de pouvoir penser à ces phrases et ces expériences assimilées à partir d'un roman ou des mémoires d'une autre personne, de s'y plonger lors de rêveries éveillées, de les revivre et même de les mettre à profit[89].

Elle décrit avec éloquence les fantasmes, les souvenirs, le plaisir procuré non seulement par la lecture mais aussi par l'apprentissage du vocabulaire et de la grammaire spécifiques à l'« expérience », le sens auquel ces notions permettent d'accéder et l'autorité qu'elles confèrent. Cette lettre est un hommage remarquable à la lecture et au pouvoir qu'elle détient de façonner les subjectivités.

Depuis le XVIIIe siècle, les lecteur·rices écrivent aux auteur·rices dans le but d'approfondir leurs expériences de lecture, d'en prolonger le plaisir. C'est également une manière de rendre hommage à ce que le mouvement romantique a exalté comme la voix puissante et envoûtante de l'artiste, ou encore de mettre en avant leur propre statut de penseur·ses ou d'écrivain·es, si modeste soit-il. Les lettres que reçoit Beauvoir ressemblent à celles qu'on a pu adresser à Jean-Jacques Rousseau ou George Sand. Le lectorat s'identifie avec les personnages, demande s'ils sont réels et se les approprie en commentant : « Est-ce que Julie existe ? » (à Rousseau) ; « Avec vous, je redeviens une petite fille » (à George Sand au sujet d'*Histoire de ma vie*[90]). Ce sont là d'intenses expériences de lecture : elles sont formidablement interactives, elles font remonter des souvenirs, créent des identifications, des liens et une forme de communauté. Un terme revient très souvent sous la plume des correspondant·es de Beauvoir : le verbe « bouleverser ». Le sentiment d'être submergé·e et déstabilisé·e atteste bien qu'un processus de transformation est à l'œuvre. Les épistolier·es expriment parfaitement l'intensité des sensations que leur procure la lecture. Même si elle se retrouve en compétition avec les nouveaux médias qui font leur apparition au XXe siècle, la lecture demeure une activité non seulement intellectuelle, mais également affective, et même physique. Un livre a le pouvoir d'émouvoir les lecteur·rices au même titre que le cinéma, la radio et la télévision de bouleverser les spectateur·rices. Bien sûr, le précieux témoignage que nous apportent ces archives sur l'influence de la lecture a été façonné par cette activité particulière qu'est la lecture de Mémoires et, plus important encore, par la correspondance entretenue avec l'autrice, démarche qui a considérablement renforcé ce que Philippe Lejeune appelle le « frisson du direct[91] ». L'idée générale reste la même : les courriers de ces lecteur·rices permettent de replacer les livres dans le contexte de l'époque, avec le dynamisme culturel qui marque la période. Les livres alimentent le besoin de sensations exprimé par les lecteur·rices, tout en y répondant. Cette promesse d'interaction explique peut-être la popularité spectaculaire des Mémoires dans cette seconde moitié du XXe siècle et au début du XXIe siècle.

Beauvoir s'inscrit dans la tradition autobiographique plus ancienne de Rousseau et de Samuel Pepys (mais pas celle de George Sand), et les historien·nes de la culture française établissent un lien entre sa correspondance et la célèbre analyse de Robert Darnton au sujet des lettres reçues par Rousseau[92]. Cependant, plus d'un siècle et demi sépare *Les Confessions* et le genre d'autobiographie que Simone de Beauvoir commence à populariser. D'autre part, ces quelque cent cinquante années ont également donné lieu à nombre de réflexions et de redéfinitions sur la question des sentiments et du « moi », et en particulier le « moi » féminin. N'importe quel personnage féminin de Rousseau – Julie, le personnage éponyme de mère martyre et vertueuse dans *La Nouvelle Héloïse* (1761) ou Sophie, la compagne d'Émile dans *Émile ou De l'éducation* (1762) – est une parfaite illustration de ce que Beauvoir entend critiquer :

la femme comme « Autre » non essentielle, autour de laquelle se sont élaborés les mythes, la culture et les constructions psychosociales de l'Europe moderne. La version qu'en propose Beauvoir est celle d'une femme capable de parler sans détour, de communiquer sans céder aux réflexes d'auto-anéantissement. C'est aussi à cette femme qu'elle s'adresse. Le lien qu'elle forge avec ses lecteur·rices n'est pas fondé sur la communion des cœurs chère à Rousseau, mais sur un raisonnement existentiel et une démarche d'introspection psychologique. Sa monnaie d'échange n'est pas celle des confessions, ni d'une soumission à une autorité supérieure ; Beauvoir ne se positionne pas non plus sur le plan des sentiments. Elle invite les femmes à revendiquer la conscience qu'elles ont de leur identité et à reprendre possession d'elles-mêmes.

À partir de la moitié du XXe siècle, l'autobiographie et les Mémoires vont rapidement s'imposer comme le « genre de prédilection » des auteur·rices et du public, une « structure de formulation du soi combinée à un mode de cognition » encouragée dans des contextes culturels plus larges, non cantonnés au seul domaine de l'écriture de livres[93]. Les efforts que fournissent les lecteur·rices en se racontant dans l'écriture, difficultés très clairement formulées par le plus grand nombre, reflètent bien ce vaste engouement culturel pour l'autobiographie. Leur zèle renvoie aussi à Beauvoir, laquelle, à travers ses textes, les invite à ne pas gâcher leur vie :

> Il y a bien des fois où je devrais prendre la parole pour exprimer une opinion. Pourtant je ne le fais pas, après ce n'est plus le moment, c'est comme ça qu'on se retrouve à la fin de sa

> vie sans s'être engagé et avec la tête pleine de belles pensées idylliques. Cette fois, je ne veux pas que ça arrive[94].

Les lecteur·rices nous donnent à voir les difficultés réelles qu'implique ce discours, pour les femmes encore plus que pour les hommes. Ces dernières ont relevé le défi, ce qui rend compte d'une profonde transformation culturelle autant que d'une réflexion neuve sur l'identité personnelle :

> Je crois être non pas une de vos disciples, cela implique trop de docilité, mais une de vos compagnes lointaines dans cette lutte pour se trouver soi-même dans l'intégrité qui est si ardue pour nous femmes en particulier[95].

L'image des « compagnes de lutte » pourrait donner lieu à une interprétation facile qui ferait de ce moment une sorte de répétition générale pour le féminisme de la deuxième vague. Toutefois, les implications politiques liées à cette nouvelle forme de conscience de soi ne sont pas si simples à déterminer. Une véritable politique d'émancipation est bien en train d'émerger de la lutte pour trouver une voix. On la perçoit aussi dans les efforts, en apparence modestes, mais touchants, que les lecteur·rices de Beauvoir déploient pour sortir de leur isolement, pour glaner de précieuses bribes d'information et pour franchir la distance qui les sépare des modèles de liberté incarnés par l'écrivaine. On peut déceler une dimension politique dans la manière dont Beauvoir propose des ressources, discursives et autres, à celles et ceux qui sont pris·es au piège de leur solitude, de l'ignorance, et ne se sentent pas dignes d'intérêt. Quoique fondée sur la confiance, cette relation n'était pas forcément égalitaire pour autant.

L'illusion d'intimité pouvait disparaître brusquement. Dans certains cas, la bulle éclate de façon comique : « Je suis un peu dépité que dans vos lettres vous écriviez Chère Madame alors que je suis un homme. Dès lors, dois-je considérer que toutes les bonnes choses que j'arrive à déchiffrer [l'écriture de Simone de Beauvoir était notoirement difficile à lire] à travers votre écriture déroutante ne me concernent pas[96] ? » Dans certains cas, l'illusion se dissipe à la faveur d'un épisode de révolte, au moment du passage à l'âge adulte. Après avoir échangé pendant des années de longs courriers chaleureux et profonds avec Simone de Beauvoir, après l'avoir même sollicitée sur le contenu de son journal intime, une correspondante particulièrement expansive et investie lui écrit un jour qu'en dépit de toutes les idées qu'elles partagent et de leur vision commune du monde, il y a certaines choses qu'elle ne lui a pas dites et qu'elle ne peut pas lui dire. Elle ne veut pas choquer l'écrivaine ni la blesser, mais elle lui écrit : « Nous ne sommes pas de vraies amies[97]. »

Dans la préface de *La Force de l'âge*, Beauvoir franchit une nouvelle étape dans la conscience qu'elle a de ses lecteur·rices et de leurs attentes. Son fil conducteur sera désormais la « sincérité » mais, prévient-elle, cette transparence aura des limites. L'avertissement est réitéré dans le premier chapitre du livre, qui comporte un long passage dans lequel elle évoque les notions d'intimité et de sincérité telles qu'elle les a négociées dans sa relation avec Sartre. Le couple se dirait-il tout ? Que cela signifierait-il ? Quelles conséquences une vérité de cette nature aurait-elle sur leur confiance mutuelle[98] ? L'éthique de l'intimité telle qu'elle la conçoit se révèle problématique dans sa relation avec le lectorat, mais également dans son couple. Les lecteur·rices perspicaces ne s'y sont pas trompé·es. L'une écrit ainsi : « Une sincérité n'est pas pesée, mesurée, elle est totale. Réfléchissez-y[99]. » Même aux plus beaux jours de l'histoire d'amour entre Simone de Beauvoir et ses lecteur·rices, la relation a été traversée par des vagues de doute, de méfiance, et par des sentiments ambivalents. La portée de cette correspondance était infinie et elle s'est déployée dans de multiples directions.

4

La guerre d'Algérie ou le scandale de la torture

Vous avez vécu l'Histoire, celle de notre pays. [...]
Vous m'avez fait sentir avec vérité l'intensité de ces vingt-cinq dernières années.

(janvier 1964, Nogent-sur-Marne)

Le nom de Simone de Beauvoir n'est pas spontanément associé à la guerre d'Algérie. Pourtant, ses écrits autobiographiques sont étroitement liés à cette période, l'une des plus dramatiques de l'histoire française et européenne à la suite de la Seconde Guerre mondiale[1]. Ses publications portant sur ces années, soit entre 1954 et 1962, vont entraîner une impressionnante vague de courriers. La correspondance laisse entrevoir un lien certes plus profond avec le lectorat, mais également plus difficile. C'est une chose de s'identifier à l'autrice des *Mémoires d'une jeune fille rangée* et de l'admirer, comme beaucoup de lecteur·rices l'ont fait en revisitant leur propre enfance à travers la vie de Beauvoir, ou en renouant avec leurs rêves et leurs ambitions de jeunesse. C'en est une autre de suivre avec elle les hauts et les bas des réactions politiques suscitées par la guerre de l'État français contre le nationalisme algérien, les révélations sur la torture pratiquée pendant le conflit, et d'affronter les fantômes de l'impérialisme nazi et de la brutalité dont l'État et la société française se sont rendues complices pendant la Seconde Guerre mondiale. Faire état de ces expériences, comme Beauvoir y incitait ses lecteur·rices – vivre « l'intensité de ces vingt-cinq années » depuis le début de la Seconde Guerre mondiale –, était une entreprise délicate et vouée à des résultats mitigés. Dans leurs lettres, les correspondant·es vont évoquer des souvenirs analogues et confier avoir vécu les mêmes cauchemars, apporter des témoignages sur les crimes de guerre et dénoncer le silence qui entoure les atrocités. D'autres vont s'exaspérer des prises de position de Beauvoir ou désavouer ses engagements politiques, bien souvent avec mépris. Ces courriers sont envoyés par des personnes qui s'expriment en tant que simples spectateur·rices du conflit, mais aussi par des participant·es bien connu·es, dont Djamila Boupacha, la jeune militante algérienne arrêtée, torturée et violée par des militaires français en 1960. Plusieurs lettres sont écrites par des soldats eux-mêmes. Certains, directement impliqués dans le conflit, se sentent rongés par la culpabilité ; d'autres n'éprouvent strictement aucun remords. Travailleuses et travailleurs sociaux, enseignant·es se sentant mis·es en cause par les actions de l'État français, militant·es antiguerre et ressortissant·es européen·nes installé·es dans les colonies françaises prennent également la plume. Il ne s'agit pas là d'un échantillon représentatif de la population française, mais cette palette met en lumière les dynamiques à l'œuvre dans les réactions du public et la place occupée par la guerre dans la vie intime de la nation.

Comme l'écrit l'historien Herrick Chapman, la guerre d'Algérie a été le « creuset » de la République française. Elle a tenu le même rôle dans le projet autobiographique de Simone de Beauvoir. Beauvoir s'impose en tant qu'écrivaine avec l'obtention du prix Goncourt pour *Les Mandarins* en 1954, l'année même où le mouvement nationaliste algérien entre dans le conflit armé[2]. Les tentatives de l'armée française pour réprimer le mouvement sont brutales. Elles vont durer de 1954 à 1962, exacerbant les tensions de part et d'autre, jusqu'à entraîner la chute de la IVe République. Beauvoir achève la rédaction des *Mémoires d'une jeune fille rangée* au printemps 1958, alors que le gouvernement est en train de basculer, renversé par un putsch mené conjointement à Alger par des colons européens de droite ayant pris les armes et par les influents partisans de l'Algérie française à la tête de l'armée française. La menace d'un coup d'État permet aux militaires contestataires de pousser le général de Gaulle à revenir au pouvoir. De Gaulle, en désaccord avec la constitution de la IVe République, s'est retiré de la vie politique en 1946. Au printemps 1958, il accepte de rependre des fonctions et promet de sauver la nation, au bord de la guerre civile. Investi des pleins pouvoirs, il s'engage à faire cesser les dysfonctionnements des assemblées parlementaires en proposant une révision de la Constitution et un élargissement des pouvoirs de l'exécutif. Il promet aussi de résoudre la crise coloniale, sans toutefois préciser comment[3]. Les *Mémoires d'une jeune fille rangée* arrivent en librairie quelques jours après le référendum du 28 septembre 1958. Par leur vote, les électeur·rices français·es ratifient ces modifications constitutionnelles, malgré l'opposition farouche de la gauche, sur fond d'accusations d'alliance impie entre militaires et conservateurs et de relents du régime de Vichy et du fascisme. La crise de 1958 met fin à la IVe République et aboutit à l'avènement de la Ve. De Gaulle est élu président en 1959. Il se retirera de la vie politique en 1969[4].

Beauvoir écrit *La Force de l'âge* pendant les deux années qui suivent (1958-1960), dans un contexte tendu : les contestations virulentes de la gauche contre l'autoritarisme de De Gaulle et son refus de négocier avec le FLN algérien (le Front de libération nationale, principal mouvement nationaliste en Algérie), mais aussi les exactions répétées de l'armée française en Algérie, le recours à la torture, les assassinats, les déportations et l'apparition des camps[5]. *La Force de l'âge* couvre la période qui s'étend de 1920 à 1944, comprenant la défaite de la France face aux forces hitlériennes en 1940, l'Occupation, le régime de Vichy et la Libération. Néanmoins, l'empreinte de la crise algérienne y est très présente. Le livre est publié en 1960, année d'escalade du conflit politique. La répression est violente, mais de plus en plus inefficace, et la résistance s'intensifie dans chaque camp – le FLN et ses partisan·es, d'une part, les partisan·es de l'« Algérie française », d'autre part. L'année est aussi marquée par l'affaire Djamila Boupacha, qui va révéler le scandale de la torture et qui sera l'un des cas les plus médiatisés d'une longue série. La même année, le gouvernement traduit devant la justice le réseau Jeanson, un groupe de militant·es antiguerre dirigé par l'anticolonialiste radical Francis Jeanson. Ses membres ont fourni une aide clandestine (fonds et armes) au FLN algérien et manifesté leur soutien aux soldats français qui ont refusé d'aller faire leur service militaire en Algérie. Dans le « manifeste des 121 » (septembre 1960), d'éminent·es écrivain·es et intellectuel·les prennent position pour défendre le devoir moral de l'« insoumission » et le droit à l'objection de conscience[6]. Le nom de Beauvoir est associé à toutes ces actualités. C'est l'avocate Gisèle Halimi, déjà connue pour son engagement dans la défense de nationalistes algérien·nes, qui la sollicite au sujet du cas Boupacha. Halimi, née en Tunisie et naturalisée française, a suivi des études de droit et de philosophie à Paris. Peu de temps après être entrée au barreau en France, en 1956, elle commence à mettre ses talents au service de la cause anticoloniale. Elle défend des condamné·es à mort dans des dossiers extrêmement complexes et médiatisés (y compris ceux de plusieurs femmes) et élabore, au cours de ces procès, une stratégie juridique pour révéler au grand jour les actes de torture et obliger les bourreaux à rendre des comptes. Halimi place Beauvoir à la tête du comité de défense de Boupacha et lui demande d'écrire pour *Le Monde* une tribune sur le drame vécu par la jeune fille. Ensemble, elles rédigent un ouvrage réunissant des essais et des documents sur l'affaire et les autres cas de torture en Algérie. Ce livre, intitulé *Djamila Boupacha*, est publié en 1962[7].

« Jamais je n'ai tant entendu parler de vous, jamais je n'ai essayé avec autant d'ardeur de vous suivre de loin, de partager vos façons de voir, de vivre », lui écrit une femme qui, comme de nombreux·ses épistolier·es, suit les événements par procuration[8]. En cette année 1960, l'engagement politique de Simone de Beauvoir contribue à faire de *La Force de l'âge* un best-seller. Avant même sa publication, Gallimard reçoit des commandes à hauteur de quarante mille exemplaires. Comme bien des épistolier·es l'écrivent à Beauvoir, le retentissement considérable du livre tient aux parallèles qui sous-tendent le récit : se souvenir de l'occupation nazie et du régime de Vichy au moment des scandales et des violences de la crise algérienne et vivre ces deux guerres comme si elles n'en faisaient qu'une.

Beauvoir s'attelle à la rédaction du troisième volume de ses Mémoires, *La Force des choses*, au milieu de la tourmente politique de l'année 1960. Elle rédige presque neuf cents pages pendant les dernières années particulièrement violentes de la guerre, et termine une première version au moment où les accords d'Évian signés par la France et le gouvernement provisoire de la République d'Algérie mettent fin au conflit. Le livre est publié l'année suivante, en 1963[9]. Près de la moitié du premier tome est consacrée à la politique intérieure au moment de la crise algérienne, et Beauvoir relate un grand nombre de ces événements plus ou moins au moment où ils se produisent. *La Force des choses* mêle journal intime, chroniques et Mémoires, révélant à quel point ces années ont été douloureuses. Beauvoir interpelle ses lecteur·rices. Elle les appelle à se rallier à ses convictions politiques et partage ses souvenirs historiques pour les amener à comprendre que la guerre d'Algérie et la brutalité de l'armée française sont le miroir de la complicité de la France dans la répression de la résistance pendant le régime de Vichy et sous l'Occupation.

« J'ai vécu la guerre d'Algérie comme un drame personnel », écrit-elle[10]. Et ce drame est éprouvant. Son récit aurait pu se terminer sur la victoire de l'indépendance de l'Algérie et la défaite de l'impérialisme français, ou sur la portée internationale de ces événements, à savoir le déclin du colonialisme aux quatre coins du globe, avec la révolution cubaine de 1959 et la décolonisation d'une grande partie de l'Afrique entre 1957 et 1960. Mais ce n'est pas le ton de l'ouvrage, et les dernières lignes de *La Force des choses* esquissent le portrait d'une écrivaine épuisée et démoralisée[11].

Lorsqu'elle entreprend l'écriture de ce livre, Beauvoir est au faîte de sa carrière littéraire, et le rêve qu'elle nourrissait à vingt ans – « J'écris pour me faire aimer à travers des livres » – s'est réalisé[12]. Le succès des *Mémoires d'une jeune fille rangée* et de *La Force des choses*, ainsi que les manifestations d'enthousiasme de son public, l'ont encouragée à prendre des risques, à livrer sentiments et expériences sur des centaines de pages. Elle se montre plus explicite que jamais dans son dialogue avec les lecteur·rices. Leurs questions l'ont incitée à poursuivre son autobiographie et elle les considère désormais comme partie prenante de son projet. « Ce livre demande au lecteur sa collaboration », écrit-elle, signifiant que son lectorat doit également y mettre du sien, lui faire confiance et la suivre jusqu'au bout[13]. Beaucoup vont effectivement s'engager dans cette voie, ou du moins s'y essayer. Mais cette relation tumultueuse entre l'autrice et son public va mal se terminer. Les critiques s'emportent contre *La Force des choses* et, ce qui est plus terrible pour Beauvoir, une partie de ses lecteur·rices de longue date répondent à son dernier livre par de la déception ou de l'agacement, quand ce n'est en se retranchant dans le mutisme sur les sujets qui lui tiennent le plus à cœur. Plus tard, l'écrivaine s'en plaindra amèrement : non seulement le public n'a pas apprécié le livre, mais il l'a rejeté pour de mauvaises raisons[14].

Il s'agit d'une histoire complexe dans laquelle plusieurs enjeux entrent en ligne de compte. Il y a d'abord le sujet de la guerre coloniale et d'une révolution aux multiples aspects ; les textes de Simone de Beauvoir, ensuite, lesquels recouvrent différents genres littéraires ; et, enfin, le large spectre des réactions. Deux points en particulier feront couler beaucoup d'encre : la place de Beauvoir dans l'espace public en tant qu'intellectuelle, et ses Mémoires, souvent difficiles à déchiffrer. Son « drame personnel », comme elle le désigne, tient à la fois à son activisme public, à ses souvenirs des événements de l'époque, à ses opinions politiques et aussi à une certaine lassitude physique. Pour tenter de comprendre cette situation, il convient d'en dénouer les tenants et les aboutissants. Ce chapitre traite de l'intervention politique très médiatisée de Simone de Beauvoir dans l'affaire Djamila Boupacha en 1960, tout d'abord par un article paru dans *Le Monde*, puis par la publication de documents en rapport avec le procès Boupacha. Beauvoir va se trouver mêlée au scandale de la divulgation des secrets sordides d'une « sale guerre » alors que, comme de nombreux·ses autres opposant·es à ce conflit, elle tente de prendre la parole dans un climat politique très polarisé afin de dénoncer des atrocités et de sensibiliser un public abasourdi par ces révélations. La tribune publiée dans *Le Monde*, en particulier, fait naître de nouvelles exigences. Ses allié·es et correspondant·es (dont Boupacha elle-même) lui intiment de faire preuve de loyauté. Dans le même temps, ses adversaires l'accusent violemment : c'est une ignorante, une traîtresse, elle salit la réputation de son pays et répand des obscénités. Le scandale Boupacha propulse Beauvoir au rang de figure publique, et son nom, dès lors, se retrouvera associé à un entrelacs complexe d'interrogations sur la violence coloniale, la torture et la sexualité.

La « sale guerre »

D'après Beauvoir, l'affaire Djamila Boupacha et le scandale de la torture pendant la guerre d'Algérie marquent une rupture avec son parcours trop longtemps apolitique. La naïveté de sa jeunesse apparaît clairement dans les *Mémoires d'une jeune fille rangée* et dans *La Force de l'âge*. Beauvoir a connu une enfance privilégiée, préservée des difficultés du quotidien ; en contrepartie de la sécurité offerte par le milieu bourgeois de ses parents, elle endosse le rôle de jeune fille modèle. La politique ne l'intéresse pas pendant ses études, sa situation confortable la maintenant dans une forme d'indifférence[15]. Lorsqu'elle repense aux années 1920, elle admet avec regret que son engagement politique se résumait à une révolte personnelle[16]. « Un jour, écrit-elle, les gens secoueraient leur sclérose, ils inventeraient librement leur vie : c'est à quoi nous prétendions. » Non seulement elle a l'insouciance politique d'une petite-bourgeoise, mais elle est aussi d'une confondante ignorance ; Beauvoir rapporte s'être montrée aussi obtuse au début de la Seconde Guerre mondiale que Louis XVI à la veille de la Révolution[17]. Cette guerre l'a profondément marquée (c'est un thème sur lequel elle reviendra), mais elle n'a manifesté aucune forme de résistance. Dans ses Mémoires, elle se présente comme une écrivaine, une femme de lettres qui ne s'investit politiquement que sur le tard. Son récit souligne les tumultes inhérents à l'engagement et à la prise de responsabilité par rapport au monde qui nous entoure ; il n'est pas tout à fait exact en ce qui concerne sa naïveté politique.

Beauvoir ne reste pas vraiment à l'écart des événements politiques de l'après-guerre. Dans *Le Deuxième Sexe*, elle aborde la notion d'éthique politique et évoque le procès puis l'exécution de l'écrivain Robert Brasillach, accusé de collaboration[18]. De plus, la fonction qu'elle occupe dans le comité éditorial des *Temps modernes* lui donne l'occasion de se pencher sur un certain nombre de questions liées à la politique internationale, et donc de nourrir ses propres réflexions. Qu'elle ait souhaité ou non se retrouver sous les feux de la rampe, elle et Sartre sont des personnages publics : « Tout écrivain français était un drapeau[19]. » Elle accompagne Sartre à des réunions du Rassemblement démocratique africain, où sont présents des représentants de de l'Afrique-Occidentale et de l'Afrique-Équatoriale françaises. En 1955, elle se rend à la conférence de Bandung réunissant des pays asiatiques et africains et, de là, part en Chine pour un séjour de cinq semaines. Inspirée par Bandung et la question de la décolonisation, et encouragée par le prix Goncourt qu'elle reçoit pour *Les Mandarins*, elle s'attaque au sujet de la révolution chinoise en cours et de ses conséquences sur la condition des femmes dans le pays. L'ouvrage est publié sous le titre *La Longue Marche* (1957). Elle ne connaît pratiquement rien de la Chine et ne parle pas le chinois, mais elle s'applique, un peu trop peut-être, à décrire le nouveau régime comme une variante du socialisme au sein d'un pays qu'elle présente comme engagé dans une démarche d'émancipation des femmes. Le livre est un échec. Dans le même temps, elle fait pratiquement abstraction du massacre de Sétif, en 1945, lorsque, dans plusieurs villes de l'est de l'Algérie, les manifestations pour célébrer la victoire en Europe dégénèrent, entraînant des représailles françaises massives. Elle ne commence à se préoccuper de la domination française en Algérie qu'au moment où les conditions se détériorent et que la répression et la montée du militantisme anticolonial débouchent sur une guerre ouverte en 1954[20].

Vers le milieu des années 1950, les Français·es un tant soit peu lucides n'ignorent rien de la situation en Algérie. Le FLN a lancé une première offensive à l'automne 1954 (le 31 octobre), l'opération Toussaint rouge, une action coordonnée d'attentats ciblant trente lieux différents. Le président du Conseil, Pierre Mendès France, dans une célèbre déclaration, réagit en affirmant que l'Algérie ne ressemble pas aux autres colonies françaises et que toute comparaison avec la Tunisie ou le Maroc, dont la France va bientôt se retirer, serait non seulement fausse, mais dangereuse : « Jamais la France, aucun gouvernement, aucun Parlement français, quelles qu'en soient d'ailleurs les tendances particulières, ne cédera sur ce principe fondamental. » Le ministre de l'Intérieur, François Mitterrand, a cette formule laconique : « L'Algérie, c'est la France[21]. » Les socialistes minimisent l'ampleur du soulèvement et se disent convaincu·es que des réformes élémentaires permettront de maintenir et même de revitaliser l'« association » entre la France et l'Algérie. Les conservateur·rices mettent en cause la décadence de la République, ses divisions politiques et la faiblesse de son exécutif, et l'accusent d'avoir encouragé le nationalisme algérien comme de ne pas avoir soutenu l'armée. En 1956-1958, les réserves pétrolières du Sahara pèsent déjà dans la balance des intérêts économiques français. Ni la droite ni la gauche n'apprécient le fait que les

Nations unies cherchent à transformer la question algérienne en débat international, considérant qu'il s'agit là d'une ingérence dans les affaires de la France[22]. En 1956, année où la Tunisie et le Maroc obtiennent officiellement l'indépendance, l'Assemblée nationale octroie au gouvernement français des pouvoirs administratifs spéciaux en Algérie et une nouvelle campagne de conscription est lancée, qui va jusqu'à faire appel aux hommes ayant déjà effectué leur service militaire. Le nombre de soldats déployés pour la « pacification » passe de deux cent mille à près d'un demi-million. L'État français ne reconnaîtra jamais le conflit comme une véritable guerre, préférant employer des euphémismes comme « opérations » ou « événements ».

La complexité et la violence de cette guerre s'intensifient année après année. Comme dans la plupart des conflits anticoloniaux et révolutionnaires, des guerres se déclenchent à l'intérieur de la guerre, exacerbant les tensions de part et d'autre. Le FLN algérien s'attaque non seulement à l'armée française, mais aussi aux groupes nationalistes rivaux en Algérie et en France métropolitaine[23]. Un mouvement militant de droite émerge parmi les colons européen·nes, ou pieds-noirs, déterminé·es à empêcher le gouvernement français de « trahir » la communauté des colons en Algérie en négociant avec les nationalistes. Cette méfiance à l'égard du gouvernement civil en métropole est globalement partagée par le commandement militaire français sur le terrain. Selon lui, ces débats sur les réformes sapent le moral des troupes. Les combats sont violents, chaque camp massacre et intimide soldats et civil·es accusé·es de collaborer avec l'ennemi. L'opinion internationale se retourne contre l'acharnement de la France et contre ses tactiques aussi cruelles qu'inefficaces, et, progressivement, le soutien s'effrite également en métropole. En 1957, Raymond Aron affirme dans son ouvrage *La Tragédie algérienne* que le colonialisme français n'a ni les consciences ni l'économie de son côté. Sa voix est minoritaire. Le gouvernement français soutient que la nationalité « algérienne » n'existe pas, puisque l'Algérie est française, et que la nation doit assurer la protection des colons européen·nes en Algérie. Surtout, si son Empire colonial disparaît, la France perdra de sa puissance et sera reléguée au rang de troisième puissance européenne. Mais, pour l'opinion publique, ces arguments semblent de plus en plus fallacieux[24].

L'armée française a recours à un arsenal de tactiques militaires et policières répressives. Dans les campagnes, une partie de la population est déportée ou transférée, des camps de détention sont mis en place. Des mines terrestres sont installées dans les étendues désertiques que le FLN est susceptible de traverser pour préparer ses offensives, et on programme des raids aériens transfrontaliers. Dans les villes, de même, la situation dégénère : couvre-feux et quadrillage militaire des quartiers urbains, exécutions et recours à la torture. L'armée française, au fur et à mesure qu'elle renonce à ses tentatives de « maintien » du territoire pour se concentrer sur le démantèlement des réseaux de révolutionnaires, se tourne vers des « formules nouvelles » de combat, y compris la torture[25]. « On ne se battait pas pour prendre des maisons ou des quartiers, on se battait pour prendre des hommes, pour détecter la rébellion. On cherchait les responsables », a expliqué le général Massu, l'un des gradés chargés de ces opérations. Pour décrire la tâche, ce dernier utilise la métaphore glaçante d'une fourchette à escargot : « Il fallait sortir, il fallait arracher de sa coquille celui qui avait des responsabilités, qui était le patron de ceci, qui était le patron de cela. C'était un travail tout à fait différent[26]. »

À partir de 1957, les faits de torture sont « connus de quelques-uns, soupçonnés de beaucoup et couverts d'un pudique silence[27] ». Après 1957, périodes de mutisme, révélations et scandales se succèdent. C'est l'année où deux jeunes femmes, Djamila Bouhired (âgée de vingt-trois ans) et Djamila Bouazza (âgée de dix-neuf ans), toutes deux membres du FLN, sont jugées pour leur participation à l'offensive menée par les activistes au moment de la bataille d'Alger, et notamment un attentat à la bombe au Milk Bar, un café fréquenté par des Européen·nes. Elles sont toutes deux condamnées à mort. Le cas de Bouhired, en particulier, déclenche une véritable campagne publique par l'entremise de Jacques Vergès, avocat de la défense. Celui-ci transforme l'affaire en procès politique. Il ne cherche pas à réfuter l'engagement de Bouhired dans la cause nationaliste, mais défie les protocoles du tribunal et accuse le gouvernement et l'armée française d'avoir employé les mêmes méthodes terroristes pour lesquelles sa cliente est jugée. Après la condamnation de Bouhired à la peine capitale, Vergès se lance dans une campagne médiatique et parvient à lui éviter la guillotine en insistant sur son innocence et sur la barbarie de l'armée. Il publie un manifeste sur l'affaire, *Pour Djamila Bouhired* (1957), tandis que les brochures du FLN se font l'écho des sacrifices imposés à ces deux jeunes femmes et des traitements inhumains qu'elles ont subis. En 1958, *Djamila l'Algérienne*, film d'un réalisateur égyptien, sort sur les écrans.

Vergès lui-même l'admet : « Ma stratégie de défense provoquait la condamnation à mort de beaucoup de mes clients, mais, se défend-il, elle empêchait leur exécution en raison de la médiatisation de ces procès impossibles[28]. » Zorah Drif, l'autre jeune femme impliquée dans l'attentat du Milk Bar, également capturée, torturée et jugée, sera condamnée aux travaux forcés[29].

Les témoignages sur la torture s'accumulent dans les journaux, dans des pamphlets et de petits livres. Le récit de première main le plus célèbre demeure *La Question* d'Henri Alleg. Né à Londres de parents juifs polonais installés à Paris, Alleg quitte Paris pour l'Algérie en 1939. Là, il adhère au Parti communiste et devient directeur du quotidien *Alger républicain*. En 1957, il est arrêté, comme son ami, le professeur de mathématiques Maurice Audin. Tous deux sont accusés d'avoir porté atteinte à la sûreté de l'État français. Ils subissent des séances d'interrogatoires – de torture – pour les forcer à révéler des informations sur les réseaux nationalistes et communistes algériens. Audin meurt en prison. Alleg survit et il écrit *La Question*, publiée en 1958 avec une préface de Sartre. Le livre se vend à soixante-cinq mille exemplaires en cinq semaines, mais il est interdit de diffusion par le gouvernement français au moment où l'éditeur, fort de ce succès, lance une campagne d'affichage pour faire la promotion de l'ouvrage. Ces événements déclenchent une avalanche de protestations dans les cercles intellectuels, qui défendent la liberté d'expression et prennent position contre la torture[30]. Comme le formule un correspondant de Beauvoir, avec le livre d'Alleg, le public perd le « droit de ne pas savoir[31] ». Beauvoir reçoit de nombreux courriers de personnes qui souhaitent que leurs témoignages sur la brutalité des exactions en Algérie soient entendus. Elle précise également que, pour chaque récit accepté par le comité de rédaction des *Temps modernes*, dix autres témoignages doivent être refusés.

Dénoncer la torture est une chose, apporter son soutien à l'indépendance de l'Algérie, ou même simplement l'envisager, en est une autre ; entre ces deux positions, c'est une voie sans issue. Tandis qu'une large partie de la gauche dénonce les procédés de la « sale guerre », de l'autre côté, pour les partisan·es de l'« Algérie française », toute tentative d'abandon de l'Algérie est considérée comme une honte et un danger. Ce sentiment de honte se double du déshonneur de la défaite en Indochine. Le dégoût provoqué par les méthodes de plus en plus brutales de la France se heurte à la réaction indignée des colons de droite et de leurs alliés militaires, pour qui toute négociation avec le FLN est synonyme de trahison et de désertion. Au centre, des personnalités respectées ayant survécu aux camps nazis, comme Germaine Tillion, condamnent implacablement les actes de torture et dénoncent la domination coloniale de l'ancien temps. Tillion, toutefois, est pour la continuité de la présence française en Algérie[32]. À gauche, en 1960, la question n'est plus de prendre position contre le colonialisme, la torture, ni de donner un avis sur les termes des négociations, mais de soutenir efficacement la lutte pour l'indépendance menée par le FLN. L'un des moyens consiste à appeler les jeunes hommes à refuser le service militaire, initiative qui dépasse les limites imposées par la censure gouvernementale. Le « manifeste des 121 », qui proclame à la fois un soutien au processus d'indépendance de l'Algérie et la nécessité de s'opposer au service militaire, ne peut circuler que par courrier (*Les Temps modernes* publient le manifeste sous forme de pages blanches, suivies des signatures)[33]. Sur le plan militaire, l'armée est manifestement incapable de réprimer la révolution algérienne. Le gouvernement ne parvient pas à étouffer complètement la dissidence ni à changer de cap ou d'objectifs. L'impasse à laquelle aboutissent ces contradictions enclenche alors, inéluctablement, une longue série de révélations sur la violence aberrante dans laquelle le conflit a basculé. L'opinion publique est paralysée. Le diagnostic acerbe que dresse Frantz Fanon de la situation en 1959 est tout à fait juste : « Cet enfoncement dans la guerre [...] rappelle par tant de côtés la complaisance dans le morbide[34]. »

« Pour Djamila Boupacha »

Le scandale de la torture a déjà éclaté au moment où commence l'affaire Djamila Boupacha[35]. La nuit du 10 février 1960, une cinquantaine de policiers, de soldats et d'agents de la sûreté de l'État font irruption au domicile familial des Boupacha et arrêtent Djamila, alors âgée de vingt-deux ans, ainsi que son père, sa sœur et son beau-frère. Le motif de l'arrestation ? Son rôle présumé dans une tentative d'attentat à la bombe dans une brasserie de l'université d'Alger en novembre 1959. La bombe a été découverte par la police avant qu'elle n'explose et fasse des victimes. La jeune femme est détenue pendant trente-trois jours avant d'être inculpée.

Les serveur·ses de la brasserie ne l'ont pas reconnue, il n'y a ni preuves ni témoins. Les militaires veulent connaître les liens de Boupacha avec les réseaux nationalistes algériens. Elle est d'abord interrogée à El Biar, dans le même effroyable centre de détention où Maurice Audin a succombé et où Henri Alleg a été torturé, puis dans une caserne à Hussein-Dey, dans la banlieue d'Alger, et de nouveau à El Biar. Elle reconnaît être une agente de liaison du FLN, mais ne signe sa déposition que sous la torture, alors que le récit de l'attentat est établi par la police elle-même à partir de preuves circonstancielles. Lors de la première audience préliminaire, durant laquelle ses aveux sont utilisés, Boupacha demande à être examinée par un médecin et déclare qu'elle a été torturée.

L'arrestation, la torture et le viol de Djamila Boupacha n'ont rien d'exceptionnel, mais sa réaction l'est davantage[36]. Son frère prend contact avec Gisèle Halimi, qui réussit à rencontrer Djamila juste avant le début de son procès. Halimi la fait revenir sur ses aveux et obtient un report du procès, qui se déroulera finalement sur le territoire français[37]. Djamila donne son accord pour qu'Halimi fasse mention de son viol, ce que d'autres clientes avaient refusé. Halimi intente ensuite une action civile contre le gouvernement français pour détention illégale et torture, et lance une campagne d'opinion pour que les journaux se saisissent du drame. Elle demande à Beauvoir de prendre la tête du comité de soutien et de médiatiser l'affaire. La tribune de Beauvoir, « Pour Djamila Boupacha », est publiée dans *Le Monde* le 2 juin 1962, alors que la date de l'audience est fixée au 17 juin, soit quinze jours plus tard[38].

L'article de Beauvoir explique comment les militaires ont obtenu les aveux de Boupacha. « On lui fixa des électrodes au bout des seins avec du papier collant Scotch, puis on les appliqua aux jambes, à l'aine, au sexe, sur le visage. Des coups de poing et des brûlures de cigarettes alternaient avec la torture électrique. » La jeune fille fut immergée sous l'eau. Les gardiens lui dirent : « On ne va pas te violer, ça risquerait de te faire plaisir. » Elle sera violée avec une bouteille. Beauvoir reprend les mots de Boupacha : « On m'administra le supplice de la bouteille ; c'est la plus atroce des souffrances ; après m'avoir attachée dans une position spéciale, on m'enfonça dans le ventre le goulot d'une bouteille. Je hurlai et perdis connaissance pendant, je crois, deux jours. » Beauvoir poursuit : « Un témoin dont on connaît le nom et l'adresse l'a vue à Hussein-Dey évanouie, sanglante, traînée par ses geôliers. (Djamila était vierge.) » Le commentaire entre parenthèses est publié tel quel dans *Le Monde*.

Les responsables du journal tentent de limiter le caractère explicite de l'article. Le mot « ventre » vient remplacer celui de « vagin » et on demande à Beauvoir de reformuler la phrase « Djamila était vierge[39] ». On ne sait pas précisément quel type de périphrase était attendu, mais Beauvoir refuse. Elle rapporte la réponse du gardien de prison au père de Boupacha, qui criait désespérément : « De Gaulle a interdit la torture. Qu'il fasse la loi chez lui ; ici, c'est nous les maîtres. » *Le Monde* lui a demandé de revoir ce passage pour en atténuer le propos[40]. La direction de la rédaction informe les autorités coloniales de son intention de publier l'article. Le numéro sera bien publié en France métropolitaine mais, à Alger, le journal est saisi avant d'arriver en kiosque.

La description que fait Beauvoir des tortures infligées à Boupacha est certes choquante, mais elle est en réalité moins crue que la majorité des autres témoignages de victimes. Le ton est volontairement laconique et dénué de tout sentimentalisme. Beauvoir reprend les mots de Boupacha sans les commenter. Elle ne la présente ni comme une martyre ni comme une fille vulnérable, jeune, vierge, qu'il faudrait prendre en pitié. Contrairement à d'autres commentateur·rices, Beauvoir n'évoque pas l'islam ni la question de la virginité comme un problème. Boupacha est simplement présentée comme une « Algérienne ». Les faits tels qu'elle les expose n'ont rien de commun avec les descriptions à caractère presque pornographique, largement répandues, des victimes de viol, du viol lui-même ou des tortionnaires, lesquelles, comme beaucoup de travaux de recherche l'ont montré, permettaient de conclure sans aucun doute possible à la « perversion » maladive des bourreaux. Beauvoir ne s'aventure pas non plus sur le terrain de la jouissance que ceux-ci auraient pu retirer d'un tel acte d'humiliation ; elle ne parle pas de « délire » ni de « dépravation », elle n'assimile pas le mal politique au sadisme sexuel ou à la perversité[41]. Selon elle, la torture et le viol sont l'expression de la volonté de mettre à nu, de contrôler et d'humilier. Il s'agit clairement d'une violence existentielle plutôt qu'instrumentale. Ce qui est en cause, c'est la parodie de justice, les dissimulations de l'armée et du gouvernement et, surtout, l'engourdissement de l'opinion publique française. « Le pire dans le scandale, c'est qu'on s'y habitue[42] », écrit-elle.

La tribune du *Monde* suscite immédiatement des réponses et provoque des réactions partagées. Les admirateur·rices de Beauvoir voient dans l'article un exemple de littérature engagée. Un homme lui écrit : « Si jamais la littérature fut utile, ce fut ce jour-là[43]. » On la félicite de rappeler à la France la position qu'elle occupait jadis dans la défense de l'humanisme et de ses valeurs. Mais des lettres virulentes affluent également de métropole et, surtout, des colonies françaises. Ces correspondant·es accusent Beauvoir de tout ignorer du conflit, la traitant d'intellectuelle de salon ou d'hypocrite moralisatrice fermant les yeux sur les atrocités commises par le FLN en Algérie ou à Paris. L'un d'eux écrit :

> La torture existe en Algérie, tout le monde le sait, et c'est révoltant. [...] Il faut défendre les droits des pauvres êtres torturés, et là tout le monde vous suit. Mais on ne vous suit plus quand vous faites une distinction, quand seuls les crimes commis par « vos » soldats vous émeuvent, et quand vous passez sous silence les horreurs commises par « leurs » soldats, et dont les victimes sont pourtant tous des amis de la France qui ont le même droit à être défendus.

Beauvoir ignorait-elle les atrocités commises par les « amis de Djemila [*sic*] », les Algériens torturés à Paris par le FLN, les camps de concentration et les meurtres politiques en Guinée[44] ? Beauvoir n'en était-elle pas « émue » ?

> Alors permettez-nous de hausser les épaules devant les mouvements d'indignation de nos intellectuels nationaux. Ils sont [...] indignés si la souffrance atteint l'un des leurs ; passifs, muets et

> consentants si elle atteint ceux qui ne pensent pas comme eux. C'est cela, le scandale, et croyez-nous, personne ne s'y habitue[45].

Sa description plutôt lapidaire du viol de Boupacha n'empêche pas Beauvoir d'être accusée de véhiculer des obscénités. La torture est une infamie, et en parler est pire encore. De même, il est jugé obscène de s'attarder sur les sévices sexuels. Des lecteur·rices écrivent directement au *Monde* pour dénoncer cet article : c'est un « ensemble de précisions horrifiques et malsaines qu'on croirait démarquées de l'œuvre du Marquis de Sade[46] », commente un lecteur. « Laissez-moi vous dire, prévient un autre, qu'un auteur qui prend un tel plaisir sadique à étaler des détails aussi poussés sur la bête humaine, et un journal qui les publie, sont beaucoup plus près des tortionnaires qu'ils ne voudraient le faire croire[47]. » La description détaillée de cette dépravation, d'après lui, égratigne l'image du généreux humanisme de Beauvoir. Les épistolier·es reprochent au *Monde* de s'avilir en révélant de telles horreurs et, par là, d'avilir pareillement ses lecteur·rices. Si Boupacha est réellement innocente, remarque le même lecteur, il doit bien y avoir un moyen de la défendre « sans se ravaler au rang des geôliers ». Et le même de s'indigner : un journal respectable et une écrivaine « de haute morale » laisseraient à d'autres ces « besognes nauséabondes ». « Ce qu'il y a de plus scandaleux, c'est que vous ne mesuriez pas le scandale qui rejaillit sur vous, et au-delà de vos lecteurs. À donner une telle publicité à des laideurs aussi viles, vous vous marquez vous-même au fer rouge[48]. »

Du point de vue de ce lecteur, ce ne sont ni la torture ni le viol qui sont scandaleux, mais bien le fait d'en parler publiquement, de manière aussi directe, qui plus est dans un journal renommé, et par la voix d'une femme. Les tabous dénoncés par Beauvoir dix ans plus tôt dans *Le Deuxième Sexe* refont ici surface avec virulence, dans le contexte de cette guerre coloniale à la violence raciale et sexualisée. Il est intéressant de noter la façon dont ce correspondant furieux assouvit le fantasme sadique (et misogyne) de punir Beauvoir et *Le Monde* pour ce dont il les croit responsables, c'est-à-dire d'avoir réveillé en lui un mélange d'excitation et de cruauté. Des réactions similaires se produisent lors de dîners ou de conversations privées, comme en atteste une lettre au ton plus personnel : « Lorsque je parlais de ce qui se passait, “on” me disait que c'était malsain ce besoin de toujours parler de torture – oui, cela prouvait en moi quelque chose d'inquiétant – de sadique[49] ! »

François Mauriac, qui avait mené la charge contre *Le Deuxième Sexe* en 1949, est l'un des premiers à prendre au sérieux les récits des exactions commises en Algérie, dont la véracité devient évidente. Il en rend compte dans *L'Express,* décrivant avec colère le mur de déni auquel il se heurte dans l'opinion publique : « Ils admettent que toute civilisation repose sur une horreur cachée : prostitution, traite des femmes, police des mœurs, maisons de correction, geôles pour les fous et les idiots, toutes les tortures : c'est le mal nécessaire. Malheur à qui ose en parler ouvertement[50] ! » En 1949, il s'était indigné contre des passages entiers du *Deuxième Sexe* qui, selon lui, étaient un outrage à la décence et avaient « atteint les limites de l'abject ». La torture, en revanche, est un sujet grave qui relève naturellement de la sphère publique, un sujet qui fait entrer en jeu la dignité et l'honneur de l'État comme de la nation. Les impératifs de pudeur et de discrétion ne s'appliquent donc pas[51]. La polémique lancée par Mauriac contre le déni des actes de torture ne rend pas tout à fait compte des tensions qui traversent le débat public : la dialectique du silence gêné et des révélations scabreuses, mais aussi la fascination pour la cruauté de l'être humain. Ce n'est pas que le public est incapable de voir les choses en face, mais plutôt qu'il craint de ne pouvoir ensuite détourner le regard, comme si le fait d'évoquer un sujet tabou revenait à s'en délecter. Un moyen de se prémunir contre cette fascination pour la cruauté (qu'elle soit sexuelle ou non), attirance à la fois effrayante et avilissante, consiste à se retourner contre celui ou celle qui en parle, en l'occurrence Beauvoir ou la correspondante mise en garde contre son propre « sadisme ». Toutefois, ces tensions se retrouvent dans la réticence marquée de Mauriac à s'élever contre le viol subi par Boupacha. « Les coups de talons dans les côtes, les brûlures à l'électricité, le supplice de la baignoire : nous connaissons cela et nous ne sommes pas obligés d'y croire, écrit-il dans *L'Express.* Qu'on n'attende pas de moi que je dise pourquoi la plaignante demande qu'un gynécologue soit désigné comme expert[52]... » De même que la direction éditoriale du *Monde* entend faire disparaître le mot « vagin » et même celui de « vierge », Mauriac pose des limites – certains sujets sont jugés inacceptables, vulgaires, pour lui et pour le public. Si le corps féminin est ce lieu particulièrement énigmatique, cristallisant les craintes et les vulnérabilités, alors s'exprimer sur la question des violences sexuelles reviendrait à susciter la fascination au même titre que l'indignation morale recherchée *a priori* par l'écrivain·e[53].

La tribune de Beauvoir sur Djamila Boupacha présente donc, dans ce contexte, un juste dosage de sens éthique et de conscience éclairée. Elle tente d'éviter les pièges classiques d'une approche centrée sur la sexualisation de la victime, ou sur un appel à la compassion. Beauvoir refuse de refaire le récit de cette torture, ne transforme pas le supplice en spectacle, ne met pas l'accent sur la perversité des tortionnaires ni sur le caractère exceptionnel des événements. Elle insiste avec force sur la « banalité scandaleuse » de ce que la jeune fille a subi. Et pourtant, à en juger par les courriers reçus, le soin qu'elle a apporté à la rédaction de ce texte n'a pas eu les effets escomptés. Cette affaire montre bien à quel point, plus largement, il est très délicat de mettre des mots sur des atrocités, difficulté qui ne concerne pas seulement la France au moment de la guerre d'Algérie. Il est pour ainsi dire impossible d'écrire sur la torture sans se voir accoler les qualificatifs « obscène », « scabreux » et « immoral », même dans une tentative de plaidoyer pour la reconnaissance morale de la sombre réalité de ces crimes.

D'autres lecteur·rices, ainsi que certain·es de ses interlocuteur·rices politiques, s'inquiètent de voir Beauvoir prendre position publiquement dans l'affaire Boupacha. C'est le cas notamment de la docteure Marie-Andrée Lagroua Weill-Hallé, gynécologue-obstétricienne. À la tête du Planning familial, elle est l'une des principales militantes à réclamer la révocation des lois françaises qui interdisent l'accès à la contraception. Beauvoir vient de rédiger la préface de son livre, *La Grand'Peur d'aimer*, qui relate des situations de grossesses non désirées chez ses patientes. Ces études de cas révèlent les conséquences tragiques de l'interdiction de la contraception, qui conduit les femmes à des avortements dangereux et passibles de poursuites. Gisèle Halimi, l'avocate de Djamila Boupacha, a sollicité Lagroua Weill-Hallé pour qu'elle intègre le comité de défense de la jeune fille. Elle lui a également demandé de se joindre aux gynécologues sollicité·es pour l'examen médical de la victime et censé·es confirmer que celle-ci a bien été violée. S'alarmant de cette requête, la docteure écrit à Beauvoir. Ses collègues du Planning familial sont « atterrées » qu'elle ait accepté d'examiner la jeune fille. Une association entre le nom de Lagroua Weill-Hallé et celui de Boupacha aurait un « fâcheux retentissement » sur la réputation de l'organisation. Les collègues de Lagroua Weill-Hallé la préviennent qu'elle commet une erreur politique désastreuse. « Vous savez que je sais prendre mes responsabilités et bien sûr, j'ai écouté les conseils sans rien décider ni promettre, cependant cette unanimité m'inquiète[54]. »

Dans la préface qu'elle rédige pour l'ouvrage de Lagroua Weill-Hallé, Beauvoir établit un parallèle entre le scandale des avortements clandestins et celui de la torture. Dans les deux cas, le public est sous le choc de révélations qui l'obligent à reconnaître l'existence de pratiques extrêmement répandues. Les avortements clandestins sont le « sale secret » qui prouve l'absence de liberté des femmes sur leur propre corps et atteste d'une inégalité juridique, sociale et intime ; la torture, y compris sexuelle, est le « sale secret » de la domination coloniale et de la guerre. Dans les deux cas, les révélations en série des scandales n'ont eu pour effet que d'insensibiliser l'opinion publique. Comme Beauvoir l'écrit dans *Le Deuxième Sexe,* ce sont les lois – celles qui poussent les femmes, isolées et humiliées, à provoquer elles-mêmes des fausses couches – qui sont « sadiques ». Or, ce type de rapprochement inquiète le Planning familial. La communication de la structure et ses déclarations publiques insistent sur le fait que les femmes désirant avorter sont plutôt des mères dévouées qui ont déjà plusieurs enfants, mais ne peuvent se permettre d'en accueillir un nouveau[55]. Et ces mères sont des femmes blanches. Leur cause, défendue par le Planning familial, ne pouvait se laisser compromettre par des liens entre leur situation et celle des prisonnier·es politiques, les revendications des nationalistes algérien·nes ou l'agression sexuelle d'une femme de couleur[56].

D'autres correspondant·es de Beauvoir se disent abattu·es et dévasté·es. Deux femmes en particulier, quoique simples citoyennes, expriment dans leurs lettres à quel point elles se sentent impliquées. Une jeune Algérienne de vingt-trois ans vivant en France avec son fiancé (également algérien) évoque ainsi la douleur de l'exil, mais aussi la honte de se trouver relativement à l'abri. Elle a perdu ses deux parents et son oncle pendant le conflit, et n'a d'autre souhait que de rentrer au pays pour entreprendre ce travail de reconstruction. Elle se sent terriblement honteuse d'être en métropole alors que « ses frères et sœurs se battent et se font torturer ». Honteuse aussi, car elle se sent incapable d'apporter sa contribution à la communauté : « Je voudrais me rendre utile, faire quelque chose. Je le veux de tout mon cœur. Croyez que ce ne sont pas de belles paroles que je me raconte pour soulager ma conscience. » Cette jeune femme n'est pas une militante radicalisée, elle a simplement essayé de mettre en place une assistance pour les femmes musulmanes en France, mais les œuvres philanthropiques catholiques n'accordent pas leur soutien à de telles activités. « Je sais que vous faites partie du Comité "Pour Djamila Boupacha". J'en suis très heureuse et si vous pouvez la voir ou lui écrire dite-lui qu'à Paris les jeunes filles musulmanes de son âge sont fières d'elle et l'admirent beaucoup. » Une assistante sociale travaillant dans un service consacré aux Nord-Africain·es constate elle aussi qu'avec la guerre d'Algérie, il lui est désormais impossible de croire en toute bonne foi à l'utilité de sa mission : « J'ai longtemps cru que le seul dévouement à solutionner les dossiers qui m'étaient confiés suffirait à me donner bonne conscience. Je suis maintenant sans illusions. Et je ne serai jamais heureuse tant que je saurai que des hommes ne sont pas libres. [...] la honte m'envahit, je meurs littéralement de honte... Je n'en puis plus[57] ! »

Les avocat·es et les défenseur·ses politiques de Djamila Boupacha parviennent à faire transférer la procédure en France. Une plainte est déposée pour retrouver ses tortionnaires et les traduire en justice[58]. Le juge d'instruction, chargé dans le système judiciaire français de rassembler les preuves, a demandé à l'armée de fournir les photographies des personnes ayant procédé à l'interrogatoire de la jeune femme (c'est un moyen de leur éviter une comparution devant le tribunal)[59]. Les responsables militaires refusent, invoquant la protection de l'« esprit » et de la « morale » des services concernés. Le Comité de soutien de Boupacha hausse le ton et, malgré le désaccord de certain·es de ses membres, porte plainte contre le ministre français de la Défense et le général en chef en Algérie pour recel de malfaiteurs et forfaiture[60]. Gisèle Halimi et Simone de Beauvoir regroupent dans un livre une grande partie des témoignages du dossier d'instruction de Boupacha, en dépit des règles interdisant aux avocat·es de divulguer de telles informations pendant la durée du procès. Elles signent l'ouvrage ensemble, partageant ainsi la responsabilité juridique de sa publication.

Les archives de la correspondance de Simone de Beauvoir ne contiennent qu'une seule lettre de Djamila Boupacha. Elle est écrite en novembre 1961, alors que la jeune fille a entamé une grève de la faim pendant sa détention à la prison de Fresnes, dans la banlieue sud de Paris (pendant la Deuxième Guerre mondiale, c'est là que les membres de la Résistance étaient détenu·es avant d'être abattu·es par les nazis). Fin 1961, les négociations de paix qui avaient commencé entre le FLN et l'État français ont été interrompues. La France métropolitaine est aussi déstabilisée par un climat d'incertitude, de divisions intestines et de violence. Les groupes paramilitaires de droite, défenseurs de l'« Algérie française », désormais structurés autour de l'OAS (Organisation de l'armée secrète), entreprennent de combattre le FLN, de faire pression sur les opposant·es à la guerre en métropole (notamment les écrivain·es, les journalistes, les professeur·es et les enseignant·es, ainsi que les politiques) et de saboter toute éventuelle tractation entre le gouvernement français et les nationalistes algérien·nes. Les attentats se multiplient à Paris[61]. Le FLN algérien, déterminé à s'imposer comme interlocuteur pour les négociations, intensifie ses attaques contre le camp nationaliste rival et mobilise ses forces en France métropolitaine. Le 17 octobre 1961, des dizaines de milliers d'Algérien·nes manifestent à Paris pour soutenir le FLN et protester contre les persécutions de la police parisienne. La police riposte et, dans les opérations de répression, plus d'une centaine d'Algérien·nes sont tué·es, battu·es à mort ou noyé·es après avoir été jeté·es dans la Seine[62].

C'est dans ce contexte que Djamila Boupacha écrit à Simone de Beauvoir. Pour elle, cette escalade dans les atrocités commises vient d'autant plus justifier la plainte que le Comité s'apprête à déposer contre les hauts gradés militaires. Elle ne s'attend pas à ce que l'armée leur donne la possibilité, à elle ou à ses défenseur·ses, de découvrir les noms des hommes qui l'ont torturée. Elle ne s'attend pas non plus, écrit-elle, à voir le procès aboutir : « Nous n'y arriverons peut-être pas parce qu'il y a eu trop de crimes et de malheur. » Si les responsables militaires condamnent les auteurs de ces actes, ils devront condamner l'armée dans son ensemble. Et il ne restera ensuite plus aucun soldat pour aller combattre. Elle assure néanmoins à Beauvoir : « Malgré cela, je veux aller jusqu'au bout et il faut m'y aider jusque-là. » Le moment est venu d'éprouver la solidité des allégeances. Elle remercie Beauvoir et « tous les Français » qui l'ont soutenue, tout en anticipant les conséquences douloureuses de ce conflit. Il ne fait aucun doute que la guerre se terminera par l'indépendance de l'Algérie. Les règlements de comptes arriveront ensuite, et la France tout entière se retrouvera mise en cause en raison des crimes commis par l'armée :

> Mais j'ai peur qu'après les gens de chez nous disent des français qu'ils étaient tous nos ennemis et qu'ils nous ont tous torturés. Il vaudrait mieux que les patriotes soient séparés des tortionnaires pour que les Algériens et les français deviennent des amis sincères. On dirait que le général Hilleret et le général Messmer ne veulent pas qu'on sépare les patriotes et les tortionnaires. C'est mal pour l'Algérie mais c'est surtout mal pour chez vous. Moi je sais qu'il y a en France des amies des algériens et beaucoup d'Algériens savent cela comme moi. Je ne suis qu'une jeune fille de 23 ans mais cette guerre m'aura appris beaucoup de choses. Je suis contente d'avoir pu vous écrire tout ça. J'ai peur quand même. Je vous embrasse très fort[63].

Djamila Boupacha s'exprime sur un ton chaleureux, tout en restant sur ses gardes. Elle confie sa détermination mais aussi son angoisse, une angoisse compréhensible. Sa lettre témoigne bien de la polarisation qui accompagne les derniers temps de cette guerre et les récriminations à venir.

Le livre d'Halimi et Beauvoir sur l'affaire Boupacha paraît à la fin du mois de janvier 1962, au moment où la France métropolitaine est en proie à une vague de terreur et de violence. En une semaine seulement, entre le 15 et le 21 janvier 1962, des attentats sont perpétrés par l'OAS contre vingt-cinq cibles à Paris et en banlieue, et les actions violentes se poursuivent encore pendant deux semaines[64]. Françoise Giroud, coéditrice de *L'Express*, dont l'appartement a été visé par un attentat de l'OAS, rédige une recension de *Djamila Boupacha*. Écœurée à la fois par les révélations sordides sur la torture et par le chaos politique qui règne en France, elle écrit en s'adressant directement à Boupacha : « C'est d'humiliation que nous brûlons. Pendant que votre nation est en train de se faire, la nôtre va-t-elle se défaire[65] ? » Le même jour, le 8 février 1962, une manifestation massive contre l'OAS a lieu, les organisateur·rices en appelant aux valeurs de l'antifascisme et de la défense républicaine défendues dans les années 1930. Les organisations syndicales passent outre l'interdiction du gouvernement (et de la préfecture de police), qui est déterminé à réprimer les troubles civils en métropole et à isoler les sympathisant·es du FLN, notamment les communistes et les Algérien·nes. La répression policière est à nouveau meurtrière. Neuf manifestant·es sont tué·es à la station de métro Charonne, au nord-est de

Page de titre de *Djamila Boupacha*, édité par Gisèle Halimi
et Simone de Beauvoir, publié par Gallimard en 1962.

Dessin de Pablo Picasso © Succession Picasso. Paris, Musée national Picasso.
Photo © RMN-Grand Palais (Musée national Picasso-Paris) / Adrien Didierjean.

la Bastille[66]. Parmi les victimes se trouvent trois femmes et un garçon âgé de seize ans. Toutes et tous sont syndiqué·es à la Confédération générale du travail (CGT), dirigée par les communistes. Un lecteur de Stockholm, horrifié, évoque dans sa lettre à Beauvoir ces « moments déchirants pour la France » et les « événements affreux qui tiennent le monde entier en suspens ». Un journal italien lui envoie le télégramme suivant :

> EN DESIRANT PUBLIER CONSIDERABLE REPORTAGE SUR VOTRE LIVRE SUR DIAMILA BUPASCIA [*sic*] NOUS VOUS PRIONS BEAUCOUP DE NOUS

ENVOYER AUSSITOT VOTRE INTRODUCTION EN CONSIDERANT NEUFS EVENEMENTS POUR ALGERIE STOP[67].

Dans les pages de *L'Express*, un encart publicitaire pour le livre *Djamila Boupacha* avec, en couverture, un portrait de la jeune femme signé Pablo Picasso – couverture au retentissement culturel indéniable –, apparaît à côté de plans de Paris montrant les endroits où les bombes de l'OAS ont explosé la nuit précédente. L'éditorial s'indigne de l'« impuissance et la complaisance du gouvernement à l'égard du fascisme naissant », et le magazine publie des photographies des impressionnants cortèges funèbres des victimes du drame de Charonne[68].

Le livre *Djamila Boupacha* est un véritable coup de semonce. Il fournit des détails sur le procès, mais aussi des témoignages sur d'autres cas de torture. La presse européenne s'en fait l'écho et l'ouvrage est très rapidement traduit en langue anglaise, preuve que l'opinion publique internationale juge de plus en plus sévèrement les méthodes utilisées par la France. L'ouvrage se démarque par son style beauvoirien. Halimi relate l'affaire dans le détail et souligne la relation étroite qu'elle a nouée avec Boupacha et sa famille. Elle personnalise son récit, à la manière de Voltaire dans l'affaire de la torture et de l'exécution de Jean Calas, huguenot français accusé d'avoir assassiné son fils pour l'empêcher de se convertir au catholicisme. Le texte de Beauvoir fait écho à la célèbre dénonciation d'Émile Zola pendant l'affaire Dreyfus, « J'accuse... ! » :

> Depuis 1954, nous sommes tous complices d'un génocide qui, sous le nom de répression, puis de pacification, a fait plus d'un million de victimes : hommes, femmes, vieillards, enfants, mitraillés au cours des ratissages, brûlés vifs dans leurs villages [...]. Au cours de ces derniers mois, la presse, même la plus prudente, a déversé sur nous l'horreur : assassinats, lynchages, ratonnades, [...] des cadavres par dizaines ; des mains brisées ; des crânes éclatés [...].

Elle ne s'en tient pas là. Ses accusations sont implacables. Si l'opinion publique se dit horrifiée par les méfaits du nazisme, alors le choix est simple : soit « vous vous rangez parmi les bourreaux de ceux qui souffrent aujourd'hui », soit « vous refusez cette guerre qui n'ose pas dire son nom, l'armée qui, corps et âme, se nourrit de la guerre, le gouvernement qui plie devant l'armée[69] ».

Les courriers affluent. L'issue tragique de la guerre d'Algérie se retrouve en condensé dans l'affaire Boupacha et dans les lettres qui l'évoquent. Les termes des négociations mettant fin au conflit font évoluer l'opinion, exacerbant à la fois les sentiments de honte et le ressentiment. Les jeunes gens qui refusent de s'engager dans l'armée avouent être traversés par des crises de conscience et demandent à Beauvoir de les éclairer sur le plan moral et politique : « Aussi ai-je décidé de me mettre au service d'un pays de préférence africain... ou Cuba. [...] Croyez que je désire simplement construire ma vie selon ma conscience. » Les courriers de jeunes soldats, humiliés par la défaite, par leur complicité dans ces crimes de guerre, ou les deux, sont particulièrement déchirants. Beaucoup souhaitent ajouter leurs témoignages à ceux qui ont été réunis par Beauvoir et Halimi dans *Djamila Boupacha*. L'un d'eux, qui a adressé plusieurs lettres à Beauvoir, lui fait suivre des rapports militaires sur le « nettoyage » de villages, les meurtres de civil·es, y compris d'enfants. Il a vu des photos de ces atrocités : « J'ai connaissance de crimes affreux commis en Algérie par des Français, des Militaires, des crimes qui devraient faire rougir de honte tous les Français [...]. » Mais il s'empresse d'ajouter que les officiers ne partagent pas son point de vue, neuf sur dix étant des partisans de l'« Algérie française ». Il évoque la prise de position de l'écrivaine dans le procès Boupacha et lui confie :

> J'ai entendu, Madame, une discussion entre officiers sur Djamila et sur vous Madame, les propos qu'ils tenaient étaient tellement lâches et bas, que je me suis bien gardé d'intervenir. Mais j'en avais une envie folle. Madame vous n'avez pas particulièrement la côte de ces messieurs. Après le procès Djamila ils ne sont pas du tout content après vous[70] !!!

En réalité, Beauvoir sait pertinemment quelles réactions ses écrits ont suscitées. Quelques jours après la signature des accords d'Évian mettant fin au conflit algérien, elle reçoit la lettre d'un lieutenant[71]. Celui-ci dresse la liste de toutes les bonnes actions qu'il a accomplies en tant que soldat. Il était stationné dans un village kabyle situé dans les montagnes, au-dessus de la ville de Tizi Ouzou, dans le centre-nord de l'Algérie. Il a servi l'armée comme médecin, enseignant et organisateur. Plusieurs fois, les villageois·es lui ont rendu la pareille en le prévenant des embuscades. Il n'a jamais torturé ni menacé qui que ce soit. Il précise qu'il est jeune, et qu'il n'y a en lui ni cruauté ni cynisme, ajoutant qu'il espère que son âge que

« donnera plus de poids à ce qu'il écrit ». Ses propos occupent deux grandes pages manuscrites, dans lesquelles il revient sur l'idéalisme de sa jeunesse et sur ses bonnes intentions, progressivement submergé par le récit de ses propres souvenirs et par la démarche qui le pousse à décrire ce qu'il ressent, sa vulnérabilité et ses angoisses : comment son engagement et ses actions dans l'armée seront-elles jugées par l'histoire ? À la fin de la lettre, il décharge sa colère contre Beauvoir et son livre sur Djamila Boupacha, et contre la gauche qui s'est opposée à la guerre :

> La boue que vous déversez sur votre pays et votre Armée, ce venin que vous crachez, cette haine que vous semez, ne relèvent pas de l'ignorance, mais de l'ignominie et de la diffamation. [...] Au jour où l'on différenciera en France les bons des mauvais, les gens qui servent la Patrie de ceux qui la trahissent, et ce jour-là, lorsqu'ils n'auront pas la chance d'être jugés irresponsables, les gens comme vous seront collés au mur[72].

Tout comme Djamila Boupacha, mais de l'autre côté de l'échiquier politique, il considère qu'il faudra, le moment venu, clarifier les positions et essuyer les représailles.

Ces lettres proviennent des « sphères intérieures » de la guerre d'Algérie. Les correspondant·es perçoivent avec acuité les enjeux qui se dessinent : comment se souviendra-t-on de cette guerre et quel verdict l'histoire prononcera-t-elle sur leur participation au conflit ? Il s'agit d'une minorité, mais elle est très mobilisée. En 1962, la majeure partie de l'opinion publique a fini par se faire à l'idée que la France doit tourner la page. Au niveau international, on prend résolument parti contre l'intervention française en Algérie. Les électeur·rices français·es sont favorables à l'« autodétermination » de l'Algérie et ratifient les accords d'Évian à 90 % des voix[73]. L'idée que la guerre d'Algérie est oubliée, reléguée au rang de passé honteux, va structurer le discours politique français, puis le récit national des historien·nes sur la France d'après-guerre et sa période postcoloniale. Les lettres adressées à Beauvoir au sujet de Djamila Boupacha démentent largement ce consensus, qu'il s'agisse des opinions ou des sentiments exprimés par les épistolier·es. Les situations des correspondant·es pendant la crise algérienne sont toutes très différentes : des combattant·es nationalistes algérien·nes, des soldats meurtris, des officiers de l'armée et des colons européen·nes, ou des pieds-noirs, se sentant trahi·es par l'issue de la guerre et par l'opinion en métropole.

Dans le cercle restreint du conflit algérien, le cessez-le-feu ne fait pas disparaître les sentiments de haine, comme en témoigne une carte postale que Beauvoir reçoit en juin 1964. Sa liaison avec Claude Lanzmann s'est terminée en 1958, mais la judéité de ce dernier sert de prétexte à une diatribe traitant Beauvoir de prostituée et accusant les personnes juives qui soutiennent le nationalisme algérien de trahir la communauté juive pied-noir, la France, Israël ou elles-mêmes :

> Votre maquereau juif en soutenant le FLN a trahi ses frères refugiés en Algérie. Il trahit son pays Israël. [...] Tous les juifs qui vous entourent feraient mieux de travailler à la construction de leur pays plutôt que de travailler à la destruction de la France protectrice[74].

Ce genre de passage au vitriol, comme la campagne de terreur menée par l'OAS pour protester contre la légitimité de l'indépendance algérienne (y compris une tentative d'assassinat visant De Gaulle en août 1962), pousse une grande partie de l'opinion publique française à se détacher du conflit et de tout ce qu'il représente : « Je suis las de ces assassinats qui frappent des innocents, de cette longue guerre d'Algérie – quel est le Français d'ailleurs qui n'éprouve pas ces sentiments ? Je suis pourtant sans appartenance politique[75]. »

Le désir de tourner la page de la guerre ne s'est traduit ni par le silence, ni par l'oubli. Mais l'on comprend à travers lui pourquoi il faudra attendre longtemps avant que la profonde amertume qui se dégage des archives de cette correspondance soit prise en considération. C'est également l'une des raisons qui explique le malaise persistant du monde politique sur le sujet. Djamila Boupacha sera libérée lors des accords mettant fin à la guerre en 1962. L'amnistie prévue dans ces accords fait disparaître toutes les charges d'accusation contre les actes de torture perpétrés par les militaires, là aussi en vue de refermer définitivement la page de ce conflit. Comme l'historienne Raphaëlle Branche le fait justement remarquer, l'amnistie (étendue à nouveau en 1966, 1968 et 1982) visait à apaiser les remous judiciaires et politiques, mais, à long terme, a produit exactement le contraire. Les questions relatives à la responsabilité individuelle et à l'obligation de rendre des comptes sont restées sans réponses, et continuent donc immanquablement de ressurgir[76]. En ce sens, les lettres adressées à Simone de Beauvoir sur l'affaire Boupacha peuvent être lues comme un prélude à ce chapitre ultérieur de l'histoire de France.

5

La honte, une émotion politique

Vous demandez au lecteur d'être votre collaborateur.
Je l'ai été, pleinement. Plus, même, l'amie.
Aujourd'hui, bouquins rendus, je suis triste ;
c'est la séparation.

(28 juin 1964, Cahors)

Quand il paraît en 1962, *Djamila Boupacha* est un peu plus qu'un livre : c'est une intervention politique de la part d'une figure publique de la vie intellectuelle. L'ouvrage ne s'en tient pas seulement à un compte rendu du procès Boupacha, mais rassemble aussi les témoignages de plusieurs autres cas de torture. Ce faisant, il contribue à entériner le mouvement de réprobation, de plus en plus vif sur la scène internationale, contre ce qui s'apparentait au dernier sursaut du colonialisme français. Les chapitres de *La Force des choses* (1963) qui traitent de la guerre d'Algérie sont écrits dans un tout autre style, convoquant différentes strates de mémoire, de ressentis et d'expérience. Beauvoir ne s'est pas contentée d'y mettre plus d'elle-même ; c'est aussi un livre délibérément plus philosophique, qui entend s'adresser à son lectorat le plus proche autant qu'à ses collègues intellectuel·les.

Son précédent volume de Mémoires, *La Force de l'âge*, a été publié à l'automne 1960, dans la foulée du scandale de l'affaire Boupacha. Il retrace la période des années 1920 à 1944. Le magazine *Elle* en publie les bonnes feuilles à l'époque pour attiser la curiosité des lecteur·rices, qui précommandent à Gallimard des dizaines de milliers d'exemplaires du livre. Les critiques y voient son meilleur texte, un avis largement partagé au sein de son lectorat. Beauvoir, fidèle à elle-même, transforme cet emballement en exigence personnelle. Il lui faut mériter ce concert de louanges et prouver qu'elle ne se cantonne pas à la production de livres dans le genre tant redouté et déconsidéré des « best-sellers »[1]. Dans *La Force des choses*, elle prend des risques. La préface en appelle à une participation active des lecteur·rices, sommé·es de devenir ses « collaborateur·rices ». Beauvoir y fournit une explication philosophique particulièrement détaillée de sa position antiguerre et de ses opinions politiques, tout en insistant sur le sentiment de honte que lui inspirent les gouvernements français passés et présents. Elle se livre aussi au sujet de la fatigue physique et émotionnelle qui la gagne avec l'âge (Beauvoir a cinquante-cinq ans au moment de la publication). *La Force des choses* aborde la question antiguerre d'un point de vue phénoménologique, c'est-à-dire en tant qu'expérience vécue. Le projet prend des tournures inattendues, amenant les lecteur·rices, profondément déconcerté·es, à prendre part aux conversations de Beauvoir avec Sartre et Fanon sur la honte en tant qu'émotion politique. Entre trouble, inquiétude et colère, les réactions sont partagées.

La Force des choses n'est pas un livre facile d'accès. Différents moments historiques s'y trouvent superposés : le sentiment de honte qu'éprouve Beauvoir devant les révélations de la torture en Algérie se mêle au souvenir humiliant de la défaite et de l'Occupation pendant la Seconde Guerre mondiale. Beauvoir évoque en détail son impuissance politique et sa détresse émotionnelle face aux événements. En bonne phénoménologue, elle insiste en outre sur la nature de sa honte en tant qu'« expérience vécue », une expérience qui a la particularité supplémentaire de passer par le corps. *La Force des choses* prend pour sujet la honte de Simone de Beauvoir, et cette honte est contagieuse. La manière qu'a l'autrice d'entremêler le personnel et le politique ne pouvait manquer de décontenancer ses lecteur·rices[2].

Le livre se présente par ailleurs sous la forme d'un récit à la mise en scène parfaitement assumée. Les critiques et les lecteur·rices de l'époque – aujourd'hui encore – le jugent d'un égocentrisme et d'une emphase dramatique exaspérantes. Après tout, Beauvoir n'est-elle pas une intellectuelle parisienne bien éloignée du cœur des vraies souffrances provoquées par le conflit algérien ? Affect et théâtralité sont intentionnelles, cependant. Loin de se résumer à une pure phénoménologie des émotions – de la honte, en l'occurrence –, le livre propose également une étude de ce que Beauvoir conçoit comme une émotion politique appropriée.

D'une guerre à l'autre

La Force des choses couvre une longue période, de la libération de Paris en 1944 jusqu'à la fin de la guerre d'Algérie en 1962. La première moitié du livre, comme le Goncourt

Les Mandarins, est consacrée aux débats intellectuels de l'après-guerre – aux séquelles du nazisme et du fascisme, aux tensions de la guerre froide, à la vie des écrivain·es et aux combats que mène Beauvoir pour son indépendance en tant que femme. Le ton y est sans ambages, comme au début de la seconde partie, correspondant au moment où l'autrice remporte le prix Goncourt et entame une histoire d'amour revivifiante avec le jeune Claude Lanzmann, journaliste et membre du comité de rédaction des *Temps modernes* qui réalisera bientôt des films et des documentaires remarquables, dont le célèbre *Shoah* (1985).

La guerre d'Algérie occupe quatre chapitres sur cinq dans la deuxième partie du livre, qui marque un brusque changement de rythme. Dans les dernières pages en particulier, on sent Beauvoir en pleine course contre la montre avec elle-même, pressée par le temps et dépassée par la frénésie des événements qui l'entourent. Les Mémoires se font journal intime, le passé devient présent, et l'autrice, tournée jusque-là vers le passé, se retrouve au même moment dans l'impossibilité de regarder plus loin devant elle. Dans *La Force de l'âge*, elle avait inclus de longs extraits de son journal de 1939, au début de la Seconde Guerre mondiale, et de 1940, pendant la défaite de la France. *La Force des choses* comporte bien d'autres passages de ce genre. Ils surgissent à des moments que sa mémoire « échoue à ressusciter », ou à d'autres qui lui donnent l'impression, selon ses propres termes, qu'elle a « éclaté » : « Soudain, l'Histoire fondit sur moi, j'éclatai : je me retrouvai éparpillée aux quatre coins de la terre[3]. » Ces passages cherchent à recréer les sentiments qui étaient les siens à l'époque à travers ce qu'elle ressent au moment de les retranscrire sur le papier.

Près d'un tiers des pages traitant de l'Algérie sont rédigées sous forme de journal intime. Beauvoir conclut *La Force des choses* un an après la fin de la guerre par un sombre épilogue introspectif sur le passage du temps, sur le vieillissement, sur ses réussites, ses échecs et ses désillusions.

Pour l'écrivaine, revenir à des moments antérieurs et « se retrouver *avant* des événements qui sont maintenant du passé » a quelque chose de déstabilisant. Le temps semble se jouer d'elle. Parcourant la presse des années passées de longues heures durant à la Bibliothèque nationale de France, elle relate : « Je me prenais à un présent lourd d'un incertain avenir et devenu un passé depuis longtemps dépassé : c'était déconcertant. [...] Le temps basculait. [...] Je parcourais le journal du soir avec l'impression que la suite se trouvait déjà sur des rayons, à portée de ma main[4]. » Le temps, dans *La Force des choses*, ressemble à un accordéon : les passages interminables (sur les voyages au Brésil et à Cuba, par exemple) alternent avec des passages beaucoup plus ramassés condensant diverses strates d'histoire et de sentiments. Une lectrice écrit ainsi : « Je viens de terminer *La Force des choses* – c'est un kaléidoscope parfois épuisant. À peine a-t-on le temps en deux lignes d'apercevoir un visage intéressant que vous nous faites passer au suivant, comme un guide pressé par l'horaire[5]. » D'un point de vue formel, l'entrelacement des Mémoires et du journal intime avec ces différentes voix (l'une dans le présent, l'autre au présent dans le passé) fait ressortir la simultanéité en suspens des différents moments de l'histoire et la façon dont passé et présent pèsent l'un sur l'autre. Ce sera bientôt là un procédé caractéristique de l'écriture française postmoderne[6].

Les lecteur·rices, par le truchement de ce style, sont invité·es à ressentir l'aliénation politique déroutante qu'a pu éprouver Beauvoir.

Les lettres reçues au sujet de *La Force de l'âge* et de l'affaire Boupacha en 1960 lui ont déjà prouvé que le lien entre la guerre d'Algérie et la Seconde Guerre mondiale était communément admis, en particulier concernant la torture. Les récits de torture ne sauraient jamais être lus qu'avec horreur, mais ils sont particulièrement douloureux dans la France de la fin des années 1950 et des années 1960. Le gouvernement de Vichy, avec le soutien d'un grand nombre de citoyen·nes français·es, a collaboré avec les nazis pendant la guerre ; et voilà que les Français·es commencent à ressembler aux nazis eux-mêmes. Une grande partie du lectorat français de Beauvoir y voit une question éminemment personnelle : « J'ai toujours pensé que l'Allemagne était coupable dans son peuple puisque ce dernier avait toléré en son sein ces fameux camps de la mort où la torture était la règle. [...] Ce qui est impensable c'est l'apathie des masses devant de tels procédés en France. » Un homme qui a enduré les « geôles de la Gestapo et les camps de concentration » rapporte sa honte et son écœurement à l'idée que les Français·es « ne valent pas mieux que les nazis de 1940 ». Comment l'opinion publique peut-elle ignorer « la comparaison de cette époque passée à vingt ans et nos jours » ? Comment une telle passivité est-elle possible devant une « société qui s'abîme au fond de la corruption » ? Une jeune femme se souvient du sentiment de détresse et d'impuissance qu'elle a ressenti face aux réticences de son syndicat local à prendre position contre la guerre d'Algérie. Ce moment de l'histoire lui pose un problème de conscience. Elle avait beau n'avoir que quatorze ans à la fin de la Seconde Guerre mondiale, elle regrette toujours d'avoir « manqué la Résistance ». Comme beaucoup dans les années 1960, cette correspondante est portée par le courant culturel du « résistancialisme » célébrant la Résistance comme un épisode de l'histoire héroïque et rédempteur. Mais elle est passée à côté de ce moment. Mère de deux enfants désormais, elle manque de temps pour s'engager en politique. Ses réflexions sur la politique de son temps sont hantées par le passé. Peut-elle en toute conscience invoquer l'excuse de ses « responsabilités familiales » ? « Je trouve tout cela déchirant, écrit-elle, et me demande si nous sommes beaucoup à nous interroger aussi avec angoisse[7]. »

Ces angoisses sur la répétition de l'histoire, Beauvoir en a fait le cœur de son récit sur la guerre d'Algérie dans *La Force des choses.* Elle n'a de cesse de revenir à l'échec de la République en 1940, à l'Occupation, à Vichy et à la collaboration. L'incapacité de la gauche à bloquer le quasi-coup d'État militaire de 1958, qui a porté De Gaulle au pouvoir et balayé la IVe République, y est présentée comme une redite de la « défaite au goût amer » de la France face à l'Allemagne en 1940. Beauvoir rapporte avoir intercepté les conversations de ses compatriotes tentant de se rassurer mutuellement sur la chute de la IVe République en 1958 : *Ça ne peut pas être aussi grave qu'en 1940.* Au moment où ils défilent dans Paris, les parachutistes d'élite, troupes de choc du conflit algérien, lui rappellent les SS et lui inspirent le même « dégoût impuissant et furieux », le même « frisson » que la vue des croix gammées déployées partout dans la capitale française.

Évoquant le calme avec lequel ses concitoyen·nes ont accepté l'autoritarisme de De Gaulle – et les airs de triomphe des hommes et des femmes élégamment vêtu·es, se promenant dans les rues le soir à la veille de l'investiture du général –, elle écrit que « quelque chose de hideux se démasquait[8] ». Dans son récit, 1958 est un nouveau 1940. De Gaulle, l'homme du 18 juin qui avait appelé la France à résister face aux nazis, apparaît désormais comme le spectre de Pétain. La France est déshonorée, et un certain goût de l'autorité est en train de refaire lâchement surface. Beauvoir a rédigé beaucoup de ces passages sous la forme d'extraits de son journal intime.

La honte

La honte – honte des événements de l'histoire, de la collaboration passée, de la complicité dans la torture ou de la passivité – se trouve au cœur de *La Force des choses*. Cette honte prend la forme classique de la culpabilité des survivant·es au début de l'ouvrage, lorsque Beauvoir se rend compte que la libération de Paris en août 1944 n'a pas signifié la fin de la guerre ; les nazis ont beau avoir perdu Paris, ils rasent Varsovie, écrasent un soulèvement de la Résistance dans le Vercors et continuent d'exécuter, de déporter et d'assassiner. À la sortie des camps, écrit-elle dans *La Force des choses*, « la joie de vivre cédait à la honte de survivre ». Le procès d'Adolf Eichmann en 1961 ravive le souvenir infamant des déportations. Au fil des pages, la honte devient le maillon principal d'une sorte de réaction en chaîne : les événements regrettables du présent déclenchent le sentiment de honte en même temps qu'ils réveillent les souvenirs honteux du passé, un enchaînement qui a la particularité de tétaniser Beauvoir. Celle-ci rapporte sa réaction à la lecture de récits de torture (prisonniers algériens pendus par les pieds jusqu'à ce que leurs corps gonflent et se nécrosent, enterrés à moitié vivants) comme une « sorte de tétanos de l'imagination ». Elle écrit : « C'est peut-être ça le fond de la démoralisation pour une nation : on s'habitue », reprenant par là le thème de l'essai sur Boupacha et exigeant de la part de son auditoire qu'il partage sa conscience politique et un même sens des responsabilités[9].

Beauvoir a honte de ses compatriotes français·es. Quand elle fréquente les cafés avec Sartre et Lanzmann, le petit groupe se tapit dans un coin reculé de la salle pour ne pas avoir à entendre les propos racistes dont les conversations sont saturées, et pour éviter la charge dirigée contre les « traîtres » français·es qui, comme elle, soutiennent la cause des Algérien·nes. Un soir dans un cabaret, alors que des humoristes sur scène déroulent les gros titres de la presse, elle ne peut s'empêcher de repérer ceux qui concernent Rivet (petite ville au sud-est d'Alger, cible d'une opération militaire française de « pacification ») et Oradour (lieu des atrocités commises par les nazis en juin 1944). Une série d'atrocités appelle le souvenir d'une autre. L'aveuglement et les rires du public lui paraissent effroyables : « J'avais aimé les foules : maintenant même les rues m'étaient hostiles, je me sentais aussi dépossédée qu'aux premiers temps de l'Occupation[10]. » Insister ainsi sur son isolement, bien sûr, revient à mettre en avant sa propre vertu politique (et celle de ses ami·es) ; pour celles et ceux que Beauvoir ou les intellectuel·les français·es en général n'ont pas réussi à convaincre, ou qui se trouvent directement impliqué·es dans le conflit, l'arrogance égoïste de ce récit a de quoi déplaire.

Ses pensées philosophiques, cependant, se précisent au fil des pages. La honte de se percevoir à travers le regard des autres est un classique de l'existentialisme : « J'avais besoin de mon estime pour vivre et je me voyais avec les yeux des femmes vingt fois violées, des hommes aux os brisés, des enfants fous[11]. » À propos de la honte, Sartre écrit dans *L'Être et le Néant* qu'elle est « par nature *reconnaissance* » : « Je reconnais que je *suis* comme autrui me voit. [...] La honte est un frisson immédiat qui me parcourt de la tête aux pieds sans aucune préparation discursive[12]. » En bonne phénoménologue, Beauvoir insiste sur le fait que sa honte est une expérience qui compromet son corps au même titre que sa conscience. La conscience de sa complicité dans les crimes de la France lui est physiquement insupportable. « "Je suis française" : ces mots m'écorchaient la gorge comme l'aveu d'une tare, écrit-elle. [...] Il me semblait traîner une de ces maladies où le symptôme le plus grave, c'est l'absence de douleur[13]. »

À mesure que l'on progresse dans *La Force des choses* l'angoisse éprouvée face à la vieillesse et à la fatigue, du côté de Beauvoir comme du côté de Sartre, vient se mêler à la douloureuse humiliation de la complicité avec les crimes actuels de la France et au souvenir de la collaboration. Beauvoir dresse le portrait lugubre d'un Sartre furieusement attelé à sa *Critique de la raison dialectique*, éreinté par l'effort et maugréant des propos incohérents sous l'effet de l'alcool. Quand elle tente de le freiner, les disputes éclatent ; un jour, elle brise un verre sur le carrelage de la cuisine. Elle apprend en réalité que Sartre a frôlé l'infarctus, une deuxième alerte après son malaise inexpliqué lors d'une visite en URSS en 1954. Beauvoir fait des cauchemars. Le couple parle de somnifères et de tranquillisants ; leur ami Michel Leiris manque de faire une overdose de barbituriques. L'année 1958 est marquée par l'arrivée au pouvoir de De Gaulle et la victoire de l'armée, « défaite sinistre » qui n'est autre, selon les termes de Beauvoir, qu'un « désaveu par quatre-vingt pour cent des Français de tout ce que nous croyions et voulions pour la France ». L'histoire d'amour entre Beauvoir et Lanzmann s'effiloche. 1958 sera l'« année accablante[14] ».

Engagée dans le mouvement antiguerre, travaillant avec Halimi à défendre la cause de Djamila Boupacha et de plus en plus présente sur la scène internationale, Beauvoir demeure plongée au cœur de l'action. Officieusement, Sartre et elle deviennent des porte-parole de la gauche française, jusqu'à s'autoproclamer contre-ministres de la Culture (le ministre de la Culture, André Malraux, est étroitement associé à De Gaulle et à l'Algérie). Le couple se rend au Brésil et, de là, à Cuba pour rencontrer Fidel Castro et célébrer la révolution. Alors que la violence et les tensions continuent à monter en France, leur notoriété les place directement dans la ligne de mire de l'OAS, qui fait exploser l'appartement de Sartre à deux reprises[15]. Beauvoir ne vit pas dans l'appartement avec lui, mais elle y travaille tous les après-midi. Cette calomnie l'atteint, elle est gagnée par la peur. « Voilà ce que ça rapporte de faire de la politique qui emmerde le monde », lui crie un voisin en colère au 42 de la rue Bonaparte, à travers les décombres de la deuxième explosion[16].

Le moment fort du volume – événement remarquable, admirablement relaté et révélateur des préoccupations intellectuelles et politiques dont Beauvoir se faisait l'écho – survient en juillet 1961 lorsque Beauvoir, Sartre et Lanzmann font la rencontre, à Rome, de Frantz Fanon. Alors que Sartre et Beauvoir sont au faîte de leur notoriété politique, Fanon s'impose peut-être comme la figure intellectuelle la plus importante de la scène politique révolutionnaire mondiale des années 1960-1961 et assurément comme « l'une des personnalités les plus remarquables de ce temps[17] ». Fanon est français, issu d'une famille de la classe moyenne de la Martinique. Ses pérégrinations révolutionnaires ont commencé en 1943 quand il quitte la Martinique pour rejoindre les rangs de la Résistance. Après la guerre, il reste en France dans le but de se former en psychiatrie et en médecine, à Lyon. Lorsqu'éclate la guerre d'Algérie, il travaille dans le service psychiatrique de l'hôpital de Blida-Joinville (à plusieurs centaines de kilomètres au sud-ouest d'Alger). Ce poste l'oblige à soigner des soldats français ainsi que des nationalistes algériens ; en 1956, il quitte l'hôpital pour travailler avec le FLN, entraînant des combattants en Tunisie, effectuant des recherches à travers l'Algérie et représentant le FLN auprès de Kwame Nkrumah, le président socialiste et panafricaniste du Ghana. Les préoccupations de Fanon dépassent largement le seul cadre de l'Algérie – elles portent tout autant sur la psychologie du racisme et de la domination coloniale, la politique africaine et la décolonisation à l'échelle internationale. Sa trajectoire intellectuelle est symptomatique de l'influence de plus en plus marquée du courant de pensée associant la négritude au marxisme, à l'existentialisme et à la révolte anticoloniale.

En 1952, Fanon a publié *Peau noire, masques blancs*, avec une préface de Francis Jeanson, étudiant de Sartre et militant anticolonial. Un recueil de ses essais paraît en 1959 sous le titre *L'An V de la révolution algérienne* (« l'an I » du calendrier révolutionnaire français correspondait à l'année 1792, date du renversement de la monarchie et du début de la République, l'an I de la révolution algérienne correspondant à l'année 1954, et l'an V à 1959). Au moment où, à Rome, Fanon fait la connaissance de Sartre, Beauvoir et Lanzmann (qui a organisé la rencontre), il vient d'envoyer à Sartre la version achevée des *Damnés de la Terre*. Sartre trouve le texte stupéfiant – « entier, incendiaire, mais aussi complexe et subtil[18] » – et accepte d'en signer la préface. Fanon est en train de mourir d'une leucémie, mais refuse d'en parler. Il raconte ses années de psychiatre à Blida. D'après le récit de Beauvoir, Fanon rapporte qu'il a enseigné aux révolutionnaires des méthodes destinées à leur permettre de garder leur sang-froid, comme empêcher leurs mains de trembler au moment de poser une bombe ou de lancer une grenade. Il fournissait des stratégies psychologiques et physiologiques pour résister à la torture. Parfois, le même jour, raconte-t-il, il était convoqué pour soigner des officiers français au bord de l'effondrement nerveux après avoir interrogé des suspects[19]. Que ce récit soit exagéré ou non, il s'agit d'un portrait aussi remarquable que typiquement fanonien des tensions intériorisées du colonialisme, du racisme et de la lutte contre ces fléaux, et Beauvoir ne le relate pas autrement. Il ne lui a pas échappé que Fanon en sait beaucoup plus qu'il ne veut bien le dire sur les clivages meurtriers qui ravagent le nationalisme algérien. Ce sujet-là aussi était interdit, mais ces « sombres secrets, peut-être aussi des hésitations personnelles, donnaient à ses propos un tour énigmatique, obscurément prophétique et troublé ». Fanon rapporte aussi qu'un employé d'hôtel italien lui demande un jour s'il est vrai qu'il déteste les Blancs, à quoi il répond : « Le fond de l'affaire, c'est que vous autres Blancs vous avez des Noirs une horreur physiologique[20]. » Beauvoir ne cache pas le profond trouble que la rencontre suscite en elle, au contraire. Elle relate sa propre expérience au miroir de la perception des autres, dans le respect des principes existentialistes qui l'amènent à s'identifier à l'expérience de Fanon, figure de l'altérité raciale ; l'expérience personnelle de l'écrivaine vient ainsi brouiller le récit d'une existence vécue au prisme du racisme tel que Fanon nous le livre.

La rencontre engendre encore un peu plus de honte et de lassitude, et devient le point de départ d'un échange houleux autour des loyautés et des engagements des intellectuel·les français·es. Beauvoir relève à la fois le caractère exigeant de Fanon, son impatience, les enjeux urgents qu'il soulève et l'incapacité dans laquelle Sartre et elle se voient d'y répondre. Fanon reproche à Sartre de ne pas faire un geste politique fort, comme refuser d'écrire ou se retirer de la vie publique : « Nous avons des droits sur vous. Comment pouvez-vous continuer à vivre normalement, à écrire ? » Fanon parle avec enthousiasme de Fernand Iveton, le syndicaliste et communiste d'Alger qui a rejoint le FLN pour prendre les armes ; juste avant d'être exécuté par les autorités françaises, Iveton a déclaré qu'il était désormais « algérien ». Sartre réitère son entière solidarité avec la révolution algérienne, mais répond à Fanon qu'il reste « français[21] ». La discussion se poursuit jusqu'au petit matin et, lorsque Beauvoir finit par l'interrompre, faisant observer « le plus poliment possible » que Sartre a besoin de repos, Fanon, outré, réagit avec mépris : « Je déteste les gens qui s'économisent. » Il rapportera à un ami qu'il aurait souhaité pouvoir s'entretenir en tête à tête avec Sartre et que la présence de Beauvoir l'irritait. Son dédain n'a pas échappé à la philosophe[22]. Après cette rencontre, Sartre rédige sa désormais célèbre préface aux *Damnés de la Terre* (publiés en 1961), dans laquelle il en appelle au « courage » de ses compatriotes européen·nes sommé·es de « se regarder » et d'« affronter ce spectacle inattendu : le *strip-tease* de notre humanisme[23] ». Dans *La Force des choses,* enfin, la conversation avec Fanon précède de peu un sombre épilogue dans lequel Beauvoir admet se sentir vidée, hagarde et trahie par l'humanisme et la culture bourgeoise.

Beauvoir a donc sollicité la participation active des lecteur·rices à sa démarche. Quelles ont été leurs réactions ? « C'est assez rare de trouver un beau livre dont on ne veut/peut pas se séparer – pour moi c'est votre meilleur livre », écrit l'une des nombreux·ses correspondant·es qui ont revécu à travers elle un moment crucial de l'histoire. Une autre écrit : « C'est une étrange impression de lire sa propre histoire racontée par une autre, de retrouver les mêmes événements, les mêmes réactions. Ce que vous avez vécu sous le feu des projecteurs, je l'ai vécu inconnue, dans l'ombre. » Cette lectrice a partagé les espoirs fulgurants de Beauvoir, ses défaites écrasantes aussi :

> La Libération et son immense espérance, nos déceptions, nos efforts pour créer l'union des gauches ou pour inciter les femmes à prendre conscience de leurs responsabilités. Le Front républicain, la trahison des socialistes et surtout la guerre d'Algérie. Ce dégoût, cette stupeur en découvrant à la

> fois la réalité de la torture et que les Français acceptaient d'être des bourreaux. Je me revois après la lecture de *La Question*, atterrée, impuissante […]. L'amertume de la marée des « oui » au referendum, les manifestations […].

Elle a voulu signer le manifeste des 121, mais ce ralliement lui aurait fait perdre son habilitation gouvernementale de « visiteuse » de prison, c'est-à-dire d'observatrice et témoin des conditions de détention des prisonnier·es, ce qu'elle considère comme son rôle politique le plus important[24].

La Force des choses, comme les autres volumes des Mémoires, mobilise les souvenirs ; les épistolier·es se souviennent des discussions politiques futiles dans les réunions syndicales ou les rassemblements communistes des villes de province, ou encore des insultes et du dédain silencieux dans les quartiers bourgeois de Paris. On relève la méfiance avec laquelle les voisin·es accueillent les récits des atrocités de la guerre, en particulier la torture. Une femme de Besançon écrivant au moment de l'affaire Boupacha rapporte que personne dans son quartier ne fait confiance ni au journal communiste *L'Humanité*, dont on suppose qu'il ne fait qu'exagérer tous les crimes du colonialisme, ni à la presse chrétienne de gauche, éditée par de douces et doux rêveurs : « Si les preuves se font plus précises, l'homme de la rue conclut, comme je l'ai maintes fois entendu : ce sont d'anciens SS qui font cela (ou des Allemands engagés dans la Légion)[25]. »

D'autres opposant·es à la guerre veulent témoigner des sentiments terribles d'isolement et de peur qui marquent les années de la guerre d'Algérie ; c'est un bouleversement d'apprendre que leur expérience est partagée. « L'on est bouleversé de voir que la solitude de ces années ne nous est pas particulière », écrit la militante de Besançon dans une deuxième lettre, trois ans plus tard. L'hostilité de leurs concitoyen·nes a chamboulé leur univers, non sans leur rappeler, comme Beauvoir, une guerre antérieure :

> Mon mari, qui a appris qu'il était juif à neuf ans, lors de l'arrivée des Allemands à Paris, dit qu'il savait depuis l'Occupation les capacités de lâcheté collective des Français. Mais pour moi, ce fut la guerre d'Algérie, les aveuglements volontaires, les refus de savoir. On se sentait étranger dans son propre pays. Le langage avait perdu tout sens.

Ce couple avait été mis sous surveillance par les services de renseignement intérieur de l'État. Par chance, un déménagement avait pu être organisé avant qu'on ne les envoie en prison. « Presque personne n'avait compris, encore moins aidé. » Contrairement à Beauvoir, cette femme et son mari « ne se baignent pas dans la reposante complicité des indignations partagées » :

> Ici, militer, c'est discuter avec le PC ou la CFTC, jamais avec des lecteurs des Temps modernes. Militer, c'est toujours ennuyeux, long et fatigant, mais ça l'est encore plus lorsque tout le monde se défie de ces « idées de philosophes », presque aussi décriées que la politique.

Le couple se réjouit néanmoins de voir ses propres souvenirs ainsi confirmés. Une femme, probablement algérienne, écrit avec le même élan :

> J'ai vécu ce long moment de guerre... comme l'ont vécu tous ceux de ma race, avec l'obsession du criminel traqué et

la pensée des miens. Cette crainte et cette obsession étaient naturelles pour nous. Mais j'admire qu'elles aient trouvée en vous le même écho et que vous ayez pu volontairement subir ce qui nous était infligé par « la force des choses »[26].

La honte a été un thème récurrent du courrier des lecteur·rices pendant l'affaire Boupacha. Elle imprègne les lettres que Beauvoir reçoit en réponse à la publication de *La Force des choses*, les sentiments de chacun·e se mêlant aux siens : « J'ai éprouvé la même honte que vous d'être française » ou encore, redéployant le vocabulaire existentialiste : « Comme vous, j'ai eu honte jusqu'à la nausée d'être française[27]. » Ces sentiments répondent à la double honte de deux guerres que Beauvoir a mises au cœur de ses Mémoires.

La lettre la plus intéressante à cet égard provient d'une femme de trente-huit ans douloureusement partagée entre le désir d'écrire et la peur de s'imposer à l'écrivaine, ou de paraître « ridicule », une crainte que partagent beaucoup de ses lecteur·rices. Cette correspondante est une « bourgeoise », selon ses propres termes, diplômée de droit : « la Française moyenne typique quoi ! Tout de même j'ai une petite particularité, ajoute-t-elle : je suis de famille juive, athée d'ailleurs mais j'ai été terriblement marquée par la guerre. » Personne dans sa famille n'a été déporté, mais elle précise : « [...] moralement ces quatre années sont celles qui ont le plus compté dans ma vie, et il m'est probablement impossible d'aborder un problème quel qu'il soit sans que mon vieux complexe réapparaisse... » La partie la plus poignante de la lettre arrive ensuite, quand la lectrice s'excuse de s'attarder sur son passé ou d'en faire trop : « Je ne vous raconterai pas “ma guerre”, rassurez-vous, je dis seulement que le fait est là[28]. » C'est là un exemple personnel révélateur, qui montre bien comment l'universalisme de Beauvoir a échoué à accueillir la mémoire juive de la guerre.

Cette lectrice venait tout juste d'achever la lecture de *La Force des choses*. L'engagement politique de Beauvoir lui inspire de l'admiration. Comme son mari, lui aussi de gauche et isolé au sein d'un entourage plus conservateur, elle vit la guerre d'Algérie « comme une épine dans sa chair ». Le sujet la conduit subitement à la Seconde Guerre mondiale :

> Depuis trente ans je hais les Allemands (ce n'est pas une façon de parler : en 1934 un cousin de mon père, juif français installé à Berlin et marié à une Allemande, a dû fuir l'Allemagne ; un autre a réussi en 39 à sortir de Dachau, donc très jeune j'ai entendu parler des persécutions). [...] Mais depuis que je connais les événements d'Algérie, que j'ai entendu parler des camps et des tortures sans rien faire d'autre que de militer vaguement au C.A.D. de Mendès puis au P.S.U., j'ai mal et j'ai honte, et le fait d'avoir voté « non » à tous les référendums et assisté aux manifestations de protestation n'y change rien.

Elle s'excuse de tout, aussi bien d'avoir imposé à Beauvoir ses « petites élucubrations » que de sa famille bourgeoise et de son incapacité à s'en libérer, de sa judéité (laïque) qui l'a marquée et de son besoin d'en parler, de son égocentrisme et de son impuissance politique. La lecture du récit de Beauvoir sur la guerre d'Algérie fait remonter à la surface les sentiments d'inadéquation, de rage et de douleur qu'elle a longtemps ressassés. Elle l'empêche en même temps de démêler ces sentiments, comme si sa complicité en tant que citoyenne française dans les crimes commis en Algérie excluait son témoignage sur la Seconde Guerre mondiale ; la honte achève de museler ce qui n'est déjà qu'une timide discussion sur l'Holocauste. Les remarques foisonnantes des lecteur·rices – les Français·es en Algérie n'ont pas été mieux que les nazis, Beauvoir leur a montré que « la situation actuel, c'est encore pire[29] » – rendent bien compte de l'impossibilité de penser une guerre sans l'autre. Elles illustrent aussi les aspects étouffants, sinon répressifs, de ce discours de la récurrence sur le retour de la culpabilité et la honte de l'histoire.

Jean-Marie Domenach, rédacteur en chef de la revue *Esprit* et détracteur régulier de Sartre et de Beauvoir, s'oppose vigoureusement à cet aspect de *La Force des choses* dans la recension qu'il fait du texte. D'après lui, il est profondément erroné de chercher à voir dans les événements du présent la marque d'un retour du passé. Domenach considère que l'analyse des événements politiques tels qu'ils sont en train de se produire en est brouillée, rendant dès lors impossible toute réflexion claire sur la manière dont une personne ou un parti politique peut réagir efficacement face à ces événements. Le récit de Beauvoir s'accorde avec les positions de plus en plus militantes de Sartre et des *Temps modernes* après la crise de la République en 1958. Sartre et Beauvoir renoncent au non-alignement et font cause commune avec les communistes, appelant non seulement au boycott de la conscription mais aussi à l'affrontement révolutionnaire contre un fascisme renaissant, ce qui impliquait de rejeter les appels à la paix et de prendre les armes avec le FLN contre De Gaulle et l'OAS. Domenach trouve cette position absurde : l'OAS et De Gaulle ne représentent pas le même phénomène politique, et le FLN ne peut être l'« instrument de régénération, l'avenir de la gauche française[30] ».

Les historien·nes ont interprété cette superposition du passé et du présent chez Beauvoir comme un exemple du problème culturel plus large du travail de la mémoire. Jean-Louis Jeannelle, historien de la littérature et spécialiste de Beauvoir, voit dans *La Force des choses* un exemple classique du « syndrome de Vichy ». Pour Jeannelle, l'angoisse démesurée et la répulsion viscérale que lui inspire sa complicité dans les crimes français en Algérie traduisent un retour des souvenirs refoulés de l'Occupation et des choix douteux qu'elle a faits à l'époque. Pour conserver son emploi dans une station de radio de Vichy, Beauvoir avait prêté serment de n'être ni juive ni franc-maçonne. Elle a rendu compte de ces choix dans ses Mémoires : « Je trouvais répugnant de signer, mais personne ne s'y refusait : pour la plupart de mes collègues, comme pour moi, il n'y avait aucun moyen de faire autrement[31]. » Jeannelle soutient que ces souvenirs gênants exacerbent la honte de la « sale guerre » de la France en Algérie. Le concept de « mémoire multidirectionnelle » de Michael Rothberg avance un diagnostic moins pathologique. La mémoire n'est pas une matière à somme nulle, affirme Rothberg, et les souvenirs, comme les analogies historiques ou politiques, ne doivent pas inévitablement se déformer et s'écarter les uns les autres. Ainsi, l'angoisse de Beauvoir au sujet de l'Algérie ne marque pas nécessairement le retour d'une altérité refoulée, pas plus que ses lecteur·rices ne seraient prisonnier·es d'un passé pas encore maîtrisé[32]. La question de la mémoire historique dans la France de l'après-guerre est immense, et ce ne sont là que deux approches. Toutes deux ont été controversées, bien que chacune d'elles rende compte d'un aspect de l'écriture de Beauvoir et de la conversation multidimensionnelle qu'elle entretient avec son lectorat[33]. Si, comme les lecteur·rices, nous suivons Beauvoir jusqu'à la dernière page de *La Force des choses*, nous allons entrevoir beaucoup plus de son monde et du leur – les conversations dans lesquelles elle les entraînait, les préoccupations et les angoisses qu'ils et elles voulaient lui faire partager.

« J'ai été flouée »

La parution de *La Force des choses* déchaîne les réactions des lecteur·rices : la correspondance occupe deux grands cartons pour la seule année 1964. Les lettres tournent principalement autour de l'épilogue du livre, vingt pages au cours desquelles Beauvoir dresse le bilan de sa carrière, de ses engagements politiques et de sa vie alors qu'elle se voit confrontée à la question de la mortalité et à ce qu'elle considère comme le grand âge. Plusieurs raisons expliquent que cet épilogue ait retenu l'attention du public, à commencer par le ton mélodramatique que Beauvoir y déploie. Sa relation avec les lecteur·rices s'y trouve par ailleurs mise en cause, et les questions soulevées ont la particularité de focaliser la honte qu'elle convoque en chacun·e.

Beauvoir entame son récit en décrivant sa relation avec Sartre comme la seule « réussite certaine » de sa vie. Elle s'avoue fière de ses œuvres littéraires et de son rôle d'intellectuelle, quoique sans complaisance avec les honneurs de la célébrité et les exigences de notoriété politique. Sa contribution dans les combats politiques (qu'elle n'exagère pas) lui a donné le sentiment de faire partie de l'histoire. L'épilogue prend différentes tonalités, tour à tour sur la défensive, révolté, versant dans l'autocritique ou l'apitoiement. Au fil du texte, cependant, ce sont le pessimisme et la lassitude qui l'emportent. Beauvoir reprend les thèmes de la défaite, de l'âge et de la santé défaillante, celle de Sartre plus encore que la sienne. Elle évoque ses amours perdues (ses relations avec Algren et Lanzmann), la montée en puissance d'écrivaines plus jeunes et plus dynamiques, le rétrécissement de son horizon : « J'ai pensé pendant des années que mon œuvre était devant moi, et voilà qu'elle est derrière [...] ; brusquement, je me cogne à mon âge. » Elle se sent étrangère à son corps vieillissant : « C'est étrange de n'être plus un corps ; [...] de ne plus rencontrer en moi de désirs neufs[34]. » Un critique de *L'Express* résume la situation en déclarant que « la haine du miroir est décrite avec une déroutante cruauté[35] ».

Les dernières pages de l'épilogue se lisent aussi comme une protestation existentielle contre l'absurdité de la mort et l'extinction de toute expérience ; les livres lus, les lieux visités, les connaissances accumulées au cours d'une vie, tout cela est amené à disparaître : « Cet ensemble unique, mon expérience à moi, avec son ordre et ses hasards... Nulle part cela ne ressuscitera[36]. » Beauvoir conclut par un effort énigmatique resté célèbre pour raviver son optimisme d'adolescente et la flamme que lui inspirent les potentialités inépuisables de la vie humaine. Les promesses qu'elle s'est faites et qui ont fait vibrer son cœur ont été tenues, dit-elle. « Cependant, tournant un regard incrédule vers cette crédule adolescente, je mesure avec stupeur à quel point j'ai été flouée[37]. » Le livre s'achève par cette phrase.

La plupart des critiques officiel·les du livre se sont concentré·es sur le bilan mélancolique de l'épilogue, sans hésiter ni à porter leurs propres jugements sur la vie d'une intellectuelle de gauche féministe, ni à brandir des clichés sur les femmes vieillissantes[38]. *Le Monde* demande à Pierre-Henri Simon de chroniquer le texte, peut-être parce qu'il s'était prononcé contre la brutalité et le cynisme de la violence en Algérie dont la puissance française, selon ses propres termes, était sortie « ravalée et humiliée[39] ». Ce dernier, cependant, ne dit pratiquement rien de l'histoire que Beauvoir retrace et dans laquelle il a été impliqué lui aussi : rien sur les affaires de torture et leurs conséquences, rien sur De Gaulle, le gaullisme ou la signification de la guerre d'Algérie pour l'Algérie, pour la France ou le reste du monde. Il voit dans *La Force des choses* un livre mal écrit qu'il juge en outre affreusement travaillé par les petites affaires (comprendre *sexuelles*) des existentialistes. Il prétend ne pas se gausser de la « femme vieillissante qui se tourne en arrière pour faire le bilan de sa vie », mais écrit que si Beauvoir a été « flouée », trouvant rétrospectivement des déceptions plutôt que les richesses d'une vie bien vécue, ce n'est là que le résultat de cette philosophie du néant qu'est l'existentialisme, avec l'« égoïsme sans contrainte » qui le caractérise. Il faut aussi y voir la conséquence du rejet des « traditions », des « lois de la société » et – le critique pointe ici du doigt les positions de Beauvoir sur la maternité – des « charges naturelles du couple humain[40] ».

Maria Craipeau, de son côté, rivalise de méchanceté : la journaliste de *France Observateur* dépeint Beauvoir comme une intellectuelle parasite cherchant désespérément à participer aux événements de son temps et frustrée par sa vie en marge. Elle déclare, railleuse, que chaque période historique a l'héroïne qu'elle mérite : Véra Zassoulitch (la populiste russe) et Rosa Luxemburg (la socialiste allemande polonaise révolutionnaire) ont vécu des vies réelles dans des temps réels, mais Beauvoir, elle, convient bien à la stérilité du présent. Les références admiratives à Zassoulitch et Luxemburg renvoient au trotskisme initial de Craipeau, avant son engagement à *France Observateur* où elle est devenue la journaliste attitrée de la culture sentimentale populaire. Ces articles « imbéciles » suscitent l'ire de nombreux·ses lecteur·rices de Beauvoir. Craipeau, « la sentimentaliste de service, toujours prête à "faire vrai" », s'est spécialisée dans le « mélodrame, le trémolo et le lieu commun », écrit une lectrice qui tient à remercier Beauvoir pour la « constante exaltation » que ses livres lui ont apportée[41].

Néanmoins, le fameux « J'ai été flouée » déconcerte même les critiques les mieux disposé·es et contrarie d'innombrables lecteur·rices. Un correspondant fustige Beauvoir pour son égocentrisme et son pessimisme politique, lui reprochant aussi d'avoir abandonné ses allié·es politiques :

> Je lis peu, écris moins encore, et ne prétends pas que mes réactions vous apportent du neuf – si on vous a souvent dit la même chose, eh bien, disons que j'ajoute une signature à une pétition de lecteurs.
> J'ai aimé *La Force des choses* – le contenu, le fait qu'il soit une chronique, et que cette chronique soit vécue à travers vous, et là je ne parle pas de l'écrivain, mais de l'humain qui mérite une rare estime (parmi les écrivains), avec un E.

> Mais comment vous laisser finir sur ce « flouée » sans avoir envie de vous rudoyer ? Qu'attendiez-vous d'autre [de la vieillesse] qu'une saine fatigue et une communion avec les simples gens ? Certes peu de travailleurs vous lisent encore ; mais vous les aidez, et d'une façon difficilement remplaçable là où vous êtes située.
> Déjà, merci. Et affectueusement, si vous le permettez d'un ami inconnu.

Il reconnaît qu'écrire des Mémoires implique toujours de se dire au passé : « J'ai été. » Pourtant, Beauvoir a un présent et un avenir ! Quant à ce qu'elle a perdu, « pourquoi le considérer comme volé et non pas donné » ? Pourquoi ne pas considérer sa vie et son idéalisme comme un cadeau[42] ?

De nombreux·ses correspondant·es, par ailleurs sensibles à l'œuvre de Beauvoir, ont vu dans l'épilogue un adieu à son lectorat : « Je ne suis pas en mesure de répondre – et sans doute n'attendez-vous aucune réponse de personne – à votre cri d'indignation et d'amertume, lorsque vous envisagez votre vie et sa signification. Mais je sais que vous brisez la joie de celle qui vous lit, et c'est comme un mauvais coup que vous lui réservez au bout de son plaisir. » Ainsi cette amère capitulation est-elle un « mauvais coup », à plus forte raison du fait qu'elle est formulée à la fin du livre. D'autres font preuve de plus de sollicitude : « Votre épilogue est trop triste, à cinquante et quelques années on n'est pas encore mort et vous nous devez encore pas mal de bons bouquins » ; ou encore : « Pourquoi cette tristesse latente imprègne t'elle toutes vos œuvres ? Tout n'est pas noir sur la terre. » Un couple admiratif et perplexe s'interroge : « Vos dernières pages nous ont un peu attristés.

Elles ressemblent à un adieu – vous n'allez pas nous laisser choir maintenant ! Ce n'est pas parce que l'aventure se termine que vous cessez de vivre. » Ou encore, haussant le ton : « Il est impossible que vous puissiez dire : "Jamais plus" ! Mélancolie, tristesse à regarder le "déjà fait" ? Non ! » De la part d'une lectrice : « La fin est bien triste ! Vous avez tort de penser que vous ne pouvez plus plaire ; vous êtes encore très désirable, et vous le serez encore longtemps. C'est l'âme qui se reflète dans notre enveloppe charnel, si l'âme reste jeune, l'aspect physique l'est aussi » ; et ailleurs : « Madame, permettez-moi de vous dire avec tout mon cœur que je pense à vous, que votre tristesse me touche et que j'ai mal avec vous qui avez mal[43]. »

On compte par dizaines ce genre de lettres mémorables ; leur ton dramatique rivalise sans mal avec celui de Beauvoir. L'une d'elles émane d'une fidèle lectrice suisse qui s'est procuré *La Force des choses* dès sa parution. Un simple coup d'œil lui ayant suffi pour comprendre qu'il s'agit là du dernier livre de Beauvoir, elle décrit sa réaction : « Alors je suis restée immobile, glacée, comme si l'on venait de m'annoncer quelque terrible malheur. Je n'osais pas ouvrir le livre, je ne voulais pas croire que j'allais lire "le dernier Beauvoir". J'ai eu tout à coup l'impression d'un grand vide en moi et dans le monde[44]. »

Comme bien d'autres lecteur·rices, elle éprouve un mélange de déception et de colère, car l'écrivaine l'avait comme invitée personnellement à dialoguer. Un homme qui correspond avec Beauvoir décrit sa détresse ni plus ni moins que comme un « sentiment désespéré d'arrachement venu de la fin de ce très long dialogue ». En cause, le lien profond et unique qui s'établit avec un·e auteur·rice de Mémoires : « Cette angoisse est rendue d'autant plus vive en l'homme qui lit par l'isolement même, isolement silencieux et intime dans lequel s'engage pour lui la communion avec l'auteur surtout lorsque ce dernier se livre avec tout le poids immense de sa vie. » Mis à part les efforts prévisibles des lecteur·rices pour rassurer Beauvoir – les médecins lui disent que sa dépression passera, les dévot·es lui suggèrent de reconsidérer la religion, et les hommes écrivent pour lui dire qu'elle retrouvera sûrement l'amour –, l'élément le plus frappant de la correspondance, au lendemain de la publication de *La Force des choses,* reste bien le sentiment de détresse dont font part tant de lecteur·rices[45]. Une partie de cette détresse vient certes en réponse aux adieux dramatiques de l'autrice, mais elle n'en est pas moins révélatrice de l'intimité qui lie ces lecteur·rices à Beauvoir, de l'intensité avec laquelle toutes et tous ont revécu le siècle à travers ses Mémoires et de l'ampleur démesurée de leurs attentes.

Beauvoir s'irrite autant des manifestations de désarroi que des discours de réconfort. Un correspondant bien intentionné qui a manifestement mal interprété le sens du texte s'entend répondre qu'il n'est pas le seul : personne n'a compris l'épilogue. En réalité, Beauvoir n'a renoncé ni à la vie ni à l'écriture[46]. Ce n'est pas l'image qu'elle aperçoit dans le miroir qui la rebute, mais bien ce que l'histoire lui a révélé, entre les promesses creuses de la culture bourgeoise, la fragilité des valeurs humanistes et la mauvaise foi de ses concitoyen·nes, sans compter sa propre et inéluctable complicité dans les crimes de la nation[47]. Dans *Tout compte fait* et au cours d'une série d'entretiens, elle explique qu'elle s'attendait à ce que le livre ne s'attire pas les faveurs du public, mais d'abord en raison de son propos sur la guerre et sur la politique. Il ne lui avait pas échappé, en les écrivant, que les pages sur l'Algérie étaient anachroniques, peste-t-elle, exaspérée par le refus des lecteur·rices de s'y intéresser pleinement. « J'avais souhaité que ce livre déplût. On m'avait trop souvent félicitée de mon optimisme à des moments où j'avais la rage au cœur. J'ai exhalé cette rage, j'ai rappelé les horreurs de la guerre d'Algérie ; j'espérais gêner mes lecteurs. Mais non. En octobre 63, les tortures, les massacres, c'était déjà de l'histoire ancienne qui ne dérangeait plus personne[48]. » En 1963, un morne silence enveloppe la fin honteuse d'une guerre qui l'est tout autant.

Cette année-là, l'oubli s'impose déjà comme un riche thème de réflexion, développé dans des films comme *Chronique d'un été* d'Edgar Morin et Jean Rouch (1961) ou *Le Joli Mai* de Chris Marker et Pierre Lhomme, tourné en 1962 et sorti sur les écrans en même temps que *La Force des choses* en librairie[49]. Comme Beauvoir, Marker et son coréalisateur découvrent avec stupeur le peu de résonance des événements de la guerre et de la paix auprès du public, combien rares sont les concitoyen·nes qui partagent leurs préoccupations, et à quel point la fin du colonialisme français est vite devenue un sujet dépassé. Le critique littéraire de *L'Express*, Otto Hahn, déjà mentionné au cours de ces pages, est issu d'une famille juive hongroise ; il a survécu à la guerre en se cachant en France et a travaillé pour *Les Temps modernes* de 1960 à 1965, période qu'il a donc traversée avec Beauvoir et ses collègues. *La Force des choses,* note-t-il dans sa critique, nous fait remarquer tout ce que nous avons déjà oublié[50].

Certain·es épistolier·es, préférant éviter le sujet de la guerre, veulent en expliquer la raison. Les enjeux sont trop importants, écrit un pied-noir qui ne partage pas la position politique de

Beauvoir mais tient à se garder de tout conflit ; presque personne ne peut sortir du « bain de folie de l'Algérie » et « juger sainement de la valeur des choses ». Si Beauvoir déplore son grand âge, lui se réjouit du « vieillissement de l'histoire », car il espère que celui-ci viendra apaiser l'amertume et l'horreur de la guerre d'Algérie comme de la Seconde Guerre mondiale. Une épistolière, elle aussi en désaccord politique avec Beauvoir, déclare que le livre laisse une « impression curieuse et aussi amère à l'arrière-goût ». Beauvoir a certainement eu raison de tout dire. Mais pour cette lectrice, la fin de la guerre d'Algérie est encore si proche que c'en est insupportable. Un professeur d'université prend la plume pour confier qu'il ressent des émotions similaires : « Le sentiment de honte devant certaines violences et la passivité des gens, je l'ai moi-même ressenti, à la même époque, et la colère. Je les retrouve à travers votre livre ; ils ne m'ont pas quitté, je m'en rends compte, puisqu'ils reviennent encore malgré moi dans ce que j'écris aujourd'hui. » Il a gardé secrets les poèmes qu'il avait écrits pendant la guerre : « Je ne sais pourquoi, j'avais honte. » Ses prises de position ouvertement antiguerre à l'époque du conflit ne suffisent pas à estomper le sentiment ; il se sent honteux de sa vulnérabilité, honteux de prendre la politique trop à cœur, honteux de ses moyens d'expression insuffisants. Il lui est impossible de partager son travail, même avec un public compréhensif[51]. Ainsi Beauvoir devient-elle une sorte d'exutoire pour les lecteur·rices, qui déversent dans leurs lettres les émotions provoquées par les débats politiques, leur sentiment d'impuissance ou leur passivité.

La honte s'inscrit dans l'écriture des lecteur·rices et dans celle de Beauvoir comme une donnée incontournable, débordant largement les thèmes de l'« oubli » et du « syndrome de Vichy ». Beauvoir n'utilise pas la « honte » par hasard. L'accent qu'elle met délibérément sur l'émotion découle du principe existentialiste selon lequel l'humanité doit être pensée dans son intersubjectivité, et donc le moi, considéré dans sa relation aux autres. Comme Sartre l'écrit en 1948, l'émotion ouvre sur la « structure indispensable de la conscience » puisqu'elle comprend le « tout de la réalité humaine[52] ». Plus précisément, Sartre pose dans *L'Être et le Néant* que la honte est « par nature *reconnaissance* » : « Je reconnais que je *suis* comme autrui me voit[53]. » La honte qui submerge Beauvoir dans *La Force des choses* est la honte du moi qui vit dans la conscience de l'autre, qu'il s'agisse de Djamila Boupacha, exigeant le soutien de ses allié·es, ou des nombreuses victimes des guerres coloniales ; de Frantz Fanon, méprisant la logique d'« économie » des philosophes français·es, ou encore de l'opinion internationale soulevée contre la tactique française en Algérie. Dans la forme corporelle que prend l'émotion repose aussi un principe de l'existentialisme et de la phénoménologie. En ce sens, *La Force des choses* marque la contribution personnelle de Beauvoir à la phénoménologie de l'émotion.

Les préoccupations philosophiques de Beauvoir, qui plus est, jettent un pont entre ses Mémoires et l'écriture anticoloniale du monde francophone, où le thème de la honte occupe une place centrale. Le regard dérangeant de cet autre colonisé est omniprésent dans la préface de Sartre à l'*Anthologie de la nouvelle poésie nègre et malgache* de Léopold Sédar Senghor en 1948. « Négritude » inversait le regard des Blancs : « Le blanc a joui trois mille ans du privilège de voir sans qu'on le voie. [...]

Aujourd'hui ces hommes noirs nous regardent et leur regard rentre dans nos yeux[54]. » La honte n'est pas moins fondamentale dans l'essai de Fanon sur l'expérience de la « négritude » en régime colonial et raciste (1951) : « Je promenai sur moi un regard objectif, découvris ma noirceur, mes caractères ethniques, – et me défoncèrent le tympan l'anthropophagie, l'arriérisme mental, le fétichisme, les tares raciales, les négriers, et surtout, surtout : "Y a bon banania". » Aliénée, la conscience de soi se charge de dimensions émotionnelles : « Je me glisse dans les coins, rencontrant de mes longues antennes les axiomes épars à la surface des choses [...]. La honte. La honte et le mépris de moi-même. La nausée. » Dans le récit de Fanon, contrairement à celui de Beauvoir, la honte et le mépris de soi alimentent une conscience révolutionnaire : « Je décidai, puisqu'il m'était impossible de partir d'un complexe inné, de m'affirmer en tant que NOIR. Puisque l'autre hésitait à me reconnaître, il ne restait qu'une solution : me faire connaître[55]. »

Le réseau de références croisées s'épaissit. Sartre met l'accent sur le regard humiliant des colonisé·es dans sa préface aux *Damnés de la Terre*, rédigée à la suite des conversations à Rome dont Beauvoir a livré une description si marquante. Dans un passage pour le moins étonnant de cette préface, Sartre invite les Européen·nes à étudier le livre de Fanon, supposé les transformer, à travers l'expérience de la honte, en révolutionnaires : « Ayez le courage de le lire : par cette première raison qu'il vous fera honte et que la honte, comme a dit Marx, est un sentiment révolutionnaire[56]. » L'affirmation de Marx provient d'une lettre de 1843 adressée à Arnold Ruge, son coéditeur au *Deutsch-Französische Jahrbücher*. Il se trouve que cette lettre a pour objet l'affaiblissement de la réputation internationale d'une grande puissance, à savoir l'autocratie prussienne des années 1840, alors que la Prusse est en train de se débarrasser des promesses réformistes et de réprimer les mouvements libéraux et radicaux. « L'Allemagne s'est enfoncée dans le bourbier et s'y enfonce toujours plus », écrit Marx :

> L'habit de parade du libéralisme est tombé, et le despotisme le plus répugnant se dresse dans toute sa nudité à la vue du monde entier.
> Et cela aussi est une révélation, bien qu'en sens inverse. C'est une vérité qui nous apprend, en tout cas, à connaître le vide de notre patriotisme, la difformité de notre État, et à nous voiler la face. Vous me regardez en riant et vous dites : la belle affaire ! Ce n'est point par honte que l'on fait une révolution. Je réponds : la honte est déjà une révolution [...]. La honte est une sorte de colère, la colère rentrée. Et si toute une nation avait tellement honte, elle serait comme le lion qui se ramasse sur lui-même pour bondir[57].

Le passage n'aide guère à résoudre l'énigme : comment la honte devient-elle « révolutionnaire » ? Il démontre au contraire que cette dernière recouvre un très large éventail d'états qui échappent facilement à l'analyse[58]. Ce que Marx et Sartre appellent la « honte » est une blessure portée à l'honneur ou à l'amour-propre, appelant les personnes humiliées à se racheter en se conformant à leur code moral. Cette honte-là s'enracine dans une philosophie de l'émotion résolument datée du XIXe siècle, et par ailleurs genrée. Elle semble particulièrement inapplicable dans le cas de Beauvoir ou de la plupart des lettres sur *La Force des choses*, entravées par l'autocritique, la lassitude et le sentiment d'insécurité des correspondant·es.

D'une part, quand elle écrit *La Force des choses*, Beauvoir a pris pleinement part aux discussions entre Sartre et Fanon ; les trois lisent les mêmes textes et puisent dans les mêmes références[59]. *La Force des choses* rend l'expérience vécue du côté du colonisateur ; c'est une réponse tardive à la conversation avec Fanon à Rome, qui prend tout son sens dans le contexte d'un dialogue avec « L'expérience vécue du Noir » ou avec *Les Damnés de la Terre*. Beauvoir fait participer les lecteur·rices à ces conversations capitales. D'autre part, sa honte semble appartenir à un autre registre. Alors que Sartre insiste sur la finalité de l'émotion, Beauvoir, s'interrogeant sur la possibilité de « rester présent au monde sans s'épuiser en émotions qui ne servent à personne[60] », confesse son épuisement émotionnel. Sa honte s'est effectivement « ramassée sur elle-même », non pour mieux « bondir » mais, au contraire, pour mieux s'enfoncer dans une spirale autodestructrice. La philosophe semble en proie à la lassitude ou à la paralysie induites par la honte, loin de l'idée que s'en font Marx, Fanon ou Sartre, et il en va de même pour ses lecteur·rices.

La question du genre importe ici. Comme le souligne Toril Moi, les analyses de Beauvoir sur la « situation » des femmes, même si elles sont philosophiquement proches de celles de Fanon sur l'expérience vécue des personnes noires, ne lui permettent pas d'imaginer quoi que ce soit qui ressemble à la subjectivité politique que Fanon a théorisée et défendue[61]. La dimension genrée de la honte apparaît explicitement dans la préface de Sartre à *La Question* d'Henri Alleg en 1958, soit deux ans avant l'essai de Beauvoir sur Djamila Boupacha.

Depuis la Seconde Guerre mondiale, Sartre se demande s'il aurait pu lui-même résister à la torture ; il écrit qu'Alleg « nous épargne le désespoir et la honte parce que c'est une victime qui a vaincu la torture [...]. Nous retrouvons enfin un peu de notre fierté : nous sommes fiers qu'il soit français[62] ». Sartre fait de la résistance à la torture l'épreuve décisive du courage politique viril. La bravade masculiniste de ce passage n'a pas échappé à la sagacité d'une correspondante de Beauvoir, qui propose d'adopter une autre perspective. Que prouve la capacité d'Alleg à supporter la souffrance ? La lectrice poursuit :

> Tout le monde sait qu'il y a des limites que le corps humain ne peut pas dépasser. Il [Alleg] aurait pu se taire jusqu'à la mort et il serait mort tout de même. Il aurait pu devenir fou et parler, aurait-il pour cela « perdu le droit de rester un homme parmi les hommes » ? Je ne pense pas : l'homme est humain dans ses grandeurs comme dans ses faiblesses et quoi qu'il se passe, il est toujours un homme parmi les hommes[63].

Dans son essai sur Boupacha, Beauvoir ne présente jamais l'aveu de la jeune femme comme un enjeu susceptible de révéler une faiblesse féminine juvénile ou pitoyable. La pleine humanité de Boupacha n'a pas besoin d'être démontrée, son honneur n'a pas besoin d'être sauvé par ses protecteur·rices et allié·es.

Les différentes significations de la honte ne s'expliquent pas nécessairement toutes par la question du genre. Les hommes de la gauche française de la fin des années 1950 et des années 1960 rendent compte de sentiments similaires – humiliation, frustration, impuissance, passivité – alors que les partis sont ébranlés par leur incapacité à mettre fin au conflit algérien et par cette impression que l'histoire se fait sans eux[64]. Francis Jeanson, l'anticolonialiste radical jugé pour avoir mis en place des réseaux clandestins d'aide au FLN, n'a pas été moins déconcerté que Beauvoir par ses conversations avec Fanon et, comme elle, il a décrit son malaise en termes corporels[65].

Les femmes et les hommes qui écrivent à Beauvoir ne sont guère les seul·es à rapprocher honte politique et honte individuelle ou honte du corps, ni à se laisser saisir par la « dégradation » dont elle parle. Beauvoir déplore qu'on se montre incapable de distinguer son dégoût politique pour les agissements français en Algérie et sa détresse face à un corps vieillissant. Le poids du genre et des représentations attachées au sexe rend difficile une autre lecture de son œuvre[66]. Mais il se trouve en effet que les sentiments de dévalorisation, de défaite, de consternation et d'épuisement émotionnel liés à la politique ne sont pas si faciles à distinguer, encore aujourd'hui, de la honte, de l'angoisse et de la lassitude associées au corps.

Le caractère spécifique de la honte en tant qu'émotion et affect entre également en ligne de compte ici et mérite qu'on s'y attarde pour ses implications culturelles et politiques plus larges. Eve Kosofsky Sedgwick note que la honte est à la fois contagieuse et source d'isolement : « Le mauvais traitement de quelqu'un d'autre, le mauvais traitement par quelqu'un d'autre, l'embarras de quelqu'un d'autre, les stigmates [...] qui n'ont apparemment rien à voir avec moi peuvent me submerger très facilement[67]. » Elle décrit bien par là l'émotion qui domine un grand nombre de ces lettres, éclairant le processus par lequel cette émotion vient se mêler à celle de Beauvoir tout en exprimant un grand désespoir et une profonde solitude. Dans la honte, le moral et le politique se mêlent au psychologique. La honte implique le sens moral – un espace intérieur constitué de sentiments moraux susceptibles d'être éveillés – ainsi que la conscience, comprise comme le fonctionnement de l'esprit, les projections, la subjectivité et l'intersubjectivité. Beauvoir et ses correspondant·es abordent les deux. Son œuvre comme leurs lettres convoquent en outre les aspects corporels de l'émotion, en l'occurrence les sensations physiques de la honte. Les épistolier·es mettent en avant les sentiments qui nous exténuent et nous laissent démuni·es, centraux dans le discours de Beauvoir. Ces dynamiques émotionnelles sont peut-être plus pertinentes et moins abstraites pour comprendre Beauvoir et ses correspondant·es que le « syndrome de Vichy ».

Le tabou de l'âge

Les correspondant·es des années 1963 et 1964 s'emparent des thèmes de la mort et du vieillissement. Ce sont là des sujets terrifiants et difficiles à traiter, pris dans les peurs inavouées, le déni, la honte (face à son propre déclin ou à celui des autres), et croulant sous des siècles d'interdictions et de mythes, de codes de décence et de bonne conduite. Mort et mortalité sont rarement considérées comme ce que Beauvoir appellerait des « situations », dont l'expérience fait intervenir la richesse, la classe sociale, la répartition des ressources publiques, les débats sur la relation entre responsabilité publique et privée, la division du travail entre les sexes, les changements dans les structures familiales et ainsi de suite. Les détails sordides de la vieillesse sont tabous et, pour un grand nombre de lecteur·rices, plus familiers que le sujet de la torture. La mère de Beauvoir meurt au moment de la publication de *La Force des choses* en 1963. L'écrivaine fait paraître un récit sans ménagement sur son décès, *Une mort très douce*, au printemps 1964. À cette date, l'intérêt des lecteur·rices pour les thématiques de la mort et de la vieillesse, en réaction à la lecture de *La Force des choses*, est donc surdéterminé[68]. Mais le sujet préoccupe dès le départ : « Je ne sais pas si je lirai *La Force des choses.* Si vous y évoquez "la décrépitude, la laideur, la mort", écrit une correspondante qui avait lu une critique du livre dans *L'Express*, cela me ferait trop de peine pour vous[69]. »

De nombreux·ses lecteur·rices conviennent que « les premières atteintes de la vieillesse sont affreuses ». D'autres se lancent dans le récit de leur propre expérience pour pointer du doigt la situation privilégiée de Beauvoir en tant qu'intellectuelle de la classe moyenne. Leurs lettres sont très révélatrices de la façon dont les hiérarchies de classe peuvent être ressenties ou incarnées : « Je ne pense pas que vieillir soit une déchéance. Je suis plus déchue que vous sûrement puisque je suis infirme – bras, jambes, dos et parole –, et je n'ai que 31 ans – la force de l'âge[70]. »

Un militant communiste particulièrement prévenant rédige six pages d'une petite écriture soigneuse dans lesquelles il commence par évoquer sa solidarité politique avec Beauvoir, affirmant que ses « luttes » sont les siennes, avant de faire ressortir leurs dissensions. Il cite le passage de ses Mémoires sur le spectacle affreux des déporté·es et des prisonnier·es au retour des camps après la Seconde Guerre mondiale, un moment de l'histoire qui a révélé la profonde ignorance du public face aux atrocités, ou le déni généralisé de ce qu'il aurait dû savoir[71]. « J'étais de ceux que vous avez vu revenir des camps », écrit-il :

> Je suis à peu près de votre âge – j'ai 52 ans, mais la déportation, il me semble le sentir, annule pour le moins cette légère différence. J'ai ressenti comme vous ce travail du vieillissement dans les membres, dans les yeux, dans le cerveau et dans le cœur, et, particulièrement depuis plus d'un an, j'ai souvent réfléchi – comme quelqu'un de concerné – à la mort. Non pas à la mort preste, si possible héroïque et en tout cas abstraite et lointaine à laquelle on rêve parfois dans la plénitude de la santé, mais à la mort vraie, celle qui vient conclure un lent déclin « naturel »[72].

Ces lettres envoyées en réaction aux récits de Beauvoir sur la vieillesse et la mort sont parmi les plus émouvantes de ces archives. On peut citer le cas de ce médecin de quatre-vingt-onze ans écrivant à Beauvoir d'une main tremblante pour la remercier de sa délicatesse. Il vient de perdre sa femme, à quatre-vingt-trois ans, d'une maladie dégénérative :

> Madame,
> Je viens de subir un stress très amer, ma femme, âgée de 83 ans est décédée le 3 novembre 1963 dans d'atroces souffrances. Pendant 8 jours, elle n'a pas eu un moment de répit. Elle était atteinte d'athérosclérose, maladie obscure, d'étiologie incertaine. J'ai bien reçu vos deux livres, la force de l'âge et la force des choses – et je vous remercie de votre serviabilité[73].

Ou le cas de cette femme qui vient de perdre une amie de cinquante-neuf ans, victime, comme la mère de Beauvoir, d'un cancer généralisé. Dévastée par les souffrances qu'a endurées son amie et par le spectacle épouvantable de la dégradation d'un être humain, elle écrit à Beauvoir :

> Son calvaire a duré 2 ans et un mois. [...] Je ne l'ai pas quittée un seul jour. Donc j'ai vu. J'ai vu ce que vous avez vu – ce côté sordide de l'être qui se défait et qui perd sa beauté (elle était belle) et qui en souffre. Elle aimait passionnément son art et la vie[74].

Un dernier exemple avec la lettre d'une femme qui avait d'abord eu des mots assez durs lors de la parution de *La Force des choses.* Elle écrit à nouveau en juin 1964, honteuse de sa précédente lettre et émue par la lecture d'*Une mort très douce.* Sa propre mère est décédée quelques mois plus tôt, dans des conditions très différentes. Pour des raisons « révoltantes » – plusieurs erreurs fondamentales de diagnostic, une clinique saturée, un médecin absent, des calmants impossibles à obtenir –, sa mort n'a pas été « douce ». Elle se reproche d'être trop « lâche » pour écrire sur son calvaire :

> Il est vrai que, par vos écrits, vous exorcisez quelque peu la souffrance des autres ; mais vous ne sauriez me délivrer entièrement du sentiment de lâcheté qui me harcèle pour être incapable de témoigner de la mort de ma mère. Impuissante à rien exprimer avec vérité, chaque mot que j'écris me semble une trahison[75].

Veut-elle signifier par là « épuisée », « effrayée », « écœurée », « inhibée » ou tout à la fois ? Difficile de le dire, car sa lettre est d'une grande concision. On y perçoit toutefois l'empreinte de ses récentes lectures. La lâcheté, comme la trahison, occupe une place de premier plan dans *Une mort très douce*, Beauvoir ne pouvant sauver sa mère ni des griffes des médecins, ni du mensonge réconfortant de sa guérison.

Les correspondant·es sont nombreux·ses à implorer Beauvoir de sonder plus avant le thème des souffrances de la vieillesse pour les aider à en affronter l'expérience difficile. L'un avance même (sans ironie apparente) que Beauvoir pourrait les conseiller ou leur venir en aide « grâce à ses connaissances en psychologie », « un peu comme votre ami Fanon enseignait aux partisans du FLN à supporter la torture[76] ». L'autrice a peut-être été exaspérée par la bizarrerie de telles associations, mais celles-ci montrent à quel point le personnel et le politique sont imprégnés de sentiments similaires.

*

Dans sa critique de *La Force des choses* en 1964, plutôt flatteuse mais mesurée, Jean-Marie Domenach écrit que la « chronique » de Beauvoir nous ramène dans le passé et « a le mérite de rappeler ce que l'on oublie volontiers dans l'euphorie d'aujourd'hui ». Avant de « découvrir » en la décolonisation un événement inévitable du cours de l'histoire, gaullistes et bien-pensant·es ont dénigré les pacifistes, les accusant de trahison[77]. Ainsi la guerre d'Algérie a-t-elle été atténuée sous les couches d'euphémismes, et le discours sur la torture, biaisé par les tabous. La guerre, toutefois, ne s'est pas déroulée en silence ; presque toutes les parties impliquées dans le conflit se sont empressées de revendiquer la justesse de leur cause[78]. *La Force des choses* compte parmi l'un de ces témoignages.

L'écriture de Beauvoir sur et pendant ce moment historique a permis un travail culturel considérable. L'autrice a recueilli des témoignages, elle a fourni une ossature à la mémoire collective, elle a été un catalyseur de sentiments. Ses Mémoires ont donné aux lecteur·rices qui avaient participé au mouvement contre la guerre d'Algérie l'occasion de découvrir qu'ils et elles n'avaient pas été seul·es et de sentir une solidarité après coup ; en leur attribuant une place dans l'histoire, jusqu'alors marquée par la mémoire amère des souffrances endurées, ils étaient réconfortants. Les écrits de Beauvoir ont suscité la fureur de l'autre côté de l'échiquier politique, tant chez les partisan·es de l'« Algérie française » que dans les rangs de celles et ceux qui entendaient défendre l'honneur de l'armée française. Les lettres de protestation contre l'article sur Boupacha et autres rapports sur l'atmosphère dans les rangs de l'armée sont autant de témoignages de l'animosité qui opposait les différents camps. Même dans le cercle rapproché des admirateur·rices, on peut difficilement parler d'une communauté unie de sentiments.

Dans la longue histoire de la relation explosive qui lie Beauvoir à ses lecteur·rices, *La Force des choses* reste sans doute l'un des épisodes les plus difficiles. Beauvoir, dans la préface et tout au long du volume, mentionne son lectorat en s'adressant parfois directement à lui ; elle a été sauvée de l'isolement et préservée de ses doutes grâce à lui[79]. Elle invite chacun·e à partager toujours plus intimement son expérience, ses sentiments. Quand les réactions des lecteur·rices ne se montrent pas à la hauteur, elle ne cache pas sa déception et sa colère.

Leurs innombrables attentes, leur incapacité manifeste à faire de son œuvre une lecture politique fructueuse, c'est-à-dire à convertir les émotions politiques en une action constructive, tout cela la laisse désabusée. Sa confiance en tant qu'écrivaine en est mise à mal : « J'étais paralysée par le malentendu qui avait accueilli *La Force des choses* : les mots m'avaient trahie, je ne leur faisais plus confiance[80]. »

Beauvoir se déclare plus à l'aise lorsqu'elle écrit et s'adresse aux jeunes personnes qui comprennent ses choix politiques (du moins le croit-elle) qu'aux générations plus anciennes, et aussi plus guindées, qui composent une partie de son lectorat. Mais le personnage qu'elle dessine dans *La Force des choses*, une femme bousculée par le cours de l'histoire, perdant ses amants, s'efforçant de suivre le rythme des événements, avouant sa fatigue et ses échecs, n'est pas forcément du goût de ce jeune public. Si plusieurs jeunes épistolier·es la remercient d'avoir reconstruit l'histoire de la guerre d'Algérie pour leur génération, un jeune homme l'écrit sans ambages : « Après la lecture de *La Force de l'âge*, vous m'étiez apparue comme la femme idéale. Après *La Force des choses*, vous n'êtes plus pour moi que la femme tout court, avec ses séductions, sans doute, mais aussi, ses faiblesses[81]. » Celles et ceux qui sont en mesure d'apprécier les thématiques de l'âge et de la perte comptent parmi ses lecteur·rices les plus enthousiastes. Beauvoir s'est offusquée de ces lectures du livre, mais sur ce sujet, comme sur la question d'accepter son statut d'écrivaine pour femmes, elle prend au sérieux leurs idées et leurs témoignages. En 1968, elle se lance dans une vaste étude sociologique du grand âge : *La Vieillesse*.

Beauvoir a considéré ce volume de ses Mémoires et son intervention dans la politique de l'anticolonialisme comme des échecs. *La Force des choses* et le dialogue qui a suivi la parution documentent amplement la paralysie des penseur·ses français·es dans leurs efforts pour rester utiles au sein d'un mouvement qui les dépassait. Tous deux sont une illustration de l'égocentrisme de Beauvoir et des limites du schéma du moi et de l'autre, si l'autre est toujours autre et que l'on n'écrit que sur soi. Son propos sur la honte en tant que conscience est intéressant, mais la honte n'a pas su se traduire en un appel efficace à la conscience morale.

La Force des choses est un texte d'une grande complexité, à la fois chronique historique et contribution à une phénoménologie de la politique prise en tant qu'expérience vécue. Si le texte a été mal lu, comme l'a jugé Beauvoir, c'est parce qu'il a été noyé dans ses ambitions littéraires et philosophiques, dans le flot de ses émotions politiques ainsi que dans les univers, les vies et les préoccupations personnelles des épistolier·es – leurs maladies, la dégradation de leurs corps, leurs deuils. Qui plus est, dans l'imaginaire des correspondant·es, Beauvoir incarne la possibilité et le devenir, les enjeux de la liberté et de la démocratie au lendemain de la guerre, et l'espoir que les intellectuel·les français·es puissent contribuer à un soulèvement mondial contre le colonialisme. Étant donné ces attentes et le profond attachement de ses lecteur·rices, Beauvoir, en confessant lassitude et désillusion, ne pouvait pas manquer de déchaîner la colère. *La Force des choses* a peut-être été un échec, mais un succès ne nous en aurait pas appris davantage sur le monde culturel et politique.

6

Le Deuxième Sexe, acte II

Et je sentais d'une façon vague et confuse
tout ce qui m'attendait dans ma vie,
tout ce que j'allais vouloir faire sans pouvoir le faire,
tout ce qui était d'injuste et ridicule dans la vie des femmes.
Maman ne m'a pas défendue de lire ce livre, mais elle m'a dit
qu'il n'était pas intéressant. Pas intéressant ???!!!!

(17 novembre 1963)

En 1960, l'année où Simone de Beauvoir écrit sur Djamila Boupacha, elle accepte à contrecœur de donner un entretien au magazine *France Observateur* au sujet de l'avenir des femmes et du féminisme en France. La journaliste, Maria Craipeau, vient de signer un article sur la question dans lequel elle affiche clairement son pessimisme. Les femmes françaises, avance Craipeau, se sont révélées tristement traditionnelles, lentes à s'adapter à un monde en pleine mutation dont la modernité les embarrasse : « La femme est devenue un être hybride, mal à l'aise dans sa peau. Sa nouvelle force n'est pas douce, sa nouvelle voix rend un son grinçant. Elle se sent inacceptée et elle est intolérante. » Beauvoir s'irrite de cette accumulation de clichés journalistiques et d'arguments éculés, tout comme de ces femmes de la classe moyenne sollicitées pour l'article et de la conclusion arrogante à laquelle aboutit la journaliste, à savoir que les idées de Beauvoir, et le féminisme en général, n'ont manifestement pas entraîné grand-chose dans leur sillage[1]. Beauvoir riposte vivement à Craipeau, sans dissimuler son agacement : puisque si peu de progrès ont été accomplis, peut-être la journaliste devrait-elle s'atteler à réécrire *Le Deuxième Sexe* ?

Les femmes, affirme Beauvoir, se laissent facilement dissuader d'entreprendre des projets ambitieux, se détournant volontiers de la conquête de leur autonomie ou de leur liberté. Elles ont tôt fait de perdre le « goût du risque » qui faisait le sel de leur jeunesse. Celles qui sont interrogées dans l'article montrent bien à quel point elles ont été promptes à « s'installer dans le médiocre », « satisfaites avec si peu ». Le mot « femmes », sous la plume de Beauvoir, prend les mêmes accents de lieu commun que dans l'article de la journaliste. Beauvoir s'en prend tout particulièrement à ces femmes bourgeoises qui tentent de « transcender » ou de « dépasser leur condition » à travers l'écriture. Les écrivaines amatrices, avec leur lot de frustrations et de complexes, produisent une littérature étriquée, centrée sur elles-mêmes et sur leurs problèmes personnels : « Que ce "moi" des femmes est encombrant[2] ! » Comme nous l'avons vu, et comme Beauvoir le sait en 1960, beaucoup de ses lectrices et de ses épistolières correspondent précisément à ce type de profil. La relation contrariée qu'elle entretient avec ce public-là durera tout au long de sa carrière d'écrivaine, d'intellectuelle engagée et de féministe.

L'entretien de 1960 dans *France Observateur* reprend le diagnostic posé par Beauvoir dans *Le Deuxième Sexe* sur les contradictions de la féminité et leurs répercussions politiques. Cet « encombrement » du moi féminin est l'une des raisons pour lesquelles « les femmes ne disent pas "nous"[3] ». De telles contradictions dénaturent leur voix et faussent leur conscience politique. Dans *Le Deuxième Sexe*, ce sont les mêmes problèmes qui entravent les femmes dans leurs efforts individuels pour assumer leur identité et qui pèsent sur le féminisme en tant que politique collective. D'après Beauvoir, ces problèmes comprennent : les privilèges individuels et de classe ; une égalité théorique et formelle, et donc vidée de tout contenu ; les incitations permanentes et incontournables à la complicité et à la collaboration avec des partenaires de l'autre sexe ; la tentation de se jeter dans la course aux seuls avantages personnels ; et une propension à l'aigreur, à la manipulation et à la rancune (c'est l'opinion de Beauvoir en 1949, réitérée à plusieurs reprises dans les années 1970). À la suite de l'entretien, une lectrice de *France Observateur* écrit pour déclarer que Beauvoir a raison : le problème vient des femmes elles-mêmes et de leur conservatisme craintif. Le prolétariat, lui, se battra. Les populations noires aussi, soutient la lectrice. « Mais la femme ne s'affranchira pas par ses propres forces : ELLE CHANGERA QUAND L'HOMME VOUDRA QU'ELLE SOIT CHANGÉE[4]. »

Le féminisme de Simone de Beauvoir est à double tranchant. Beauvoir se montre d'une intransigeance radicale sur les fondements à l'origine des inégalités de sexe et de genre et leurs conséquences. Elle affiche également un profond scepticisme à l'idée que les femmes puissent devenir les actrices du changement politique, sans être convaincue que le féminisme sera en mesure d'exercer une véritable influence. Ces doutes s'expliquent au regard de sa théorie de la femme en tant que sujet profondément contradictoire[5]. Ils sont renforcés par son orientation marxiste. « La condition féminine [...] dépend de l'avenir du travail dans le monde », affirme Beauvoir ; elle ne changera donc qu'au prix d'un bouleversement de la production. « C'est pourquoi j'ai évité de m'enfermer dans ce qu'on appelle "le féminisme" », écrit-elle en 1963[6]. Ses engagements politiques se tournent au contraire vers ce qu'elle estime être des causes plus larges – le mouvement antiraciste pour les droits civiques, le socialisme, l'anticolonialisme algérien, la révolution cubaine. Comme le suggère également l'expression qu'elle emploie (« s'enfermer »), les hypothèses confortables évoquant seulement l'appartenance au féminin et la politique de classe étriquée du féminisme provoquent chez elle un sentiment viscéral qui relève presque de la claustrophobie. Beauvoir l'a noté elle-même : elle écrit sur la féminité telle une correspondante de guerre depuis les coulisses d'une bataille, une position qui a désorienté les critiques et les commentateur·rices tout autant que ses lecteur·rices ordinaires[7]. Ces dernier·es ont souvent fait part de leur désarroi face aux positions politiques de Beauvoir et à sa manière d'osciller entre le socialisme d'une part et les appels à l'engagement individuel d'autre part. Ses critiques les piquent au vif, même si, en réalité, beaucoup partagent son ambivalence.

Dans les années 1960, le « féminisme » s'impose comme un nouveau sujet d'actualité aussi bien pour les personnalités culturelles et politiques que pour le public averti, toutes et tous censé·es prendre position dans les débats et discussions. Le féminisme, en effet, n'est pas né simplement à la suite du droit de vote des femmes en 1944. Les mouvements politiques mondiaux qui ont permis la pensée et l'adoption enthousiaste des analogies entre droits des personnes noires, droits des femmes et décolonisation, en donnant un plus grand poids aux revendications pour le droit de vote, ont contribué à son émergence au moins autant que le suffrage. Les nouvelles théories du pouvoir qui voient le jour à la suite des profondes transformations du champ politique français et de son paysage électoral jouent également un rôle important. En tant que citoyennes et consommatrices, les femmes s'imposent désormais comme des actrices de ce nouvel univers médiatique. C'est la convergence de tous ces phénomènes qui s'apprête à donner au *Deuxième Sexe* une seconde vie. Beauvoir se montre trop sceptique pour permettre à son livre d'être lu comme une profession de foi politique ; à sa surprise, le contexte historique vient en modifier la signification, et donc aussi la réception. Les correspondant·es des années 1960, contrairement aux critiques de la fin des années 1940 et des années 1950, estiment que le livre traite bien du féminisme. On veut interpeller Beauvoir sur le sujet. Lui écrire devient une occasion d'exprimer son enthousiasme ou de redire ses doutes, de faire le tri entre les nouvelles attentes auxquelles on se trouve confronté·e, ses interrogations, ses déceptions ou ses mauvais pas.

La décolonisation des femmes

La « vague féministe » qui déferle semble atteindre son point culminant au milieu des années 1960. La lettre d'une jeune sociologue enjouée de Ferney, ville de résidence historique de Voltaire, offre un bon aperçu du nouveau climat intellectuel qui règne à l'époque. La jeune femme entreprend des recherches sur le couple et la sexualité, une question qui en est venue supplanter celle de la famille dans les débats et suscite un intérêt nouveau en Europe et aux États-Unis. Elle vient de terminer la lecture de *Majorité sexuelle de la femme*, tout juste traduit en français, des docteur·es Phyllis et Eberhard Kronhausen. L'ouvrage est accompagné d'une préface de Beauvoir saluant une « étude franche, courageuse, et d'une haute rigueur scientifique » ainsi que sa critique implacable des idées reçues sur le « destin physiologique » des femmes[8]. La sociologue a également redécouvert les rapports Kinsey sur la sexualité et entend les remettre au goût du jour, car les revendications du chercheur lui semblent beaucoup plus larges et plus subversives que celles des Kronhausen ; elles impliquent les « comportements moyens » de gens ordinaires plutôt qu'une élite émancipée de « femmes libérées au même titre que les hommes ». Serait-il possible, interroge-t-elle, de populariser les arguments de Kinsey sans verser dans le sensationnalisme ni sacrifier l'exigence de rigueur sociologique ? L'important, à ses yeux, est de toucher le « grand public » sur un sujet qui, malgré l'évolution des mentalités, reste « délicat[9] ».

Comme de nombreux·ses autres lecteur·rices, la correspondante de Ferney se dit également impressionnée par la nouvelle étude sans concession d'Andrée Michel et Geneviève Texier, *La Condition de la Française d'aujourd'hui*, qui paraît en 1964. Le texte emprunte sa structure au *Deuxième Sexe* : la première partie propose une analyse critique de différents mythes ; la seconde, s'attaquant au terrain de l'expérience, se présente comme une sociologie de la famille, de la sexualité et du travail. C'est une étude éminemment contemporaine[10]. Andrée Michel, opposante de la première heure à la guerre d'Algérie et sociologue au CNRS, a acquis une influence considérable dans les cercles intellectuels de la gauche française. La popularité de son livre sera néanmoins éclipsée par celle de *The Feminine Mystique* de Betty Friedan, traduit en français la même année. L'ouvrage de Beauvoir figure désormais sur les étagères aux côtés de nouveaux livres écrits sur et par les femmes, comme *Une chambre à soi* de Virginia Woolf, qui trouve un nouveau souffle trente ans après sa date de publication originale en 1929. En somme, la jeune sociologue décrit l'émergence d'un courant de pensée international qui, comme les Lumières avant lui, correspond d'abord à un mouvement de redécouvertes : traduire, faire circuler, republier et expliquer des textes importants pour une élite de plus en plus instruite et de plus en plus demandeuse. Personne n'ignore que le siècle des Lumières a été rendu possible par toute une infrastructure socioculturelle de salons littéraires, de cafés, de clubs politiques et de concours d'écriture. Le regain d'intérêt des années 1960 pour la condition des femmes et la « psychologie féminine » touche également les institutions culturelles :

nouvelles maisons d'édition, nouveaux journaux et magazines, et nouveaux programmes pour la radio et la télévision, car la presse écrite, depuis les années 1950, doit partager le terrain avec ces médias émergents[11].

Avec sa critique ravageuse des vieux débats dont il faut faire table rase, son topos du nouveau départ et son humanisme dépoussiéré et renouvelé, *Le Deuxième Sexe*, en 1949, avait tout d'un livre d'« après-guerre ». À l'époque, les concepts fondamentaux de Beauvoir et sa vision du monde étaient déjà indissociables de ses réflexions sur le racisme, le colonialisme et les luttes mondiales pour la souveraineté et la dignité des personnes au-delà des confins de l'Europe. Cette deuxième vie du *Deuxième Sexe*, dans les années 1960, est fortement marquée par la fin de la guerre d'Algérie, que j'ai retracée dans le chapitre précédent. La vision de la décolonisation comme un phénomène doté d'une logique historique, mais aussi comme mouvement issu d'une subjectivité révolutionnaire non européenne a joué un rôle clé dans la transformation de la politique métropolitaine. Les nouveaux débats sur la condition féminine s'appuient largement sur les groupes antiguerre et anticolonialistes, sur le discours qui les anime et sur leurs militant·es. « La guerre d'Algérie étant terminée », écrit à Beauvoir une étudiante qui a dirigé ce qu'elle appelle le « comité antifasciste » de son lycée, les étudiant·es sont prêt·es à se mobiliser dans l'organisation d'un mouvement politique éclairé, réfléchi et déterminé. L'Union nationale des étudiants « bénéficie un peu de cette prise de conscience pour beaucoup de jeunes que "quelque chose doit être fait"[12] ». Beauvoir est assaillie de questions de la part de correspondant·es qui constatent des continuités entre l'anticolonialisme en France, la grève des femmes pour la paix aux États-Unis et les femmes de la gauche britannique, ou entre la mobilisation des critiques catholiques contre la guerre d'Algérie et certaines femmes catholiques qui s'élèvent contre le cléricalisme et l'autorité patriarcale de l'Église. « Toute femme catholique a un élément de révolte à formuler », déclare une correspondante qui se décrit elle-même comme socialiste et catholique. De nombreuses femmes ayant pris une part active à la résistance contre la guerre d'Algérie, comme Andrée Michel, Gisèle Halimi ou Évelyne Sullerot, consacrent désormais leur énergie aux causes féministes. Évelyne Sullerot, qui a vécu en Algérie et travaillé avec le FLN, publie à un rythme effréné des textes sur le travail, sur la vie et l'avenir des femmes, sur la presse féminine, sur les mythes culturels amoureux[13]. Andrée Michel, de son côté, a été affiliée au réseau Jeanson des « porteurs de valises », qui fournissaient de l'argent et des papiers d'identité aux membres du FLN algérien[14]. Michel et bon nombre de ces femmes sont devenues les figures de proue du Mouvement démocratique féminin, ou MDF, créé l'année de la fin de la guerre, en 1962.

La crise de la guerre d'Algérie, l'effondrement de la IVe République et la naissance de la Ve ont rebattu les cartes de l'échiquier politique français. L'exécutif pèse désormais davantage, tout comme les femmes, nouveau bloc électoral. Dès la signature des accords d'Évian mettant officiellement fin à la guerre, De Gaulle fait campagne pour modifier la Constitution française, proposant, lors d'un référendum en octobre 1962, que le président soit élu au suffrage universel direct plutôt que par le Parlement. La campagne séduit tout particulièrement les électrices, lesquelles, d'après l'entourage de De Gaulle, apprécient la confiance que leur inspire l'autorité du général, l'action pacificatrice qu'il a menée en Algérie et, surtout, son rôle dans l'adoption du droit de vote des femmes en 1944. Cet appel aux femmes en tant qu'électrices conservatrices hérisse le MDF, qui riposte en tentant de raviver, par un contre-appel, l'opposition de la gauche anticoloniale au non-respect des procédures constitutionnelles et au poids excessif incarné par le pouvoir exécutif[15]. En vain : la révision constitutionnelle de 1962 est votée sans difficulté. Cette refonte des institutions de la République a suscité, par la suite, de nombreuses discussions sur la « personnalisation du pouvoir » ; pour les observateur·rices de la vie politique, cette personnalisation va de pair avec la médiatisation du nouveau jeu politique par les médias de masse, qui transforment le charisme et l'autorité en objets de marketing auprès de citoyen·nes devenu·es consommateur·rices et spectateur·rices passif·ves. Lorsque ces mêmes expert·es, interrogeant les femmes, constatent que nombre d'entre elles ont voté en faveur de la révision constitutionnelle, difficile, pour ces dernières, d'échapper à la conclusion sans appel qui entend faire d'elles les principales protagonistes de ce nouveau jeu politique : leur prétendu « supergaullisme » découle en fait de leur immaturité politique, de leur irrationalité, de leur réceptivité à la publicité, de leur attirance pour les « stars » et de leur passivité de consommatrices.

L'année 1965 marque la première élection nationale d'un président français depuis 1848, élection qui, en outre, se trouve être la première depuis l'obtention du droit de vote des femmes. La campagne électorale, qui oppose De Gaulle au socialiste François Mitterrand, donne encore lieu à de nouvelles théories sur le « tempérament politique des femmes » : on tente d'imaginer comment les gardiennes de la famille et de la tradition vont faire face à leurs nouvelles responsabilités électorales. Le ton de ces discussions, et de la campagne en général, exaspère des féministes comme Andrée Michel, qui fait remarquer que le pays mobilise les femmes dans une économie en plein essor sans se préoccuper du problème de la garde des enfants. La France, à cette date, compte 3,9 millions d'enfants de moins de quatre ans et seulement 33 000 places en crèche et garderie. Les emplois féminins sont ségrégués, les salaires des femmes, inférieurs à ceux des hommes, et les promotions encore plus rares. Les femmes sont sur-représentées dans les professions mal rémunérées et sous-représentées dans les universités. Il leur faut subir quotidiennement l'insistance mystifiante sur la « discrétion » sexuelle, la propagande contre la contraception et l'avortement ou encore les odes à la maternité vertueuse[16]. Il est vrai que le candidat Mitterrand s'est engagé à abroger les lois interdisant la contraception, mais une campagne seule ne saurait suffire pour balayer une longue tradition de dédain et d'indifférence, à gauche comme à droite. Pourquoi conçoit-on l'électrice comme une drôle d'apparition dans le paysage politique, demande Andrée Michel, quand on peut tout simplement s'adresser aux femmes en tant que citoyennes aux intérêts multiples et confrontées à des obstacles spécifiques[17] ?

Le livre d'Andrée Michel et Geneviève Texier sur la condition des femmes puise sa matière bien au-delà des frontières de la France. Les autrices invoquent la leçon à tirer de l'esclavage des populations noires aux États-Unis, dont l'exemple montre qu'il ne faut pas s'attendre à ce que des « situations nouvelles d'égalité » adviennent automatiquement, mais créer les conditions de cette égalité par des mouvements sociaux et la « ferme application des mesures législatives et administratives en faveur de l'égalité[18] ». De telles mesures incluent la déségrégation sur ordre du tribunal, l'envoi de *marshals* américains pour permettre à James Meredith d'aller s'inscrire à l'université du Mississippi, en dépit des protestations du gouverneur (1962), ou le Civil Rights Act de 1964 interdisant la discrimination dans les secteurs de l'éducation, de l'emploi et du logement. En France comme ailleurs en Europe, le racisme américain sert de contre-modèle. À l'inverse, la lutte contre les inégalités raciales, qu'elle prenne la forme de lois et de décrets ou qu'elle s'incarne en un mouvement des droits civiques, constitue un puissant moteur. La guerre d'Algérie avait pris place dans un contexte de révolte mondiale contre le colonialisme et la domination raciale. La guerre est terminée, mais les luttes occupent désormais une place centrale dans les enjeux de l'époque.

Vers le milieu des années 1960, le terme « décolonisation » devient un raccourci universel pour désigner le mouvement de libération nécessaire et graduel de la servitude sous toutes ses formes. Certain·es historien·nes affirment que le terme a perdu en radicalité. Dans le langage populaire, la décolonisation est associée à un processus de modernisation inexorable, à l'« élan irrésistible[19] » ; comme les progrès technologiques, les nouvelles formes de communication, l'exode rural, le vote des femmes ou le magazine *Elle*, la décolonisation fait partie de l'évolution historique en cours. Une loi de 1965 visant à réformer le mariage pour permettre aux femmes d'ouvrir leur propre compte en banque est présentée comme une « décolonisation des femmes mariées[20] ». Selon les approches globalisantes et déterministes des sciences sociales alors en vogue dans la décennie, la modernisation entraîne inévitablement de nouveaux rôles sociaux pour les femmes, qui sont sommées de s'adapter à leur époque. Cette conception répandue de l'histoire a eu un impact culturel important : elle a permis aux différentes générations de percevoir plus nettement ce qui les séparait, et fait ressortir ce que l'on considère comme le caractère archaïque de la féminité traditionnelle. Dans les années 1950, l'analogie établie par l'une des correspondant·es de Beauvoir entre l'entreprise de libération des femmes et la décolonisation pouvait paraître farfelue. Elle est devenue monnaie courante désormais[21].

Toute radicalité n'a pas disparu pour autant. Si la « décolonisation » n'est plus seulement synonyme de soulèvement armé ou de révolution, elle désigne bel et bien la tâche ardue et colossale de s'extirper d'épaisses couches de domination culturelle et politique, incrustées depuis plusieurs siècles. Elle a en cela un retentissement existentiel[22]. Un exilé tunisien, décrivant à Beauvoir son expérience aliénante sur le territoire français, déclare : « Ce que j'ai vu et éprouvé à Paris a achevé de me "décoloniser" radicalement. » Un autre correspondant se présente comme un « homme du tiers-monde », « depuis l'an dernier intellectuellement décolonisé[23] ». Dans les premières pages de son livre *L'Esprit du temps*, analyse de la culture de masse et de ses effets parue en 1962, Edgar Morin qualifie la diffusion mondiale de films, de magazines et la télévision de

« seconde colonisation », « non plus horizontale mais verticale cette fois », qui « pénètre dans la grande Réserve qu'est l'âme humaine » : « L'Âme est la nouvelle Afrique [...] : paroles et images essaiment des télescripteurs, des rotatives, des pellicules, des bandes magnétiques, des antennes de radio et de télévision ; tout ce qui roule, navigue, vole, transporte journaux et magazines ; il n'y a pas une molécule d'air qui ne vibre de messages qu'un appareil, un geste, rendent aussitôt audibles et visibles[24]. » « Décoloniser », écrit encore Morin, c'est reprendre possession de son âme et mobiliser le pouvoir et la portée de l'anticolonialisme en tant que pensée critique. C'est aussi se reporter à la théorie radicale d'Henri Lefebvre sur l'« aliénation capitaliste » du quotidien. Lefebvre a publié sa *Critique de la vie quotidienne* en 1947. Un second tome paraît en 1961, période à laquelle sa théorie est déjà largement acceptée[25]. Le pouvoir de conquête du capitalisme sur la vie de tous les jours, ainsi que la résistance quotidienne à cette conquête, seront au cœur de la pensée de la gauche radicale tout au long des années 1960. En 1968, Beauvoir expliquera que les féministes ne réclament pas seulement une égalité formelle ou une « émancipation superficielle », mais plutôt une « décolonisation », c'est-à-dire la fin de la « colonisation de l'intérieur[26] ». Décoloniser implique davantage qu'une simple politique de modernisation ; le terme a hérité de significations à la fois radicales et libérales.

Les décolonisateur·rices de l'« âme » ou de l'« intérieur » s'en prennent directement à la presse féminine, énorme entreprise commerciale dont la puissance n'a d'égal que son influence culturelle. Évelyne Sullerot, qui écrit entre autres sur la presse féminine, estime que presque toutes les femmes françaises lisent au moins un magazine féminin par mois, à son grand désarroi, car ces lectures sont l'expression « pathologique et thérapeutique » de l'insécurité et du narcissisme nourris par la culture féminine[27]. Deux des correspondantes britanniques de Beauvoir considèrent qu'il est urgent de dénoncer les « fausses conceptions répandues par les médias de masse[28] ». Pour Andrée Michel, les magazines féminins contemporains sont saturés de mythes sexistes : « Qu'ils abaissent ou qu'ils élèvent fictivement la femme, les mythes féminins enveloppent une métaphysique de la sexualité qui plonge ses racines dans le double culte de la force virile et du phallus[29] » – un passage qui traduit l'étendue de sa colère et de son radicalisme.

C'est ce terreau culturel qui s'est avéré si propice à l'intervention de Betty Friedan et sa *Femme mystifiée,* traduite en français par l'une des fondatrices du MDF, Yvette Roudy. Friedan affirme dans son livre que la culture populaire et celle de la lectrice moyenne reposent toutes deux sur la thèse douteuse selon laquelle la « féminité » doit être la plus haute vocation des femmes, et avance que le rétrécissement des horizons et des ambitions des femmes est à l'origine d'un malaise culturel diffus qu'elle appelle le « problème sans nom ». Difficile de ne pas lire *La Femme mystifiée* comme une version simplifiée du *Deuxième Sexe* ; son existentialisme rudimentaire appelle les femmes à se libérer des mythes aliénants de la féminité. Ces mythes (ou la « mystique », selon l'expression de Friedan) sont colportés par les magazines féminins à grand tirage, par l'université, le milieu publicitaire et, plus généralement, par la pensée freudienne, que Friedan qualifie à la fois de déterministe et de « mélange victorien de courtoisie et de condescendance ». La culture américaine encourage une « paisible et stérile passivité » qui laisse les femmes au foyer américaines en mal d'épanouissement.

Si les emprunts de Friedan à Beauvoir ne font pas de doute, les contrastes entre leurs deux pensées n'en sont pas moins évidents. Alors que Friedan affirme que « le problème qui n'a pas de nom impose au pays un tribut bien plus élevé de santé psychique et morale que n'importe quelle maladie connue », sa version de ce problème est en réalité moins compliquée qu'il n'y paraît[30]. Les femmes ont en elles-mêmes les ressources nécessaires pour se libérer du malaise ; elles doivent quitter leur foyer, poursuivre leur éducation et travailler, comme salariées ou comme bénévoles. Par contraste, le « Qu'est-ce qu'une femme ? » de Beauvoir mène intentionnellement à un labyrinthe d'incertitudes ontologiques, sans proposer de véritable plan d'action. L'historien américain Daniel Horowitz a indiqué à quel point l'activisme syndical a compté dans la vie de Friedan. Mais Horowitz montre aussi qu'elle a refusé catégoriquement de reconnaître ce passé militant radical. *La Femme mystifiée* n'a rien de comparable au matérialisme du *Deuxième Sexe*, et encore moins à son marxisme[31]. La réflexion de Friedan sur la sexualité offre un contrepoint particulièrement intéressant à celle de Beauvoir. Friedan ne porte pour ainsi dire aucun intérêt aux expériences du corps et du désir, ni au poids de la culture qui pèse sur elles ; dans sa pensée, les aspects sexualisés de l'inégalité des sexes ne sont pas des sujets politiques (ou philosophiques) légitimes. Elle s'en tient à la psychologie, insistant sur ses désaccords avec

Freud. La prétendue « fringale sexuelle » des Américaines, qui, selon Friedan, a été documentée « ad nauseam par Kinsey » et exposée dans les « détails salaces » des magazines et de la fiction populaire, reflète en réalité les autres insatisfactions des femmes : « Elles recherchent dans le sexe [...] quelque chose que le sexe ne peut pas donner[32]. »

Contrairement à Beauvoir, mais comme Andrée Michel dans *La Condition de la Française d'aujourd'hui*, Friedan traite de l'époque contemporaine. En outre, contrairement à l'une et à l'autre, elle écrit sous une forme journalistique enlevée et a rassemblé ses arguments en un seul court volume. Plus important encore, son analyse du malheur existentiel des femmes s'inscrit dans le type de littérature qui prolifère à ce moment, des textes centrés sur « l'homme de l'organisation », sur le vide de la société américaine et de la culture de masse en général. On peut citer, entre autres, David Riesman, *The Lonely Crowd: A Study of the Changing American Character* (1950) ; William H. Whyte, *The Organization Man* (1956), ou Vance Packard, *The Hidden Persuaders* (1957)[33]. Selon Horowitz, « [Friedan] a emprunté à d'autres auteurs une analyse qui attribuait les problèmes en lien avec l'affaiblissement de l'identité masculine à la vie dans les banlieues, aux emplois dans les grandes structures et à la culture de la consommation ; elle a ensuite transformé cette explication en un argument en faveur de la libération des femmes ». Ces références, qui s'accordaient parfaitement avec les conclusions déjà existantes sur la vacuité et le matérialisme de la culture américaine, ont considérablement joué dans le retentissement dont a bénéficié le livre de Friedan aux États-Unis et en Europe[34].

Friedan a lu Beauvoir attentivement, mais elle la cite comme elle le ferait d'une écrivaine surgie d'un lointain passé européen. « Quand une Française du nom de Simone de Beauvoir écrivit un livre qui s'appelait *Le Deuxième Sexe* » – voilà qui fait penser à un conte d'un autre temps[35]... Néanmoins, *La Femme mystifiée* devient un maillon important de la chaîne de critiques qui permettent au *Deuxième Sexe* de connaître une vague de relectures dans les années 1960. De la même manière que les rapports Kinsey ont accentué l'intérêt outre-Atlantique pour *Le Deuxième Sexe* en 1949 et abouti à le catégoriser comme un livre sur le « sexe », *La Femme mystifiée* vient renforcer la réputation de Beauvoir en tant que première Européenne radicale à s'être penchée sur les questions du « mythe » et de la « mystification » : elle sera désormais celle à qui l'on doit d'avoir propulsé le féminisme au rang de théorie et critique culturelle.

Friedan reconnaîtra plus tard sa dette intellectuelle envers Beauvoir, mais de mauvaise grâce. En 1973, elle écrit à Ellen Wright (son agente littéraire, épouse de Richard Wright et amie de Beauvoir) pour tenter d'organiser un entretien avec sa rivale française :

> La pensée de Simone de Beauvoir a eu une profonde influence sur la mienne avant même que je ne m'intéresse consciemment au problème des femmes et que je commence à écrire *The Feminine Mystique*. Je suppose que, d'une certaine manière, c'est Simone de Beauvoir elle-même qui m'a fait reconnaître mon propre existentialisme... J'ignore si Simone de Beauvoir le sait, mais à chaque fois que je suis allée en Europe au cours des sept dernières années, j'ai essayé de la rencontrer.

Elle souhaitait échanger avec la philosophe française sur l'avenir de ce « formidable mouvement de pensée » dans lequel, prend-elle soin de préciser, « il semblerait que nous ayons *toutes les deux* notre part de responsabilités[36] ». Friedan refuse d'être dans l'ombre de Beauvoir.

En 1975, elle finit par obtenir l'entretien qu'elle convoite, mais le résultat est catastrophique. Les deux femmes sont en désaccord à peu près sur tout, et Friedan renvoie l'image d'une centriste caricaturale. Elle fait la promotion de son « think tank économique », insistant sur les promesses de mobilité sociale, tout en rejetant le modèle socialiste. Elle déclare que le lesbianisme n'est qu'une « distraction » pour le féminisme et que le mouvement étudiant (aussi bien en France qu'aux États-Unis) a été détruit à cause du peu d'importance accordé à un leadership efficace. Dans un article publié dans *Saturday Review* en même temps que son entretien avec Beauvoir, Friedan ne fait pas mystère de ses opinions :

> L'autorité avec laquelle elle [Beauvoir] parlait des femmes semblait stérile, froide, une abstraction qui avait trop peu de rapport avec la vie réelle de toutes les femmes qui se battent aujourd'hui en France et en Amérique pour trouver de nouvelles orientations. J'avais presque l'impression d'être une idiote, me débattant avec ces questions banales que les vraies femmes doivent affronter dans leur vie personnelle et dans les stratégies d'action. Ces questions ne semblaient pas l'intéresser du tout[37].

La féministe américaine Ti-Grace Atkinson, qui correspond avec Beauvoir depuis 1965, se dit choquée par l'hostilité de

Friedan. « J'aurais dû vous mettre en garde contre Betty », écrit-elle dans une lettre[38].

Si nous revenons au milieu des années 1960, il est néanmoins frappant d'observer comment la critique libérale de la colonisation de l'âme par la culture de masse a été reprise par les médias culturels qu'elle visait, comme si celles et ceux qui travaillaient, écrivaient et lisaient cette presse étaient particulièrement sensibles aux critiques qu'on leur adressait. Le journal italien *La Stampa* (qui tirait à cinq cent mille exemplaires) sollicite Beauvoir en juin 1963 pour écrire dans sa nouvelle rubrique féminine. « Cette page, pour ses idées, pour sa nouvelle formule, est une grande victoire, et non seulement pour l'Italie », lui assure la rédactrice en chef du quotidien. *La Stampa*, avec ces écrits « non conformistes », veut se distinguer des journaux ordinaires, dont les rubriques destinées aux femmes sont « idiotes » : entre « nouvelles roses » et « croquis de mode », explique-t-elle dans sa lettre. « C'est la première fois qu'on parle à la femme en adulte, sans la confiner à la cuisine ou parmi les enfants. » Elle propose à Beauvoir d'écrire sur des sujets tels que « le mensonge chez les femmes » ou « la femme seule aujourd'hui », et fait savoir à quel point elle a aimé le livre de Beauvoir et Halimi sur Boupacha[39]. Bien sûr, rien n'empêche de dénoncer les mystifications de la féminité sur une page et de les entretenir sur la suivante. Le magazine *Elle*, notamment, s'en fait une spécialité. La lettre de *La Stampa* n'en est pas moins révélatrice du débat qui agitait en Europe les personnes prétendant s'adresser à un public féminin.

Tous ces changements – la fin de l'Empire colonial, les mouvements des droits civiques à l'échelle mondiale, la réorganisation de la République et la nouvelle place des femmes dans l'électorat de la nation, l'essor de la consommation et les représentations associées à la culture consumériste – sont en train de transformer le monde politique et social en profondeur. À eux tous, ils constituent ce que l'économiste Jean Fourastié appellera plus tard la « révolution invisible » des décennies d'après-guerre. Fourastié, comme tant d'autres, a vu dans la « condition féminine » un aspect particulièrement fascinant de cette révolution et de ses implications. En 1963, il écrit à Beauvoir pour lui dire qu'il a constitué une équipe de recherche sur le travail des femmes et la condition féminine, et qu'il est en train de redécouvrir *Le Deuxième Sexe*[40]. Alors que les contours d'une nouvelle France se dessinent, la rigueur et la richesse de l'œuvre de Beauvoir, mais aussi sa capacité à établir des liens entre les inégalités structurelles, l'expérience quotidienne et les mouvements de révolte, lui valent de figurer dans de nombreuses listes de lecture. « Votre nom se trouve associé, aux yeux du grand public, à ce large mouvement de libération de la femme qui caractérise notre époque », écrit un éditeur de Gallimard à Beauvoir en 1963[41]. C'est à cette période que de nombreux·ses lecteur·rices se replongent dans *Le Deuxième Sexe* ; c'est cette conjoncture historique qui vient modifier les conditions d'intelligibilité du livre. L'émancipation des femmes n'est plus seulement une « tactique révolutionnaire » ou une formule réservée à l'intelligentsia de gauche. Elle mue en un vaste projet de modernisation qui fédère aussi, dans une certaine mesure, le public intime.

Un tout nouveau lectorat

La lecture du *Deuxième Sexe* se fait désormais à la lumière d'autres livres sur les femmes et la « féminité », d'études sur Beauvoir et de ses propres Mémoires qui, à travers le récit de sa progressive découverte de la condition des femmes et de son importance, font ressortir la portée d'un titre que peu ont lu en réalité. Les fervent·es admirateur·rices des Mémoires vont pouvoir se tourner vers le *Deuxième Sexe*[42]. Il se dégage de cette nouvelle phase de lecture une impression de changement et d'exaltation grisante. « Je ne crois pas qu'on ait jamais écrit quelque chose comme ce genre de féminisme, note un jeune Américain enthousiaste. Vous avez amené toute la question du féminisme à un nouveau niveau de compréhension et [...] l'avez même expliqué et nous avez permis de comprendre ce qui n'allait pas avec lui auparavant. » Pour ce lecteur, nul besoin de s'attarder sur les défauts du mouvement, puisque Beauvoir l'a fait avec acuité dans son texte : le « féminisme » est bien cette querelle étriquée et bourgeoise, uniquement préoccupée des droits formels. Manifestement sensible au mode d'écriture « fraternel » de Beauvoir, à son engagement dans des causes humanistes au sens large, à sa faculté d'exposer les dimensions existentielles de la lutte et à ses mises en garde contre les conséquences du mécontentement des femmes, il est reconnaissant à l'écrivaine d'avoir su expliciter le lien entre les structures d'inégalité et son propre malheur domestique. Cette nouvelle clairvoyance se traduit par un retour comique à sa propre histoire : « Je souffre parce que ma femme n'apprécie pas ma domination[43]. »

Un étudiant bruxellois écrit aussi : « J'ai toujours été pour l'émancipation de la femme, mais ce n'était que par tactique révolutionnaire. À présent, votre expérience personnelle m'a définitivement convaincu aux conclusions du *Deuxième Sexe*[44]. » Les lecteur·rices saluent la dimension encyclopédique du livre : « Je découvre, émerveillé, cette synthèse, que je cherchais obscurément, du sexuel et du social. » Ils et elles évoquent à maintes reprises la « lucidité » de Beauvoir, lucidité à la fois sociologique et psychologique qui contraste avec le tumulte confus de leurs propres pensées et sentiments. On admire cette alliance saisissante entre la hauteur de vue olympienne et l'« analyse personnelle », « si serrée et si fidèle ». « Cela n'avait pas été fait de cette façon avant vous[45]. » On lui sait gré d'avoir su fournir des « instruments d'analyse » :

> Je vous remercie d'avoir parlé de cette obscurité du tunnel comme vous l'avez fait. À une heure où les mots n'ont plus qu'une signification mensongère, où le mythe est roi, il est bon que les choses soient dites. Pour un intellectuel, perdre le langage est tout perdre. Un livre comme le vôtre permet de s'accrocher. Nous devons aussi à Sartre beaucoup de nos instruments d'analyse. Ce que nous avons appris officiellement n'aide pas.

Les militantes féministes la remercient de les avoir aidées à trouver un nouvel équilibre dans un monde politique déconcertant. Deux femmes anglaises écrivent ainsi :

> Depuis quelque temps déjà, nous discutons de l'idée de rassembler, sous forme de livre, les réflexions de certaines de nos

> remarquables femmes de gauche anglaises, sur la position des femmes dans la société actuelle. Nous avons eu du mal, toutefois, à trouver un thème unificateur, et avons été grandement inspirées par votre travail qui nous a aidées à mettre de l'ordre dans nos pensées [...] sur la vision socialiste de la femme et de son rôle dans la société[46].

Une Française, ex-membre du parti communiste, note par ailleurs : « Personne avant vous n'avait appliqué aux femmes, avec lucidité, bienveillance, persévérance jusque dans les moindres détails, cette notion d'aliénation que nous devons au marxisme. » Quoique n'étant « plus tout à fait marxiste », elle remercie Beauvoir de lui avoir permis de « faire le point » : « Sans vous [...], j'aurais accompli pas mal de faux pas, ou trouvé tragiques des situations qui cédaient sans trop de mal, par la suite, à l'analyse[47]. » La presse communiste n'est pas près d'approuver le marxisme existentiel de Beauvoir, mais ce regain d'intérêt pour *Le Deuxième Sexe* fournit l'occasion de se repencher sur le livre. Non sans réticence, une rédactrice de *La Nouvelle Critique*, la revue du Parti communique, félicite l'écrivaine d'avoir « échappé au narcissisme » de la plupart des écrits de femmes et d'avoir su élargir son regard aux dimensions du monde[48].

La vie de Beauvoir sert ainsi de préface au *Deuxième Sexe*, tout comme ses Mémoires sont le paratexte qui accompagne la lecture du livre dans les années 1960. Parmi les thèmes récurrents revient souvent la mention de l'audace de Beauvoir, érigée en modèle. Différent·es lecteur·rices voient dans son « dédain des tabous », son affranchissement des « traditions dépassées » et des « préjugés académiques et bourgeois » un « appel à la libération ». « Je ne connais personne qui puisse mieux donner aux jeunes ce sentiment que la vie est davantage qu'une longue suite de tâches domestiques, leur faire éprouver la mémoire du passé et le besoin de vivre intensément, si ce n'est toujours bien ou avec sagesse[49]. » L'une de ces jeunes personnes, que ses parents avaient mise en garde contre les sirènes de l'existentialisme qui l'éloigneraient de sa famille et déformeraient sa vision du monde, écrit : « Les mémoires et le reste m'ont aidée à comprendre que ce n'était pas votre livre qui me déprimait, mais le fait que moi-même je vivais alors sagement (mais avec des luttes violentes) chez mes parents. J'avais honte de ma situation. » Elle a compris désormais, explique-t-elle dans sa lettre, que son malheur vient plutôt de ce qu'elle aspire au même genre d'indépendance que Beauvoir : « Mon père se moquait de moi en disant que je vous élogiais, que votre vie était exceptionnelle car vous étiez une femme remarquable, assez forte pour supporter [cette indépendance][50]. » Une jeune femme de vingt-neuf ans, agrégée d'anglais, divorcée et mère de deux enfants, rapporte que Beauvoir lui a montré « ce que peut accomplir une femme, et [...] ce que pourraient être les femmes d'aujourd'hui si elles étaient seulement plus lucides et plus courageuses ». La vie de Beauvoir, selon ses propres termes, est un « éblouissement », « un exemple, une leçon et une révélation ». « C'est seulement tout récemment, poursuit-elle, par l'expérience personnelle, par la réflexion après lecture de vos livres et aussi en ouvrant enfin des yeux dessillés sur ma condition et celle des femmes que je côtoie que j'ai pris conscience du malaise féminin. » Ce passage reprend quasiment mot pour mot le récit de *La Force de l'âge* dans lequel Beauvoir relate sa propre prise de conscience féministe, même si c'est à Friedan que la lectrice emprunte l'expression de « malaise ». En même temps, cette dernière se dit décontenancée par le contexte historique et troublée par ce qu'elle ressent. Le monde est en train de changer sous ses yeux. Et c'est pourquoi, confie-t-elle, « cette impression de me trouver entre deux mondes, dont l'un n'est pas tout à fait né et l'autre pas tout à fait mort, ne me quitte jamais. Elle me rend parfois amère, souvent indignée et surtout elle me remplit du désir de faire quelque chose d'utile pour les femmes. Quoi ? Comment[51] ? ».

Son cas n'est pas isolé. Il est maintenant entendu que *Le Deuxième Sexe* ne traite pas d'autre chose que du féminisme, et ce sujet cristallise les doutes et les incertitudes des correspondant·es. Certes, peut-on lire dans une lettre, les livres de Beauvoir ont peut-être converti beaucoup de celles et ceux qui les ont lus, leur ouvrant les yeux sur de grandes problématiques, mais qu'adviendra-t-il de ces « convictions éparpillées » ? Aussi vaut-il mieux s'en tenir aux questions traditionnelles concernant les femmes, telles que l'éducation morale et sexuelle des jeunes ou les allocations alimentaires pour les mères divorcées. Une lectrice se lamente de ce que « surtout chez les femmes, un individu nanti d'une sensibilité certaine, et qui parle beaucoup d'"humanité", reste sans véritable conscience devant les évidences qui nous paraissent les plus criantes, par manque de données économiques, sociales, et par absence de raisonnement politique ». Une autre d'évoquer l'incapacité des femmes à « s'élever au-dessus de leur condition millénaire » : « Aucune création ne jaillit de leur cerveau. Aucun système philosophique, aucune œuvre musicale, aucun courant d'idées neuves […][52]. » Un médecin à la tête d'une unité de cardiologie écrit avec entrain que *Le Deuxième Sexe* lui a enfin permis de « convertir sa femme au féminisme » ; « comme vous, poursuit-il, j'avais été frappé de ce que le pire obstacle au féminisme soit constitué par les femmes elles-mêmes. La responsabilité des hommes concernant l'infériorité de la condition féminine me paraissait infiniment moindre que celle des femmes[53] ». La condescendance et les discussions houleuses sont habituelles, bien souvent empreintes de la certitude que les femmes sont sous l'emprise de l'Église catholique – une féministe catholique évoque à ce titre le « danger mortel du cléricalisme, et la responsabilité des femmes là-dedans[54] ».

Perplexes, beaucoup s'interrogent sur ce qu'il convient de faire et de ressentir. « Tout ce que vous écrivez dans cette étude est à la fois beau et difficile. Je crois que cela me rendra consciente de mon être et me fera du bien en fin de compte », écrit une femme canadienne qui n'en a pas moins « vacillé entre la dépression et l'exaltation » à la lecture du *Deuxième Sexe*. Le juste équilibre tel que Beauvoir le conçoit entre l'introspection et la fidélité à soi-même, d'une part, et l'ouverture au monde et l'engagement militant, d'autre part, en désoriente plus d'un·e. Une correspondante cite un passage représentatif dans lequel Beauvoir s'impatiente des « encombrements du moi » et appelle les femmes à se frayer une place dans le monde : « Pour faire de grandes choses, ce qui manque essentiellement à la femme d'aujourd'hui, c'est l'oubli de soi : mais pour s'oublier, il faut d'abord être solidement assuré qu'on s'est d'ores et déjà trouvé. Nouvelle venue au monde des hommes, piètrement soutenue par eux, la femme est encore trop occupée à se chercher. » Comment est-on censée « se trouver », s'interroge la lectrice, sans passer tout son temps à chercher ni tomber dans le « narcissisme » ou le « dégoût de soi » ? « J'en arrive alors à la conclusion que s'être déjà trouvé est une chose donnée, ajoute-t-elle, cependant un don est toujours une chose un peu mystérieuse. D'où vient ce don ? Est-ce un "don" pour vous ? Ou est-ce le fruit d'une recherche[55] ? » Une autre encore : « Je ne saurais pas dire si "l'évangile selon Simone de Beauvoir" auquel je me réfère presque quotidiennement contribue à entretenir le trouble dans ma vie personnelle et professionnelle (de conférencière) ou m'aide à avancer[56]. »

La militante anticolonialiste de Besançon, qui s'est déjà montrée si éloquente au sujet de l'Algérie, rédige une lettre admirable sur les ambiguïtés du militantisme politique. Elle y raconte qu'elle a lu *Le Deuxième Sexe* à dix-huit ans, avant même de pouvoir justifier d'une quelconque expérience :

> Il a donné forme et justification à mes exigences d'autonomie. Mais c'était encore une protestation de bonne élève qui voulait avoir droit à l'intelligence (ma mère tentait de me cantonner dans une fonction de sœur aînée et elle souhaitait pour moi une école ménagère !). Maintenant, je vois que cette libération était bien formelle.

Tout en repensant aux nombreuses années qu'elle a passées en politique depuis, travaillant dans des syndicats et des groupes d'opposition à la guerre d'Algérie, elle reconnaît en toute franchise que les plus grands choix de sa vie ont été dictés par des aléas. La force de son récit tient en partie à son caractère détaillé et particulièrement vraisemblable. Jeune mariée, elle est tombée presque immédiatement enceinte car elle « ne supportait plus les méthodes traditionnelles françaises de birth-contrôl ». De plus, face à l'insuffisance des ouvertures de postes cette année-là, qui mettait à mal son projet de passer l'agrégation, elle avait fini par conclure : « Autant faire un enfant. » Treize mois plus tard naissait un deuxième bébé, de sorte qu'à l'époque de sa lettre, elle s'occupe de deux enfants en bas âge en l'absence de son mari, parti effectuer son service militaire. Pour elle comme pour beaucoup de femmes mariées qui ont correspondu avec Beauvoir, l'énergie débordante de l'écrivaine et son appétit pour l'engagement politique sont difficiles à concevoir. Elle se demande si Beauvoir est capable de se représenter le quotidien épuisant des femmes de la classe ouvrière. Ses collègues ouvrières, elles aussi, sont « tellement habituées à leur fatigue qu'elles la trouvent normale ». Elle énumère les nombreux obstacles qui les empêchent de se mobiliser : le temps requis par la gestion d'un foyer, le manque d'exigences qu'elles ont intériorisé, l'absence de modèles alternatifs et la discrimination galopante au sein des syndicats et des partis politiques, un sujet que l'épistolière connaît personnellement. Mais ce qui rend sa lettre mémorable, c'est avant tout la façon dont elle rend compte des dilemmes politiques, employant des termes tout à fait comparables à ceux de Beauvoir :

> Alors on ne sait plus quoi faire. Brandir le drapeau du féminisme ? À quoi bon ? Faire des activités purement féminines ?

> Il y aurait le danger de retomber dans la complicité des démissions collectives. S'imposer, non comme femme, mais comme être humain ? On cherche toujours des motivations « féminines » et par là on vous refuse toute valeur[57].

Ce que Beauvoir considère comme la condition intenable du sujet féminin se trouve ainsi restitué dans une interprétation aussi expressive qu'accessible. Comment agir de manière responsable en tant que « femme » ? Les dilemmes sont d'ordre éthique, existentiel, discursif et stratégique : agir au nom des « femmes », c'est se plier aux conventions, se rendre complice du rétrécissement de ses intérêts et de ses ambitions, voire compromettre sa pleine humanité. La correspondante juge l'étiquette de « femme » aussi usée qu'elle. L'expression « on cherche toujours des motivations "féminines" » traduit merveilleusement sa crainte à l'idée d'être réduite à son identification à un genre, ou ravagée de l'intérieur par ce qu'on a appelé un « complexe féminin ». Les lettres datées du milieu des années 1960 en disent particulièrement long sur les flottements dans la conscience des identités de genre et sur l'angoisse, l'irritation et le rejet qui souvent l'accompagnent – sur les troubles dans le genre. Elles résument cette époque où le féminisme devient un mouvement social, en même temps que les difficultés tenaces à l'ancrer dans une notion précise de ce que serait la femme[58].

Alors qu'un mouvement féministe est en train de prendre forme en Europe et aux États-Unis, les premières notes contestataires « inaugurales » se font inévitablement entendre dans certains de ces courriers. Une Néerlandaise de vingt-neuf ans, par exemple, écrit à Beauvoir en 1967 ; elle est très heureuse en ménage avec deux jeunes enfants, explique-t-elle, mais après quatorze années d'études (elle est diplômée d'histoire de l'art), elle trouve qu'« il y a comme un vide en elle de se retrouver ménagère ». « Toutes mes amies étaient dans de pareilles cas et personne ne pouvait m'aider », rapporte-t-elle. Elle a grandi entourée de garçons, habituée à parler aux hommes comme à des égaux, et a toujours privilégié leur compagnie. Beauvoir a éveillé sa conscience : « Vous m'avez montré que les femmes sont pareilles aux hommes, mais différentes. Je suis devenue une féministe, j'ai commencé à lire des livres de femme, et j'ai trouvé Mary McCarthy et Margaret Mead beaucoup plus intéressantes que je ne l'avais crue possible. » L'histoire, la structure familiale et la sexualité lui apparaissent soudain comme des sujets passionnants, tout comme la relation complexe et intrigante de la « femme » avec l'« humanité ». Cette lectrice tient aussi à faire savoir que ces nouvelles préoccupations l'ont aidée à renouer le lien avec sa mère. Celle-ci, ayant reçu de sa fille de longs passages du *Deuxième Sexe*, a décidé d'approfondir ses lectures. Comme sa fille, elle est « tombée sous l'influence de [Beauvoir] », à tel point que « pour la première fois maintenant, écrit la correspondante, nous nous comprenons[59] ». La joyeuse acceptation des termes de « femme » et de « féministe », la découverte de la vie des femmes en tant que sujet intellectuel légitime et, pour finir, la réconciliation des générations : il s'agit là d'un tableau à la fois réjouissant et plutôt rare, du moins au milieu des années 1960.

Plus fréquente est l'association de la découverte de soi avec une certaine colère générationnelle. Une jeune Parisienne de seize ans, révoltée et débordante d'énergie, envoie à Beauvoir une lettre d'autant plus remarquable qu'elle a été rédigée bien avant l'intégration de Beauvoir au panthéon de la littérature et de la philosophie françaises. *Le Deuxième Sexe*, explique-t-elle, est le seul livre, exception faite du *Discours de la méthode* de Descartes, qui lui a non seulement « donné des connaissances » mais aussi apporté « comment dit-on ? un lumière sur mes propres pensées, un ordre sur mes idées, une clarté sur tous mes sentiments[60] ». Le rapprochement est saisissant : le doute cartésien, désincarné, n'a pas grand-chose à voir avec la pratique phénoménologique qui consiste à mettre les hypothèses entre parenthèses et à essayer de saisir l'être et ses perceptions dans le monde. Mais pour cette épistolière, c'est le point de départ de l'introduction de Beauvoir qui a tout déclenché, à savoir son doute radical. On se figure aisément l'exaltation de cette lectrice : elle pense, donc elle est !

Elle se décrit comme projetée dans l'avenir et rebutée par ce qu'elle y voit – les horizons étroits, les absurdités du quotidien des femmes adultes. Le désintérêt de sa mère pour l'œuvre de Beauvoir la scandalise :

> Maman ne m'a pas défendu de lire ce livre, mais elle m'a dit qu'il n'était pas intéressant. Pas intéressant ???!!!! Je l'ai dévoré et, en prenant des notes, j'ai fait de lui mon arme de bataille, mon livre de chevet, ma ligne de discussion. Je l'admire, je vous admire. Plus que ça, je vous aime.

L'expression « livre de chevet » est peut-être celle qui revient le plus souvent dans la correspondance pour qualifier *Le Deuxième*

Sexe. La lectrice a fait de l'ouvrage son « arme », l'arme la plus puissante qui soit puisqu'elle s'adresse spécifiquement aux femmes de sa génération :

> À qui parlez-vous ? À ces grosses dames qui ont honte de vous lire, parce que vous dites la vérité qu'elles veulent cacher ? À ces vieux messieurs, honnorables pères de famille qui veulent nous marier, sans se préoccuper si nous sommes heureuses ou non ? À ces jeunes hommes qui ont le monde dans leurs bras, et qui ne vous connaissent pas parce que ce n'est pas leur problème ? Non, madame. J'ose vous dire que vous nous écrivez, vous m'écrivez, nous, moi, jeunes filles qui imaginent leur destin[61].

Une autre jeune femme s'en prend aux « garçons » de son âge et aux idées idiotes qu'ils se font sur les filles. Celles-ci se voient traitées tour à tour en « petits oiseaux » ou en « débauchées », sans entre-deux possible. Regrettant de ne pouvoir profiter de leur compagnie sans avoir à s'inquiéter de ce qu'ils ont derrière la tête, elle raconte qu'elle est montée dans une chambre avec des amies et un groupe de garçons : « Ils s'imaginaient que nous allions leur tomber dans les bras comme des alouettes[62] ».

Cette « conscience de sexe » révolutionnaire, comme l'a désignée Virginia Woolf, est résolument jeune et affiche avec exubérance son mépris pour un modèle de féminité périmé avec lequel il n'y a aucun compromis imaginable. Lorsqu'on se plonge dans les archives des lecteur·rices du milieu des années 1960, on constate que l'écart entre les générations commence à se creuser plus nettement et d'une façon nouvelle. Les correspondantes des générations antérieures s'étaient montrées beaucoup plus conscientes de leurs propres compromis. Le mariage, et surtout la grossesse, les avaient fait vieillir soudainement (comme a ironisé Annie Ernaux, il suffit qu'un ovule rencontre un spermatozoïde ; si la rencontre a lieu, on se réveille soudain dans un monde différent[63]). Même les correspondantes d'une trentaine d'années laissent fréquemment entendre un certain pessimisme que l'on pourrait qualifier de « pessimisme de genre ». Ces correspondantes plus âgées se sentent impliquées dans ce que les plus jeunes jugent « ridicule » ou considèrent comme le « destin pathétique de la femme » ; elles mentionnent leur « infériorité honteuse » ou un « complexe » féminin qu'il leur faut « vaincre ». L'une d'entre elles évoque ses « aspirations vers une autonomie presque entichée jusque-là de culpabilité (mythe de la femme au foyer) » : « Votre livre a commencé ma rupture des anciens mites et maintenant, après 4 ans, je dois le relire pour continuer ma conquête, car j'ai encore beaucoup de contradictions à détruire[64]. » La « conscience de sexe » peut facilement mener à la haine de soi, comme elle peut susciter malaise ou mépris envers des femmes qui semblent s'accommoder de leur sort.

Une psychologue norvégienne de vingt-cinq ans fait de son mieux pour tenter d'exprimer un malaise encore plus viscéral qu'elle s'imagine partager avec Beauvoir. Son « problème en tant que femme » n'est pas le vide identifié par Betty Friedan, explique-t-elle dans un anglais maladroit, il n'est pas si simple à régler. Elle ne voit rien qu'elle puisse faire à titre personnel, ni aucun débouché collectif. La conscience qu'elle a d'elle-même en tant que femme se trouve être beaucoup plus ambiguë que ne le prévoit l'analyse de Friedan : « Peu importe comment les gens modernes considèrent l'égalité des sexes et ce qu'ils pensent ressentir – le problème est encore plus profond. Je vois une différence entre les hommes et les femmes. » Il lui est impossible de concevoir une « véritable libération » dans ce contexte. « Cette différence se glisse encore dans l'identité et l'acceptation de soi, beaucoup plus subtilement qu'on ne pourrait le penser [...]. Je crois qu'au fond de moi, j'ai tendance à mépriser les femmes, et j'ai terriblement peur des femmes féminines stupides [...]. Ce sont là des pensées – très mal exprimées – que je tiens de vous[65]. »

L'œuvre de Beauvoir a le don de semer le trouble. Malgré les aspects didactiques et quelque peu nombrilistes de ses Mémoires, l'écrivaine n'a jamais hésité à faire part de ses doutes et de ses inquiétudes à ses lecteur·rices, les invitant ce faisant à partager avec elle les sentiments qui y faisaient écho. Le terme « malgré » est peut-être mal choisi, car Beauvoir occupait différents rôles : modèle ou mentor pour celles et ceux qui aspiraient à s'émanciper, mais aussi confidente des sentiments mitigés et des doutes intérieurs sur ce que signifiait au juste l'émancipation des femmes. À quel mélange de révolution intérieure et de transformation sociale peut-on aspirer, et comment s'y prendre ? Beauvoir a su saisir comme peu d'autres ces incertitudes incontournables qu'entraînait forcément la question de l'émancipation et de la politique des femmes.

Le malaise ressenti par beaucoup de correspondant·es est symptomatique des horizons culturels de la période, qui encouragent ce type d'interrogations. *La Femme mystifiée* de Friedan, comme *Le Deuxième Sexe*, *La Condition de la Française d'aujourd'hui* d'Andrée Michel et d'innombrables articles dans la presse populaire, de *France Observateur* à *Elle* et autres magazines féminins, présentent la féminité comme une combinaison parfaitement intériorisée de prescriptions et de sentiment – un « malaise » ou, pour employer le vocabulaire de la psychologie, un « complexe ». Le terme « complexe » revêt différentes acceptions. Pour beaucoup, il s'agit d'un terme condescendant amenant à réduire une personne au statut de névrosée irrécupérable, empêtrée dans des drames individuels. C'est ce sens-là qu'il faut comprendre quand les hommes décrivent leurs épouses comme rancunières, et quand Beauvoir elle-même s'agace des femmes de la classe moyenne avec leurs esprits bornés.

Le terme, cependant, peut aussi susciter l'empathie et s'entendre comme un gage de sérieux. On ne se débarrasse pas d'un complexe par la seule force de la volonté, ni en se contentant de poser un nom dessus. Il faut pour cela un examen plus soutenu, qui promet d'être à la fois dérangeant et générateur. L'analyse par Beauvoir de la subjectivité problématique des femmes, objet de réflexion intéressant à ses yeux, va dans ce sens, ce que lui font remarquer de nombreux·ses correspondant·es. Ainsi de cette lectrice entendant montrer à quel point *Le Deuxième Sexe* a été profondément « intégré à sa vie » : « Depuis bientôt deux ans je suis en analyse. » Comme Beauvoir, explique-t-elle, elle a eu sa part de frissons dans les voyages et dans les aventures palpitantes du monde extérieur. Mais ces aventures sont sans commune mesure avec celles de la psychanalyse : « Je regrette énormément de ne pouvoir réussir à vous communiquer dans cette lettre en quoi l'analyse n'est rien de ce que l'on peut, de l'extérieur, imaginer, déduire, supposer, ou même peut être pressentir[66]. » D'autres lui demandent d'approfondir sa critique quelque peu sommaire des théories freudiennes dans *Le Deuxième Sexe* : « Dans le choix d'un nouvel ouvrage à entreprendre, n'y aurait-il pas la possibilité pour vous de continuer votre étude de la femme, en prenant le chemin de l'analyse psy[67] ? » À l'instar de nombreux courants de pensée de gauche et libéraux des années 1960 qui servent de terreau aux féminismes naissants, les efforts pour élaborer de nouvelles manières de penser la subjectivité féminine s'appuient sur l'étude de Freud autant que sur sa critique. Dans l'univers intime des correspondant·es, ce travail prend la forme d'une lutte pour s'exprimer, pour rendre compte de soi, mais aussi pour aller plus loin et le théoriser. Écrire revient à porter le moi à la conscience.

Qui plus est, dans le vocabulaire des années 1960, un « complexe » peut désigner toutes sortes de formations psychologiques, économiques et politiques, du complexe d'« infériorité » au complexe « militaro-industriel ». De ce fait, le projet de théoriser le soi et sa relation à la psyché ou au monde peut s'adosser à des traditions théoriques très différentes, ou à des combinaisons de ces traditions : freudienne, marxiste, existentialiste. C'est un programme ambitieux, qui stimule autant qu'il impressionne. À la fin des années 1960, le processus de transformation des esprits, ou de « conscientisation » – ce que d'aucun·es appellent la production de nouvelles subjectivités politiques –, s'impose comme un passionnant projet intellectuel et culturel.

*

« Est-ce faire preuve d'un trop grand pessimisme que de vouloir définir la reconnaissance mutuelle de la féminité ni plus ni moins que comme un échange de regards entre celles qui sont coincées derrière les mêmes barreaux par l'épithète de “femme” ? » demande Denise Riley[68], une question à laquelle les lettres adressées à Beauvoir encouragent à répondre par l'affirmative. C'est une chose de s'identifier à Simone de Beauvoir en tant qu'esprit libre, femme révoltée et accomplie, et une autre de s'enrôler dans une communauté de « femmes » ; les deux, en effet, sont susceptibles de se faire obstacle. C'est une chose de trouver la « question de la femme » importante et digne d'intérêt, et encore une autre d'épouser le féminisme en tant qu'identité politique, en particulier à un moment de l'histoire où le mouvement des femmes, après le suffrage universel, porte encore l'image d'un mouvement figé, étriqué et bourgeois, déconnecté des luttes mondiales pour l'émancipation. La « révolution invisible » des décennies d'après-guerre a entraîné un sentiment palpable de changement dans les années 1960. Le discours de modernisation et l'accélération perceptible du temps signifient que même une féministe comme Andrée Michel, avec sa plume incisive et ses références politiques radicales forgées pendant la Résistance et la guerre d'Algérie, risque désormais de passer pour démodée. Le fait que le droit de vote ait été accordé si tardivement en France et qu'il ait été décrété d'en haut a renforcé l'impression que le féminisme n'avait remporté que des batailles du passé. Redéfinir une appartenance politique si étroitement liée aux intérêts de classe allait s'avérer difficile. Comme l'écrit Jacqueline Feldman, l'une des fondatrices, peu de temps après les événements de 1968, du radical et brillamment provocateur Mouvement de libération des femmes : « Quand j'étais étudiante, le féminisme était au creux de la vague, la féministe était un personnage ridicule qu'il s'agissait donc de ne pas être[69]. » Le mot « ridicule », sous la plume de Feldman, vient faire écho à la lettre de la jeune fille de seize ans datée de 1963. Le MDF d'Andrée Michel n'a jamais vraiment réussi à se faire une place parmi les jeunes générations. Ce que Beauvoir considère comme les obstacles existentiels et ontologiques qui empêchent les femmes de dire « nous », ou les impasses politiques du féminisme, n'ont rien d'intemporel, mais s'ancrent bel et bien dans une période donnée de l'histoire.

Un scénario familier veut que Simone de Beauvoir ait été en avance sur son temps en 1949 et en retard dans les années 1960. Durant cette période plus tardive, on rapporte que la philosophe est ralentie par le poids de son engagement socialiste, par ses points aveugles sur le plan théorique ou par le manque de sororité dont elle fait preuve, mais qu'elle va néanmoins s'efforcer de ramer, en toute hâte, pour attraper la deuxième vague du féminisme qui déferle après 1968. L'histoire du féminisme, comme celle de n'importe quel mouvement social ou intellectuel, ne suit cependant pas le rythme des marées, prévisible et régulier ; elle est beaucoup plus intéressante et plus explosive que ne le suggère cette métaphore maritime. La figure de Simone de Beauvoir est plus intéressante elle aussi, parfaitement ancrée dans son époque, avec ses incertitudes et ses aversions partagées par le plus grand nombre. La relation autrice-lecteur·rices, avec tout l'inconfort intellectuel et émotionnel qu'elle a pu entraîner, constitue un remarquable microcosme politique du féminisme au milieu des années 1960 – une dimension pleinement visible, également, dans le dialogue que Beauvoir entretient avec ses lecteur·rices sur la bonne manière de naviguer dans les eaux troubles des idylles, de l'amour et du mariage.

7

Troubles dans le couple

Mais, voyons, sois un peu plus SimoneBeauvoirienne !

(6 avril 1967)

En 1967, une Autrichienne qui a lu *Das andere Geschlecht* (littéralement « l'autre sexe » dans la traduction allemande) envoie ses réflexions sur les chapitres abordant la question du mariage. Sous la plume de cette lectrice admirative et passionnée, qui n'a pas reçu de formation philosophique, les arguments de Beauvoir se trouvent restitués en des termes pour le moins personnels :

> Vous voyez le rôle de la femme d'aujourd'hui parfaitement comme elle est en effet – une lutte éternelle contre le mal, une lutte sans espoir. Oui, Madame de Beauvoir, c'est ainsi, c'est ainsi !! [...] Vous avez écrit que toute femme est malheureuse parce qu'elle n'est pas mariée, ou pas encore mariée ou parce qu'elle n'est plus mariée – mais en effet, la plupart des femmes sont très malheureuses parce qu'elles sont mariées[1].

Parmi les lettres adressées à Beauvoir, nombreuses sont celles qui abordent le sujet du mariage – des unions qui pèsent sur la vie des correspondant·es autant que la guerre d'Algérie sur la République. La plupart de ces lettres adoptent un même ton mélodramatique. Le mariage y est présenté comme le drame de toute une vie, une tragédie quasiment inéluctable dont les répercussions sont telles que les personnes célibataires se voient elles-mêmes confrontées à ses pesantes contraintes juridiques et économiques, au pouvoir écrasant de l'amour conjugal, lequel s'impose alors comme un symbole d'altruisme et d'harmonie, ainsi qu'à cet enchevêtrement d'amour et de ressentiment, de soumission et de résistance, de devoir et de désenchantement qui caractérise la vie familiale[2].

De vastes changements sociaux et culturels dans les années 1950 et 1960 ont contribué à susciter une vague de rejet à l'égard du mariage. La figure de Beauvoir, par bien des aspects, ne pouvait qu'inciter les femmes à faire part de leurs griefs dans un déluge de lettres – sa vie personnelle fascinante, ses Mémoires, que beaucoup avaient lus comme un guide des relations amoureuses, ou encore la force des passages du *Deuxième Sexe* sur le mariage, tous ces éléments ont fait d'elle une experte iconoclaste en la matière. Sur ce sujet comme sur d'autres, Beauvoir juge la correspondance gratifiante, mais aussi frustrante. En 1968 est publiée « La femme rompue », nouvelle dans laquelle l'écrivaine entend démontrer à ses lectrices déçues par le mariage qu'elles n'ont pas compris sa critique radicale. Le problème n'est pas que le mariage rend les femmes malheureuses ; le problème vient du fait que les femmes cherchent le « bonheur » plutôt que la liberté, et qu'elles placent leurs espoirs dans une institution fondée sur un principe d'asymétrie et d'inégalité des sexes qui contribue à en perpétuer la logique. Les efforts de Beauvoir pour corriger les interprétations erronées de ses lecteur·rices ne font qu'ajouter à l'incompréhension et, pour elle, à la déception. « La femme rompue » est devenu un cas d'étude classique pour qui s'intéresse à l'écriture, à la réception des textes et aux erreurs de lecture. Les critiques littéraires se sont penché·es sur ce cas pendant des décennies[3]. Les lettres des lecteur·rices viennent cependant enrichir ces discussions en apportant de nouvelles voix et un matériau inédit.

Le sujet du mariage offre un exemple particulièrement révélateur des relations compliquées et souvent tendues que Beauvoir entretenait avec son lectorat. Plus généralement, les sentiments d'incompréhension et de déception de part et d'autre rendent bien compte de la délicate confrontation entre le féminisme et le « public intime » de la culture féminine. Un public intime, comme le décrit Lauren Berlant dans sa brillante analyse, consiste en une communauté imaginaire ou affective réunie autour des écrits et des médias qui s'adressent au public féminin, de la littérature aux magazines en passant par les émissions de radio. Cette communauté inspire un sentiment d'appartenance que Berlant nous invite à prendre au sérieux. Ce que ses membres ont en partage renvoie moins à une condition sociale qu'à un ensemble d'aspirations et de sentiments, un penchant pour la connaissance des émotions, ou une gamme de stratégies pour gérer les déceptions récurrentes. Le public intime fournit un « mélange de réconfort, de reconnaissance, de discipline et de dialogue ». Le féminisme, dit Berlant, ressemble à une voisine qui viendrait « fouiner » chez ce public intime[4]. La métaphore mérite qu'on s'y attarde : c'est une façon évocatrice de se représenter Simone de Beauvoir et les femmes très conventionnelles qui composaient une bonne partie de son public. Une voisine un peu trop curieuse écoute les conversations, intervient dans les débats de son voisinage et sème le trouble ; elle a beau chercher à se démarquer, elle vit immanquablement dans la même communauté que ses voisin·es. Beauvoir ne considère certes pas que les femmes sont enfermées dans ce que sa lectrice autrichienne a appelé une « lutte éternelle contre le mal », et voir *Le Deuxième Sexe* ainsi transformé en une complainte mélodramatique l'a sûrement mise mal à l'aise. Néanmoins, la proximité même de son œuvre avec le public intime se révèle fondamentale pour comprendre sa relation avec les lecteur·rices et, plus largement, quelques-unes des difficultés qui ont marqué durablement l'histoire du féminisme, en particulier ce recoupement et cet ébranlement réciproques entre la « complainte féminine » et la critique féministe.

Une improbable experte du couple moderne

La vague de malheur conjugal qui inonde cette correspondance s'interprète comme la face cachée de l'aura romantique qui nimbe l'image du couple après la Seconde Guerre mondiale. L'expansion économique et les bouleversements sociaux qui l'ont accompagnée dans les années 1950 et 1960 ont mis à mal les conceptions et les pratiques jusque-là rattachées à la famille. La culture populaire de la fin des années 1950 célèbre le « couple », un duo hétérosexuel émancipé des diverses contraintes du passé qui travaille désormais à l'élaboration d'un partenariat intime impliquant travail, amour, sexe, et l'union de deux individus résolument distincts, mais harmonieusement complémentaires. Il s'agit bien sûr d'un idéal, dont l'écho culturel s'explique par le fait qu'il symbolise le vaste champ des possibles du monde d'après-guerre[5]. Cet idéal a accompagné l'émergence de nouvelles formes de mariage à partir du milieu du xxe siècle. Femmes et hommes se fréquentent, trouvent des partenaires, prennent leur envol plus tôt et se marient plus jeunes qu'avant la guerre – les hommes au milieu de la vingtaine, les femmes avant cela encore. Les familles s'établissent plus rapidement et font davantage d'enfants. En 1939 en France, à la veille de la guerre, on compte 64 enfants pour 100 femmes en âge de procréer. Après la guerre, ce nombre passe rapidement à 81[6]. C'est le désormais célèbre « baby-boom » de l'après-guerre, phénomène mondialement répandu. À partir des années 1950, les jeunes hommes et femmes issu·es des classes moyennes se montrent moins enclin·es qu'auparavant à solliciter le consentement de leurs parents et à compter sur un bien ou sur un héritage. À la place, les couples misent sur des emplois stables dans des économies en expansion ainsi que sur les allocations gouvernementales aux familles (en France, le baby-boom n'a pas freiné les politiques pronatalistes du gouvernement, qui comprenaient des allègements fiscaux pour les familles avec enfants, des allocations familiales et des compléments de salaire pour les ménages à revenu unique). Ces jeunes gens agissent néanmoins avec circonspection, s'en tenant pour l'essentiel à épouser quelqu'un·e de leur classe sociale et de leur région d'origine. De ce fait, le mariage s'impose rarement comme un moyen de grimper dans l'échelle sociale. Il n'a rien non plus d'un saut dans l'inconnu, contrairement à ce qu'affirme une certaine critique conservatrice, se gaussant du romantisme insouciant des jeunes gens et de leur mépris des traditions dans la quête du « grand amour[7] ». Les attentes ont effectivement changé. C'est aux rapports affectifs et sexuels que l'on juge désormais de la réussite d'un mariage ou d'une vie de couple.

De la fin des années 1950 jusqu'aux années 1960, la presse féminine se fait souvent le relais de ces nouvelles aspirations, publiant des études quasi statistiques, telle « La Française et l'amour », fréquemment alimentées de sondages tapageurs. Le magazine *Elle* lance ainsi une enquête intitulée « Les joies et les soucis de la femme », assortie d'un classement dont l'« amour » ressort grand vainqueur. « La réussite conjugale et la réalisation d'elles-mêmes se confondant totalement pour [les femmes], elles placent l'amour à la première place dans leur vie, et tout est dit », soupire une commentatrice en 1958, laquelle déplore également que « la littérature féminine ne contribue guère à renverser le courant qui entraîne la femme dans ce sens[8] ». Le sociologue français Edgar Morin, en 1962, définit l'amour comme la « valeur suprême de l'existence » et le « thème central du bonheur moderne » ; c'est une institution au sens durkheimien du terme, une contrainte sociologique puissante qui donne forme à l'informe[9]. Sous la plume de la prolifique journaliste et sociologue féministe française Évelyne Sullerot, le mariage devient un « bateau qu'il faut charger de toutes les ententes : sexuelles, affectives, intellectuelles[10] ». On conçoit l'amour comme allant de pair avec l'attraction sexuelle et le plaisir. L'érotisation du mariage, ou la conviction que le désir sexuel doit accompagner l'amour et l'engagement et non les mettre en péril, compte parmi les « grands feuilletons » (*dramas*) du siècle[11].

Ce mélodrame renferme d'ailleurs un véritable potentiel émancipateur, puisque lié la plupart du temps à un « effort pour faire en sorte que la capacité d'action et l'expérience des femmes en matière de sexualité soient considérées comme une bonne chose et non comme une source de honte et de déshonneur[12] ». Mais tout ce qui en découle ne fait qu'ajouter un peu plus au drame : de nouveaux scénarios compliqués, des espoirs exacerbés, des déceptions amères et de tenaces insatisfactions. Des expert·es de toutes sortes se penchent sur la question de l'harmonie conjugale et les moyens de la promouvoir. Durant ces deux décennies, psychologues, conseiller·es, travailleuses et travailleurs sociaux s'occupant des enfants et de leur éducation attirent l'attention de la société sur le mariage : les couples et les familles malheureuses sont la première cause de délinquance juvénile et de déséquilibre social[13]. Si Françoise Giroud et Jean-Jacques Servan-Schreiber, le séduisant couple de globe-trotters à la tête du journal *L'Express*, forment un duo célèbre au succès retentissant, on parle peut-être encore plus de Sartre et Beauvoir. On ne saurait trop souligner la fascination qu'exerce ce couple existentialiste à contre-courant des conventions[14].

En France et ailleurs, les personnes qui les suivent savent que vers l'âge de vingt ans, Beauvoir et Sartre ont conclu un « pacte » de non-mariage, renouvelable tous les deux ans, les autorisant à prendre d'autres amant·es à la condition d'être honnête l'un·e envers l'autre. Plus tard, leur correspondance viendra révéler certains aspects déconcertants de ce couple libre[15]. Il en ira de même pour les lettres de Beauvoir à son amant, l'écrivain américain Nelson Algren. Comme elle l'explique elle-même, les relations sexuelles avec Sartre se sont rapidement avérées peu gratifiantes : « C'est un homme chaleureux, vivant, en tout sauf au lit. J'en eus vite l'intuition, malgré mon manque d'expérience, et peu à peu, ça nous parut inutile, voire indécent de continuer à coucher ensemble[16]. » Beauvoir demeure la principale compagne de vie de Sartre, et inversement, même si ce compagnonnage semble impliquer de faciliter et d'encourager les projets sexuels du philosophe. Elle pousse ainsi vers lui plusieurs femmes avec lesquelles elle entretient déjà des relations, souvent d'anciennes élèves ou des protégées du couple. Une fois la liaison sexuelle et affective consommée, Beauvoir échange ses impressions avec Sartre, sans hésiter à dénigrer ces partenaires communes.

Le couple est « continuellement impliqué dans des relations tortueuses et parfois assez minables avec d'autres personnes », écrit Toril Moi[17]. C'est un euphémisme. Bianca Bienenfeld est issue d'une famille juive polonaise qui s'est réfugiée à Paris dans les années 1930 ; elle a étudié avec Beauvoir, entamé une liaison avec elle, puis cédé aux avances de Sartre (sa première expérience hétérosexuelle), avant de se voir brusquement délaissée par les deux. Bienenfeld estime que l'insensibilité du couple en amour a préparé le terrain pour une trahison plus cruelle : lorsque les Allemands sont arrivés et que Vichy a pris le pouvoir, rendant la France extrêmement dangereuse pour les personnes juives immigrées, ni Beauvoir ni Sartre n'ont exprimé la moindre inquiétude pour elle ou pour les membres de sa famille. Plusieurs de ses proches ont été déporté·es et sont mort·es dans les camps[18].

Sartre ne s'est pas contenté d'entretenir de nombreuses liaisons avec des femmes et de les reconnaître avec franchise. Il les a relatées à Beauvoir dans les moindres détails, avec un mélange de plaisir cynique de séducteur, de mépris ouvert pour ses conquêtes et de narcissisme. Beauvoir rapporte les aventures de Sartre dans des lettres qui sont dérangeantes pour ce qu'elles révèlent de son impuissance, de sa complicité avec lui, ou les deux. En 1960, elle effectue avec Sartre deux tournées politiques en Amérique latine, dont une visite à Cuba en l'honneur de la révolution. Au cours du second voyage, le couple séjourne pendant deux mois au Brésil, où Sartre a une liaison avec une jeune Brésilienne. Beauvoir a décrit le mélodrame en cours à son amant Nelson Algren (en anglais) :

> Il a décidé qu'une Algérienne noiraude, une vraie blonde et deux fausses ne lui suffisaient pas. Que lui manquait-il ? Une rousse. Il l'a trouvée, il a entamé une histoire avec elle ! 25 ans, vierge (comme ses sœurs de 30 et 23 ans). Dans le Nord, les Brésiliennes de bonne famille ne couchent pas. Je l'aime beaucoup, mais je m'effraie de ce qui va encore tomber sur le dos de ce fou de Sartre s'il parvient à ses fins.

Un mois plus tard, Beauvoir reprend son rapport. Elle est à l'hôpital avec la typhoïde, Sartre est épuisé, la jeune femme est de plus en plus désemparée par la situation et s'inquiète d'être abandonnée. Tout ce petit monde baigne dans l'alcool et les barbituriques.

> Comme cette fille, très attirée par Sartre, a de la volonté, de la personnalité, elle l'a beaucoup vu, mais elle s'offensait des blâmes de sa famille, de la ville entière. [...] Ils se sont engueulés. Sartre a mené une vie infernale dans cette sinistre ville hostile [Recife], entre moi à l'hôpital et cette rousse mi-amicale mi-terrorisée. [...] La fille aussi picolait, et une fois que j'eus guéri nous avons passé une folle nuit, elle a cassé des verres dans ses mains nues, saigné comme un bœuf et déclaré vouloir se tuer tant elle aimait et haïssait Sartre, et parce que nous partions le lendemain. J'ai dormi dans son lit en lui tenant le poignet pour l'empêcher de sauter par la fenêtre, après lui avoir administré à elle aussi une imposante dose de Gardénal. Elle est gentille, je dois dire, et séduisante, elle viendra à Paris, Sartre parle de l'épouser, peut-être ! Et l'Algérienne, alors ? Bon, l'avenir tranchera[19].

Beauvoir s'identifie-t-elle à Sartre ou à la jeune femme qu'il a séduite ? Considère-t-elle qu'elle le protège lui, ou leur couple ? C'est impossible à dire[20]. Quoi qu'il en soit, sa complicité ressemble au genre de mauvaise foi dont il lui arrive souvent d'accuser les autres. Quelques années plus tard, dans un long récit, un lecteur admiratif fait part du naufrage de son mariage et de la liaison orageuse qu'il entretient avec une femme plus jeune, liaison qui présage encore une issue malheureuse. Il sollicite ses conseils. C'est l'un des rares échanges pour lequel nous connaissons la réponse de Beauvoir – il s'agit de la lettre reproduite dans l'introduction. Le lecteur se voit reprocher une relation de « mauvaise foi », et Beauvoir de lui rétorquer que sa vie amoureuse turbulente n'a rien de comparable à son pacte avec Sartre[21]. Non seulement Beauvoir refuse d'admettre à quel point des blessures et des faiblesses similaires perturbent sa propre relation, mais elle refuse aussi à ce lecteur le privilège de vivre et de comprendre sa vie amoureuse à travers la sienne[22]. Pour une personne accordant une telle importance à l'honnêteté et à la connaissance de soi dans les relations intimes, il faut reconnaître que Beauvoir en démontre parfois bien peu elle-même.

La Force de l'âge (1960) et *La Force des choses* (1963) laissent à peine entrevoir les aspects sordides du ménage Sartre-Beauvoir. Pour autant, ce que Beauvoir a bien voulu raconter à l'époque a largement alimenté l'admiration, la réprobation, les conjectures et les débats. Les questions d'amour, de compagnonnage et d'épanouissement sexuel, existentiel ou affectif, sont au cœur du phénomène d'identification des lecteur·rices avec l'écrivaine et de leur déception comme de leur colère grandissante à son égard.

La Force de l'âge, deuxième volume des Mémoires de Beauvoir, retrace ses sentiments de jeune femme passionnément éprise à la fois d'un homme et de sa propre liberté. « Une biographie du *nous*[23] », ainsi qu'elle a désigné l'ouvrage. Au centre du récit, il y a sa rébellion contre les valeurs bourgeoises et ses efforts pour construire une relation dans une « liberté radicale[24] ». Sartre et elle se sont juré d'éviter les contraintes et l'ennui – ou, dans le langage plus âpre de l'autrice, la « déchéance » – qui menacent toute relation longue. Beauvoir reconnaît que les règles que le couple s'est fixées sont dangereuses psychologiquement. Elle lutte contre son désir de sécurité, contre le danger de devenir ce que Sartre appelle une « femme d'intérieur ». Les amantes insouciantes de Sartre, avoue-t-elle, lui renvoient d'elle-même une image de femme puritaine et rigide[25]. Leur promesse de transparence absolue s'est finalement révélée douloureuse à vivre (Beauvoir ne partage avec ses lecteur·rices qu'une infime partie de ce que le couple s'est réellement dit). Des extraits du livre sont publiés plusieurs mois avant la parution, ce qui permet de mesurer son attrait populaire et de stimuler les ventes.

Dans *La Force de l'âge*, Beauvoir admet que les « amours contingentes » dont Sartre et elle entendent jouir en toute liberté leur échappent régulièrement. Ainsi en est-il du trio Sartre-Beauvoir avec Olga Kosakiewicz, premier cas de figure. Olga est l'élève de Beauvoir à Rouen ; elle a dix-sept ans à l'époque et Beauvoir, vingt-cinq. Le père d'Olga est un Russe blanc d'origine noble qui a fui la révolution ; sa mère, une Française partisane de l'Action française ; ses ami·es se réduisent à une « bande de Juifs roumains et polonais, chassés de leur pays par l'antisémitisme ». Étudiante timide, angoissée et non conformiste de son cours de philosophie en 1935, elle a attiré l'attention de Beauvoir, qui la présente à Sartre. À en croire la philosophe, la relation qui s'ensuit est un « succès éclatant » – jusqu'à ce que la « gamine » se mette à exprimer des exigences et des désirs propres, menaçant de prendre un « ascendant » sur le couple. Le trio évolue plus tard en quatuor avec l'un des étudiants de Sartre, Jacques-Laurent Bost, qui deviendra le mari d'Olga tout en restant l'ami et l'amant occasionnel de Beauvoir pendant près de dix ans[26].

Le volume suivant, *La Force des choses* (1963), dévoile encore d'autres « romances fugaces » et « des amitiés ou des camaraderies amoureuses[27] ». Cependant, les projecteurs de ce volume sont braqués sur trois prétendant·es aux relations sérieuses : « M. », ou Dolores Vanetti Ehrenreich, une jeune

Française que Sartre a rencontrée aux États-Unis et qui est la source des premiers vrais ennuis venus troubler le « pacte » de Beauvoir avec Sartre ; Nelson Algren, dont Beauvoir est tombée amoureuse en 1947 et qu'elle appelle son « mari » jusqu'en 1951, année où elle refuse de quitter Sartre et sa vie parisienne pour le rejoindre ; et Claude Lanzmann, alors journaliste et membre du comité de rédaction des *Temps modernes*. Beauvoir a quarante-quatre ans lorsqu'elle rencontre Lanzmann. Il en a dix-sept de moins. Elle se croit trop vieille pour l'amour et lui, trop jeune pour elle, mais leur liaison va durer sept ans.

Rares sont les femmes qui connaissent de telles péripéties amoureuses, ce qui n'empêche pas Beauvoir de généraliser son expérience. L'équilibre de sa vie amoureuse, c'est-à-dire parvenir à concilier fidélité et liberté, représente un défi auquel bien d'autres sont confronté·es. « Nombreux sont les couples qui concluent le même pacte, à peu près, que Sartre et moi : maintenir à travers les écarts, une "certaine fidélité"[28]. » La presse britannique et américaine l'a déjà présentée comme la spécialiste française de l'« amour ». En 1959, *Esquire* publie « Brigitte Bardot et le syndrome de la Lolita », et le *Daily Express* lui commande un article sur la « chimie de l'amour », qu'il fait paraître à côté des photos de Clark Gable et de sa femme, et d'Arthur Miller avec Marilyn Monroe[29]. Beauvoir s'est délibérément tenue à distance de tout ce qui peut ressembler à des Mémoires romantiques ou érotiques, mettant plutôt l'accent sur ses conflits intérieurs et ses questionnements philosophiques[30]. Son histoire n'en est pas moins captivante, et l'écrivaine donne bel et bien l'impression de se poser en experte du couple. « Observez, semble-t-elle dire, le couple modèle ; avec la bonne relation à l'œuvre entre l'homme et la femme, voyez comment j'ai échappé à ces injustices qui sont le lot du "deuxième sexe" », écrit Germaine Bree dans sa critique de la traduction anglaise de *La Force des choses*, irritée par ce qu'elle considère comme le ton didactique des Mémoires[31]. D'autres, cependant, estiment que Beauvoir dévoile suffisamment de ses faiblesses et de ses malheurs pour être crédible aux yeux de son public. En tout état de cause, son histoire et son prestige intellectuel attirent l'attention. Le réalisateur de la Nouvelle Vague André Cayatte lui propose de travailler avec lui à un film traitant des « problèmes de couple » et du divorce. Beauvoir accepte, au motif, entre autres, qu'elle a reçu de nombreuses lettres sur le sujet[32]. Le projet tombe à l'eau, mais sa réputation d'experte continue à la précéder. Des spécialistes en thérapie de couple lui écrivent de Heidelberg pour l'inviter à venir parler des « conditions de l'amour[33] ». Le fait que tant de personnes aient écrit pour applaudir ses choix ou pour débattre de leurs significations témoigne de son talent de mémorialiste, du soin qu'elle a mis à cultiver le mythe Sartre-Beauvoir et, avant tout, de l'intérêt du public pour la vie de couple. C'est aussi et surtout un reflet du mariage tel qu'il est perçu, sorte de point névralgique du pouvoir, des sentiments et des privilèges liés au sexe et au genre[34].

Le fait que Beauvoir refuse de se marier en ravit certain·es et en inquiète d'autres. « Comment le récit de vos relations avec Sartre, Algren, Lanzmann, et surtout avec vous-même, et de tout ce qui vous est arrivé [...] pourrait-il manquer d'émouvoir et de toucher des milliers de lecteurs ? » demande une lectrice en anglais. Amour fraternel, sans mesquinerie, dénué de toute possessivité : Beauvoir est un modèle pour toutes les femmes, considère une autre lectrice, qui précise toutefois que son opinion ne fait pas l'unanimité. De fait, des dissensions se font jour à travers les réactions des parents, que l'engouement des jeunes pour Beauvoir laisse perplexes. Une mère aimerait mieux comprendre les « motifs qui incitent des femmes à souhaiter que leur couple ressemble au "jumelage" Sartre-Beauvoir. J'ai été sensible au sortilège de l'intelligence, de l'esprit, du style, de l'honnêteté [...], mais je n'ai rien trouvé de nouveau qui me fasse penser que ce mode de vie soit meilleur, ni même qu'il soit bon[35] ». Une autre, depuis le sud de la Californie : « Oui, cette lettre est très présomptueuse. Mais je ne penserais pas à m'immiscer dans vos affaires privées si vous ne les aviez pas rendues si publiques et lancé : "Regarde, monde, regardez, jeunesse – voici comment vit l'intelligentsia éclairée." J'ai deux jeunes adolescents influençables et je me dois de protester[36] ! » Une mère catholique française s'inquiète de l'emprise de Beauvoir sur la fiancée de son fils : « Il va de soi que je me préoccupe de savoir si ma future belle fille va ou non réussir sa vie. » Beauvoir a-t-elle lu *Le Disciple* de Paul Bourget (un roman de 1889 sur la puissante emprise qu'exerce un philosophe matérialiste sur un jeune étudiant vulnérable) ? *Le Disciple,* aussi populaire du temps de ses dix-huit ans que les livres de Beauvoir en 1966, est un « livre à thèse » qui lui a « ouvert les yeux sur l'influence déterminante que peuvent avoir sur certains êtres certaines œuvres qu'ils lisent à vingt ans », orientant ensuite « leur vie entière ». « Que va-t-il se passer, demande cette lectrice, si ma future fille se passionne pour vos ouvrages ?

Consciemment ou non, elle risque de calquer son “entreprise de vivre” sur celle que vous proposez – atteindra-t-elle le bonheur ? Qu’en pensez-vous[37] ? »

Des objections émanant d’autres cercles mettent en évidence le fossé qui est en train de se creuser dans l’opinion (en France et ailleurs) sur la question des mœurs sexuelles et des normes conjugales. Les affirmations de Beauvoir selon lesquelles son pacte avec Sartre constitue l’une des plus grandes réussites de sa vie ont mis à mal la crédulité de nombreux·ses lecteur·rices. Cette partie sur sa relation avec Sartre ? interroge une lectrice à propos de *La Force des choses* : « Je ne suis pas d’accord avec la comédie de liberté que vous vous êtes jouée : [...] M. [Dolores Vanetti], Algreen [*sic*] », est-ce que ce ne sont pas, fatalement, « deux échecs » ? La lectrice déborde d’enthousiasme pour le récit de Beauvoir sur la guerre d’Algérie qui, à ses yeux, rend parfaitement compte de ce qu’elle et beaucoup de personnes de son âge ont gardé en mémoire comme leur première expérience politique. Elle s’est sentie insultée, en revanche, par le caractère convenu de l’épilogue dans lequel Beauvoir évoque sa relation avec Sartre comme la « réussite certaine » de sa vie : « Vous ne pouvez pas nous faire ça ! » Une autre s’étonne, à grand renfort de points d’interrogation : « Par contre, je suis vraiment surprise de votre soumission à l’égard de Sartre. Il me semble que ma mère est moins soumise à son mari que vous ne l’êtes ?? » Un audacieux jeune homme de dix-sept ans, qui a été « frappé par sa personnalité » et s’intéresse aux « relations très libres entre les sexes », s’excuse d’avoir, concernant Beauvoir et Sartre, des questions « dont quelques-unes lui paraîtront un peu indiscrètes ». En quoi consiste leur relation ? « L’amitié me paraît un peu banal, l'amour un peu fort. S'agirait-il d'un rarissime compromis entre les deux ? » Il attend une réponse sans condescendance envers son jeune âge, refusant d'être pris pour un « adolescent passionné à la recherche de quelque appui » et sensible à l'influence grisante de Beauvoir. « En toute modestie, je pense posséder un certain équilibre, et vous ne risquez pas de me faire grand mal[38]. »

Les nombreuses lettres dans ce registre traduisent l'exaspération des lecteur·rices face aux exigences d'un discours de la « pudeur » qui, particulièrement en France, a longtemps borné les discussions sur la sexualité. Beauvoir écrivaine s'est montrée disposée à parler du corps – on s'interroge sur la réserve dont elle fait preuve dans ses Mémoires. « Pourquoi ne pas avoir approfondi pour les lecteurs votre expérience personnelle, sur le plan physique, puisque vous parlez de tous ces sujets avec franchise lorsqu'il s'agit des autres ? » écrit une femme de trente-quatre ans, enseignante, mariée et mère de deux enfants. Cette retenue volontaire est-elle à mettre sur le compte de la pudeur ? « Je suis très étonnée Madame et cherche à comprendre ! » Elle insiste :

> L'amour physique n'a guère de secret pour moi ; je parle de celui qui lie profondément un homme et une femme pendant leur jeunesse et de la première expérience de la femme principalement. Pardonnez-moi, chère Madame, mon indiscrétion et mon audace. Mon désir de mieux comprendre n'a pour motif que l'intérêt que je vous porte[39].

Beauvoir en a peut-être troublé plus d'un·e en faisant le récit de son « trio », mais cette histoire a donné lieu à une formidable lettre de la part d'une lectrice particulièrement irrévérencieuse.

Cette correspondante se dit déçue. Elle pensait avoir trouvé en Beauvoir une intellectuelle courageuse, une penseuse intrépide capable de réfléchir sur elle-même en tant que femme, une amie intime et brillante :

> Enfin une femme qui parle dans ses livres des problèmes qui je crois souvent être seule à me poser. Il est si difficile de trouver autour de soi une femme à la fois intellectuelle et préoccupée de sa condition de femme, d'avoir le temps d'aborder des sujets intimes et d'oser aller jusqu'au fond.

Mais elle juge finalement Beauvoir étonnamment timorée sur les plans amoureux et sexuel. Mentionnant Henry Miller, elle argumente : « Ce n'est pas une "expérience" qu'il décrit, il est dans sa peau. » En dehors de l'impatience que lui inspire la retenue de Beauvoir, la lectrice propose une critique en règle de la catégorie d'expérience de la philosophe, une expérience jugée trop cérébrale, déjà passée par le tamis de la réflexion et finalement transfigurée au moment de sa restitution. Certes, Beauvoir n'a jamais promis de livrer des « passages croustillants » sur sa vie amoureuse. La conclusion, cependant, est sans appel : « La chaleur de votre amour pour Sartre disparaît complètement. » Cette lectrice soupçonne aussi Beauvoir de jouir bien davantage des plaisirs de la chair qu'elle ne le laisse entendre dans ses Mémoires :

> Enfin le TRIO – parlons-en. Il y aurait beaucoup à dire. Vous en parlez trop ou trop peu. Le pauvre lecteur se transforme en détective pour faire coller votre récit à une situation réelle. [...] Je ne trouve là qu'une situation classique,

terriblement classique (le mari, la femme et l'amie de la femme devenue maîtresse du mari).

Et la lectrice d'énumérer des scénarios moins traditionnels, illustrant l'étendue de ces possibilités par deux savoureuses pages de triangles sexuels complexes, chaque point relié par des flèches à sens unique ou à double sens et des points d'interrogation. Qui, exactement, donne du plaisir à qui ? JP↔S[imone]←O[lga][40] ? Avec ce sens aigu des configurations sexuelles, son œil vif et ses croquis, cette lectrice révèle l'étendue de ce que la scandaleuse Simone de Beauvoir cache à son public. Dans l'esprit du plus grand nombre, Beauvoir en est venue à incarner les possibilités du désir féminin – la déception de cette lectrice en est une excellente illustration.

Le Deuxième Sexe

Beauvoir a brossé un portrait singulier d'elle-même, mais aussi du moi en général. Les lecteur·rices qui lui écrivent ne réagissent pas seulement à la lecture de ses Mémoires ; leurs lettres correspondent aussi à un regain d'intérêt pour *Le Deuxième Sexe*. Le mariage, ou la « destinée que la société propose traditionnellement aux femmes », occupe une place de choix dans son analyse de la lutte des femmes pour leur identité et leur indépendance. Sa critique, qui s'inspire des idées de la nouvelle anthropologie structuraliste de Claude Lévi-Strauss ou de l'éthique existentialiste, condamne les promesses creuses de l'égalité bourgeoise et l'anéantissement du moi féminin.

Le « passé qu'il perpétue », écrit Beauvoir à propos du mariage moderne, est ancré dans l'« échange des femmes » au sein de la « société des hommes qui permet à chacun de ses membres de s'accomplir comme époux et comme père » : « La femme a toujours été donnée en mariage à certains mâles par d'autres mâles. » Une telle inégalité des sexes, insiste-t-elle, ne peut qu'être le signe de la faillite morale de l'institution. Sans désir ni plaisir librement assumés, la sexualité, réduite à une « fonction animale », est nécessairement « obscène[41] ».

Trois thèmes beauvoiriens semblent trouver un écho particulier auprès des lecteur·rices. Le premier est d'ordre matériel : il s'agit du travail répétitif des tâches ménagères, assimilé à la « torture de Sisyphe ». « Le propre se salit, il faut le nettoyer pour qu'il se salisse encore, jour après jour », décrit Beauvoir : « Ainsi, le travail que la femme exécute à l'intérieur du foyer ne lui confère pas une autonomie ; il n'est pas directement utile à la collectivité, il ne débouche pas sur l'avenir, il ne produit rien[42]. » Les historien·nes ont abondamment écrit au sujet du consumérisme de masse dans l'Europe de l'après-guerre, détaillant l'explosion des ventes de cuisinières, de machines à laver, d'aspirateurs et de produits ménagers. Nous en savons plus aujourd'hui sur l'économie de travail rendue possible par ces appareils que sur la réalité du travail lui-même. Or, comme le rappelle une historienne, nous ne devons pas oublier que « le foyer absorbait plus de force de travail que n'importe quelle autre "industrie" en France[43] ». D'innombrables femmes mariées ont écrit à Beauvoir pour la remercier d'avoir analysé l'épuisement et la solitude abrutissante qui étaient le propre du travail domestique.

Le deuxième thème est d'ordre psychologique : Beauvoir fustige l'« optimisme bourgeois » et son cortège de déceptions romantiques dont les magazines féminins se font le relais. « Aussi bien n'est-ce pas l'amour que l'optimisme bourgeois promet à la jeune épousée, écrit-elle. L'idéal qu'on fait miroiter à ses yeux, c'est celui du bonheur, c'est-à-dire d'un tranquille équilibre au sein de l'immanence et de la répétition[44] » (les projets « transcendants » sont source de créativité et ouverts sur l'avenir ; les projets « immanents » ne font que maintenir l'existence).

Les lecteur·rices sont sensibles aux mises en garde de l'autrice contre les drames psychologiques épouvantables qui ne manquent jamais d'éclater lorsque les femmes, presque inévitablement, finissent par se révolter contre ces arrangements. Si le mariage « encourage l'homme à un capricieux impérialisme », affirme-t-elle, il pousse les femmes au venin et à l'autodestruction ; elles deviennent des « sangsues », des « mantes religieuses » ; elles ont recours à un arsenal de ruses, comme le refus des rapports sexuels. Ces conflits, soutient-elle, font parfois exploser un mariage ; le plus souvent, ils empoisonnent la relation à petit feu. Selon les mots de Beauvoir, « généralement, la femme tout en refusant la domination de son époux veut cependant le "garder". Elle lutte contre lui afin de défendre son autonomie, et elle combat contre le reste du monde pour conserver la "situation" qui la voue à la dépendance. Ce double jeu est difficile à jouer, ce qui explique en partie l'état d'inquiétude et de nervosité dans lequel quantité de femmes passent leur vie[45] ». Difficile de faire fi de ces avertissements. L'autrice les réitère dans la conclusion du

Deuxième Sexe, évoquant une guerre des sexes vouée à se perpétuer « tant que se perpétuera la féminité en tant que telle ». Sa réflexion repose sur une prose à l'imagerie cauchemardesque : « La femme qui est confinée dans l'immanence essaie de retenir aussi l'homme dans cette prison ; ainsi celle-ci se confondra avec le monde et elle ne souffrira plus d'y être enfermée. » L'inégalité engendre la rancœur et des émois contradictoires – la femme réclame à la fois d'« antiques égards » et une « estime neuve ». L'homme, dès lors « sur la défensive », s'en trouve « irrité ». Il reproche à la femme de ne pas jouer loyalement alors que, sciemment ou non, il a faussé le jeu à son propre avantage[46].

Ces passages précèdent immédiatement le fameux raisonnement sur la double conscience de la femme et l'impossible subjectivité du soi et de l'autre qui en découle. Beauvoir, en quelques lignes seulement, y expose avec force le cœur du *Deuxième Sexe* : « L'être même de la femme est opacité ; elle ne se dresse pas en face de l'homme comme un sujet mais comme un objet paradoxalement doué de subjectivité ; elle s'assume à la fois comme soi et comme autre, ce qui est une contradiction entraînant de déconcertantes conséquences[47]. » La relation entre l'homme et la femme s'assimile à un lien très particulier entre deux consciences, dont l'asymétrie et les antagonismes sont compliqués par des incitations à la complicité et à l'identification. L'intimité, l'amour, le désir sexuel recouvrent par conséquent des enjeux très différents pour les femmes et pour les hommes. L'institution du mariage, qui n'est pour Beauvoir qu'un exemple parmi d'autres de la négation du moi féminin, continue toutefois à orienter la trajectoire de vie de nombreuses lectrices des années 1960.

Beauvoir se montre radicale dans sa critique de l'institution ; son écriture est subjuguante et les scénarios décrits, épouvantables. On ne s'étonnera donc pas que ses lecteur·rices aient été poussé·es à la confidence, à l'introspection, à la solidarité et au rejet, ni de voir hommes et femmes s'approprier ses analyses comme autant de manuels d'instruction pour leur propre vie. « Votre livre est une œuvre d'art [...]. Certaines de ses phrases sont devenues des refrains que je garde en tête – comme le mariage qui oppresse l'homme mais anéantit la femme », écrit un lecteur américain[48]. Des couples mariés ont même tenu à faire savoir qu'ils ont lu Beauvoir ensemble et qu'ils se servent du *Deuxième Sexe* pour gérer leur vie à deux. Une Madrilène raconte cette habitude dans une lettre remarquable. Elle est mère de deux enfants. Son mari, un typographe, l'a encouragée à lire *Le Deuxième Sexe* avant leur mariage. Le couple voit désormais en Beauvoir l'« image de ce que représente la dignité de l'être humain féminin ». Quoique courte, la lettre en dit long sur le sentiment d'étouffement de son autrice. Beauvoir, surtout, y est mentionnée en protagoniste des conversations du couple : « Lorsque j'étais plongée dans les petits soucis de la maison et les enfants, et mécontente en même temps par l'étroitesse de mon univers mon mari me disait : "Mais, voyons, sois un peu plus SimoneBeauvoirienne !"[49] » Son récit laisse planer le doute quant aux propres sentiments du mari lors de ces discussions.

La même correspondante évoque les difficultés auxquelles elle se voit confrontée dans un « milieu très différent au votre » où « indépendance » et « liberté » ne sont jamais que des abstractions. De nombreuses lettres adressées à Beauvoir rendent compte de ce désir contrarié d'établir des relations plus égalitaires. Les correspondantes décrivent les obstacles qui barrent la route de leurs aspirations et le secours qu'elles puisent dans son exemple personnel. Une femme s'étant « débattue contre les barreaux de la cage où la vie l'avait enfermée » écrit ainsi :

> Mon mari et moi avons toujours considéré le but de notre existence et de notre amour, l'accomplissement maximum de chacun de nous dans la liberté. Mais, comme vous le savez, c'est une tâche des plus difficiles, surtout pour une femme, et à bien des reprises ce sont vos livres qui m'ont éclairée et soutenue. Cependant, [...] je dois reconnaître que je n'avais ni votre intrépidité, ni votre dédain de l'opinion publique, ni surtout votre magnifique capacité de jouir de la vie, et que, même favorisée par les circonstances, des barrières intérieures m'auraient empêchée d'aller si vite et si loin. Mais il y avait aussi de très réelles barrières, la principale étant toute la force du milieu social, économique, professionnel et intellectuel dans lequel nous vivons. Comment peut-on être sûr d'avoir raison contre tout cela ? Et c'est alors que le soutien de livres comme les vôtres est sans prix : ils aident à voir plus clairement ce qu'on cherche obscurément, ils vous confirment que vous n'avez pas tout à fait tort, que d'autres pensent et luttent comme vous[50].

« Je ne connais aucun autre couple qui essaie de faire les choses comme nous le faisons », écrit encore une Américaine, excédée par le poids cumulé des difficultés financières et de l'ennui provincial alors qu'elle assiste au naufrage de son deuxième mariage. « Je ne suis ni cynique ni amère, je me demande simplement si je peux être une personne indépendante, entière et épanouie, tout en étant mariée. Comme j'aimerais avoir ne serait-ce qu'un peu de votre sagesse et de votre volonté à un âge aussi jeune que le vôtre[51]. »

Les grands espoirs d'épanouissement conjugal des années 1950 et 1960, comme les lettres le révèlent, pouvaient se trouver rapidement anéantis ; le « bateau » dans lequel on embarque avec ses besoins sexuels, affectifs et intellectuels, selon les termes de Sullerot, a souvent tôt fait de prendre l'eau. Une jeune femme de vingt-sept ans originaire de Bogota, dont la lettre reflète bien les attentes de l'époque, raconte avoir espéré que son mariage serait une « culmination physiologique et psychologique ». Mais un mari, une vie sans intérêt intellectuel et quatre grossesses consécutives sont venues chambouler ces attentes : « Quoi faire ? N'osant pas scandaliser la société, peiner mes parents, bouleverser les enfants en m'éloignant de lui, résignée à une existence bourgeoise[52]. »

Beaucoup de celles et ceux qui écrivent à Beauvoir ont fait le choix de se marier jeunes, souvent en signe de révolte contre leur famille. Même si ces choix traduisent de nouvelles libertés, l'absence de contraception va de pair avec une succession rapide de grossesses qui submerge facilement les ressources économiques et affectives d'un jeune couple. La jeune femme de Bogota met sa situation sur le compte de l'« attitude hypocrite et aveugle de l'Église et du gouvernement devant le sujet "scabreux" du contrôle de la natalité[53] ». Plusieurs études sociales menées auprès de nouvelles mères aboutissent aux mêmes inquiétantes conclusions, sans toutefois mettre l'Église en cause. Environ un tiers des mères interrogées pendant leur séjour dans les maternités de Paris, Grenoble et Lyon en 1960 ont déclaré qu'elles auraient utilisé un contraceptif si elles en avaient eu la possibilité[54]. Certain·es se reprochent une série de mauvais choix. Une correspondante qui s'est mariée pour échapper à ses parents écrit regretter de n'avoir pas suivi l'exemple de Beauvoir en travaillant dur et avec sérieux. Mère de trois enfants, elle vit désormais avec son mari dans un deux-pièces : « Comme bêtise, c'est magistral, ne trouvez-vous pas[55] ? »

Une autre épistolière, née dans une famille juive du Périgord, projette depuis longtemps de quitter la région, mais son père est décédé quand elle était jeune et son frère a été déporté à Dachau pendant la guerre, ce qui l'a obligée à rester auprès de sa mère. Elle a trouvé refuge en épousant un cousin, avec lequel elle a eu trois enfants. Comment agir avec intégrité et franchise face à ce qu'elle considère comme ses erreurs ? Elle écrit que ses enfants remarquent tout :

> Ils sont terriblement ouverts et lucides – mais traversent une période où ils ont besoin que leurs parents soient… vertueux, passez-moi ce mot. Que je déteste. Pourtant je sais que leur demande est logique, légitime ; ils sont nés de notre lâcheté ; mais au moins que j'essaie d'assumer ça du mieux que je peux.

Beauvoir reçoit la lettre d'une autre femme juive, partie s'installer en Californie après avoir survécu à la déportation. Sa lettre est confuse, mais laisse entrevoir un mélange similaire de rage envers le monde et de dureté sans concession envers elle-même. « Mon mariage est en train de s'effondrer. Je le déteste », écrit-elle à propos de son mari. « Je pense que je le déteste parce que je me sens coupable de n'avoir pas choisi un meilleur conjoint[56]. » Plus tard, elle écrira pour remercier Beauvoir de lui avoir répondu.

Plusieurs lettres révèlent des situations d'abus et de violences domestiques, sujets pratiquement tabous dans les guides de psychologie en plein essor jusque dans les années 1970. Parmi les nombreuses lettres qui abordent prudemment la question, voici la plus marquante, à la fois pour la description qu'elle donne du problème et pour ce qu'elle nous dit du rôle que pouvait jouer une correspondance dans la vie d'une lecteur·rice :

> Quand je ne sais plus quoi faire, je vous écris. Je n'ai pas d'amis en qui j'ai confiance pour mes propres affaires et je vous fais appel quand je n'ai plus confiance dans mon propre jugement. Je me suis mariée toute jeune pour me débarrasser de mes parents et je ne me plais pas du tout avec mon mari. Depuis longtemps je pense à divorcer mais je n'en avais pas le courage. Il est très sensible et très violent. […] Il y a eu beaucoup de scènes. […] Cette fois-ci cela a été plus grave, plus violent, plus long, les trêves sont plus courtes alors je me suis décidée. J'ai tout dit. Nous nous sommes mis d'accord pour la séparation. Je suis à bout de nerfs. […] Un ami de mon mari me parle […]. Il me dit que je suis folle. Que je me casserai le nez. Que vis-à-vis de mon fils je n'ai pas le droit, etc. Moi qui croyais avoir raison. Je suis désorientée. Mon mari ne peut plus rien espérer de moi. Je ne l'aime pas. Tout à coup il m'a semblé évident que je devais me sacrifier. J'ai pleuré. Je ne veux pas. Je veux vivre.

Entre les vociférations de son mari, l'ingérence des amis et les souvenirs de la voix de sa mère, une femme « très dure » qui, dit-elle, « revient sans cesse la hanter comme un spectre », elle trouve un réconfort dans sa conversation avec Beauvoir. « Cela m'a apaisée de vous écrire », déclare-t-elle à la fin[57].

Les femmes exposent en détail les éléments qui concourent à rendre un mariage malheureux en même temps qu'impossible à fuir : la précarité économique, la pression exercée par les aîné·es de la famille et aussi par les enfants, le fardeau terre à terre mais bien réel des logements trop exigus et grossièrement inadaptés, ainsi que l'épuisement, la dépression ou les problèmes de santé[58]. Elles n'ont pas anticipé à l'époque tout ce que le mariage engendrerait – les tâches, devoirs et autres attentes qu'impose le statut d'épouse, la vitesse à laquelle la situation peut dégénérer et les ressources qu'il faut alors mobiliser pour s'en sortir. Une lectrice (elle a cinquante ans) confie :

> Je ne sais même plus au juste pourquoi j'ai accepté le mariage ; la maternité, je l'ai souhaitée, et tout le reste est venu. Deux enfants, cela signifie l'attachement continuel au foyer, l'interruption d'un travail qui me passionnait, la reprise des relations familiales, l'appartement, les meubles, les soucis matériels ; maintenant je suis une Française moyenne ; j'ai accepté toutes les contraintes sociales, les usages ; mon amour a disparu dans le quotidien. J'essaye de ne jamais me poser de questions sur le sens de ma vie car si cela m'arrive, je suis désespérée. [...] J'étais décidée à tout abandonner, je ne l'ai pas fait... à certains moments, je me dis que je suis lâche ; et à d'autres que mon devoir était de rester et aussi que c'était un désir ridicule à mon âge.

Une autre, titulaire d'un doctorat : « J'ai lutté longtemps. Lutté contre un mari "esclavagiste", des enfants envahissants, une famille accablante. Je l'ai pu pendant longtemps, parce que j'étais jeune. » Elle ajoute, citant Rimbaud : « J'étais surtout, hélas, un monceau d'entrailles. » La banalité de leur situation fait frémir ces lectrices. « Femme de médecin, une petite bourgeoise fidèle et calme – moi ! » écrit une mère de quatre enfants, se demandant si elle peut « rénover » sa vie à l'âge déjà avancé de trente-six ans. Certaines échafaudent des scénarios d'échappatoires romanesques et provisoires – entretenir des liaisons, cacher les lettres de leurs amant·es à leurs maris, rencontrer des amant·es dans des gares ou élaborer des quatuors compliqués (plusieurs de ces scénarios font intervenir des amant·es des deux sexes) – que l'on freine au nom de la préservation des idéaux d'amour unique et de bonheur. D'autres histoires sont simples et fastidieuses. Pour les unes, comme cette femme qui semble avoir assailli Beauvoir de plusieurs lettres au sujet de son mariage sans jamais obtenir de réponse, c'est un mari malade dont on ne sait que faire, prisonnière de la situation. Pour d'autres, ce sont de plates affaires de divorce : « L'an dernier, j'ai passé de très mauvais mois et je ne veux pas que ça recommence. Il faut que je me retrouve comme je pourrai, mais il le faut. Mes enfants sont adorables. Mais je vous ennuie peut-être avec mes soucis de bonne femme[59]. »

Il n'est pas rare de retrouver les propres mots de Beauvoir sous la plume des lecteur·rices. Une femme « en plein désarroi conjugal » lui fait parvenir à ce titre une lettre caractéristique. Alors qu'elle est plongée dans la lecture du *Deuxième Sexe*, les termes qui servent à décrire son chaos intérieur sont directement issus de diverses scènes du livre :

> Maîtresse de maison depuis deux ans et insatisfaite (bien qu'ayant désiré cette situation) je déchire mon mari et je me

> déchire, sans que jamais je sois libérée. Je veux dire qu'il y avait en moi cette propension à la passivité de maîtresse de maison, cette narcissiste, cette femme dévorante et dévorée, cette amoureuse et pourtant aussi cette femme devenant lentement frigide, et même cette érotomane en sommeil[60].

Chacune de ces lettres reflète des tensions que les lecteur·rices ne peuvent s'empêcher de partager avec Beauvoir, comme si l'autrice les avait elle-même conçues et énoncées.

Les femmes rompues

« Désarroi conjugal ! » ; « Mariage raté » ; « Ma vie est gâchée ». Quel·le auteur·rice ne reculerait pas devant une telle avalanche de malheurs, de déceptions et de colère contre soi-même ? On s'étonnera pourtant de constater que Beauvoir, afin de nourrir ses propres réflexions et son écriture, s'est servie de ce qu'elle a décrit comme les « confidences » de ses lecteur·rices. C'est le cas notamment dans une longue nouvelle qu'elle publie en 1968. Dans ce récit, une femme découvre, désemparée, que son mari a une liaison. Le texte s'intitule « La femme rompue » (c'est l'une des trois nouvelles qui composent le recueil intitulé *La Femme rompue*). Beauvoir s'est expliquée plus tard sur l'origine de l'histoire et sur ses intentions. L'histoire elle-même est « banale », a-t-elle déclaré :

> J'avais récemment reçu les confidences de plusieurs femmes d'une quarantaine d'années que leurs maris venaient de quitter

> pour une autre. Malgré la diversité de leurs caractères et des circonstances, il y avait dans toutes leurs histoires d'intéressantes similitudes : elles ne comprenaient rien à ce qui leur arrivait, [...] leur univers s'écroulait, elles finissaient par ne plus savoir qui elles étaient.

Elle invente alors une héroïne dont elle rédige le journal intime, s'attachant à montrer comment sa protagoniste « tente de fuir la vérité ». Beauvoir fait évidemment référence à des lettres comme celles que j'ai citées précédemment. Les expressions et le ton qu'elle emploie ne font qu'accentuer le sentiment qu'elle a abusé de la confiance de ses lecteur·rices[61].

« La femme rompue » est un récit emprunté et didactique. Il s'articule autour d'une crise dans le mariage de Monique, qui a renoncé à une carrière médicale pour s'occuper de ses deux enfants, désormais adultes, et de Maurice, un oncologue entretenant depuis des années une liaison avec une autre femme. Beauvoir prend pour point de départ le moment où Monique apprend l'existence de cette liaison et elle le relate sous forme de journal intime, invitant les lecteur·rices à observer avec elle les efforts désespérés de Monique pour comprendre ce que son mariage a pu signifier, en tenant compte de ses « fabulations », « omissions », « mensonges à soi », « erreurs » et « oublis ». Monique se persuade que la maîtresse de Maurice, Noëllie, une avocate, est une « arriviste » superficielle, matérialiste et obsédée par la mode ; il est inconcevable que Maurice ait des sentiments pour elle. Monique est prise de vertige en se demandant si elle doit se battre pour le reconquérir ou faire preuve de patience et de détermination le temps que la tempête passe.

Essayer de rester calme ou se reprocher sa « lâcheté » ? Croire qu'elle comprend ou comprendre qu'elle ne comprend pas ? Monique semble avoir conscience que le déni brouille chaque ligne de son journal. « En vérité je suis désarmée parce que je n'ai jamais imaginé que j'avais des droits », se confie-t-elle. « J'attends beaucoup des gens que j'aime – trop peut-être. J'attends et même je demande. Mais je ne sais pas exiger[62]. » La distinction entre « demander » et « exiger » est signée de la main de Beauvoir. Monique, en effet, est une version à peine romancée de l'épouse malheureuse et insatisfaite du *Deuxième Sexe*, incapable de prendre possession d'elle-même et rongée par le ressentiment et le besoin. En même temps, comme l'ont fait valoir les critiques littéraires, la nouvelle se lit comme un roman de gare et comme le genre de fiction à l'eau de rose qui fleurissent dans les magazines féminins. Le ton, intime, est celui de la confession, et l'intrigue présente l'« amour » à la fois comme la solution et la source des problèmes. Qui plus est, le drame reste cantonné à l'histoire personnelle : aucune contrainte sociale ou matérielle ne vient orienter les sentiments ou les actions des protagonistes. Beauvoir situe l'histoire dans le 7e arrondissement de Paris, que les personnages ne quittent que pour aller passer des vacances en Italie. Le fait que le récit ait été publié pour la première fois dans le magazine *Elle* (dans cinq numéros d'octobre à novembre 1967) ne fait que renforcer ces aspects[63]. Entre un fade roman pour midinettes et la satire assumée de ce genre d'histoires, la frontière, en somme, est devenue imperceptible.

La Femme rompue est un fiasco. Les critiques avisé·es du *Monde des livres*, des *Nouvelles littéraires* et du *Figaro littéraire* jugent le livre indigne de recevoir le nom de littérature : bâclé, sans vie et « irrespirablement conventionnel ». « En vérité, *La Femme rompue* est à elle seule un magazine féminin complet. C'est *Elle* dans *Elle*. Jusqu'à présent, il n'y manque que l'horoscope. » À soixante ans, l'écrivaine est désormais jugée embarrassante et dépassée[64]. Les lecteur·rices sont nombreux·ses à partager le verdict de ces critiques blessantes. De l'aveu même de Beauvoir, plus frustrants encore sont les éloges intarissables qu'elle reçoit de la part des épouses de quarante ans et plus, lesquelles ressemblent à s'y méprendre aux épistolières qui ont inspiré le texte en premier lieu – les modèles de la pauvre Monique. « Aussitôt je fus submergée de lettres émanant de femmes rompues, demi rompues, ou en instance de rupture », se plaint Beauvoir. Ces lectrices la remercient chaleureusement pour son tableau si perspicace et pour la grande empathie dont elle a su faire montre dans l'analyse de leurs situations. Exaspérée, Beauvoir écrit que « leurs réactions reposent sur un énorme contresens » et leur reproche de « partager l'aveuglement » de son personnage de fiction[65].

Le compte rendu exceptionnellement détaillé que dresse Beauvoir de ses intentions, des erreurs d'interprétation de ses lecteur·rices et de ses propres réactions face à ces lectures erronées a fait de « La femme rompue » une étude de cas aussi animée que passionnante sur la (mauvaise) réception littéraire, l'intention auctoriale et ses dérapages, la projection, l'identification et les jeux de pouvoir à l'œuvre entre les auteur·rices et leur lectorat[66]. Mais cette discussion s'appuie uniquement sur la version que Beauvoir nous présente. Les archives, elles, nous donnent accès au point de vue des lecteur·rices en fournissant un autre aperçu de leurs interactions avec l'autrice ; elles apportent de nouvelles voix au chapitre. « La femme rompue » semble bien terne en comparaison des vies et des dilemmes de ses lectrices. À la lecture de leurs lettres, le récit qu'en fait Beauvoir paraît beaucoup moins sensible et compréhensif qu'attendu.

Pour beaucoup de lecteur·rices, les principes fondateurs de l'existentialisme sont parfaitement intelligibles. Une lectrice qui n'a eu aucun mal à faire le rapprochement entre les personnages de Beauvoir et la pensée véhiculée dans ses autres œuvres explique pour autant ne pas voir clair dans les intentions de l'autrice : « Qu'a voulu nous montrer l'auteur ? La femme-enfant, je suppose, la femme dépendante et mystifiée dont elle parle ailleurs, enfermée dans une situation qu'elle n'arrive pas à surmonter ; fixée dans une attitude qu'elle érige en absolu, et donc incapable de devenir une vraie adulte, consciente, autonome, libre – l'ancienne femme-esclave et colonisée. » Mais aux yeux de cette lectrice, la Monique de « La femme rompue » est une femme « parfaitement puérile et ridicule », sans aucun ancrage dans son époque. Au milieu des années 1960, fait-elle remarquer, les femmes prennent l'initiative de la rupture sans « se laisser aller à une décomposition ». « Ne jouons pas les autruches », ajoute-t-elle : les hommes ne sont pas les seuls à avoir des aventures, « les femmes, comme les hommes jadis et maintenant, sont devenues à leur tour polygames ». Malgré les jugements des « amateurs d'hypocrisie instituée », « l'ancien schéma sexuel de la femme monogame et du mâle polygame est en train de se bouleverser de fond en comble », dans toutes les classes sociales, indépendamment des orientations politiques. Monique, conclut-elle, devient un « archaïsme ».

Une intellectuelle éclairée, lit-on encore ailleurs, aurait écrit au sujet du mariage tel qu'il existait réellement et plaidé pour une réforme des lois sur le divorce de manière à permettre aussi aux personnes mariées de longue date de mener leur propre vie[67]. Pour de nombreux·ses autres lecteur·rices, les thèmes principaux se révèlent abordés sous un angle trop restreint pour susciter l'intérêt. Beauvoir s'est déjà interrogée, dans *La Force de l'âge*, pour déterminer si le lien d'intimité requiert ou non la transparence. « La femme rompue » livre une version guindée et décevante de l'affaire, exempte des tensions réellement vécues pour concilier intimité et vérité absolue qui ont mis à rude épreuve son pacte avec Sartre. Le récit de Beauvoir n'est ni suffisamment personnel pour déchaîner les passions, ni suffisamment politique pour provoquer.

D'autres lectrices encore sont rebutées par la mise en scène bourgeoise de l'histoire, qui occulte toute dimension matérielle du mariage pour isoler ses aspects psychologiques et existentiels dans une sphère privilégiée et à part. Quelques-unes avancent qu'il y a plus urgent que de déterminer si les partenaires sont capables ou non de faire face à la vérité sur les « amours contingentes » : devoir batailler avec un mari au sujet de son propre travail ou de ses revenus, par exemple ; la recherche d'un emploi après des années d'inactivité ou celle d'un logement lorsqu'on est célibataire, *a fortiori* avec des enfants. Une femme qui vient de quitter son mari après une « discussion très violente » écrit qu'elle se concentre sur le problème immédiat en « ne se fixant pour l'instant que des objectifs modestes » : « Il faut d'abord trouver un logement, à cause des enfants c'est un problème difficile ; il faut trouver un travail. » Une autre lectrice, souffrant de graves problèmes de santé, vit depuis deux ans chez sa grand-mère avec son mari et son jeune enfant ; son mari, très endetté, tente en vain d'obtenir un logement social. La grand-mère, qui vit mal cette cohabitation, paie loyers et factures et partage sa chambre avec le bébé, tandis que le mari se montre de plus en plus violent. « Toutes ces histoires ont provoqué un drame atroce » et une « peur affreuse », explique-t-elle dans sa lettre. Tel est le genre de scénarios auxquels fait sans doute référence le lecteur qui demande à Beauvoir s'il lui serait possible de créer des personnages vraisemblables avec des problèmes d'argent, de travail ou de santé, par exemple[68]. Pourtant, Beauvoir n'a pas fait preuve de beaucoup d'imagination dans le choix et l'élaboration de ses personnages principaux. Maurice reproche à Monique d'avoir quitté son emploi et de s'être intellectuellement désintéressée du sien, un écho aux mots de Sartre lorsqu'il met Beauvoir en garde contre le risque de devenir une « femme d'intérieur[69] ». L'analyste de Monique ne trouve rien de plus à lui recommander que de trouver un travail[70].

Il y a néanmoins des lecteur·rices enthousiastes. « J'ai lu avec un intérêt que vous ne pouvez imaginer votre roman *La Femme rompue* et c'est avec une impatience grandissante de semaine en semaine que j'attendais le samedi, jour de parution du journal *Elle* » ; « Que vont devenir vos héros ? Je le saurai dans les prochains numéros de *Elle* » ; « *Elle* ne fait pas partie de mes lectures habituelles, et je vous assure que j'attendais, de semaine en semaine le jour de publication du journal[71] ». Des lettres admiratives affluent de la part de femmes qui se sont reconnues dans le personnage de Monique et son histoire : « Vous, Madame, avez écrit l'histoire de ma vie, mon histoire, ma souffrance, ma détresse de femme trahie et abandonnée par son mari, écrit une femme d'Israël. Même le nom, Maurice, même la profession, médecin, sont les mêmes. » « Tout comme votre héroïne j'ai posé mille questions à nos amis », confie encore une lectrice qui a tenté de lire la Bible et de prendre des tranquillisants, mais que seule la lecture de Beauvoir aura finalement aidée à remettre de l'ordre dans sa vie. Une autre avoue : « J'ai eu la totale… des enfants, des soucis d'argent, la maladie, et puis une splendide histoire d'adultère. » Ses efforts pour tenter de sauver son mariage n'aboutissent pas : « Mirage encore ! […] C'est un fiasco complet sur toute la ligne. » Elle fait une « dépression nerveuse » et son mari, une « crise d'impuissance sexuelle[72] ». Une lectrice indignée rejette un article accablant sur « La femme rompue » en le qualifiant de « détestable », « perfide » et « sot ». « Vous savez sans doute, Madame, mais il faut le répéter, poursuit-elle, que nous sommes un grand nombre de femmes pour qui votre témoignage est exemplaire. » On raconte ailleurs : « Mon mari a quitté le domicile conjugal jeudi dernier, en nous écrivant des lettres, nous informant de sa décision, emportant toutes ses affaires, sans laisser d'argent, qu'une somme dérisoire. Et me donnant l'adresse de son avocat… Cela fait vraiment un coup d'être plaqué moi et les enfants. » Dans une « situation irrémédiable », écrit une femme, « le seul réconfort que l'on puisse trouver est bien de voir que ce problème n'est pas méconnu, qu'il est posé, analysé, examiné. Croyez bien que de ce fait on se sent moins seul, moins damné, ce qui est très appréciable[73] ». Se lamenter de porter les fardeaux d'un monde injuste, ou de mener une « lutte éternelle contre le mal », selon les mots de l'Autrichienne déjà citée, déplorer son abandon par les proches et les figures protectrices… Parce qu'elles ont recueilli toutes ces doléances, les lettres des lectrices sont représentatives de ce que Lauren Berlant a nommé la « complainte féminine » (*the female complaint*). Il est question de s'adapter à des « scénarios d'urgence », de partager ce qu'on traverse et de chercher une consolation dans le sentiment d'appartenance.

Même les lectrices les plus conformistes peuvent se montrer d'une clairvoyance exceptionnelle. La correspondante d'Israël, qui s'est retrouvée dans tant de détails de « La femme rompue », déclare que l'histoire lui a permis de prendre un certain recul. Il est moins question d'identification avec le personnage de Monique que de la reconnaissance de sa propre aliénation : « Alors puisqu'on peut le lire comme un récit, on peut croire que ça, c'est après tout une histoire banale, et non ce qui a détruit ma vie ? » Une femme récemment divorcée écrit qu'elle aurait probablement pris la décision de mettre fin à son mariage quoi qu'il en soit, mais que c'est la lecture de Beauvoir qui l'y a encouragée : « Est-ce que j'aurais divorcé sans vous ? […] Je suppose que oui, car nous sommes portés par tant de courants, intérieurs et extérieurs ; mais je n'en aurais peut-être pas aussi bien senti l'urgence. Et vous m'avez donné des raisons pour être[74]. »

Qui plus est, le portrait que dresse Beauvoir de ces quadragénaires déboussolées tient souvent de la caricature. Alors que certaines correspondantes voient effectivement « leur univers s'écrouler », pour d'autres, c'est bien l'horizon d'un monde nouveau qui se dessine. « Depuis deux mois, je suis en pleine révolution, s'exclame une lectrice. Une première phase s'achève, et j'ai besoin de vous raconter comment cela s'est fait. » Une Japonaise écrit qu'elle aime son mari, mais qu'elle est « fatiguée du mariage ». Sa lettre, en anglais, relate : « Il y a tout juste trois jours, j'ai commencé à vivre seule (pas encore divorcée). Et puis aujourd'hui, j'ai lu votre livre, *Le Deuxième Sexe*. Votre livre m'a réveillée. Je comprends maintenant que mes difficultés ne sont pas d'ordre personnel. Si vous saviez comme vos paroles me portent ! » Ces femmes ne sont pas en quête de réconfort ni de conseils amoureux ; elles n'écrivent pas pour s'appesantir sur leurs mauvais choix de vie. Elles viennent chercher auprès de Beauvoir une approche plus substantielle, qui leur permette d'élever leur situation personnelle à une dimension collective. Si beaucoup des autrices de ces lettres se trouvent effectivement prisonnières de leur situation, elles n'en sont pas pour autant désorientées ou dans un état de confusion. L'une d'elles qualifie son mariage de faillite « sur le plan physique, où elle est totale, mais aussi sur le plan moral et intellectuel ». Elle avait espéré que des enfants sauveraient son couple, mais la maternité s'était révélée asphyxiante. Au moment où elle écrit, elle vient d'emménager avec un nouvel amant. Son mari, « d'éducation religieuse très sévère », a tout mis en œuvre pour l'en empêcher : il refuse d'abandonner les enfants, raconte à l'entourage familial qu'elle traverse un simple épisode de dépression nerveuse, et mobilise jusqu'à ses propres parents et un prêtre pour la rappeler à son « devoir d'épouse et de mère ». Doit-elle abandonner ses enfants, demande-t-elle à Beauvoir, ou les arracher à un père qui « n'est fautif que de n'avoir pas su l'aimer » ? « Cela fait des mois que je retourne ce problème et je n'en vois pas d'issue, c'est pour cela que je vous demande conseil. » Comme bien d'autres correspondantes de la fin des années 1960, elle insiste sur le fait que la crise qu'elle traverse n'est pas de celles qu'on peut soumettre à une rubrique de « courrier du cœur[75] ».

En effet, un grand nombre de correspondantes rejettent expressément la sphère du « public intime ». Vers la fin des années 1960, le courrier du cœur est bien souvent cité à titre d'exemple rédhibitoire : « Je suis une femme isolée – vous allez croire que je vous prends pour une correspondante du courrier du cœur ! – je cherche une évasion et j'ai pensé, en lisant la manière dont vous nous défendez, nous, les femmes, que vous voudriez peut-être m'aider de vos conseils[76]. » Les lectrices, dans leurs lettres, ont de plus en plus tendance à faire valoir le caractère signifiant de leurs problèmes, loin de n'être que de petits tracas anodins ou strictement individuels. De nombreuses épistolières précisent qu'elles ne sont pas le « genre courrier du cœur », ni même assez stupides pour chercher du réconfort ou des conseils tout faits ; leur souhait de bénéficier d'une oreille attentive ne signifie en aucun cas qu'elles ne savent pas penser par et pour elles-mêmes. *C'est à vous que cette lettre s'adresse, je n'expose pas mes doléances au monde entier*, souligne-t-on régulièrement ; qu'importent les lectrices d'un magazine féminin : ce n'est autre qu'à une brillante et originale philosophe radicale que ces correspondantes ont dans l'idée de se livrer. Elles ont douloureusement conscience qu'en confiant ainsi leur vie privée à une personnalité publique, elles prennent le risque de se retrouver noyées dans la masse du public intime, et donc aussi de voir leurs problèmes déformés et minimisés. Leur gêne vient de ce qu'elles connaissent le mépris suscité par ce type de rubriques populaires. Le langage de « La femme rompue » est bel et bien « emprunté au minuscule quotidien », déclare une lectrice à propos d'une critique dédaigneuse parue dans *Le Monde*. Mais, poursuit-elle, celui-ci a beau être « misérable », il n'en est pas pour autant « méprisable », encore moins « lorsqu'il est pensé avec les tripes[77] ».

Les incursions de Beauvoir dans la presse féminine commerciale ou le public intime divisent ses lecteur·rices pendant un certain temps. Lorsque des extraits de *La Force de l'âge*, pour la plupart sur le mariage, sont publiés dans les pages de *Elle*, de nombreux·ses correspondant·es s'indignent :

> [...] une œuvre, si elle se situe comme la vôtre dans un plan d'intégrité morale, de lucidité, d'absence de compromissions de tous ordres, ne doit à aucun moment être mêlée – fut-ce matériellement comme c'est le cas – à ce qu'on nomme si justement vulgarisation. Le choc que m'a causé le voisinage de votre nom et celui de Jean-Paul Sartre avec la recette d'une sauce et d'un courrier du cœur, mes amis belges, français, espagnols (de gauche) l'ont ressenti comme moi.

La publication de « La femme rompue » dans le même magazine provoque des réactions similaires. « *Elle* ?? » s'insurge une ancienne admiratrice en jurant qu'elle ne lira plus une ligne de Beauvoir. « Vous, jadis si exigeante, si intransigeante, vous avez accepté qu'on découpe votre roman comme un vulgaire feuilleton, qu'on le publie au milieu de niaiseries, écrit une autre. Vous avez accepté qu'on se serve de vous pour faire vendre un journal stupide, prétentieux et snob. Que se passe-t-il ? C'est dur à avaler. » Une amie de longue date affirme : « Je crois qu'on ne vous pardonne pas d'avoir été éditée par ELLE[78]. »

Les lectrices de *Elle* sont-elles trop aveuglées pour percevoir que le malheur de Monique n'appelle aucune sympathie ? Elles soupçonnent – à juste titre – qu'il y a en Monique plus de Beauvoir que celle-ci n'est disposée à l'admettre, comme elles soupçonnent Beauvoir d'être en proie aux mêmes difficultés qu'elles. Préférant penser qu'une puissante figure littéraire parle pour elles, et non contre elles, elles restent sourdes à toute forme de condescendance. Orgueil ? Vœu pieux ? L'autrice, en tout cas, l'a cherché. Comme ses lectrices, elle veut croire qu'un·e écrivain·e est à même d'éclairer et d'instruire, ou que son œuvre, par le seul pouvoir des mots, permettra à ces dernières d'échapper au public intime et de se forger d'autres destinées.

Pour Beauvoir, il existe une ligne de démarcation très nette entre « complainte féminine » d'un côté et révolte de l'autre – entre le ressentiment de celle qui se résigne à sa subordination et la « prise de responsabilité » de celle qui décide d'assumer sa liberté. Les contre-modèles de Beauvoir, comme la femme mariée dans *Le Deuxième Sexe* ou Monique dans « La femme rompue », s'insurgent sporadiquement, mais leur révolte n'est jamais qu'autodestructrice et illusoire. Les bons modèles, en revanche, telle Beauvoir elle-même dans *La Force de l'âge* ou la femme indépendante dans le dernier chapitre du *Deuxième Sexe*, ont le courage de troquer le « bonheur » (et « il n'y a pas d'assurance sur le bonheur[79] ») contre la liberté. Pour assumer authentiquement le statut de sujet, elles se doivent de choisir la voie la plus noble. Ce que cela signifie concrètement

– fuir le mariage ? trouver un emploi ? – n'est pas bien clair. Toujours est-il que, comme leurs lettres le montrent, les femmes ont emprunté toutes sortes de chemins, droits, de traverse ou entre-deux, afin de s'imaginer une vie différente.

À une époque où la culture populaire n'en a que pour le « grand amour », la charge de Beauvoir contre l'« optimisme bourgeois » et ses illusions romantiques est particulièrement stimulante et trouve un puissant écho. Pourtant, les catégories d'analyse de Beauvoir ne permettent pas si bien de saisir les émotions de ses lecteur·rices, leurs aspirations ou les répercussions politiques de leurs sentiments. Il est vrai que nombre de griefs et de plaintes qui ont saturé la boîte aux lettres de Beauvoir semblent avoir été motivées par des « fantasmes de conventionnalité ». Il est également vrai que les lecteur·rices, si elles et ils expriment leur déception à l'égard des promesses du mariage, ne se montrent pas forcément désenchanté·es à l'égard de l'institution elle-même. Comme le dit Berlant, « dans l'esprit du public intime, l'agitation que provoque le désir et l'éclosion d'une conscience politique sont deux choses bien distinctes[80] ». De tels sentiments, chez les lecteur·rices, ne débouchent pas nécessairement sur des mouvements sociaux porteurs de changements. Or, le sérieux qu'accorde Berlant au sentiment d'« agitation », comparé à l'analyse de Beauvoir, est peut-être mieux à même de saisir le propre des émotions qui émergent de la lecture de son œuvre et de l'échange épistolaire. De plus, cette « agitation » constitue dès lors un des terrains sur lequel le féminisme sera tenu de travailler.

Qui pourrait ignorer à quel point le mariage hétérosexuel est inégalitaire, en fonction du sexe, dans sa répartition des privilèges juridiques, des obligations sociales, des charges émotionnelles et des avantages sur le marché du travail ? Sociologues, théoricien·nes politiques, anthropologues et historien·nes ont amplement démontré le puissant investissement culturel et politique dont cette institution fait l'objet[81]. Puisqu'un grand nombre de ces correspondant·es placent également leurs espoirs dans le mariage, on ne s'étonnera pas que celui-ci soit devenu le lieu de cristallisation du mal-être existentiel, et parfois d'une sourde protestation. Ce qui interpelle en 1968-1970, c'est la transformation soudaine de la plainte en critique radicale, critique qui, en outre, ira bien au-delà du mariage, touchant à la cellule familiale et à son ancrage patriarcal, aux illusions de la « nature » et du corps féminin, jusqu'à la réinvention des plaisirs et des pratiques sexuelles. Il est tout aussi frappant de constater que bon nombre de féministes radicales qui ont développé cette critique, comme Shulamith Firestone, ont également écrit à Simone de Beauvoir, s'inspirant d'autres thématiques tirées de son travail.

*

Les lettres sur le mariage et « La femme rompue » nous ont amené·es bien loin de ce qui pourrait être considéré comme le cœur de l'action en cette année 1968. Cette année-là, ce sont les manifestations étudiantes, les grèves massives et le militantisme antiraciste en faveur des droits civiques qui font la une des journaux. Mais les lettres sont révélatrices de la tempête qui gronde. Le chemin à parcourir n'est pas si long, et c'est peut-être là le plus important, entre les doléances qu'inspire un travail domestique aussi épuisant qu'abrutissant et les dimensions ouvrières de la lutte en 1968. Se plaindre du mariage, c'est aussi protester contre le surmenage, surmenage aggravé par une division du travail de toute évidence inégale qui attribue aux femmes le fardeau des tâches ménagères, de l'éducation des enfants et de la responsabilité affective de la famille. Dans les années 1970, le Mouvement de libération des femmes (MLF), mouvement radical bruyamment contestataire, va s'élever contre la « répétition » et la « routine[82] » du mariage. Lorsqu'en 1971, des manifestantes du MLF passent par hasard devant une petite église du boulevard de la République où a lieu une cérémonie de mariage, des militantes se détachent du cortège et accourent dans l'église en scandant : « La mariée avec nous ! Libérez la mariée[83] ! » Le mariage « prétend assurer la sécurité, écrit une militante, quand il n'organise que la dépendance ». Le MLF, affirme-t-elle, fait entendre « le long grief des femmes contre cette "machine diabolique" par laquelle la société les condamne à se faire complices de leur propre oppression ». Dans les années 1970, l'agitation du « public intime » va se retrouver prise dans l'extraordinaire essor de la politique féministe radicale[84].

Avant même cet essor, cependant, le mécontentement qui se dégage des lettres adressées à Beauvoir a contribué à faire évoluer le mariage à travers toute une série de réformes établissant l'égalité et l'indépendance des femmes mariées, leur droit d'ouvrir des comptes bancaires, de signer des contrats et de comparaître devant les tribunaux. En modifiant les lois régissant la séparation des biens en cas de divorce, en remplaçant l'autorité « paternelle » par l'autorité « parentale » et en simplifiant la procédure de divorce, ces réformes ont accéléré la « décolonisation des femmes mariées », pour reprendre les images en circulation à ce moment de l'histoire[85]. Rien de tout cela ne serait arrivé sans les plaintes des femmes qui bouillonnaient alors. On trouvera la preuve la plus flagrante de ce mécontentement dans l'arrêt brutal de la courbe des mariages. En France (et ailleurs), le taux de mariages a atteint son pic en 1972 et poursuivi sa décroissance depuis cette date[86].

En 1960, Paul Ricœur écrivait dans la revue catholique progressiste *Esprit*, et à juste titre, que le sexe n'était plus sacré. Mais comment cette désacralisation allait-elle changer l'« éthique conjugale des modernes » ? Le mariage, observait-il, avait été le « pari cardinal de notre culture quant au sexe[87] ». Dix ans plus tard, la réponse serait claire : le pari était perdu.

8

Sexe et féminisme

Quelles sont les raisons véritables
de l'explosion de cette bombe à retardement
qui ressemble fort à une machine infernale ?
Qu'est-ce qui motive ce brusque règlement de comptes,
maintenant ? Nous avons droit à toute la vérité.

(9 mars 1972)

Ce que vous écrivez depuis quelques semaines
dans le Nouvel Observateur nous comble, mes amis
et moi : quelques filles mais surtout des garçons !
Vos articles sont l'expression claire et concrète d'un rêve,
longtemps étuvé au fond de nous. Un rêve de bonheur.

(22 mars 1972)

Tout au long des années 1960, la correspondance de Beauvoir fourmille de griefs contre les mariages étouffants, l'ennuyeuse corvée des tâches ménagères, le manque de choix, l'absence de contraception, les grossesses à répétition, la criminalisation de l'avortement ou encore le fardeau de devoir porter la charge affective de la famille – autrement dit contre la responsabilité de tout ce qui est supposé relever du domaine inférieur de la femme. Ces questions, et en particulier celle de la contraception, pèsent sur la vie politique du milieu des années 1960. L'année 1967 marque la légalisation de la contraception en France ; cette année-là, les femmes viennent grossir les rangs des syndicats, les livres sur la condition féminine envahissent les rayons des librairies : le féminisme s'impose comme un sujet incontournable. L'explosion du mouvement radical étudiant en mai 1968 et l'énorme grève générale qui s'ensuit relèguent toutefois la question au second plan. Ce sont alors la classe sociale et la jeunesse qui constituent les deux principaux critères d'identité. Derrière les slogans qui scandent la mobilisation, les revendications visent les salaires et la qualité de vie, l'opposition aux hiérarchies et à l'autoritarisme, la liberté individuelle et la libération sexuelle. Cette dernière est avant tout conçue comme masculine et hétérosexuelle ; du moins l'envisage-t-on rarement dans ses dimensions queers ou genrées.

Le féminisme, transformé et désormais nommé « libération des femmes », surgit dans le sillage de ce mouvement avec une force extraordinaire, comme un second Mai 68. Dès 1970 émerge un courant que la presse française appelle « Mouvement de libération des femmes », ou MLF, bien qu'il englobe toute une série de groupes et de tendances diverses et souvent rivales, et que son nom soit voué à rester un sujet de controverse. En l'espace d'un an, le MLF dispose de journaux alternatifs, organise des assemblées générales dans les amphithéâtres de la Sorbonne et de l'École des beaux-arts et peut compter sur un soutien populaire massif aussi bien que sur des réseaux internationaux. Ces jours exaltants apportent à Beauvoir des lettres d'Allemagne, d'Angleterre, de Belgique, d'Espagne, des États-Unis, d'Argentine. Une correspondante, de retour à Buenos Aires après un séjour à Paris, découvre que son environnement politique et son propre centre de recherche ont été détruits par le régime militaire répressif alors en place. Si elle éprouve un sentiment de continuité dans sa vie, c'est grâce au féminisme et à la « sororité » (« sisterhoud » [*sic*]) entre camarades[1]. La libération homosexuelle fait partie de ce deuxième Mai 68 elle aussi et contribue à repenser le sexe avec tout ce qu'il implique, des rôles de genre à la différence sexuelle en passant par les rapports et les désirs.

La correspondance de Beauvoir rend compte de multiples aspects de cette période bouillonnante. Le temps est en grande partie révolu où les lecteur·rices érigeaient l'écrivaine au rang d'experte, d'oracle, de grande connaisseuse des choses du sexe. Comme l'écrit irrévérencieusement Annie Ernaux, « avoir lu Simone de Beauvoir ne servait à rien qu'à vérifier le malheur d'avoir un utérus[2] ». Pourtant, Beauvoir continue d'attirer. Les divers courants qui animent ces mouvements politiques émergents, et qui se distinguent par leur radicalisation soudaine, leurs nouvelles composantes démographiques, leur internationalisme et leur charge affective, avec ses enchevêtrements de sentiments, d'identification et de politique, se tournent encore largement vers elle.

Le scandale de l'avortement

À partir de 1970, la légalisation de l'avortement devient le cheval de bataille du nouveau mouvement des femmes, sa revendication la plus frappante et celle qui aura le plus grand retentissement. L'appel à la légalisation de l'avortement unit aussi bien les voix de la capitale que de la province, transcendant les classes sociales et, fait marquant, les orientations sexuelles. Le mouvement prend en outre une ampleur internationale[3]. Beauvoir doit alors sa réputation à la position bien connue qu'elle tient de longue date sur la question. Depuis des dizaines d'années, son franc-parler radical suscite des avalanches de lettres et autant de visites de la part de femmes enceintes venant chercher de l'aide, de l'argent ou l'adresse d'un médecin susceptible de pratiquer un avortement. Les correspondantes ont déversé leur rage face au double standard qui permet aux hommes de s'extasier sur les joies de la paternité tout en en fuyant les responsabilités, tandis qu'on accuse les femmes qui voudraient interrompre une grossesse d'être « flétrissantes, infâmes, ignobles, criminelles, etc.[4] ».

« L'avortement est un crime répugnant auquel il est indécent de faire allusion », écrit Beauvoir dans *Le Deuxième Sexe* avant de faire fi de toute prétendue « décence » en s'attaquant à la question dans ses moindres détails[5]. Le chapitre du *Deuxième Sexe* concernant la mère s'ouvre non pas sur l'acceptation heureuse d'un destin naturel, mais sur le sujet de l'avortement et du contrôle des naissances, que Beauvoir présente comme une révolte inhérente à l'être humain contre l'espèce et les diktats de la nature. C'est peu dire que l'impossibilité de disposer de son propre corps occupe une place centrale dans l'analyse de Beauvoir sur la condition des femmes. De même, la « crainte ignoble », pour une femme, d'être « prise au piège » de la grossesse joue un rôle essentiel dans le portrait saisissant que la philosophe dresse de l'immanence. La souveraineté individuelle, la capacité à agir de manière éthique et responsable, l'égalité et l'amour authentique entre hommes et femmes paraissent inconcevables tant que la grossesse et la maternité, tels des pièges, continuent à jalonner la vie des femmes.

En 1960, la docteure Marie-Andrée Lagroua Weill-Hallé, obstétricienne et fondatrice du Planning familial français, sollicite Beauvoir pour rédiger la préface de *La Grand'Peur d'aimer*, son recueil présentant cinquante cas de grossesses non désirées parmi ses patientes. Lagroua Weill-Hallé commence son livre en rappelant les sombres faits déjà connus. « Se faire avorter », à l'époque où l'avortement est illégal, signifie généralement provoquer une fausse couche : insérer ou faire insérer une sonde ou une aiguille à tricoter dans l'utérus, attendre que le sang coule. Le processus prend souvent plusieurs jours. Il n'est pas rare de devoir réinsérer la sonde. Les femmes finissent la plupart du temps par atterrir dans une clinique ou un hôpital pour un curetage d'urgence par dilatation-aspiration de l'utérus[6]. De nombreuses femmes qui ont cherché à avorter seules rapportent avoir été « punies » pour leur faute par le médecin de la clinique, qui devinait évidemment l'origine de la fausse couche et pratiquait alors l'intervention sans anesthésie. En décrivant les expériences de ses patientes, Lagroua Weill-Hallé entend mettre des visages sur la souffrance et les dommages irréversibles causés sur la santé des femmes par les lois (en France et ailleurs) qui criminalisent l'avortement, la contraception et tout débat public à ce sujet.

En France, ce régime juridique a été mis en place au début des années 1920, dans le contexte des énormes pertes causées par la Première Guerre mondiale. Aider une femme à obtenir un avortement est alors passible d'une peine de cinq ans d'emprisonnement et de lourdes amendes, peines qui ont été encore alourdies en 1939, puis en 1942, lorsque le régime de Vichy fait de l'avortement un « crime contre la race[7] ». Bien que la loi de l'époque de Vichy ait été abrogée, l'avortement, la contraception et les discours sur la contraception, ou « propagande antinataliste », demeurent illégaux (seule exception, l'enseignement de la méthode « naturelle » approuvée par l'Église qui consiste à prendre sa température pour suivre l'ovulation). Ces lois ne sont ni populaires ni efficaces, à en juger par le taux d'avortements clandestins, et Lagroua Weill-Hallé n'est assurément pas la seule à intervenir pour dénoncer le « scandale » de l'avortement. En 1960, il n'est plus possible d'en ignorer la cruauté et l'inutilité[8], ce qui ne signifie pas pour autant que ces lois vont être changées, loin de là. L'histoire générale de l'avortement le montre : presque partout, on le condamne tout en le tolérant. L'interdiction légale n'a pas pour rôle de mettre un terme aux pratiques, explique Luc Boltanski, mais vise plutôt à maintenir une ligne de démarcation entre ce qui relève de l'« officiel », doté d'un caractère « public, solennel et collectif », et de l'« officieux », « condamné à un mode d'existence honteux voire clandestin ». La loi a eu pour objectif d'« empêcher les expériences morales liées à l'avortement d'entrer dans la sphère publique[9] ».

Beauvoir ne mâche pas ses mots, dans sa préface à *La Grand'Peur d'aimer*, sur la mise à l'écart du problème dans le débat public. Le silence et le déni dissimulent sa banalité aux femmes elles-mêmes, qui se voient forcées de faire face aux grossesses non désirées dans un isolement criminalisé, comme si ces grossesses n'étaient que des « accidents » malheureux et non des éléments constitutifs de la situation des femmes dans un monde où la contraception est illégale et inadmissible. Les médecins, qui se présentent comme des spécialistes bienveillant·es du corps féminin et exercent sur les femmes un pouvoir considérable quand elles viennent chercher des conseils sur la contraception et la grossesse, se disent incapables de changer la loi. Face à cet épais mur de silence et d'interdit, multiplier les témoignages ne servirait pas à grand-chose, conclut Beauvoir, car ils ne feraient qu'en égratigner la surface[10].

L'année 1960 est aussi celle du scandale de l'arrestation et de la torture de Djamila Boupacha, et la préface de Beauvoir au livre de Lagroua Weill-Hallé vient toucher les mêmes cordes sensibles. D'après Beauvoir, le « scandale » de la torture ressemble au « scandale » de l'avortement illégal, le plus scandaleux, dans les deux cas, étant que le public s'y est habitué[11]. Les deux pratiques sont des secrets de Polichinelle. Elles enfreignent les lois et dérogent à ce point aux normes de conduite morale en vigueur que ces dernières ont fini par apparaître dans toute leur vacuité. Leur banalité quotidienne est anesthésiante ; quant à la promesse permanente de nouvelles « révélations », elle n'a pour effet que de creuser encore un peu plus profondément le fossé du déni. La torture est le scandale d'une guerre coloniale sanctionnée par l'État ; l'avortement, le scandale de la contraception criminalisée et de l'absence de liberté sexuelle des femmes. Tous deux sont connus, mais jamais reconnus, et donc perpétuellement choquants.

Dans la préface de Beauvoir à *La Grand'Peur d'aimer*, les patientes de Lagroua Weill-Hallé ont beaucoup en commun avec la jeune Algérienne dans sa cellule de prison. Elles sont « épuisées, harassées, épouvantées, traquées ». L'isolement aggrave l'impuissance et la peur qu'elles ressentent. « Comment les autres femmes font-elles ? » demande l'une d'entre elles. Dans les deux situations, on retrouve le sentiment d'une faute criminelle que les femmes sont promptes à intérioriser et dont elles saisissent en même temps le caractère injuste ; l'impression que leur « condition » est loin d'être un cas unique, et cette conviction qui l'accompagne : il devrait être possible d'accéder au savoir et à la justice. Pour Beauvoir, ces deux situations démontrent comment la loi, la culture et la mauvaise foi font souffrir les femmes ou, dans le cas de l'avortement, leur imposent des choix éthiques impossibles.

En mettant ces deux cas en relation dans son analyse de la loi, du crime, du châtiment et de la conscience morale, Beauvoir a également repris les thématiques et le langage du *Deuxième Sexe*. Elle y évoquait le cas de la femme qui, ayant provoqué une fausse couche, se retrouve dans une clinique pour un curetage : « On la punit sadiquement. » La procédure médicale, écrit-elle, n'est pas une « souffrance » mais une « torture ». Un monde sépare les deux : là où les femmes respectables subissent ce qui leur arrive, car il s'agit forcément d'un accident ou de la fatalité, on torture intentionnellement les autres, qui sont toujours présumées coupables. Une femme enceinte contre son gré est obligée de supplier pour obtenir des adresses, de trouver des complices et de mettre sa vie et son corps en danger ; elle s'est laissé prendre au piège et ne peut s'en prendre qu'à elle-même : « Le fait que l'opération subie est clandestine et criminelle en multiplie les dangers et lui donne un caractère abject et angoissant. Douleur, maladie, mort prennent la figure d'un châtiment[12]. » Cette impossibilité d'échapper à son corps, ou de vivre son corps autrement que comme un piège, constitue l'un des exemples les plus percutants de ce que Beauvoir nomme l'« immanence ».

Lagroua Weill-Hallé elle-même, préférant rester à l'écart de l'affaire Boupacha, est de celles qui se désolidarisent de la position de Beauvoir en 1960[13]. Elle redoute que l'écrivaine, de son côté, ne renonce à soutenir le Planning familial. Pourquoi ne répond-elle ni à ses appels téléphoniques ni à ses lettres ? Et si la célèbre Simone de Beauvoir, dont le nom suffit à mettre le public du Planning en émoi, décidait de ne pas se rendre à la conférence de presse destinée à faire connaître *La Grand'Peur d'aimer* et la cause du groupe ? Beauvoir assistera bel et bien à la conférence de presse. Mais dans le récit qu'elle fera plus tard de l'événement (dans *La Force des choses* en 1963), elle sera sans pitié pour ce qu'elle juge comme de la pusillanimité de la part du Planning. Lagroua Weill-Hallé, ce jour-là, apparaît « virginale » avec ses cheveux blonds et sa robe blanche ; quant à l'assemblée d'expert·es en présence – médecins, psychanalystes et autres « spécialistes plus ou moins autorisés du cœur humain » –, toutes et tous se plient consciencieusement au code français de la « pudeur » en prenant soin d'éviter les sujets embarrassants. Personne, lors de la conférence, ne prononce les termes « contrôle des naissances » ou « contraception », s'amuse Beauvoir : « Au mot “avortement”, on se voilait la face ; quant au sexe, il n’était nulle part[14]. »

Le Planning, en effet, se « voile la face ». Il vient tout juste de délaisser son ancien nom, « La Maternité heureuse », et reste très marqué par la volonté politique d’améliorer les conditions de vie conjugale et de préserver l’« équilibre affectif » des couples hétérosexuels[15]. L’avortement est un problème que seule la contraception résoudra ; le contrôle légal des naissances balaiera tous les obstacles nuisibles à l’« amour » ou au bonheur du « couple ». Le viol et les violences sexuelles ne figurent pas dans ce tableau du bonheur hétérosexuel, pas plus que les inégalités de sexe, de race, ni que le privilège sexuel masculin. Le Planning se garde bien de rejoindre l’analyse de Beauvoir établissant un lien entre violence coloniale, violence raciste et misogynie, ou entre domination sexuelle et relations intimes (sinon sexualité tout court).

La Grand’Peur d’aimer peut choquer par le racisme qui s’en dégage. La toute première étude de cas porte l’intitulé (je souligne) : « Elle *ne pouvait pas* se marier ». La patiente en question est une jeune bourgeoise d’une « discrète élégance ». Ses traits se durcissent quand l’obstétricienne lui annonce qu’elle est enceinte. Pas question d’avoir « celui-là », répond-elle, car il ne lui est pas possible d’épouser le père. « C’est un Africain “noir”. » La révélation publique d’une relation entre une femme blanche et un homme noir est inenvisageable ; se marier ou fonder une famille sont des désirs que la condamnation du « métissage », perçu comme un vice, rend impossibles. Le contraste interpelle avec l’exemple qui suit immédiatement, le cas d’une femme en couple avec ce que Lagroua Weill-Hallé appelle un petit ami « sérieux » : « Une qui *pouvait* se marier », si seulement le couple avait eu les moyens d'élever un enfant[16].

Ce n'est un secret pour personne que les plannings familiaux du monde entier reposaient souvent sur des idéologies racistes et eugénistes légitimant les privilèges de la classe moyenne blanche. Exemple parlant, la loi française de 1920 interdisant la contraception et la diffusion d'informations sur la contraception ne sera jamais appliquée aux colonies. Selon un accord juridique, des « circonstances particulières » pouvaient justifier la modification des lois métropolitaines dans les colonies. Les responsables français de Guadeloupe et de Martinique se préoccupent principalement de réduire la fécondité et, dans les années 1960, donnent carte blanche au Planning familial pour ouvrir des cliniques. Non seulement la contraception y est légale, mais elle est en outre gratuite pour les femmes de plus de quinze ans[17].

Il est dérangeant que Beauvoir ait accepté de signer la préface du livre de Lagroua Weill-Hallé. Peut-être les présupposés racistes de ce livre sont-ils alors si répandus qu'ils passent inaperçus. Le Planning, en tant qu'organisation, peut se revendiquer du soutien de Beauvoir. Travailleur·ses sociaux, assistant·es familiales, personnel médical des antennes locales, qui plus est, ne souscrivent pas nécessairement à ces idées eugénistes. Le Planning doit affronter l'Église catholique, bien sûr, mais aussi le Parti communiste qui, jusqu'en 1965, insiste pour faire porter le véritable problème sur l'amélioration des salaires, des conditions de travail et du logement de manière à permettre aux femmes de la classe ouvrière d'avoir plus d'enfants (s'inquiéter de savoir si les femmes désirent plus d'enfants ou non n'est pas à l'ordre du jour). Beauvoir voit dans l'invitation à préfacer le livre une occasion de réaffirmer sa propre position, démontrant par là ou bien son aveuglement, ou bien sa complicité passive avec le racisme de l'ouvrage. Je n'ai trouvé qu'une seule correspondante disposée à aborder le sujet avec Beauvoir, un fait qui en dit long sur les milieux dans lesquels évoluent ses lecteur·rices, sur leurs privilèges et leurs préjugés de race. Il est vrai que la politique sexuelle va changer si rapidement de rhétorique au cours de la décennie suivante que le livre de Lagroua Weill-Hallé, avec ses hymnes à la maternité heureuse, à l'harmonie hétérosexuelle et à l'eugénisme, disparaîtra très vite de la circulation. Mais ce passage reste gravé dans les Mémoires de celles et ceux qui, plus tard, pointeront l'ouvrage et sa préface pour mettre en évidence l'étroitesse d'esprit et le racisme constitutif du féminisme blanc européen.

Politique sexuelle du féminisme radical

Le Planning se radicalise de façon spectaculaire dans les années 1960, poussé vers la gauche pour l'essentiel par des militant·es de la base. Ces militant·es font entrer des contraceptifs en France, parfois par le biais des mêmes réseaux clandestins qui ont apporté un soutien au FLN. Toutes et tous bravent à la fois la loi française et la direction nationale du Planning en créant des cliniques destinées à fournir des informations sur la contraception. La première ouvre en 1961 à Grenoble, où la structure est dirigée par Henri Fabre, un ancien combattant de la Résistance et un trotskiste qui a quitté le Parti communiste[18]. En 1967, quand ce qui va bientôt être connu sous le nom de « loi Neuwirth » commence très prudemment à libéraliser l'accès à la contraception, les rangs du Planning s'étoffent. Lorsqu'il apparaît clairement que l'État français tente de limiter la fabrication des contraceptifs, leur marché et leur accès, les effectifs s'accroissent encore. Les limites évidentes de la nouvelle loi et les efforts pour la saboter alimentent la polémique, la publicité et le sentiment de défiance[19]. L'encyclique de 1968, qui condamne la contraception et le relâchement des mœurs sexuelles, entraîne un effet similaire, déclenchant la colère non seulement des militant·es, mais aussi de nombreuses personnes sans affiliation politique particulière, qui s'attendaient à ce que le pape tempère la position de l'Église et s'adapte, d'une manière ou d'une autre, à l'utilisation quotidienne et répandue de la contraception parmi les femmes et les hommes catholiques d'Europe.

Après 1968, le Planning se voit cependant devancé à gauche par le tout nouveau MLF qu'anime le même esprit d'urgence et de mobilisation qui a caractérisé l'agitation soulevée cette année-là à travers le monde. Ses fondatrices sont de brillantes provocatrices politiques. Refusant ouvertement toute évocation de « maternité heureuse » ou de « planning », le MLF fait de la contraception sa préoccupation principale, articulée autour des questions tout aussi essentielles de la sexualité, de la liberté sexuelle, du droit au plaisir et des structures psychiques de la féminité. Le MLF redonne ainsi une nouvelle dynamique au féminisme

Que s'est-il passé ? Comment rendre compte d'une évolution si fulgurante que l'on croirait presque à une faille temporelle ? Mai 68 en France est le théâtre d'une explosion de protestations étudiantes qui se mêlent à l'une des plus grandes grèves générales de l'histoire. Les cibles de la révolte sont nombreuses : le rythme effréné de la production qui a rendu possible le boom économique de l'après-guerre ; l'incapacité de la croissance économique à offrir une meilleure qualité de vie ; la rigidité des hiérarchies dans le monde du travail ; la stricte réglementation de la radio et de la télévision contrôlées par l'État ; les universités surpeuplées et sous-financées ; les règles paternalistes qui régissent la vie étudiante ou encore le prompt recours des autorités à la répression policière. La révolte est mondiale. Même bref, un inventaire des points chauds, outre Paris, fait apparaître Rome, Mexico, Tokyo, Sao Paulo, Berkeley et Chicago. Le soulèvement de Prague contre le régime soviétique et l'offensive du Têt au Viêtnam comptent parmi les événements les plus significatifs de l'année. La guerre du Viêtnam, exemple criant des promesses creuses de la démocratie d'après-guerre, suscite un mouvement d'opposition international. En France, elle réveille les souvenirs de la violence coloniale de la nation. Comme d'autres États, le gouvernement français sort ébranlé de l'année 1968 mais se reprend, bien que son image et sa légitimité aient été affaiblies. La mobilisation des jeunes perdure et, avec elle, l'intérêt nouveau pour les libertés individuelles, tout comme le sentiment d'impatience à l'égard des réformes attendues depuis longtemps et du réformisme en général. L'influence grisante de l'internationalisme subsiste elle aussi ; elle insuffle au mouvement des femmes un radicalisme inédit.

Les nouvelles féministes puisent à la même source que les autres radicales et radicaux de leur génération : chez les théoricien·nes critiques qui se servent de Freud pour relire Marx et ainsi redessiner les conceptions de la subjectivité humaine et de la pratique révolutionnaire. Wilhelm Reich n'est que l'un des nombreux marxistes freudiens du moment, mais son travail vient à compter plus particulièrement pour les jeunes générations radicales, car il défend passionnément l'idée que la jeunesse se situe à l'avant-garde de la révolution et que le désir sexuel des jeunes renferme le pouvoir de faire changer les choses[20]. La vie sexuelle est le lieu des oppressions et de l'insatisfaction émotionnelle, psychologique et corporelle. Libérer les désirs de la jeunesse n'a rien d'une distraction insignifiante par rapport aux véritables préoccupations politiques ; débarrasser la sexualité de la honte, des peurs, des fétiches et des tabous recouvre davantage d'enjeux. « La lutte pour résoudre la question sexuelle des jeunes est liée à la lutte pour renverser le régime capitaliste[21] », déclare Reich. Sa contribution la plus importante remonte aux années 1930 mais, traduit dans l'Europe entière depuis, il a acquis une telle notoriété qu'en 1968, toute une génération cite, pirate, ronéotype, débat et commente son œuvre dans les conférences et les groupes de lecture. Associée à la théorie critique de la vie quotidienne et à la « décolonisation de l'âme », la défense de la liberté sexuelle que propose Reich est galvanisante. Son nom revient souvent dans la bouche des militant·es sexuel·les qui appellent à rendre la contraception accessible à toutes sans ordonnance, y compris aux mineures, et à dépénaliser l'homosexualité.

Le rôle de la subjectivité sexuelle dans le mouvement étudiant de 1968 ne passe pas inaperçu. Les points aveugles et le sexisme du mouvement sont tout aussi flagrants, et contribuent grandement à nourrir la colère des féministes. Comme le fait remarquer Cathy Bernheim, féministe radicale de la première heure, les leaders de Mai 68 ont fait grand cas de la « misère sexuelle en milieu étudiant ». Or, cette misère est « bien dérisoire » par rapport à ce que vivent les femmes. « Que pouvait-elle bien être devant la frigidité, le devoir conjugal, le viol, les stérilités accidentelles, les excisions réelles ou symboliques qui caractérisaient, quand on quittait les fantasmes pour la réalité, la sexualité féminine, le plus souvent[22] ? » Les œillères de la nouvelle gauche sur ce point sont indéniables. Le célèbre pamphlet de l'Internationale situationniste, « De la misère en milieu étudiant : considérée sous ses aspects économique, politique, psychologique, sexuel et notamment intellectuel et de quelques moyens pour y remédier[23] », offre un bon échantillon du discours dont s'offusquent féministes radicales et militant·es du mouvement de libération gay. Dans le pamphlet, le « sexe » sert de substitut à une force vitale contrariée et réprimée, mais potentiellement révolutionnaire : les désirs « réels », par opposition aux « pseudo-besoins ». Le texte s'en prend à la tiédeur des « partisans de la bohème », ces « originaux » qui ne se risquent jamais au-delà des « comportements érotiques-amoureux les plus traditionnels, reproduisant les rapports généraux de la société de classes dans leurs rapports intersexuels » : « Ils méritent jusqu'au mépris des vieilles dames de la campagne. » Le pamphlet juge ces rebelles bourgeois·es consternant·es de conformisme, impuissant·es et affligé·es d'une « ménopause de l'esprit ». La mention des « prêtres-étudiants continuant à sodomiser, sans se cacher, des milliers d'étudiants dans leurs chiottes spirituelles[24] » signe une attaque en règle contre le catholicisme.

Les théories de Reich sur la subjectivité sexuelle et la révolution laissent très peu de place à la différence de genre ou de sexe. Réduites à des slogans et liées à un mouvement étudiant très majoritairement masculin, elles prennent un caractère masculiniste intolérable. Si la sexualité est l'expression privilégiée de la liberté, la vulnérabilité des femmes, comme les limites de la révolution sexuelle, n'en ressort que plus clairement. C'est dans ce contexte que la légalisation de l'avortement devient un enjeu majeur.

Le nouveau MLF, né en 1968 de l'association de quelques groupes de femmes jusqu'alors éparpillés, ne se contente pas des réformes juridiques déjà existantes. Le collectif ne s'attarde pas sur les lacunes évidentes de la loi Neuwirth de 1967. Contrairement au Planning, il ne cherche pas à élargir l'usage de la contraception, ni à libéraliser l'avortement thérapeutique autorisé par la médecine. Le MLF propose une approche biopolitique différente ; rejetant la « prétention de l'État à contrôler la démographie[25] », il remet la question entre les mains des femmes. Contrairement au Planning, donc, le MLF entend placer les femmes elles-mêmes, et non le corps médical et scientifique, au centre du débat et de la prise de décision. Contrairement au Planning encore, qui joue la carte de la respectabilité et des réseaux, le MLF se veut délibérément provocateur. Contrairement au Planning, enfin, le mouvement ne considère pas la contraception comme la solution au problème de l'avortement[26]. Le problème réside dans la liberté du corps. L'avortement est l'« habeas corpus » de la nouvelle génération, écrit Edgar Morin, le grand texte, la liberté fondamentale du sujet et du corps vis-à-vis de l'État[27]. Pour le nouveau mouvement des femmes, l'avortement entièrement légal ne constitue pas un objectif, mais une demande élémentaire : « Nous ne voulons pas la charité, nous voulons la justice[28]. »

La revendication fait l'effet d'un électrochoc. Jacqueline Feldman, l'une des fondatrices du mouvement, évoque les premières réunions agitées de ce qui s'apprête à devenir le MLF : « La première fois, je crois, que je vins, on parla d'avortement. On se donnait des adresses. Or, l'avortement était un sujet dangereux, il fallait une belle confiance pour ainsi, dans une assemblée aussi grande, en parler : c'était Monique Wittig[29], je m'en souviens. J'étais ravie. » L'avortement, poursuit-elle, est un enjeu aussi fort et aussi spectaculaire que n'importe quelle autre cause défendue par la gauche :

> Voilà un sujet sanglant, puisqu'il fallait du sang pour commencer à bouleverser l'opinion : tout semblait toujours, pour les femmes, sans commune mesure avec les drames dont s'emparaient les marxistes. Et pourtant, l'avortement était bien le drame des femmes, un drame qui les touchait dans leurs corps, un scandale qui pouvait mener à la mort. Pour un sujet percutant, c'en était un. J'étais aux anges de rencontrer des femmes qui osaient l'aborder[30].

La provocation est courageuse et réfléchie. Il est question des structures psychiques primitives de la féminité : ce que signifie habiter un corps de femme et les conceptions que nous en avons ; les ressentis communs en matière d'amour, de désir sexuel, de féminité ; ce que l'on pense de son avenir et du moi en général.

En 1970, Beauvoir est une intellectuelle prestigieuse, mais une figure de proue davantage qu'une fautrice de troubles. De son propre aveu, elle s'est mise à l'écart en 1968. L'occupation de la Sorbonne par les étudiant·es l'a déstabilisée en lui apparaissant singulièrement chaotique. Mais un mouvement de femmes, audacieux et radical, soulève désormais des questions sur lesquelles elle a des positions bien établies. Celle de l'avortement figure en bonne place dans les premiers manifestes du féminisme radical. Pourquoi l'avortement est-il illégal, et quelles conclusions peut-on en tirer quant à la position des femmes ? lance, en 1970, le numéro spécial de *Partisans* intitulé « Libération des femmes : année zéro ». Les conclusions à tirer sont nombreuses – Beauvoir en parle depuis deux décennies. Aussi, lorsqu'en 1971, un groupe du MLF s'engage dans la rédaction d'une déclaration retentissante sur le droit à l'avortement, Beauvoir est-elle une recrue toute désignée qui va jeter ses forces dans la bataille[31]. En avril 1971, à la une du *Nouvel Observateur*, 343 femmes lancent d'une même voix : « Un million de femmes se font avorter chaque année en France. [...] Je déclare que je suis l'une d'elles. » Le manifeste est signé par des personnalités du monde des lettres, de la scène et du cinéma français (Beauvoir, sa sœur Hélène, Marguerite Duras, Catherine Deneuve, Françoise Sagan), des militantes féministes comme Monique Wittig, Christiane Rochefort, Christine Delphy, Cathy Bernheim,

Anne Zelensky, et des centaines de femmes moins connues. Il rencontre un succès phénoménal. Le journal satirique *Charlie Hebdo* le rebaptise allègrement « le manifeste des 343 salopes », traduisant ainsi l'exubérance, l'impétuosité du moment et l'effronterie des militantes. Comme dans l'affaire Boupacha, Beauvoir se rapproche à nouveau de Gisèle Halimi. Elles forment un comité chargé d'assurer la défense juridique des signataires de la pétition en cas de besoin.

Si Beauvoir n'est pas à l'origine du manifeste, on y retrouve toutefois un ton et un propos parfaitement beauvoiriens : il s'agit de bousculer les catégories de la « décence » et de la bienséance ; les femmes n'auront plus à vivre dans la honte de leur corps ou de leur condition. Cette relégation de l'avortement dans l'ombre est le signe d'un mépris pour les femmes auquel le manifeste s'attaque frontalement : « C'est une affaire de bonnes femmes, quelque chose comme la cuisine, les langes, quelque chose de sale. Lutter pour obtenir l'avortement libre et gratuit, cela a l'air dérisoire ou mesquin. Toujours cette odeur d'hôpital ou de nourriture, ou de caca derrière les femmes. » C'est là une belle reformulation de l'argument selon lequel on tolère l'avortement tant qu'il demeure illégal et caché, et ne devient pas un objet de délibération ni de savoir collectif. Le manifeste déclare que les femmes ne vivront plus dans la « crainte ignoble d'être "prises", prises au piège », expression qui, signifiant couramment « tomber enceinte », rend compte du caractère risqué de la sexualité pour les femmes (ce que Beauvoir a théorisé comme l'impossibilité d'échapper à son corps) et renvoie à l'idée qu'une femme a tenté de se soustraire à sa condition en utilisant son corps pour le plaisir sexuel.

Soulignons que le manifeste est écrit dans une langue plus englobante et plus radicale que le discours contemporain sur les « droits reproductifs ». Il s'en prend à une division sociale du travail qui délègue aux femmes la responsabilité d'un travail affectif et physique aussi invisible que sous-estimé, cantonné aux coulisses de la société. Focalisé sur la misogynie intériorisée, il interroge les zones troubles de l'« abjection » du féminin. En pareilles circonstances, les changements et réformes d'après-guerre – les développements économiques qui ont amené davantage de femmes dans le monde du travail et les syndicats ; la prospérité et ses pratiques de consommation ayant incité les magazines et les médias féminins à évoquer timidement le sujet du désir ; la libéralisation progressive des lois sur la contraception et l'évolution des normes qui ont conduit les universités, bien malgré elles, à autoriser les étudiantes à fréquenter les dortoirs des hommes – paraissent bien dérisoires. Si l'on souhaite que la sexualité soit perçue comme une bonne chose ou, comme dans le discours libéral, une chose saine, il faut impérativement qu'elle cesse d'être associée à un piège. Ainsi l'avortement devient-il une question de premier ordre et un puissant symbole.

Les journalistes restent stupéfait·es devant l'ampleur du soutien populaire que suscite la nouvelle campagne pour la légalisation de l'avortement : « C'est devenu, on se demande comment, une "organisation de masse" qui cherche les permanents. Même les manifestes contre la guerre d'Algérie n'avaient pas donné lieu à de pareils phénomènes [...] Pour la première fois, la protestation n'est pas seulement intellectuelle et politique. Elle s'appuie sur l'opinion populaire. C'est que le problème touche chaque femme dans sa chair[32]. »

Comme le montrent le manifeste, les innombrables tracts féministes et les lettres adressées à Beauvoir, le problème de l'avortement est intimement lié à d'autres questions qui « touchent les femmes dans leur chair » : la discrimination, le mépris, la misogynie ouverte dans le monde du travail et au sein du foyer. « Ça suffit ! » lance *Le torchon brûle* sous le croquis d'une femme se tenant le dos, une serpillère à la main, au milieu de ses enfants en pleurs. La féministe Christiane Rochefort écrit dans un article du même numéro :

> Ce n'est pas que nous avons assez versé notre sang
> — nous l'avons assez versé.
> Ce n'est pas que nous avons assez subi vos lois
> — nous les avons assez subies.
> Ce n'est pas que nous sommes fatiguées de servir
> — nous sommes fatiguées.
> Ce n'est pas que nous avons assez rempli
> vos métros vos supermarchés vos H.L.M.
> vos bureaux de chômage vos asiles de fous vos prisons
> — nous les avons assez remplis.
> Ce n'est pas que nous voulons être libres
> — nous le voulons[33].

Le torchon brûle est le plus irrévérencieux des nouveaux journaux féministes des années 1970. Il exploite avec brio, à des fins d'humour politique, la colère qui anime aussi les lettres envoyées à Simone de Beauvoir.

Le premier numéro du *Torchon brûle*,
« menstruel » féministe radical publié de 1971 à 1973.

Le manifeste, en privé

À la suite du manifeste, comme lors de l'affaire Boupacha en 1960, la boîte aux lettres de Beauvoir croule sous les témoignages. De nombreux·ses épistolier·es s'empressent de saluer la bravoure de celles qui ont défié les interdits en y apposant leur signature. « Bravo à toutes, surtout à celles qui sont très connues – pour votre courage ! » écrit l'une d'entre elles avant d'ajouter, amère : « Je suis donc une de ces mères de famille heureuses que les messieurs bien-pensants ne voudraient pas voir figurer sur la liste. » Cette femme s'était fait avorter après avoir eu cinq enfants : « Si un témoignage peut être utile, vous pouvez vous servir de mon nom. » Le manifeste est pris comme un appel à témoigner. Une autre raconte : « La première fois que j'ai découvert que d'autres femmes disaient (depuis peu) tout haut ce que je pensais tout bas (je n'étais pas la seule), j'ai pleuré. » Elle évoque en détail dans sa lettre le lourd tribut que la loi et le mépris social ont fait payer à son corps. Comme d'autres, elle nourrit une immense colère contre l'exploitation systématique des femmes par la « société mâle », ainsi qu'elle l'analyse : « J'ai eu quatre enfants sans avoir une seule fois éprouvé de plaisir à faire l'amour. [...] La société mâle m'a volée, elle m'a volé ma force, ma jeunesse [...] en m'obligeant par trois fois à me faire avorter accroupie dans mes cabinets. » « Je me suis fait avorter 2 fois sur une sale table de cuisine toute encombrée et 3 ou 4 fois je me suis avortée moi-même – j'ai si bien réussi à refouler que je ne sais plus le nombre exact, écrit encore une autre. Quand on a passé par où j'ai passé et qu'on y pense qu'il y en a encore qui à l'instant sont en train de gémir de désespoir pour la même chose, on voudrait les étrangler ces braves messieurs. » « Ce qui m'indigne, explique une épistolière exaspérée par le réseau de connivences et de dénis qui entoure l'avortement, c'est que les femmes seules fassent le sacrifice de leur peau (car c'en est tout de même un) et que les bonshommes jouent les tartuffes sans qu'on puisse plus clairement dénoncer la chose. Même aux yeux de bien des avortées[34] ! »

De nombreuses correspondantes se disent particulièrement révoltées par l'hypocrisie française. Dans la mesure où l'avortement est possible au-delà des frontières, la France ne fait qu'encourager l'exploitation et l'escroquerie : « J'ai eu deux avortements, en Suisse, après expertise médicale, commente l'une d'entre elles et je pense que c'est un acte grave. On devrait pouvoir se faire avorter en France dans les mêmes conditions[35]. » Une femme de retour de Londres s'emporte en partageant son expérience dans une clinique indiquée par son médecin français. L'avortement a été dépénalisé en Angleterre en 1967, année où l'État français, non sans réticence, lève l'interdiction de la contraception. Les différences juridiques d'un pays à l'autre ont eu pour cette épistolière des résultats tout à fait prévisibles : « Vous savez déjà, peut-être, qu'il y a un foisonnement d'agences d'avortement à Londres, dirigées spécialement vers une clientèle étrangère. Je n'hésite pas à dire que ces organisations exploitent d'une façon flagrante la panique, la honte et l'ignorance des étrangères. » Elle relate :

> Un médecin français m'a prononcée enceinte de 16 semaines, et m'a donné l'adresse d'une certaine agence à Londres qui

> s'occuperait des arrangements pour un avortement à Londres. [...] Mon ignorance était monumentale ; je croyais qu'un avortement n'était possible que pour une grossesse au-dessous de 12 semaines. Alors j'avais vraiment peur qu'il me soit nécessaire de porter l'enfant jusqu'à son terme.
>
> Maintenant que tout est terminé je me rends compte que le médecin qui m'avait donné l'adresse de cette organisation ignorait son comportement et ses prix, ou d'autre part, qu'elle (le médecin) choisissait les ignorer. [...]
>
> Il s'est trouvé que j'ai passé presque une semaine entière dans le bureau de la London Advisory Agency (25, York St. London S.W., Tel : 935-0361). Je traînais là parce que les hommes qui dirigeaient l'agence refusaient d'attendre 15 jours jusqu'à ce que l'argent soit transféré de la B.N.P. de Paris à la branche londonienne. Ces monsieurs m'ont fait courir d'un bout à l'autre de Londres pour découvrir des faits sur le transfert de l'argent en dehors de la France, des faits qu'ils connaissaient parfaitement déjà. Finalement, ils m'ont dit de m'en aller jusqu'à ce que je trouve l'argent comptant. Alors je suis revenue en France, pour retourner à Londres le lendemain avec l'argent. J'ai eu l'opération dans une clinique.

La majorité des autres patientes sont françaises et allemandes : « Comme moi, ces femmes étaient complètement paniquées. Presque aucune d'entre elles ne parlait anglais, alors elles se sentaient complètement dépendantes de cette organisation pour les tirer de leur embarras. » Deux secrétaires, une Française et une Allemande, travaillent dans l'agence. Trois hommes « de manières et de comportement extrêmement douteux » la dirigent. L'agence demande d'abord la somme de 3 500 francs, puis 3 250 ; finalement, elle paie 3 000 francs, dont 1 000 sont versés à l'agence à titre de commission pour la simple prise de rendez-vous. « Je ne m'attendais pas à trouver des anges de charité chez cette agence, mais j'étais vraiment choquée par une exploitation si flagrante. » Les infirmières de Londres lui apprennent qu'elle aurait pu contacter le médecin directement ; les praticien·nes, en réalité, préfèrent éviter d'avoir affaire aux agences. L'autrice de la lettre transmet donc à Beauvoir les nom, adresse et numéros de téléphone du médecin, celui de son cabinet et celui de son domicile. « Je me demande combien y a-t-il de médecins français qui livrent des Françaises aux mains de ces profiteurs d'agences », écrit-elle avec amertume[36]. La réponse est sans équivoque : beaucoup. Entre 1972 et 1973, 35 000 femmes françaises se rendent en Angleterre pour avorter[37].

Une Française chargée de gérer l'une de ces agences londoniennes écrit à Beauvoir pour lui faire part d'un récit analogue, quand bien même elle estime que l'Angleterre, au moins, a « évité à ces femmes l'humiliation et la dégradation de ce genre d'avortement illégal et criminel ». Elle se targue par ailleurs d'apporter un certain réconfort à ces femmes lorsqu'elles arrivent à l'agence, « embarrassées, inquiètes et anxieuses ». Comme elle le fait remarquer, les Françaises riches n'ont pas besoin de traverser la Manche ; une « femme de ministre » trouvera toujours en France un « maître en gynécologie pour faire cette petite opération en douce ». Les femmes pauvres, en revanche, n'ont qu'« un seul recours ». Elles sont poussées entre les mains de « charlatans » et de « criminels », et deviennent la proie d'« escroqueries lucratives[38] ».

Les sentiments politiques exprimés dans ces lettres ne sont pas l'apanage des radicales métropolitaines. En 1949, le franc-parler avec lequel Beauvoir avait abordé le sujet de l'avortement était inhabituel. En 1970 et 1971, c'est un torrent de témoignages, de confessions et d'opinions sur l'avortement qui se déverse dans les pages des magazines féminins, sur les ondes des programmes radiophoniques destinés aux femmes, et ailleurs auprès du « public intime ». L'émission radiophonique lancée en 1967 et animée tous les après-midi par la journaliste d'orientation psychanalytique Menie Grégoire en est un formidable exemple. Son auditoire recoupe parfois celui de Beauvoir[39]. Grégoire consacre des heures entières d'antenne aux questions et commentaires de ses auditeur·rices sur l'hypocrisie des législateurs, de la profession médicale dans son ensemble et des hommes en général ; sur la censure et la méconnaissance délibérées de la plupart des gynécologues-obstétricien·nes ; sur les tabous entourant les fondamentaux de la reproduction, et l'ignorance que ces tabous engendrent au sein de la population, entre désinformation autour des injections d'hormones et autres recettes de grands-mères pour « retrouver ses règles ». Grégoire est très loin de partager les positions des radicales en matière de sexualité. Ses idées sur la famille, le mariage, la nécessité d'un « équilibre » hétérosexuel sont celles d'une conservatrice, représentante du courant de la néopsychanalyse. Mais elle n'hésite pas à soutenir le droit à l'avortement et en discute sans aucune réticence. Le temps qu'elle consacre au sujet fournit une bonne indication des recoupements entre les préoccupations du féminisme radical parisien et celles des villes de province.

Le « public intime » s'exprime désormais dans un vernaculaire féministe. L'auditoire de Menie Gregoire est en grande partie composé d'ouvrières issues des provinces et des grands ensembles du nord de la France. Beaucoup sont catholiques. Lettres et appels mêlent des expressions aux consonances folkloriques (*on ne fait pas des enfants comme on fait un gâteau*) avec des déclarations féministes d'un nouveau genre, telles que « Le corps de la femme lui appartient ». Leur ton factuel est volontairement provocateur : ainsi la religion, le gouvernement et le pape n'ont rien à faire dans cette histoire[40]. Une fervente catholique, mère de trois enfants, n'hésite pas à rapporter que ses croyances religieuses ne l'empêchent pas d'être pour l'avortement malgré tout. Une autre femme, se présentant elle-même comme une catholique pratiquante avec cinq enfants, et qui vient d'avorter, déclare : « Je ne regrette rien », ajoutant qu'elle n'a « pas l'impression d'avoir commis un crime, comme disent certains[41] ». Grégoire refuse de communiquer les adresses des centres d'avortement, ce qui n'empêche pas des centaines d'auditrices de les demander ou de transmettre des informations sur les cliniques d'Angleterre et de Suisse :

> D'autre part j'ai une nièce qui a deux enfants et qui est allée se faire avorter en Suisse, rapporte une auditrice. Je peux donner l'adresse ; ces dernières années cela coutait 150 000 anciens francs et il faut apporter le livret de famille car les docteurs font avorter que si l'on a déjà deux enfants. Je vous ai écrit cette lettre afin que vous puissiez documenter ces malheureuses femmes qui sont dans ces cas mais je ne désire pas que ma lettre soit lue à la radio[42].

Les femmes continuent à solliciter de l'aide ou à se débrouiller par elles-mêmes. L'accumulation de demandes comme celles qui suivent constitue un témoignage extraordinaire de l'état d'esprit qui règne à ce moment charnière de l'histoire. Mais si la colère a désormais une voix, le changement, lui, semble encore très loin.

À Beauvoir, de la part d'une femme de la banlieue huppée de Paris :

> Excusez ma liberté et mon indiscrétion, mais j'aurais un besoin extrême d'avoir un très bref entretien avec vous. Honnêtement, cinq minutes sans plus suffiraient, mais je ne puis vous exposer cela par écrit… J'habite la banlieue, avec une nombreuse famille, je suis à Paris pour la journée. S'il vous était possible de me sacrifier cet après-midi quelques miettes de votre temps vous m'aideriez au-delà de ce que vous pouvez imaginer[43].

À Grégoire, avec plus de colère et de détermination, une jeune femme avec un enfant de quinze mois, à nouveau enceinte :

> Je ne pourrais pas repousser mon mari, et je l'aimais. C'était en 1959, on ne savait rien. J'étais enceinte. J'avais honte, et j'avais l'impression d'être une lapine. Alors j'avale n'importe quoi. […] Le médecin m'a dit : « Revenez me voir quand il y a du sang. » […] Je me suis débrouillée toute seule[44].

À Beauvoir :

> Je m'adresse à vous pour une requête… Je suis enceinte d'un mois, et pour des raisons pécuniaires, je ne peux garder ce quatrième enfant[45].

À Grégoire :

> Je sais également que beaucoup de femmes se « débrouillent » comme on dit pour faire passer cette grossesse qui les contrarie. Ne craignent-elles rien pour leur propre vie ? Je ne vois donc qu'une seule solution, l'avortement légal pratiqué par un médecin, mais voilà, où s'adresser ? Je pense qu'il vous est difficile de me procurer une adresse malgré toute la discussion dont la chose est entourée. J'ai songé à la Suisse, pouvez-vous quand même me procurer quelques renseignements ? Je ne suis enceinte que de 2 mois et je veux tenter quelque chose dès maintenant[46].

Le manifeste des 343 n'est donc qu'une étincelle au milieu d'une explosion de témoignages[47]. On n'y décèle aucune trace de justification, car ces témoignages proviennent de rebelles depuis longtemps capables de « se débrouiller » seules, mais qui n'entendent désormais plus rester dans l'ombre à porter en silence le poids d'une discrétion imposée.

Votre révolution sexuelle n'est pas la nôtre

Tout aussi remarquable est la mobilisation inattendue des personnes gays et lesbiennes derrière la campagne pour la légalisation de l'avortement. Le FHAR (Front homosexuel d'action révolutionnaire) se réunit lors d'une manifestation contre un rassemblement pro-vie en février 1971. Le rassemblement est organisé par un pédiatre, éminent généticien, qui s'oppose à la légalisation de la contraception et, à plus forte raison, de l'avortement. Des militant·es féministes et homosexuel·les, dont Françoise d'Eaubonne et Pierre Hahn, débarquent pour protester, réclamant l'avortement au nom d'un droit des femmes. De violentes échauffourées éclatent. Dans la foulée, le groupe réuni autour de Françoise d'Eaubonne et Pierre Hahn se donne le nom de FHAR[48]. Son manifeste, la « Lettre à ceux qui se croient normaux », est publié un peu plus tard dans l'année, en avril 1971, dans le célèbre douzième numéro du journal de gauche *Tout !*. Il y est déclaré que le mépris des femmes et celui des homosexuels vont de pair : « Nous sommes avec les femmes le tapis moral sur lequel vous essuyez votre conscience. » Le manifeste s'en prend aux « institutions sacro-saintes de la famille et du patriarcat monogamique » ainsi qu'à « ce que la bourgeoisie appelle stupidement la "loi de la nature" ». Il condamne la psychologie normalisante, ou l'« œdipianisme », et jette un regard plus que dubitatif sur les plaisirs limités de l'hétérosexualité et de la reproduction obligatoire. *Tout !* publie également la déclaration « Nous nous sommes fait enculer par des Arabes » en référence au manifeste des 343 salopes, démontrant par là comment la sexualisation de l'autre repose sur l'altérité raciale et, inversement, la racialisation de l'autre sur l'altérité sexuelle[49]. L'écrivain Frédéric Martel qualifie le FHAR de « fils bâtard » de la libération des femmes, mais il serait peut-être plus juste de considérer les deux mouvements comme des frères et sœurs convaincu·es d'êtres issu·es de familles différentes[50].

Si le combat pour l'avortement légal de 1971 défend la capacité d'action des femmes, leur vie et leurs choix, il n'est donc pas pour autant l'apanage des femmes ni des hétérosexuel·les.

C'est un combat intimement lié à la critique féministe et gay de la « révolution sexuelle » en cours et du « culte aberrant de la virilité[51] » au sein de la Nouvelle Gauche masculine. Là où le Planning familial met l'accent sur la prévoyance, la responsabilité et l'hétérosexualité heureuse, les mouvements gays et lesbiens avancent les thèmes plus osés de la liberté corporelle et de la souveraineté individuelle. Or, les alliances sont fragiles. Le retentissement et le côté spectaculaire de la question de l'avortement menacent de noyer tous les autres enjeux. La féministe et lesbienne Cathy Bernheim a su saisir la force d'attraction radicale de la libération des femmes. Pour elle, la question de l'avortement synthétise mieux qu'aucune autre l'exigence plus générale de reprendre possession du corps, de parler en termes concrets de la vie des femmes et, plus important encore peut-être, de faire entrer en ligne de compte le caractère politique évident des vies personnelles. De fait, comme Bernheim le formulera plus tard, le droit à l'avortement accomplit un tel travail politique pour le féminisme qu'elle et d'autres lesbiennes du mouvement ont mis de côté leurs identités et préférences sexuelles, dissimulant un « fait qui, pour certaines, avait au moins autant, sinon plus, de réalité que les conditions de l'avortement en France[52] ».

Briser les mythes de l'hétérosexualité normative, de la « frigidité » féminine et de l'orgasme vaginal, revendiquer des plaisirs et des sexualités alternatives : ces objectifs sont au cœur du projet de libération des femmes et rassemblent les femmes aussi bien lesbiennes qu'hétérosexuelles. Anne Zelensky se souvient : « Nous n'étions plus condamnées à la monosexualité[53]. » Christiane Rochefort a qualifié de « guerre psychologique » néfaste l'insistance quasiment exclusive de la culture dominante sur l'orgasme vaginal. Le coït hétérosexuel est tout aussi assujetti aux conventions sociales que n'importe quel autre acte social, fait-elle remarquer ; il s'agit bien de « remettre en cause l'actuel système de baisage[54] ».

Nous sommes là très loin de Lagroua Weill-Hallé, de la maternité heureuse et du Planning familial. Des représentantes de ce féminisme traditionnel, scandalisées, écrivent à Beauvoir pour lui demander de mettre au pas les féministes du MLF dont elle cautionne les positions en signant des pétitions et en participant à des manifestations. Une partisane du contrôle des naissances s'indigne des « erreurs » des « jeunes étourdies du MLF » et de leurs « soi-disant publications féministes ». *Le torchon brûle* colporte des « obscénités ». De tels propos ne peuvent que faire le jeu de celles et ceux qui confondent pornographie et propagande anticonceptionnelle. Cette méprise avait déjà abouti à la loi de 1920 interdisant la contraception. Le féminisme peut facilement en être « dégradé ». La correspondante insiste : il convient de rester sérieuses et prudentes[55].

La prudence n'a jamais été au programme de Simone de Beauvoir. Celle-ci émet néanmoins quelques réserves sur les nouvelles conceptions féministes de la sexualité et du plaisir. Dans *Tout compte fait*, dernier volume de ses Mémoires paru à l'automne 1972, l'écrivaine tient à s'exprimer sur la question de l'orgasme, reprochant aux féministes radicales (et surtout lesbiennes) un certain dogmatisme. Comme tant de fois au cours des années précédentes, Beauvoir se sent obligée de corriger ses alliées et de rappeler sa propre position : « Certaines féministes prétendent que l'orgasme vaginal est un mythe et que seul est réel l'orgasme clitoridien : pour connaître le plaisir sexuel la femme n'aurait aucun besoin de l'homme, contrairement à ce qu'affirmait Freud. » Mais certaines femmes considèrent le plaisir de la pénétration comme « le plus riche et le plus satisfaisant ». En tout état de cause, poursuit-elle, le sexe est une affaire de personnes, non de corps ou de parties génitales, et l'orgasme, un cas classique de « phénomène psychosomatique[56] ». Plus déconcertant encore, elle accompagne cette déclaration d'une note de bas de page relative aux travaux de Gérard Zwang, sexologue français soutenant que les femmes sont sensibles à la stimulation vaginale et dont la théorie est étayée au moyen de preuves ethnographiques recueillies en Polynésie et dans les Andes.[57]

Les interlocutrices radicales de Beauvoir ne veulent rien entendre de ces arguments-là. « Je ne suis pas tellement convaincue par ce que vous écrivez sur l'orgasme vaginal », commente une jeune féministe du Luxembourg qui vient de passer un bel après-midi pluvieux à se délecter de la lecture de *Tout compte fait.* Pourquoi Beauvoir cite-t-elle donc un long passage de Zwang sur la masturbation vaginale polynésienne et andine ?

> Le fait que les Polynésiens, Andins et autres aient décoré leurs sexes (ou ce qu'ils enfonçaient dans le vagin des femmes) ne prouve pas grand-chose à mon avis, vu que ce sont encore et toujours des hommes qui aiment s'exagérer l'importance de ce genre de contact physique... Personnellement je dois avouer que ce genre de trucs ne m'a jamais fait le moindre effet, mais que je ressens de violents orgasmes clitoridiens[58].

Les femmes simulent tout le temps l'orgasme, poursuit la correspondante. Comme elle le fait remarquer, Beauvoir elle-même a expliqué par quels mécanismes il arrive que les femmes intériorisent les attentes culturelles liées aux plaisirs de la pénétration et de l'hétérosexualité. La jeune femme trouve Anne Koedt, autrice du déjà fameux « Mythe de l'orgasme vaginal », beaucoup plus percutante que Zwang ou Beauvoir. Elle n'en conserve pas moins de l'estime et de l'admiration pour elle : « Merci d'avoir écrit tout ce que vous avez écrit – cela m'accompagnera toute ma vie. » Elle termine sa lettre par cette remarque espiègle : « Comme toujours la lecture de ce que vous écrivez me donne du courage et me fait beaucoup de plaisir[59]. »

Les charmes de la sororité

La correspondance de Beauvoir montre à quel point le mouvement de libération des femmes a trouvé un appui dans les courants transversaux de l'homosexualité, de l'homoérotisme et de l'homosocialité, jusqu'à redéfinir sa conception même de la sexualité. Des épistolières qui suivent l'actualité féministe dans la presse écrivent à Beauvoir pour déclarer leur amour passionné pour les femmes ou lui demander de les mettre en contact avec des lesbiennes du mouvement : « Il y a, dans le MLF, des groupes de femmes (lesbiennes). Je cherche des lesbiennes masculines – je suis féminine – qui aient un logement à Paris. Et qui ne soient pas trop jeunes. Vous comprenez pourquoi je voulais vous parler de vive voix[60]. » De tels sentiments font souffler un vent nouveau sur l'idéal de la « sororité ». Beauvoir, à juste titre, s'est vu reprocher son incohérence philosophique au sujet du lesbianisme, incapable qu'elle était, comme on a pu le dire, de concevoir la femme autrement que comme l'« Autre » de l'homme, ou le lesbianisme autrement que comme une réplique à la domination masculine. Son refus frileux de reconnaître ses liaisons avec des femmes lui a aussi valu de sérieuses remises en question[61]. De nombreux·ses lecteur·rices des années 1960 et 1970, déjouant ses subterfuges, percent à jour la réalité de ses relations. Sans qu'il soit besoin de lire entre les lignes, on peut aisément retrouver dans les archives de cette correspondance la trace des positions ambiguës de Beauvoir sur la question du lesbianisme.

Le discours du *Deuxième Sexe* sur le corps en tant qu'élément d'une « situation », situation qui plus est fondamentalement aliénée, a longtemps fait de Beauvoir une confidente *a priori* idéale pour les personnes attirées par les expériences corporelles et sexuelles en marge de la norme. Comme l'une d'entre elles l'écrit en 1956 à propos du *Deuxième Sexe* : « Votre livre fut pour moi une révélation, du point de vue des vérités mises à jour et de la façon nette et précise de les exposer. » Dans les premières années, ces confidences, en particulier de la part des femmes, sont souvent indirectes et métaphoriques. Une épistolière se qualifie ainsi d'oiseau rare : « Tout en étant absolument normale, je n'entre dans aucune catégorie. [...] Voilà tout ce que je peux dire : je me sens un "être humain" d'abord, et "une femme" à mes heures perdues. » Elle demande presque qu'on lui tire les vers du nez : « C'est très difficile de parler de soi-même, on n'y arrive qu'en répondant aux questions. » D'autres, quoique secrètes et farouches, savent néanmoins se montrer d'une franchise courageuse. Cette lectrice de 1962, informée de la possibilité de changer de sexe, écrit par exemple :

> Je suis ce qu'on appelle une perverse, une lesbienne. Mon amie et moi nous aimons depuis des années [...]. Nous ne pouvons nous voir qu'environ six semaines par an. Les séparations sont déchirantes. Pourriez-vous me donner le nom d'un chirurgien qui serait en mesure de m'opérer pour me changer en homme ? [...] Si vous tapiez le nom et l'adresse et que vous les glissiez dans une enveloppe sans la signer, cela vous dégagera de toute responsabilité[62].

Elle vient d'Angleterre et a joint à sa lettre une enveloppe adressée avec un timbre international.

Au milieu et à la fin des années 1960, la norme désormais mise à mal de la « pudeur » cède la place à une plus grande familiarité avec les nouveaux langages et concepts de la sexualité, de sorte que les interlocuteur·rices de Beauvoir se montrent plus enclin·es à débattre de ses idées. Leurs lettres sont révélatrices des contradictions profondes qui traversent l'œuvre de la philosophe. D'une part, ainsi que l'a fait remarquer une lectrice, Beauvoir semblait prendre de haut le cas des jeunes femmes aimant d'autres femmes. Si *Le Deuxième Sexe* s'attarde sur les plaisirs lesbiens, ces plaisirs n'en sont pas moins présentés comme fugaces, juvéniles ou immatures, autrement dit comme une étape sur la voie de quelque chose d'autre[63]. L'épistolière le souligne, Beauvoir ne dit rien des femmes qui ne passent jamais à l'étape suivante ou qui « évoluent », mais font leur choix en toute conscience : « Vous omettez de considérer le cas où la jeune fille aura choisi délibérément de suivre le "rite de Sappho". Dites-moi si vous considérez vous aussi mon amour comme un amour de "débutant", si vous pensez réellement qu'il est impossible que j'aime à ce point ? » Plusieurs lectrices s'en remettent au schéma des étapes que Beauvoir a proposé, se décrivant elles-mêmes comme « inachevées[64] ».

D'autre part, les lecteur·rices se concentrent sur les passages précis du *Deuxième Sexe* dans lesquels Beauvoir dément les théories dominantes qui voudraient faire de l'hétérosexualité le point d'aboutissement incontournable du développement psychosexuel ; c'est dans ces mêmes passages qu'elle prend position contre les distinctions binaires entre hétérosexualité et homosexualité, ou contre l'interprétation de l'homosexualité comme une lutte avec la part étrangère en soi. Beauvoir insiste sur le fait que « naturellement, toute femme est homosexuelle[65] », argument qui a trouvé de nombreux échos au sein de son public. Ses propos sur les plaisirs naturels indéniables que l'on peut trouver à toucher une femme, enfin, sont tout à fait transparents pour le cercle restreint de l'écrivaine, et ils ont en effet retenu l'attention des lecteur·rices capables de décoder ce genre de signaux. Comme Michael Lucey l'a si bien observé, le chapitre du *Deuxième Sexe* intitulé « La lesbienne » peut être lu de toutes les façons possibles, en fonction de la situation des lecteur·rices ; il est à la fois « queer-friendly » et impossible à cerner. « Son intelligibilité (si tant est qu'elle soit clairement recherchée) n'est jamais confirmée, écrit Lucey, elle laisse toujours dans le doute[66]. »

Pour beaucoup de lectrices, ce sont l'amitié et l'admiration de Beauvoir pour Violette Leduc, ouvertement lesbienne, qui incitent le plus aux confidences[67]. Après avoir préfacé *La Bâtarde* en 1964, Beauvoir reçoit toute une série de lettres de jeunes femmes racontant leurs relations lesbiennes furtives, leurs stratégies pour faire passer les missives au nez et à la barbe de leurs parents ou les subterfuges comme celui qui consiste à partir en vacances « entre amies ». À en croire plusieurs lettres, le nom de Violette Leduc sert de signe de ralliement entre jeunes femmes[68]. Quelle meilleure interlocutrice que Beauvoir, par conséquent, pour partager des sentiments qui sortent du cadre de l'hétérosexualité normative ?

Les correspondantes sont nombreuses à emprunter les termes de Beauvoir pour exprimer leurs désirs sexuels multiples. Une femme de trente-huit ans, mère de trois enfants, écrit : « J'ai longtemps été considérée comme une homosexuelle par mon aspect physique, et surtout par mes pensées en marge et en avance. » Elle ajoute : « Aujourd'hui je sais que l'homosexualité n'est pas une tare, mais un instinct naturel, souvent provisoire. Je sais également que l'on peut aimer un homme passionnément sans avoir avec lui de rapports sexuels évidents. On peut aimer les rapports hétérosexuels, et consentir des passions pour les femmes. » Une autre déclare : « Je suis les deux : hétéro et homosexuelle. » Une femme britannique qui vient de lancer un petit magazine sur la santé psychologique des femmes, et qui est aussi à l'origine de la création d'un fonds de recherche pour les minorités, explique qu'elle ne s'est jamais perçue comme une « exclusiviste » et que son cas est loin d'être isolé. Elle fait état des courriers qu'elle a reçus :

> Je reçois un grand nombre de lettres d'hommes et de femmes de toutes sortes, dont beaucoup connaissent des difficultés – à la maison, au travail, dans le mariage, à l'école, à l'université, dans la société en général – parce qu'ils ne sont pas en mesure de se conformer à l'image « exclusivement hétérosexuelle ». Dans l'ensemble, ils cherchent à être rassurés sur le fait qu'ils ne sont pas seuls à dévier de la norme officielle[69].

Les épistolières contournent l'« exclusivisme » de la sexualité hétéro- et homosexuelle en évoquant le brouillage des frontières entre intimité, amitié et érotisme. Une autre femme, elle aussi mère de trois enfants (sans surprise, une grande partie des femmes qui font leur coming out auprès de Beauvoir ont d'abord été mariées à des hommes), décrit en termes touchants sa nouvelle, puissante et déroutante amitié avec une autre femme :

> Jamais je n'avais éprouvé pareil sentiment. Où sont les frontières entre l'amitié passionnée, la tendresse, et l'amour ? Depuis deux ans nous n'avons ni l'une ni l'autre réussi à y voir vraiment clair. Cette histoire est pour moi très belle et très enrichissante – elle me rend heureuse, mais aussi parfois bien inquiète et troublée[70].

C'est une jeune femme d'une vingtaine d'années qui écrit l'une des lettres les plus détaillées sur le sujet. Cette dernière est passée par ce qu'elle appelle les « stades normaux de l'évolution de la femme » décrits dans *Le Deuxième Sexe.* « Cependant dès le début, je savais, ou plutôt devrais-je dire je désirais, que je voulais être autre. Je ne me suis jamais sentie, je veux dire physiquement, plus "femme" que "homme" ou plus "homme" que "femme". » Elle a donc décidé de ne s'enfermer dans aucune des deux catégories : « Je veux à chaque instant avoir le droit de me définir comme je l'entends. » En outre, précise-t-elle, elle n'a jamais considéré que sa féminité devait « entraîner automatiquement ces cortèges de devoirs, de respect à l'homme, de souffrances corporelles, etc. » Elle a longtemps résisté à l'« engluement dans le charnel », qu'elle dit trouver « aliénant ». De temps à autre, il lui est arrivé de se surprendre à regarder le visage ou le corps d'une femme, mais elle a toujours eu tôt fait de se détourner : « J'éprouvais un dégoût profond vis-à-vis de moi-même. » Sa retenue s'explique aussi par le fait qu'elle estime ne pas correspondre à l'image de la lesbienne, du moins telle qu'elle se la représente :

> Je n'éprouvais et n'éprouve encore aucune des haines viscérales de l'homme que l'on trouve chez les lesbiennes. Pas de haine – juste de la peur vis-à-vis de certains actes, la peur du viol, peur de la pénétration, l'horreur de la possession. Il y a dans l'amour hétérosexuel trop de violence, une lutte qui tend à prouver l'infériorité de la femme.

L'autrice de la lettre ne cache pas sa lassitude face aux positions peu convaincantes de la pensée de gauche sur sa situation, à savoir que le lesbianisme serait un sous-ensemble de l'oppression des femmes, cette dernière elle-même un produit du véritable problème qu'est le capitalisme, etc. Elle semble réciter une vieille litanie apprise par cœur :

> De toute façon il est bien évident que la condition actuelle de la femme est liée à l'évolution de la société capitaliste et donc que son aliénation (qui est le premier motif de ma révolte) est inséparable d'un contexte socio-économique. Cependant, ajoute-t-elle, je ne crois pas que les sociétés socialistes aient complètement résolu le problème[71].

Si elle écrit à Beauvoir, c'est parce qu'elle considère que son œuvre, contrairement à l'orthodoxie des doctrines de gauche, tient compte des ambivalences du corps et de la complexité des désirs. Palpable est l'agacement que lui inspire aussi l'orthodoxie d'une certaine pensée féministe voyant dans le lesbianisme une révolte de la femme contre la domination masculine. L'argument de Monique Wittig, qui insistera plus tard sur la nécessité de conceptualiser le lesbianisme en dehors d'une conception binaire du genre – « les lesbiennes ne sont pas des femmes » –, aurait pu l'aider à formuler plus clairement ses objections. Elle rapporte ensuite qu'elle est tombée follement amoureuse d'une femme « affolée à l'idée de pouvoir en quoi que ce soit être rangée dans la catégorie des lesbiennes ». Dans un récit poignant, elle rapporte qu'elle a dû accepter une « amitié normale ». Comme d'autres lectrices qui s'efforcent de mieux cerner leur sexualité non conformiste et de trouver une manière de la vivre, elle voit dans l'œuvre de Beauvoir de nombreuses raisons de se confier à elle.

Les lecteur·rices ont toujours manifesté leur désir d'intimité : depuis les années 1950, on déclare à Beauvoir qu'on la connaît, ou qu'on voudrait mieux la connaître, qu'on doit absolument la rencontrer et, très souvent, qu'on a commencé à l'aimer après la lecture de ses écrits. Le fossé qui sépare les lecteur·rices d'un·e auteur·rice, a fortiori quand il s'agit, comme ici, d'une intellectuelle de renom, donne souvent à ces déclarations des airs de passion d'écolier·e. Mais certaines femmes osent un ton plus hardi qui, au début des années 1970, peut aller jusqu'à prendre des accents ouvertement sexuels.

Une série de lettres datées du début de l'année 1973 en fournit un exemple attachant. Elles sont adressées à Beauvoir par une femme qui fréquente les mêmes cercles politiques et artistiques qu'elle. Toutes deux comptent plusieurs ami·es en commun, dont Françoise d'Eaubonne. Beauvoir reçoit sept lettres en deux mois. Après une première présentation, les deux femmes conversent aussi par téléphone. Le sujet n'est autre qu'une femme dont cette correspondante s'est éprise, avec laquelle elle a échangé des lettres qu'elle recopie et transmet à Beauvoir. Elle aspire également à se lancer en politique. Selon elle, Françoise d'Eaubonne a « bien remué tout ce petit monde MLF et FHAR ». Elle s'est rendue avec cette dernière à une réunion de Choisir, et voilà qu'elles collent désormais des affiches féministes ensemble. « Enfin de l'action ! On étouffait – pourvu que ça dure » (nous sommes en 1973, pendant les élections législatives). Le jour où elle rencontre Beauvoir, elle en tombe amoureuse : « Madame chérie je pense à vous le cœur jaloux et dans cet état-là comme on se sent bête… J'ai envie de vous tenir de très près… qu'on laisse à la porte tout le reste – vos Sartre, vos Claude, vos Nelson, vos Sylvie, vos gauchistes – ouvrez-moi votre porte. » Beauvoir lui a vraisemblablement donné des raisons d'y croire, car elle poursuit : « Et que vous ayez cette envie aussi de me retrouver – pas pour quelque raison, pas par bonté mais côté cœur – et c'est le cœur battant, inquiet, etc. Ouvrez-moi vos bras – un mot bref me rendra le cœur fou de bonheur – soyons simples. *I am waiting*. Alors OUI ? À bientôt ? Seules[72] ? » Elle se contentera en réalité d'une longue amitié avec l'écrivaine. Mais sa lettre, comme tant d'autres, donne un brillant aperçu du tourbillon qu'est alors la scène politique féministe, de la camaraderie gay et lesbienne et de la sororité passionnée qui font la particularité de ce moment historique.

Réconcilier sa subjectivité sexuelle avec ses convictions et ses engagements politiques, cependant, n'est pas toujours chose facile. Au beau milieu de l'agitation de Mai 68, un jeune homme impliqué dans le mouvement « homophile » Arcadie écrit à Beauvoir pour lui proposer de participer à un colloque sur l'homosexualité dans la société contemporaine. Il ajoute en s'excusant : « Je sais fort bien que des problèmes plus importants exigent votre attention et devraient aussi mobiliser entièrement la mienne. À l'heure de la guerre du Viêt-Nam, s'occuper de nos petites difficultés peut paraître indécent ou frivole, d'autant que ceux qui en débattent et qui en parlent exhalent toujours, dans le contexte culturel français, un léger parfum de ridicule. » Mais il est davantage en son pouvoir de « démanteler le statut d'exclusion où vit encore l'homophile » que de « faire disparaître les iniquités infiniment plus graves », et cette « considération pragmatique » le pousse à se lancer dans le projet de défense des droits des homosexuels « quelque gêne qu'il en ressente[73] ».

Un autre homme, quoique beaucoup moins hanté par ces contradictions, n'en demeure pas moins tiraillé : « Il se fait un tel tumulte dans ma tête que je ne sais comment aborder ce délicat problème qui est la matière de ma lettre, écrit-il. Sachant votre ouverture d'esprit, je voulais depuis longtemps me confier à celle qui, la première, m'a fait prendre conscience de la merde bourgeoise » (par quoi il faut entendre : la société la classe). Les événements de 1968 l'ont radicalisé, mais les autres militant·es lui ont rapidement semblé sectaires. Il poursuit : « Je suis homosexuel. La sexualité est-elle quelque chose d'extrêmement secondaire ? Je ne le crois pas : elle a sa place dans le bonheur (ou le malheur) de chacun. » L'émergence du FHAR lui a permis de tirer de nouvelles conclusions. « Je ne pense pas que les qualités révolutionnaires de ce mouvement soient à mettre en doute. De plus nous, homosexuels, sommes exploités par une société fondée sur la devise *famille, travail, patrie*[74]. » Mais ce mouvement, interroge-t-il, peut-il constituer son seul engagement politique ?

Les lettres témoignent des transformations extraordinaires qui sont en train de s'opérer dans le public intime et au sein des mouvements radicaux. Leurs auteur·rices soulèvent de nouvelles questions urgentes sur les priorités, sur les engagements, sur l'éthique. Toutes et tous ont conscience de s'écarter des positions et des identités politiques que Beauvoir a longtemps défendues : socialistes, antifascistes et anti-impérialistes. On nomme et adopte de nouvelles structures de pensée et de sentiment, fournissant le vocabulaire qui permettra de diversifier la politique. Ce faisant, on va à contre-courant de certaines de ses idées, on se confronte à elle. Son marxisme manifestement vacillant, sa nouvelle adhésion au féminisme et sa sympathie affichée pour la diversité des désirs sexuels font désormais d'elle une interlocutrice de choix pour celles et ceux qui tentent de faire coïncider leur subjectivité sexuelle avec leurs convictions et leurs engagements politiques.

Bobigny : une loi en procès

À l'automne 1972, Beauvoir publie le dernier volume de ses Mémoires, *Tout compte fait*. Le hasard veut que l'ouvrage paraisse au moment du désormais célèbre procès de Bobigny. Bobigny est ce qu'on appelle un événement judiciaire. Il implique deux procès et cinq accusées : Marie-Claire Chevalier d'abord, une jeune femme de dix-sept ans jugée pour avoir avorté ; ensuite et séparément, la mère de Marie-Claire – Michèle Chevalier – ainsi que trois de ses collègues, pour complicité d'avortement. En portant ces accusations en 1972, dans le contexte de la mobilisation populaire que j'ai brièvement décrite, le gouvernement ne peut manquer de provoquer un tollé, et il n'en ira pas autrement. Marie-Claire a été violée, et son avortement, dénoncé par son propre agresseur alors que le jeune homme était entendu par la police pour un tout autre motif. Michèle Chevalier a emmené sa fille chez un gynécologue, qui n'a pas refusé de pratiquer l'avortement mais exigé, pour le faire, une somme astronomique : trois fois le salaire mensuel de la mère. Celle-ci fait appel à une voisine et à ses collègues de travail. Sans surprise, de bouche à oreille, elles trouvent une femme qui sait (plus ou moins) avorter et qui accepte de pratiquer l'intervention pour un quart du prix. Le calvaire de Marie-Claire prend alors un tour tristement banal. La femme se rend au domicile de la jeune fille à cinq reprises, lui insérant chaque fois une sonde ; après deux semaines, Marie-Claire, souffrant d'hémorragies et d'une infection qui lui cause de la fièvre, atterrit dans une clinique publique ; la clinique exige 1 000 francs pour un curetage ; sa mère fait un chèque ; le chèque se révèle sans provision ; la clinique la dénonce, et la police commence alors son enquête.

La dimension sociale de l'affaire pourrait difficilement être plus marquée : une femme aisée n'aurait eu qu'à s'acquitter des 4 500 francs demandés par le gynécologue, ou à entreprendre le trajet jusqu'en Suisse ou en Angleterre. Or, Michèle Chevalier vit seule avec ses trois filles. La famille habite un appartement de deux chambres dans un logement social, que Michèle quitte tous les jours de 11 heures à 20 heures pour aller travailler. Toutes les femmes accusées sont des employées de la RATP issues de la classe ouvrière. Aucune d'entre elles ne cherche à nier son geste. La mère ne regrette pas d'avoir aidé Marie-Claire à prendre sa décision. La faiseuse d'anges a appris la technique en pratiquant sur elle-même le jour où son mari s'est contenté de lui lancer : « Ma fille, débrouille-toi[75]. » Le procès révèle également des dissensions au sein du corps médical, montrant que de nombreux·ses médecins sont soit corrompu·es (arnaquant des patientes désespérées), soit écœuré·es par une loi jugée cruelle et inefficace. Les écoles ne dispensent aucune éducation sexuelle[76].

C'est Gisèle Halimi, l'avocate de Djamila Boupacha en 1960, qui assure la défense des accusées dans l'affaire Bobigny. Comme lors du procès Boupacha, Bobigny réunit Halimi et Beauvoir, cette fois en tant que leadeuses de l'association Choisir, fondée en vue d'une éventuelle défense juridique pour les 343 signataires du manifeste sur l'avortement[77]. Comme le procès Boupacha encore, Bobigny devient un événement politique impliquant l'opinion publique, avec des personnalités politiques et médiatiques, une couverture de presse et, à la fin, un livre qui brave les interdits de l'État en divulguant les transcriptions d'une audience confidentielle. Halimi, pour qui la salle d'audience offre une arène où faire défiler les témoignages et mettre en cause la légitimité de la loi, parle de « dépasser les faits eux-mêmes » pour « faire le procès d'une loi, d'un système, d'une politique ». Il devrait être mené, si possible, par les femmes elles-mêmes[78]. Comme le veut la tradition française, Bobigny, à l'instar de Boupacha, devient une « affaire », un « scandale », en d'autres termes un épisode qui met au jour la vacuité du système judiciaire.

La salle d'audience offre un spectacle de premier choix. Les juges, des hommes, se voient contraints d'écouter les témoignages d'un long cortège de femmes insoumises. Les questions du procureur aux prévenues, accusées de « complicité » dans l'affaire Marie-Claire, ont pour effet de révéler à quel point l'avortement clandestin est une pratique répandue, notamment parmi les femmes des classes populaires. Toutes les femmes impliquées dans l'affaire connaissaient les risques d'un avortement. Lorsque l'avorteuse s'est rendu compte que Marie-Claire avait contracté une infection, elle a obtenu l'adresse d'une gynécologue compréhensive susceptible de « préserver l'avenir de cette jeune fille » en l'empêchant de « gâcher sa vie de femme ». « On parle de ces choses entre femmes », précise-t-elle, un commentaire qui en dit long sur le vaste réseau de savoirs autour de l'avortement[79]. Pour prouver la complicité des accusées, il faut donc aborder des détails désagréables : qui a placé les spéculums et les sondes, et comment ; qui a fait bouillir l'eau ou fourni l'alcool dans la tentative infructueuse de stériliser les instruments.

Halimi fait venir à la barre de nombreuses femmes connues. Elle s'arrange pour leur demander si elles ont elles-mêmes eu recours à des avortements. C'est le cas. « Cela ne nous intéresse pas », déclare le juge, insistant sur le respect du protocole et des codes de pudeur et de bienséance. « Cet étalage est désagréable. Ce n'est pas le moment. » Si Halimi continue à faire venir des témoins, « on y sera encore à la fin de l'année[80] ». Beauvoir déclare qu'elle a aidé des femmes à trouver des adresses et leur a prêté de l'argent. Ce témoignage lui vaut les félicitations de plusieurs correspondantes, et encore davantage de lettres comme celles qu'elle reçoit depuis des années, implorant une brève entrevue ou une adresse[81].

Le procès met aussi au jour les failles de cette nouvelle sororité. La solidarité avec lesdites « faiseuses d'anges » ne court pas les rues en réalité. *Le Nouvel Observateur* prend fait et cause pour la légalisation de l'avortement, mais refuse de publier un article sur une femme qu'on a condamnée à six mois de prison pour avoir fourni ses services. En mauvaise santé et âgée de soixante-dix-neuf ans, celle-ci meurt après trois semaines d'emprisonnement. L'une de ses amies écrit au *Nouvel Observateur*, furieuse. Le manifeste de Beauvoir et Halimi est un « modèle d'hypocrisie ». Si ces dernières trouvent qu'il est si courageux de déclarer qu'on a avorté, pourquoi n'aident-elles pas celles qui « connaissent les pires tracas parce qu'elles ont aidé "à le faire"[82] » ?

Les stratégies déployées par Gisèle Halimi pendant le procès ne sont pas non plus du goût des féministes radicales du MLF, qui les récusent. Halimi a non seulement recueilli le témoignage de femmes célèbres, mais aussi de médecins lauréats du prix Nobel, critiques envers la loi et qui reconnaissent soit qu'ils ont déjà pratiqué des avortements – ou le feront –, soit qu'ils ont conseillé à des femmes d'y avoir recours. La présence de ces hommes éminents venus offrir leur jugement d'experts sur la loi, dévoiler leurs convictions les plus profondes et confesser leurs dilemmes éthiques a un effet immédiat : elle enrage les militantes du MLF, qui manifestent bruyamment devant le tribunal. L'insistance de l'avocate sur la « tragédie sociale » de Marie-Claire – une famille de trois filles élevées par une mère célibataire trop pauvre pour se permettre l'arrivée d'un nouveau bébé[83] – ne plaît pas davantage. Aux yeux de ces féministes radicales, une femme est une femme, indépendamment de tout critère de richesse et de classe sociale ; son corps lui appartient ; c'est à elle qu'il revient de faire ses propres choix ; le message doit être passé à travers des récits qui ne versent ni dans le spectaculaire ni dans le mélodramatique[84]. Beauvoir se range à cet argument de la liberté du corps : les différences de classe importent moins que la prise en compte d'une condition féminine commune sous la domination masculine. Lorsque Halimi (comme sa cliente) refuse de laisser une militante fortunée du MLF témoigner de son effrayante expérience d'avortement clandestin, Beauvoir quitte les rangs de Choisir, dénonçant le « réformisme » de l'organisation. De leur côté, des militantes qui désirent simplement voir Marie-Claire acquittée écrivent à Beauvoir pour « déplorer très vivement la politisation de ce débat », fait « désolant, décourageant et injuste », et exiger que les féministes radicales qui assistent au procès « aient la sagesse de se comporter en adultes et gardent leur calme afin de ne pas obliger le tribunal à faire évacuer la salle[85] ».

Les prises de position de Beauvoir sur Bobigny et la politique de Choisir lui valent aussi une longue et probablement douloureuse missive de Jacqueline Manicom, écrivaine guadeloupéenne et membre éminente de Choisir, qui possède une longue expérience de sage-femme aux Antilles et dans les hôpitaux publics parisiens. Jacqueline Manicom a témoigné au procès de Bobigny. Sa lettre engage une discussion politique houleuse avec Beauvoir. Beauvoir et ses alliées du MLF jugent donc les méthodes de Choisir « réformistes » ? Beauvoir s'imagine-t-elle être une « révolutionnaire » ?

> Mais enfin, Simone de Beauvoir, vous devez savoir que vos livres entre les mains de la bourgeoisie mâle ou femelle ne font que garnir des rayons de bibliothèques ou mènent éventuellement à une forme de libération parfaitement égoïste. D'autre part, il est sûrement plus rare de trouver des exemplaires de « la force de l'âge » ou du « deuxième sexe » dans les H.L.M. Toute la différence vient de l'usage qu'on en fait dans ces lieux.

Et considère-t-elle que l'importance accordée aux femmes pauvres au sein de Choisir revient à « discriminer » les femmes « bourgeoises » ? Justement, écrit Manicom : « Le problème, en effet, est de savoir quelles femmes nous voulons libérer[86]. »

Manicom demande sèchement à Beauvoir de se remettre en mémoire *La Grand'Peur d'aimer* et le cas de la bourgeoise enceinte d'un homme noir. Cette femme voulait-elle avorter au motif que son corps lui appartenait, ou était-elle au contraire « traumatisée à l'idée qu'elle porte dans son utérus blanc destiné à procréer des petits banquiers non moins blancs, un monstre coloré » ? Et Manicom de conclure : « Chère Simone de Beauvoir, il m'est impossible, malgré tous mes efforts de générosité de me sentir solidaire de ce type de femmes. » Lagroua Weill-Hallé n'aura jamais été qu'une « technicienne de la contraception », mais Manicom attend de Beauvoir qu'elle soit bien autre chose qu'une « technicienne de la libération des femmes en général », et qu'elle se montre capable de saisir l'importance de la race et de la classe dans les questions de droits des femmes. La réponse de Beauvoir nous fait particulièrement défaut ici. Peu de temps après, lors d'une rencontre publique à la Maison de la Mutualité, Manicom dénonce vigoureusement les cruautés absurdes et le racisme honteux des lois françaises. Elle fait remarquer que l'État français poursuit Marie-Claire pour avortement, alors qu'il encourage le recours à la contraception et à l'avortement dans les Antilles françaises. La France veut bien « une France de cent millions d'habitants mais pas trop de petits nègres[87] ». La publication de son propre recueil d'études de cas en 1974, établi auprès de ses patientes et collègues de travail originaires des Antilles françaises et issues de l'immigration, peut s'interpréter comme une réplique implicite à Lagroua Weill-Hallé.

L'échange Beauvoir-Manicom nous laisse avec une image poignante : celle d'une Simone de Beauvoir debout sur le bord de la route, savourant avec joie la déflagration politique de ce nouveau féminisme dont les étincelles, fatalement, finissent par rejaillir sur elle. Il donne également un aperçu de la nouvelle place que l'inégalité raciale et l'anticolonialisme vont bientôt occuper dans la politique métropolitaine, non plus comme de simples analogies utiles pour amener les femmes (et les hommes) de la classe moyenne à prendre radicalement conscience de leur subordination, mais bien comme des objections à ce radicalisme abstrait et universalisant. Les militant·es de la première et de la deuxième « génération 68 » vont se trouver ainsi poussé·es à reconnaître leurs privilèges de classe et de race, et les mouvements, à réinventer des liens et des alliances capables de transcender les différences. Les lettres de ces archives recomposent le monde politique de l'époque en miniature ; elles brossent le portrait de ces orientations et de ces dissensions inconfortables qui font le féminisme de la deuxième vague.

*

En 1972, Beauvoir exprime son point de vue sur le nouveau mouvement des femmes dans un entretien pour *Le Nouvel Observateur* avec la féministe et personnalité médiatique allemande Alice Schwarzer. Elle y salue le MLF pour sa capacité à défier les tabous, à revendiquer son autonomie, à rompre avec le réformisme frileux, graduel et si indigeste des féminismes du passé, et à faire du féminisme le point d'appui d'une transformation sociale plus large. Beauvoir a longtemps refusé d'« enfermer la femme dans un ghetto féminin[88] ». Elle adhère pleinement au féminisme désormais. Elle a eu tort, dit-elle, de soutenir que « c'est uniquement au système qu'il faut s'en prendre ». C'était « trop abstrait » : « Il faut s'en prendre aussi aux hommes. Parce qu'on n'est pas impunément complice et profiteur d'un système. » Lorsque Schwarzer l'interroge sur le courant lesbien au sein du MLF, Beauvoir répond : « Peut-être, en effet, n'est-il pas mauvais qu'il y ait des femmes qui soient tout à fait radicales et qui refusent complètement l'homme. Elles entraînent celles qui seraient disposées à certaines compromissions. C'est très possible. » Ce n'est pas nécessairement en ces termes que les militantes lesbiennes se conçoivent ou conçoivent leur politique[89]. Mais le journal met en avant le soutien de Beauvoir au militantisme gay et lesbien par un intitulé en caractères gras : « LE RÔLE DES HOMOSEXUELLES[90] ».

L'entretien suscite un déluge de lettres. « Je suis heureuse tout bêtement de te lire cette semaine dans *Le Nouvel Observateur*, de réentendre ta voix [...] neuve et assurée, calme et confiante. [...] Et cette parole, la tienne, compte plus que toutes les autres réunies », écrit une femme qui vient de lire l'entretien et tutoie Beauvoir dans un « élan » que « le cœur lui dicte spontanément ». « Je sens la réussite plus proche si tu viens parmi nous, continue-t-elle, si tu te dis féministe sans craindre les quolibets (des deux camps) attachés à ce mot, si tu méprises la moue désobligeante des esprits éclairés (!) pour qui le féminisme est un "faux problème" (de bourgeoises et de névrosées). » Elle aspire elle-même à rejoindre l'« action collective », mais se demande : « Comment ? Dis-moi, très vite, presque rien, une date, un numéro, une adresse... Et puis, ajoute-t-elle, surtout savoir que ma lettre a été lue. » Une sage-femme projette de mettre ses compétences au service de la cause et aussi d'écrire quelque chose de « révolutionnaire » au sujet des premières expériences sexuelles des femmes. Une jeune Lyonnaise écrit pour approuver les propos de Beauvoir sur le refus des « servitudes du mariage ». Cette « modeste ouvrière paysanne », ainsi qu'elle se décrit elle-même, a vu dans son enfance « trop de pauvres malheureuses – épouses soumises à la volonté maritale travaillant comme des servantes, sans jamais élever la voix ». Mais les choses ont changé, à la campagne comme à la ville. Les femmes veuves de son entourage ont des aventures et refusent de se remarier désormais. Ouvrières comme paysannes, chacune a « appris à lutter pour défendre son salaire, ses intérêts et changer la société, à se défendre contre un patronat avide [...] et à aimer son indépendance ». Peu importe si Beauvoir a déjà bien d'autres femmes sur qui compter dans ses cercles intellectuels : « Cette lettre est simplement pour vous dire que Paris est bien loin, mais que nous suivont votre action[91]. »

Les esprits sceptiques se moquent de l'écrivaine, qui ne ferait que prendre la révolution en marche. « C'en est assez ! s'emporte l'un d'eux, l'on ne peut plus ouvrir un journal sans y trouver un article traitant de la révolte des femmes, ces opprimées condamnées aux travaux forcés ménagers. » Les lettres sont nombreuses dans ce style :

> Qu'elle est heureuse cette femme qui trouve à caser ses enfants à la cantine pour aller faire un tour à l'École du Louvre. Qu'elle est heureuse d'avoir un mari pour qui le gagne-pain n'est plus une aliénation puisqu'il lui permet de la nourrir, de la loger, de la chauffer, de l'éclairer, de la blanchir, etc.... !! (et de lui donner son argent de poche j'espère).

« J'ai été frappée par la virulence de certaines jeunes auditrices de l'émission télévision, lit-on encore ailleurs. Pourquoi revendiquer avec tant d'agressivité la liberté de l'avortement, quand on peut très bien, maintenant, éviter une grossesse ? » Les lecteur·rices en colère, dont beaucoup appartiennent à une gauche plus ancienne, exigent des explications sur ce « brusque règlement de compte », ses attaques contre d'anciens alliés masculins, et ce qu'on appelle son « ton violemment affectif », son « dogmatisme verbeux » et son « délire interprétatif[92] ».

Schwarzer qualifie son entretien d'« historique » et déclare qu'il signe la « conversion » de Beauvoir[93]. C'est à la fois moins et plus que cela. Beauvoir n'a manifesté aucune intention de revenir sur ses principes philosophiques. Elle ne ressent pas le besoin de résoudre les contradictions entre son marxisme et son existentialisme, entre son analyse des structures fondamentales et ses appels à la responsabilité individuelle. Mais sa nouvelle position n'est pas aussi purement stratégique qu'elle le prétend[94]. Elle revient à se débarrasser et à bannir enfin les sentiments ouvertement ambivalents que la philosophe entretient depuis des années à l'égard du féminisme, et qui ont fait la trame de ce livre. En ce sens, sa volte-face est bel et bien historique. Elle est révélatrice de la dynamique des changements historiques et, comme le montrent les réactions très contrastées des lecteur·rices, de l'enchevêtrement des sentiments, des phénomènes d'identification et des opinions politiques qui animent ces évolutions. Les témoignages tirés des lettres et des récits font état de sentiments oscillant entre l'amour d'une part et le dégoût viscéral pour les « femmes » d'autre part, entre l'appartenance d'un côté et l'aliénation de l'autre côté. Ils nous parlent d'une subjectivité politique hautement idéalisée qui impose à chacun·e d'incarner pleinement ses opinions, de la politique en tant que passion et désir et de ce qui fait un·e acteur·rice politique[95].

L'explosion du militantisme féministe au début des années 1970 a pris de court à la fois ses partisan·es et ses adversaires. Certes, les protestations sont nées des griefs que nous avons vus couver dans la correspondance de Beauvoir. Mais le militantisme a fait brutalement irruption, et il a permis de sortir de l'impasse dans laquelle le mouvement s'était enfoncé au début des années 1960. Radicales et radicaux ont été enhardi·es par l'enivrante sensation de pouvoir et de quasi-succès qui flottait dans les rues en mai 1968. Paris s'est trouvée pratiquement à l'arrêt pendant un mois, et quand bien même la capitale n'a pas été le centre névralgique de l'année 1968, elle a donné aux événements mondiaux de cette année-là une généalogie révolutionnaire. Les événements de 1968 ont ainsi changé le métabolisme de la gauche, précipitant encore davantage la formation de nouveaux groupes et d'idées radicales. Les affrontements violents des travailleur·ses et des étudiant·es avec les forces de l'ordre ont concouru à mettre en valeur les sentiments de colère, de défiance, de transgression et aussi de joie. Une politique sexuelle audacieuse et radicalement neuve venait de répudier la vénérable tradition de bienséance, de pudeur et de honte. Le répertoire des émotions politiques acceptables s'en est trouvé transformé. Les correspondant·es de Beauvoir mettent en scène les dimensions politiques, sociales, discursives et affectives de ce moment historique. Lectrices et lecteurs saisissent l'exaltation, la rage et le pouvoir de séduction des mouvements de libération des femmes et des homosexuel·les, mais aussi les tensions entre et au sein de ces mouvements.

Même lors de cette période exaltante, le mot « féminisme » a continué à susciter des réactions mitigées. Le nouveau terme de « libération des femmes », mieux que « féminisme », a œuvré à rapprocher le mouvement féministe du socialisme, de la classe ouvrière, des mouvements étudiants, de l'anti-impérialisme et du mouvement des droits civiques[96]. Il traduit bien une sorte de malaise claustrophobe à l'égard de la catégorie des « femmes » et du féminisme déjà existant ; ce malaise était pratiquement constitutif du MLF à ses débuts. À travers le mot « féminin », « que de renoncement à la dignité », se souvient Anne Zelensky, membre dissidente de l'ancien Mouvement démocratique féminin[97]. La « nature » est « invoquée par les réactionnaires et les esprits bornés pour cloîtrer les gens dans une situation historique donnée et les empêcher d'en sortir », déclare une lectrice à Beauvoir[98]. Christiane Rochefort a bien décrit également à quel point le mot « femme » et ses dérivés la faisaient frémir : « On refuse très fermement de s'insérer dans les "unions" des femmes, dans les "sections féminines" des partis (horreur !), on est agacée par les "rubriques féminines". Les problèmes politiques ne peuvent être que communs. [...] On n'aime pas la ségrégation. Et puis beaucoup n'aiment pas le mot "féministes"[99]. » Le malaise avec la « femme », les grincements de dents au mot « féminisme », les puissantes dynamiques d'attirance et d'identification avec d'autres femmes... Ce n'étaient pas là de simples étapes intermédiaires sur la voie de l'apaisement et d'une résolution heureuse des conflits. L'existence supposée d'une sororité affective et la neutralisation des différences constituaient déjà un projet politique aussi ambigu que contradictoire. Ambiguïtés et contradictions allaient encore s'aggraver[100]. L'ambivalence ne cédait pas. Et la sexualité, en raison des nombreuses problématiques liées au sexe dans les années 1970 tout comme au début des années 1950, sans parler des émotions contradictoires qui s'y rattachaient, allait continuer à provoquer débats et divergences[101].

Conclusion

Je vous avais déjà écrit après La Force de l'âge
et vous m'aviez répondu. Je garde cette lettre
comme un très précieux cadeau. Souvenir de ce qu'étaient
pour nous autrefois les « écrivains » –
vous êtes cette voix, cette amitié, cet interlocuteur
secret, présent, plus proche que les proches.

(décembre 1963, Nice)

À l'été 1968, Shulamith Firestone et Anne Koedt, féministes américaines représentant les New York Radical Women, se rendent à Paris avec l'édition fraîchement imprimée de leur nouvelle revue, *Notes from the First Year*. Firestone et Koedt ont dans l'idée d'en apporter un exemplaire à Beauvoir en personne. Elles rentreront bredouilles. Firestone relate l'épisode dans une lettre à sa sœur envoyée depuis Paris : « Anne et moi sommes allées voir S. de B. samedi [...]. Elle n'était pas chez elle et une horrible concierge nous a aboyé dessus qu'il fallait prendre rendez-vous[1]. »

Peut-on voir dans cette rencontre manquée un avant-goût des relations qu'entretiendra plus tard Simone de Beauvoir avec son lectorat ? Dire qu'elle n'était pas chez elle relève de l'euphémisme. Beauvoir rapporte elle-même qu'elle ne se sentait pas à sa place durant les émeutes du fameux mois de mai 1968. L'opinion de jeunes gens de gauche, voyant dans *Les Temps modernes* une revue trop bien établie, l'avait atterrée[2]. C'est peu dire que ses interventions sur la scène politique internationale ont fait long feu. Avec Sartre et Lanzmann, les trois ont entrepris, à partir de 1965, de se faire les médiateur·rices d'un dialogue entre les intellectuel·les du Moyen-Orient. L'année 1967 les voit partir au Caire et à Tel-Aviv à la rencontre de personnalités du monde politique et intellectuel, voyage qui aboutit à la publication aventureuse d'un numéro spécial des *Temps modernes*, long de mille pages, sur le conflit israélo-arabe. Le hors-série arrive dans les kiosques exactement vingt-quatre heures avant le déclenchement de la guerre des Six Jours[3]. Leur condamnation de l'offensive arabe et leur soutien (conditionnel) à Israël font passer Sartre et Beauvoir pour des traîtres à la cause arabe et rendent caduque leur entreprise. Les faux pas s'enchaînent. À l'automne 1968, le couple se rend à Prague, où les troupes du pacte de Varsovie ont anéanti les efforts de libéralisation du gouvernement Dubcek. Les deux philosophes rentrent rassuré·es, ayant trouvé le moyen de conclure que le socialisme du bloc soviétique est en train de se réformer de l'intérieur. Enfin, au moment même où la rébellion de la jeune génération fait les gros titres, et où de jeunes radicales comme Firestone et Koedt tentent de lui rendre visite, Beauvoir est loin de Paris, occupée à préparer une étude sociologique sur le grand âge : *La Vieillesse*, qui paraît en 1970. Beauvoir, en d'autres termes, semble accumuler les erreurs. Les politiques mondiales de gauche prennent progressivement leurs distances avec les intellectuel·les français·es de la capitale. « Quatre ans plus tôt, nous étions amis de tout le monde », dira-t-elle plus tard, soulignant la rapidité avec laquelle le navire semble avoir pris l'eau, « et maintenant tenus par tous pour des ennemis[4]... » Beauvoir et Sartre avaient été les mentors philosophiques de toute une génération (« Je voulais, moi aussi, être prof de philo en 1950. Vous étiez nos dieux, Sartre et vous »). Mais un jeune correspondant de vingt-six ans peut désormais prendre la plume pour demander de but en blanc si leur pensée a encore une quelconque pertinence[5].

Pertinente, Beauvoir le reste pour l'avant-garde féministe, ne serait-ce qu'en tant que figure symbolique. Shulamith Firestone, que sa mauvaise rencontre avec la concierge n'a pas refroidie, dédie à Beauvoir son manifeste radical à succès *The Dialectic of Sex: The Case for Feminist Revolution* (1970)[6]. Cette dédicace a pour effet d'inscrire le féminisme radical américain dans une filiation philosophique européenne et de relier Beauvoir à tout un autre pan de lecteur·rices. Comparé au *Dialectic of Sex* de Firestone ou au *Sexual Politics* de Kate Millett, qui paraît également en 1970, *Le Deuxième Sexe* fait toutefois figure de classique indigeste. À la fin des années 1970, les courants de pensée du côté français de l'Atlantique – la psychanalyse lacanienne, le structuralisme, le poststructuralisme et la déconstruction – passent pour avoir sabordé les fondements du féminisme beauvoirien, avec son insistance sur la liberté individuelle et la quête d'un moi authentique illusoire. Ces développements théoriques vont renouveler la pensée féministe à la fin du XXe siècle ou, plus précisément, ouvrir la voie à un nouveau courant de théorie critique emmené par la remise en cause féministe du langage, de la subjectivité et de la différence sexuelle. Que leurs recherches portent sur la réécriture de l'histoire de la philosophie ou la révision du langage de la psychanalyse, les figures qu'on appelle alors aux États-Unis les *« new French feminists »* – Luce Irigaray, Hélène Cixous et Julia Kristeva – travaillent à interroger la subjectivité féminine plutôt que d'adopter les préceptes d'une philosophie de la conscience ou de la présence. Bien qu'elles réfléchissent aux questions que Beauvoir a soulevées, leurs travaux sont fort éloignés des siens. Comment ne pas voir dans la diversité de ces réappropriations un témoignage à la fois du large éventail de théories critiques féministes des années 1970 à 2000 et de la richesse des concepts philosophiques de Beauvoir[7] ?

Mais l'histoire des rapports de l'écrivaine avec son lectorat ne tourne pas seulement autour de l'héritage qu'elle a laissé au féminisme. Si *La Vieillesse* a suscité relativement peu d'intérêt, le texte n'était pas pour autant éloigné des principaux thèmes de Beauvoir ou des préoccupations de son public. La question de la mort, la plus existentielle qui soit, avait déjà occupé l'épilogue de *La Force des choses* ainsi que le récit au titre plein d'amertume *Une mort très douce*, sur le décès de sa mère[8]. Comme ces précédents textes, *La Vieillesse* donne lieu à des centaines de lettres élogieuses. La fameuse « indiscrétion » de Beauvoir, sa « monstrueuse sincérité[9] », avait encore frappé en l'amenant à s'aventurer sur des terrains intimes que d'autres préféraient éviter. Beauvoir a peut-être regretté d'avoir choisi de s'intéresser à la vieillesse à une époque où tout le monde parlait de la jeunesse ou du féminisme radical, mais le sujet était opportun. Le livre, une fois de plus, déclenche donc une avalanche de lettres. Les épistolier·es, en remontant le fil de sa carrière d'écrivaine, résument par là une grande partie de son héritage et soulignent dans le même temps la dynamique qui a sans cesse nourri leur lien avec elle.

Dans *La Vieillesse* comme dans *Le Deuxième Sexe,* Beauvoir associe sociologie et témoignages, études de cas et critique culturelle. Culturellement, les personnes âgées ne sont pas considérées comme des semblables ; pauvres, dénigrées pour leur improductivité et gênantes, pour ne pas dire repoussantes, dans leur indigence et leur infirmité, avec leur chair relâchée, leur ouïe et leur vue défaillantes, leurs dents manquantes, leur esprit confus ou leur démence, elles sont isolées et mises à l'écart. Beauvoir ne nous épargne pas les détails sordides du vieillissement en tant qu'expérience corporelle. Pourtant, les obstacles auxquels les personnes âgées se heurtaient n'étaient pas simplement ni même principalement d'ordre biologique et médical, mais plutôt d'ordre socioculturel, produits par l'économie politique, les institutions et les pratiques médicales, les structures familiales et les réflexes culturels, en particulier le déni de la mortalité. La précarité économique et physique faisait du vieillissement comme du corps vieillissant les lieux d'une extrême vulnérabilité, de la honte et de la peur. Comme dans *Le Deuxième Sexe*, Beauvoir défie les tabous et met le feu aux poudres.

Nombreux·ses sont les lecteur·rices à taxer *La Vieillesse* d'« obscénité », d'« indécence » et d'« irrévérence ». Un homme qui a emprunté le livre à un ami se dit « heureux de ne point avoir à faire un achat qu'il regretterait aussitôt, n'ayant pas l'habitude de collectionner les horreurs et les saletés », avant de reprocher à Beauvoir le « plaisir sadique » qu'elle semble prendre à détailler la « décrépitude » des personnes âgées et à s'attarder par le menu sur les descriptions cliniques de corps défaillants. « La vieillesse ! Vous ne l'avez regardée qu'à travers une sexualité exacerbée en somme, peut-être faites-vous partie de cette triste équipe de vieux lubriques ! [...] Vous êtes certainement plus à plaindre qu'à blâmer car vous devez ignorer les satisfactions et les joies pures que procure l'art d'être grand-père. » Une autre lectrice, fidèle mais déçue, évoque un livre qui ressemble davantage à un « exposé de médecine » qu'à l'« histoire d'une vieillesse plus humaine, plus près de nous, que nous attendions ». En 1970 comme en 1949, le projet a été accusé de sensationnalisme obscène, d'irrespect ou encore de chercher à humilier. Les lecteur·rices religieux·ses (de confessions juive et catholique) reprochent à Beauvoir un athéisme qui l'aurait empêchée de « prendre le virage » avec sang-froid. Eût-elle été croyante, elle aurait pu regarder le grand âge en face sans trembler. D'autres, en revanche, se montrent reconnaissant·es et s'accordent entièrement avec Beauvoir sur le fait que « la vieillesse en soi constitue un des aspects les plus terrifiants de la condition humaine ». On juge la lecture du livre atroce, mais capitale. Le sujet a beau n'être rien moins qu'une « conversation polie », comme l'écrit une correspondante, six cents pages densément détaillées ne sont pas de trop, dans la mesure où « chaque page incite le lecteur à réfléchir et à vérifier sa propre opinion[10] ».

Ces épistolier·es âgé·es, encouragé·es non seulement par l'autrice mais également par l'esprit de révolte de l'après-68, refusent de se faire discret·es sur la vulnérabilité grandissante de leurs corps, leurs maladies, leur solitude et les humiliations subies. Toutes et tous dressent le bilan de leurs pensions pour signaler l'écart avec leurs anciens revenus ; écrivent sur les problèmes de logement, aggravés par la pauvreté, les refus de bail avilissants et ce qu'un correspondant a appelé une « politique de ségrégation sociale » ; font état de la saturation des établissements de soins et du manque de personnel dans les institutions psychiatriques. « Né en 1909, j'arrive au crépuscule d'une vie difficile. Vous nous apprenez que nous sommes dix millions à charge d'une société que nous avons constituée, façonnée… […] Nous ne voulons pas être un fardeau. » La colère contre l'« ingratitude » des enfants est un thème inévitable dans un monde au militantisme si jeune :

> Sans savoir de quelle façon vous avez traité le sujet je vous dis bravo. Doublement bravo parce que vous, on vous écoutera et peut-être grâce à vous, les enfants ingrats feront-ils moins de mal aux parents qui les ont mis au monde, aimé, gâté. Ce n'est pas une Mater Dolorosa qui vous écrit. Mais une maman seule, perdue, désemparée qui ne meur pas assez vite, et l'avenir l'effraie.

Cette colère emprunte aussi aux radicales et radicaux des années 1960 leur critique des cadences infernales du capitalisme. Une correspondante écrit ainsi : « Merci et bravo

Madame pour vous occuper des vieillards. Je souhaite que votre livre soit très lu – pour vous d'abord – et aussi pour que ceux qui sont actuellement jeunes comprennent ce qui les attend s'ils ne mettent pas un frein à ce mouvement de mépris pour ceux qui ne sont plus des "producteurs". » Cette dernière se plaint d'avoir à demander une carte de bibliothèque au nom de sa fille, autrement dit de la voir prendre sa place à la tête de la famille. Ayant voulu lui acheter un téléviseur à crédit, elle s'était entendu rétorquer qu'il lui faudrait passer par le compte bancaire de sa fille, et avec l'autorisation de cette dernière, car ses revenus de retraitée avaient été présumés insuffisants. « Humiliant tout cela. » Une autre écrit : « Je me sens étrangère dans mon pays. Tout vous est refusé. » Ou encore : « Je viens de lire votre livre sur ladite vieillesse qui est une calamité. Vous le comprenez si bien vous qui en êtes encore bien loin », et : « Je suis à la fois bouleversée et heureuse que votre voix se fasse entendre sur cette question que je connais bien, qui me hante depuis des années[11]. »

La Vieillesse est abondamment commentée en France et presque immédiatement traduite en anglais. Cet intérêt s'explique en partie par la grande notoriété de Beauvoir, mais aussi par l'importance grandissante du vieillissement en tant que question sociale et politique. Beauvoir reçoit des lettres de gérontologues et de directeur·rices d'hôpitaux en France et en Europe, des services sociaux français et des conseils nationaux américains, tel celui de la Maison-Blanche sur la question du vieillissement aux États-Unis. « Le thème "vieillesse" intéresse, concerne, voire obsède tout le monde », lui écrit-on[12]. La progression de l'espérance de vie a mis la question de la vieillesse à l'ordre du jour, de même que l'attention politique accrue portée à la pauvreté, à la faim, à l'emploi, à la qualité de vie, à la sécurité et à la dignité humaines. Les personnes âgées sont tout aussi déterminées que les autres groupes sociaux à réclamer leur part des prestations sociales et des ressources de l'État, et elles ont leur propre regard critique sur les rythmes productivistes imposés par l'expansion économique et la culture consumériste de l'après-guerre. Les lettres envoyées à Beauvoir replacent ces épistolier·es vieillissant·es, et leur génération, au cœur de l'histoire des années 1960.

La Vieillesse incite les correspondant·es à réfléchir à la signification des expériences marquantes du XXᵉ siècle. Une octogénaire de Dordogne écrit qu'après deux guerres mondiales, faire face à l'éventualité d'un « anéantissement nucléaire » lui semble plus horrible que ce qu'un cœur humain est en mesure de concevoir. Pourtant, elle se décrit courageusement comme une rebelle perpétuelle, en dépit de son âge avancé. Elle remercie Beauvoir pour son œuvre, qualifiée de véritable « feu d'artifice de sincérité et de vérité[13] ». Pour une femme un peu plus jeune, ancienne docteure de soixante-neuf ans originaire de Hongrie, qui a connu la guerre depuis le centre de l'Europe, le passé demeure beaucoup plus effrayant que l'avenir. Elle a été veuve par deux fois. Son mari de vingt-trois ans a été assassiné par les milices fascistes du parti hungariste des Croix fléchées, la laissant seule survivante, avec ses trois enfants. Elle a rencontré son deuxième mari, un collègue médecin, dans un centre de rapatriement des prisonniers politiques. Ce rescapé d'Auschwitz ne recouvrera jamais la santé et finit par mourir des suites d'une longue et douloureuse maladie. Elle se sent vide et sans but, et a conscience que sa solitude fait d'elle un fardeau pour ses enfants et ses petits-enfants. La profondeur des sentiments qu'elle exprime dans sa lettre a plusieurs sources : des souvenirs douloureux, une soif de compagnie, son identification à une femme cultivée qu'elle sait intéressée par la complexité existentielle des vies de femmes.

La lettre de cette épistolière hongroise nous en apprend beaucoup sur les correspondances en général et sur le processus par lequel l'absence magnifie le sentiment d'intimité. Beauvoir occupe la place d'une analyste posée et patiente. La lettre s'ouvre par les mêmes phrases rituelles que beaucoup d'autres, entamant un dialogue imaginaire. Mais les avantages de l'écriture épistolaire, au nombre desquels figure l'invisibilité de la personne qui écrit, y sont ensuite exposés avec brio. L'autrice de la lettre déplore de ne pouvoir se contenter d'une seule phrase qui lui suffirait à se faire comprendre, au lieu de quoi elle doit s'efforcer d'être concrète. « Je me console en me disant que cela m'apportera peut-être quelque soulagement quand je me serai débarrassée par écrit du moins d'une partie de mes tourments. » Elle explique : « C'est bon communiquer les idées en écrit, parce qu'on n'est pas dérangé par un éventuel mouvement impatient du partenaire ou par l'ennui que l'on voit paraître sur son visage. »

Alors qu'elle s'exprime en bon français, la voici qui s'excuse : pour relever le défi de l'échange épistolaire, il faudrait parvenir à tout mettre en mots. À l'image de nombreux·ses autres correspondant·es, elle ne s'en estime pas capable, mais l'écrivaine, précise-t-elle, peut néanmoins « vivre » un peu de sa vie à travers sa lettre. « Pourquoi donc est-ce que je vous ai écrit tout cela ? C'est parce que je n'ai jamais encore éprouvé une telle proximité humaine comme à l'égard de vous, Madame, vous qui pouvez ressentir un tel clavier infini des sentiments[14]. »

Sa lettre reflète particulièrement bien les émotions et les attentes qui tissent la trame de ces archives et qui ont façonné la relation de Beauvoir avec ses lecteur·rices. Ces sentiments étaient d'ordre existentiel autant qu'historique : le désir d'associer sa propre voix aux témoignages du siècle, qui impliquait souvent de revivre des événements traumatisants, se mêlait à la volonté de confronter sa vie et son contexte historique pour leur donner du sens. La lettre en question fait ressortir la soif de rendre compte de sa propre expérience et de la comprendre, en même temps que les difficultés rencontrées face à une entreprise si ardue. C'est un beau portrait de la confiance que Beauvoir suscitait – cette conviction qu'elle disposait des ressources, des concepts et des perspectives nécessaires pour comprendre ce que ses lecteur·rices avaient du mal à formuler. Les témoignages sont nombreux en ce sens :

> Je ne sais, Madame, ce qui me donne le courage de vous écrire et de vous confier cette part de moi, ce fruit de mon expérience, de mes larmes et de ma douleur essentielle. Peut-être un obscur pressentiment de votre compréhension ? Peut-être un simple coup de vent dans ma tête « rangée » ? Je ne vous remercierai pas, par des mots, pour le sillage neuf que vous avez ouvert à la femme[15].

Beauvoir continue à recevoir des lettres jusqu'à sa mort en 1986, et même au-delà ; quiconque se rend sur sa tombe au cimetière du Montparnasse la trouvera jonchée de petits mots admiratifs, souvent griffonnés au dos de tickets de métro. Mais le nombre de lettres diminue après la publication de *La Vieillesse* et du dernier volume des Mémoires, *Tout compte fait*, en 1972. L'écrivaine reste pleinement engagée dans le mouvement féministe et la politique internationale. Elle donne des entretiens dans les médias, s'associe aux campagnes visant à faire du viol un crime plutôt qu'un délit, et fait d'une rubrique sur le « sexisme ordinaire » une chronique régulière dans *Les Temps modernes*. Elle prête son nom et son énergie à des revues féministes radicales qui se penchent sur les violences sexuelles et sur le racisme dont les débats étaient imprégnés, sur les places respectives du matérialisme et de la nouvelle psychanalyse critique au sein de la théorie féministe, et sur la question de savoir si ce que Monique Wittig appelle la « pensée straight » a une quelconque pertinence pour les féministes lesbiennes[16]. Les discussions et controverses autour de ces questions donnent lieu à de nouveaux travaux en philosophie, en histoire et en littérature. Cependant, plutôt que d'écrire à Beauvoir pour soumettre leurs raisonnements à son appréciation, les auteur·rices préfèrent désormais publier directement leurs réflexions.

Beauvoir n'a eu de cesse d'interpréter et de réinterpréter sa vie, son époque. C'est l'appropriation à laquelle se livrent les lecteur·rices qui rend ces archives si intensément vivantes. La fin du cycle des Mémoires s'impose donc comme une conclusion idéale pour réfléchir au rapport auteur·rice-lectorat, à l'héritage de Beauvoir ainsi qu'au statut de cette correspondance en tant qu'artefact des moments forts de l'après-guerre et de l'histoire culturelle du XXe siècle.

Ces archives retracent l'histoire d'une collaboration remarquable, complexe et intime, entre une autrice et son lectorat. À la fois littéraire, philosophique et historique, entretenue de plein gré et mutuellement enrichissante, débordante d'énergie et pétrie de contradictions, cette collaboration revêt de multiples aspects. Elle fournit notamment une riche illustration du rôle de l'écrivain·e tel que Beauvoir le conçoit. Comme celle-ci l'a soutenu à diverses reprises, les lecteur·rices ancrent l'écrivain·e et son œuvre dans une réalité sociale collective ; le public est au fondement de son engagement dans le monde. Pour Beauvoir, littérature et philosophie cherchent toutes deux à saisir le sens de notre expérience du monde et de notre conscience. Avec sa capacité à rendre le sens et la teneur de nos expériences, la littérature est aussi appropriée que la philosophie[17]. Les Mémoires de Beauvoir reposent sur cette conviction que l'écriture singularise les existences et permet à la conscience d'être présente à elle-même, ce qui fait de l'écriture de sa propre vie une pratique philosophique. Cette croyance nourrit son intérêt pour ses lecteur·rices et pour la particularité de leurs existences individuelles. Les lecteur·rices, pour leur part, sont poussé·es à se raconter, trouvant dans la grammaire beauvoirienne de l'« expérience » un moyen d'exprimer le processus de connaissance du monde et de soi.

Aux yeux d'innombrables lecteur·rices, le domaine de l'expérience interprétable est à chercher dans les recoins cachés du prétendu « personnel » et du « privé », là où l'on peut réexaminer sentiments et souvenirs, et comprendre comment ils s'inscrivent au sein de structures et de contraintes – sociales, politiques, psychologiques – qui peuvent ainsi être nommées et analysées. Pour beaucoup, ce domaine appartient à l'histoire avec un grand H. Ce que ces lecteur·rices-là chérissent en Beauvoir, c'est d'abord son étude fouillée des liens entre les événements qui façonnent le monde et leur propre vie, entre l'historique et l'intime ; et, dans un deuxième temps, son intérêt immuable pour ce que les sentiments peuvent recouvrir d'épuisant, d'exaltant, d'écrasant ou de productif – en d'autres termes, sa phénoménologie des émotions. En proposant un tel échafaudage historique, les Mémoires permettent à chacun·e de reconstituer et d'analyser ses propres souvenirs, de fouiller dans ses propres sentiments pour les réexaminer. Il n'y a donc pas lieu de s'étonner que les lecteur·rices de Beauvoir aient déployé un tel éventail de sujets, allant de banalités à l'histoire mondiale en passant par l'enfance, le mariage, la maladie, le dilemme de la contraception, les désirs sexuels, les velléités d'écriture, l'ambition politique, les moyens collectifs de lutte contre le colonialisme ou pour la cause féministe, le travail, la famille, les déceptions amoureuses et les échecs politiques.

Relire l'œuvre de Beauvoir à la lumière de ces lettres en dit long sur le pouvoir de la littérature et ce qu'elle est à même de faire naître chez les lecteur·rices. Dans *Que peut la littérature ?* (1965), Beauvoir exposait son point de vue sur la capacité de la littérature à remodeler le monde de celui ou celle qui la lit et à provoquer de puissantes identifications, ainsi que sur la « confusion » entre auteur·rice et lecteur·rices :

> Et c'est ça le miracle de la littérature et qui la distingue de l'information : c'est qu'une vérité autre devient mienne sans cesser d'être une autre. J'abdique mon « je » en faveur de celui

> qui parle ; et pourtant je reste moi-même. C'est une confusion sans cesse ébauchée, sans cesse défaite et c'est la seule forme de communication qui soit capable de me donner l'incommunicable, qui soit capable de me donner le goût d'une autre vie[18].

Le déluge de lettres que reçoit l'écrivaine en 1965, au moment où elle écrit ces lignes, pourrait bien l'avoir confortée dans cette position. Hommes comme femmes sont intarissables, se reconnaissant en Beauvoir et mêlant leurs souvenirs aux siens. Toutes et tous rapportent leurs propres expériences de chamboulement par la lecture, des lectures qui les ont transformé·es au point de modifier leur propre image ou de leur permettre de regarder le monde avec des yeux nouveaux, de saisir toute l'importance de « goûter » à une « autre vie ». Ces témoignages sont probablement arrivés entre les mains de Beauvoir comme une confirmation gratifiante de sa conception de la littérature et de son succès en tant qu'écrivaine. Si ses théories quant au pouvoir d'un·e auteur·rice de « transporter » et « s'emparer » des lecteur·rices peuvent parfois sembler exagérées, c'est qu'elles ont été encouragées par l'enthousiasme de toute une partie de son lectorat.

La relation de Beauvoir avec ses lecteur·rices n'était ni simple ni transparente. Au début de *La Force des choses*, Beauvoir se montre presque désinvolte lorsqu'elle évoque le défi de se livrer à son public. L'écriture, en effet, lui laisse la maîtrise de la situation : « Peut-être mon image projetée dans un monde autre – celui des psychanalystes par exemple – pourrait-elle me déconcerter ou me gêner. Mais si c'est moi qui me peins, rien ne m'effraie. » Beauvoir se projetait toutefois aussi dans d'autres mondes sur lesquels elle n'avait que peu de prise. Le rapport tient plus de l'échange psychanalytique qu'elle n'a voulu le reconnaître. Il était approfondi et faussé par des sentiments opaques qu'aucune des deux parties ne maîtrisait : identification, désidentification, désir, séduction, fantasme, projection. La relation dans laquelle elle s'est si courageusement engagée comportait en réalité de nombreuses dimensions qui lui faisaient horreur. D'abord, la célébrité et la diffusion de son œuvre dans la presse féminine, qui avaient engendré ces attentes et tous ces désirs d'intimité ; ensuite, l'étiquette de romans à l'eau de rose que les lecteur·rices faisaient peser sur ses livres ; enfin, et surtout, ces malentendus affectifs et politiques qui n'ont cessé de marquer son rapport avec le public.

Comme l'ont souligné de nombreux·ses universitaires, les Mémoires tant appréciés des lecteur·rices dissimulaient autant qu'ils révélaient. La rhétorique beauvoirienne de l'authenticité existentielle s'accorde mal avec son refus évasif de reconnaître un certain nombre de fourvoiements politiques, mais aussi des compromis, des faiblesses et des échecs personnels[19]. Pour Marie-Jo Bonnet, ces manquements et trahisons vont au-delà de l'analyse que donne Beauvoir du lesbianisme en tant que stade transitionnel et fugace, ou du déni de ses propres relations sexuelles avec les femmes ; ses aveuglements la conduisent à adopter un ton supérieur, une position hautaine, en surplomb par rapport à son sujet. Elle se montre condescendante à l'égard des femmes sur lesquelles elle écrit. Bonnet note : « J'ai souvent été étonnée de l'impact qu'avait eu *Le Deuxième Sexe* auprès des femmes. Et pas des seules Occidentales. Car en Chine comme au Japon, l'œuvre est connue, lue, commentée.

Se peut-il que tant de femmes se reconnaissent dans ces portraits méprisants de femmes soumises qu'elle dresse à longueur de pages[20] ? » Beauvoir était-elle effectivement méprisante, et, si oui, comment cela a-t-il pu échapper à ses lecteur·rices ? La critique n'a cessé de soulever de telles questions depuis la parution du *Deuxième Sexe* en 1949[21].

Or, la correspondance jette le trouble, car ce que les lettres dévoilent ne saurait se réduire à la seule alternance entre mépris ou compassion, entre assujettissement ou refus sans appel des jugements de l'écrivaine. Voici par exemple une lectrice dont le propos démontre toute la complexité des enjeux de cette relation, où l'épistolaire et la lecture étaient en perpétuel dialogue. Alors qu'elle traverse une crise existentielle, cette lectrice relit des passages du *Deuxième Sexe*, y compris le chapitre sur le lesbianisme que Bonnet et d'autres, à si juste titre, jugent fautif. La lettre est datée de 1972 et rédigée en anglais :

> Les cinq dernières années ont été douloureuses et mon mariage n'est pas une réussite, bien que mon mari soit un homme bien. Dans un moment de désespoir comme il en arrive trop souvent, je viens de parcourir une nouvelle fois votre livre…
> J'ai relu les chapitres sur les années de formation et sur le mariage. Vous avez raison, vous avez encore raison aujourd'hui. Vous avez tout compris. C'est une œuvre de génie et je ne peux que vous remercier pour le réconfort que cela m'apporte de savoir que je ne suis pas née mauvaise, qu'il se peut que je sois le produit de quelque chose que je ne peux pas encore saisir entièrement… Je suis l'une des « ratées » dont vous parlez… Savoir ce que je suis en tant que femme me

> semble dévastateur. Mais vous, au moins, comprenez tout cela. C'est un livre magnifique. Merci[22].

Chagrin, anxiété, gratitude, certitude, résolution… Sa lettre est un condensé inattendu des réactions et des sentiments contradictoires propres à la lecture. Comme la femme citée dans le dernier chapitre, qui savait que Beauvoir la qualifierait d'« inachevée » ou d'« incomplète », cette lectrice a fait siens les termes de Beauvoir (« l'une des "ratées" dont vous parlez »). Comme elle également, elle ne se contente pas d'adopter ses schémas, ses mots ou ses jugements. Elle les retravaille, les adapte et en joue au moment où elle tente de redéfinir ses propres repères, anéantie par la fin de son mariage et, avec lui, la remise en cause de l'identité hétérosexuelle qu'elle s'était tant bien que mal efforcée d'adopter (en 1972, le mariage et l'hétérosexualité sont les deux piliers d'un monde conformiste et normé). Elle dit néanmoins sa gratitude, car sa sexualité, quelle qu'elle soit, lui est enfin rendue intelligible. Plus que tout, elle peut se reposer sur cette « magnifique » autorité que le livre de Beauvoir lui octroie.

On pouvait aussi témoigner toute sa reconnaissance à l'écrivaine sans être sous l'emprise de sa pensée. Des auteur·rices de lettres tentent de composer avec leur monde en dehors des catégories de révolte et de soumission. Certain·es font part de leur colère face aux exigences de Beauvoir (ni collaboration ni compromis !) ou à son programme (liberté, responsabilité, élaboration de soi) qui ne va pas assez loin à leur goût. Elles et ils se montrent parfaitement capables de faire abstraction du ton parfois condescendant de Beauvoir et de s'identifier à l'indéniable figure d'autorité qu'elle incarne en tant qu'autrice et intellectuelle. Cette identification fonctionne comme une échappatoire, elle a le pouvoir de les sortir de leur propre condition, de nourrir leurs ambitions ou de les délivrer des contraintes de la féminité. Les correspondant·es n'ont cessé de dire qu'en interrogeant la condition des femmes, *Le Deuxième Sexe* l'avait rendue intéressante à leurs yeux. Toutes et tous profitent alors du travail de Beauvoir pour transformer le malheur de leur situation en questionnement et devenir ainsi, à leur tour, des intellectuel·les. En 1972, une lectrice résumera les hauts et les bas de cette relation d'identification faite de sentiments contradictoires :

> Chère Simone,
> Vous êtes devenue un modèle pour moi depuis le jour où le destin m'a mise en contact avec le Deuxième Sexe à un moment de ma vie où j'étais le plus apte à le comprendre, le plus prête à l'intégrer, l'assumer et l'en faire action. Depuis, j'ai parcouru votre chemin, celui de votre œuvre, en m'identifiant presque totalement. J'ai senti ma vie liée à la vôtre, peut-être même ais-je été particulièrement vulnérable devant votre œuvre particulièrement exigeante. Je suis passée de l'ennivrement des mémoires d'une j. f. rangée jusqu'à la désillution de la Force des choses ; de l'admiration la plus complète à la lecture des Mandarins jusqu'à la tristesse la plus sombre et la colère la plus injuste à la lecture des derniers romans. Je vous en ai voulu. J'ai pensé que vous n'aviez pas le droit. Mais malgré ces déceptions, j'ai su dépasser le symbole que vous représentiez, afin de vous accueillir et de vous accepter en tant que femme, que sœur spirituelle, en tant qu'être humain, avec vos faiblesses, vos souffrances, vos difficultés vis-à-vis d'une existence que vous essayez de vivre le mieux possible, et vos échecs qui me rendent votre extraordinaire effort de transcendance que plus digne d'admiration[23].

Les témoignages d'admiration dans ces lettres n'offrent pas nécessairement de Beauvoir une image très flatteuse. Beauvoir s'est bel et bien montrée dédaigneuse envers beaucoup de ses lectrices assidues, allant même jusqu'à se servir de leurs confidences. « La femme rompue » caricature les femmes mariées insatisfaites ou malheureuses, celles-là mêmes qui lui avaient confié leurs plaintes en espérant qu'elle les comprenne. Beauvoir n'a que mépris pour les ambitions littéraires de ces femmes de la classe moyenne qui tentent de « dépasser leur condition » par l'écriture et ne produisent que des œuvres médiocres dénuées d'intérêt. Nombre de ses correspondantes sont justement de ces écrivaines en herbe, pour la plupart des femmes au foyer pour qui l'écriture constitue un refuge inestimable permettant de s'exprimer, de réfléchir à soi-même et de s'engager intellectuellement. Cette relation était certes inégalitaire et parfois cruelle dans ce qu'elle charriait d'illusions. Mais reconnaître qu'elle a été en même temps captivante et fructueuse ouvre de nouvelles perspectives sur la longue histoire, souvent cachée, du phénomène des *followers*[24].

Le monde culturel français d'après-guerre demeure profondément hiérarchisé. La même chose vaut pour les milieux littéraires internationaux, où les penseur·ses français·es occupent une place de premier plan, comme pour les milieux éducatifs et politiques qui s'y rattachent. Même au sein des cercles socialistes radicaux, de jeunes lecteur·rices dévoué·es à leurs professeur·es et à leurs causes considèrent ce soutien comme une marque d'engagement ; l'horizon des possibles s'en trouve élargi, et leur existence prend une nouvelle signification. Si Beauvoir a pu donner le sentiment d'être didactique, c'est souvent en réponse aux sollicitations de ses disciples, qui lui demandent de faire autorité sur des sujets aussi divers que la qualité de leur prose, le mariage ou le socialisme. Ce dialogue épistolaire témoigne cependant d'une certaine démocratisation de la pensée, de l'expression et de l'affect. Il s'agit d'un échange d'une franchise nouvelle avec une autorité laïque, une figure de l'élite lettrée qui s'intéresse à la vie ordinaire, une philosophe écrivant sur les femmes et le corps. Ces conversations sont plus directes que par le passé, même si, dans les années 1950, très peu d'épistolier·es sont en mesure de s'exprimer aussi ouvertement que Beauvoir sur les questions de sexualité. Leurs interrogations laissent entrevoir à quel point le savoir en matière de sexualité est inégalement réparti et pourquoi : il y a le corps médical, qui veille à l'époque sur son monopole du savoir et du pouvoir ; les codes de bienséance, variables en fonction des classes sociales, des religions et des milieux ; les réseaux où circule le savoir clandestin, ou « officieux », nécessairement disparates et coupés du débat public en raison du déni et de l'opprobre qui pèsent sur eux. Il est de plus en plus rare, toutefois, que les épistolier·es se contentent de poser des questions ; la curiosité se transforme en besoin de savoir autour de tout ce qui touche à la sexualité. Dans la même idée, on voit apparaître un « droit de réponse » à l'œuvre de Beauvoir. « En savant beaucoup de votre vie, je pense avoir certains droits sur vous et ce droit m'autorise à vous écrire », lit-on dans une lettre. Une Mexicaine de dix-huit ans, déçue d'avoir manqué l'occasion d'une rencontre avec la philosophe lors de son passage à Mexico, écrit : « Je suis obligée de vous dire combien vous m'avez donné, et combien je vous suis reconnaissante. » Loin de s'en tenir là, elle exige une participation directe : « Mais moi, personnellement, je clame aussi le droit non pas de vous écouter, mais de vous poser des questions[25]. » Cet élan qui pousse quelqu'un·e, vraisemblablement sur les conseils de son enseignant·e, d'un·e allié·e politique ou d'un·e ami·e, à se rendre dans une librairie ou dans une bibliothèque pour lire un texte difficile, des Mémoires exigeants, puis à prendre la plume pour questionner l'auteur·rice, est un élan qui vient d'en bas. À trop se concentrer sur l'attrait des intellectuel·les français·es ou des intellectuel·les en général, on risque d'occulter toutes les étapes, les institutions et les intermédiaires qui ont conduit les lecteur·rices à s'intéresser à leurs œuvres en premier lieu.

« Les lettres que l'on garde, que l'on se transmet d'une génération à l'autre s'inscrivent ainsi dans les "lieux de mémoire" d'une famille », écrit l'anthropologue français Daniel Fabre[26]. Cette correspondance constitue ainsi un remarquable « lieu de mémoire » de la famille existentialiste, qu'il s'agisse de la renommée mondiale du mouvement, de son intégration rapide à la culture populaire et à la vulgarisation psychologique, de ses possibles implications politiques – du libéralisme le plus fade jusqu'au soulèvement révolutionnaire – ou des connexions qui lui ont permis de passer facilement de la France métropolitaine à la pensée et aux mouvements révolutionnaires anticoloniaux de l'époque. Les années 1950 et 1960 ont été marquées, dans le monde entier, par un intérêt passionné pour l'appel existentialiste à la libération de soi et à son insistance sur les potentialités psychologiques et politiques, potentiel qui se réaliserait en s'extirpant des hiérarchies héritées de la domination coloniale, du racisme et de Jim Crow, de la résurgence de l'autoritarisme, du capitalisme et de sa culture consumériste, ainsi que de la domination masculine. Ce projet pouvait fédérer des penseur·ses à travers l'Afrique du Nord et de l'Ouest, les Caraïbes, les États-Unis, la France. Si la « décolonisation de l'âme » s'est imposée comme la métaphore la plus parlante de l'époque, c'est bien parce que des conditions humaines aussi diverses pouvaient s'y retrouver. L'existentialisme a redonné vie au rêve d'émancipation universelle du marxisme. Sur ces questions, les disciples de Beauvoir, comme de Sartre, se sont trouvé·es pris·es dans le débat international.

Après ce temps fort, l'existentialisme décline. Le centre de gravité révolutionnaire se déplace hors d'Europe. Les réseaux coloniaux s'affaiblissent ; les hiérarchies littéraires et l'universalisme français s'étiolent. Les systèmes de domination raciale, coloniale et sexiste étaient peut-être bel et bien analogues, ainsi que le suggéraient les existentialistes comme Beauvoir. Historiquement, comme le montrent les lettres qui lui sont adressées, l'acceptation de ces analogies pouvait amener les individus à se radicaliser. Pourtant, il est rapidement apparu que ces systèmes étaient non pas parallèles, mais intersectionnels ; ils se superposaient et se recoupaient les uns les autres de telle manière que les mouvements d'opposition s'en sont trouvés confus et divisés, et que le pouvoir des concepts existentialistes, naguère exhaustifs et évocateurs, a été sapé[27]. Le structuralisme et ses héritier·es proposent désormais des outils plus convaincants pour penser les problématiques de l'autorité et de la différence.

Ces archives sont aussi un « lieu de mémoire » du féminisme. Elles consignent admirablement certaines des conditions qui ont alimenté tant de colère entre les sexes au cours d'un après-guerre traditionnellement considéré comme une longue période de prospérité, d'expansion économique et de stabilité. Inégalité flagrante dans le partage du fardeau des tâches domestiques, soin aux enfants, aux malades et aux personnes âgées, charge affective de la famille et du mariage… Ces éléments viennent mettre à mal la vision idyllique des décennies d'expansion économique. Derrière le baby-boom qui a suivi la Seconde Guerre mondiale, il convient de garder à l'esprit le coût physique et émotionnel des grossesses pour les femmes. Il en constitue la face cachée, au même titre que l'interdiction de la contraception et de l'avortement, qui a fait de l'évitement des grossesses un problème que les femmes devaient gérer seules, « discrètement » et en cachette. Malgré l'image romantique du couple des années 1950, le mariage est devenu le lieu ostentatoire des inégalités entre les sexes et des rancœurs qui l'accompagnent. Alors que ce désenchantement à l'égard du mariage a été remarquablement soudain, la remise en cause de l'hétérosexualité normative ne viendra que plus tard. Et, comme l'ont souligné Simone de Beauvoir ou, plus récemment, Manon Garcia, les inégalités minent et dénaturent la vie intime. « Le malheur des femmes est immense et il dure[28] », écrivait ainsi une militante en 1963.

Ces lettres jettent néanmoins une lumière fascinante sur la transformation hésitante et tourmentée des consciences politiques. On y retrouve la dialectique de l'aspiration et de la déception, l'adoption d'idées ou d'analogies nouvelles (entre le féminisme et la décolonisation ou les droits civiques) et, plus largement, les tâtonnements, les dérobades, les dilemmes éthiques et politiques et leurs impasses, les découvertes, les méprises constructives, les réinterprétations malicieuses et les connexions inattendues entre idées abstraites et interrogations de la vie quotidienne. Il se peut qu'en s'attardant sur les pièges qui minaient la condition des femmes, sur les contradictions de la subjectivité féminine et sur sa propre ambivalence non dissimulée à l'égard du féminisme, Beauvoir ait été tout particulièrement à même de susciter les incertitudes et les frustrations. Les réflexions comme les sentiments exprimés dans ces lettres tiennent aussi pour beaucoup aux nouvelles normes de l'après-guerre, avec ses injonctions culturelles à l'examen de soi, et à un sentiment de responsabilité à l'égard du renouveau démocratique après les catastrophes des deux guerres mondiales, du nazisme et du fascisme. Ce moment charnière exhortait les lecteur·rices de Simone de Beauvoir à se réinventer. Si leurs lettres rendent cet effort si saillant, c'est peut-être avant tout grâce aux usages de la « conversation » épistolaire, qui oblige à présenter et à retravailler son identité, même provisoirement, à expérimenter des idées et à élaborer un récit de vie. Enfin, comme me l'a fait remarquer un ami, une lettre, à la différence d'une conversation, permet à la personne qui l'écrit de terminer ses phrases et d'aller au bout de ses pensées – elle y est en effet tenue.

Ces lettres témoignent par ailleurs admirablement des rapports, intimes et chargés d'affects, entre féministes de générations différentes, aux positions politiques et aux orientations sexuelles variées. Elles nous permettent de mieux saisir les exaltations qui naissent de la solidarité, tout comme les désirs d'appartenance, la colère ou la déception face aux trahisons. La dimension affective du radicalisme des années 1960 n'avait rien d'inédit, mais elle était particulièrement prononcée. La colère comme la joie qui accompagnaient les mouvements de ces années-là assumaient sans complexe la charge transgressive de la sexualité. Ce sont ces mêmes sentiments qui ont contribué à produire l'humour corrosif et l'homoérotisme si séduisant propres au féminisme des années 1970. Ils ont nourri son impudeur militante et révolutionnaire, c'est-à-dire son rejet de la « pudeur » (et de la honte) en tant que discours, limites à la parole, complexe de peurs et discipline émotionnelle. Ce sont ces mêmes sentiments qui ont alimenté l'idéalisation de la sororité et les attentes à l'égard des relations entre femmes, qui se devaient d'être à la fois épanouissantes sur le plan émotionnel et politiquement efficaces[29]. La correspondance que Beauvoir a entretenue pendant des décennies avec ses lectrices permet de remettre ces espoirs en perspective, et souvent de les nuancer. Elle brouille résolument l'image d'une Simone de Beauvoir en héroïne ou cheffe de file du mouvement féministe. Mais, plus important encore, la relation complexe qui se dessine à travers ces lettres remarquables vient éclairer à la fois les forces et les difficultés du féminisme : le pouvoir de l'identification et de la découverte, la persistance des hiérarchies et l'impossibilité de quitter l'« intime » pour le « politique », comme s'il s'agissait de deux mondes séparés[30].

Les lettres à Simone de Beauvoir nous renvoient à certains des phénomènes parmi les plus furtifs de l'histoire, mais aussi les plus profonds. Elles éclairent les transformations, lentes et inéluctables, de la conscience politique, en même temps qu'elles donnent à sentir le poids des affects derrière l'engagement militant ou la passivité. Elles sont une belle illustration de la puissance des livres, mais également du pouvoir du public, individuel ou collectif, de transformer les œuvres et leur signification. On peut dire qu'elles préfigurent la popularité grandissante des Mémoires et des expériences de lecture interactive à notre époque. Elles montrent aussi que la vie intellectuelle est le fruit d'une collaboration. Ce sont autant de preuves de la relation transférentielle enchevêtrée entre une écrivaine et son lectorat, dont la signification historique dépasse de loin le cadre de ces seules archives.

Notes

Introduction

1. Mauricette Berne, « Ses lectrices lui écrivent », dans Christine Delphy et Sylvie Chaperon (dir.), *Cinquantenaire du Deuxième Sexe*, Syllepse, 2002, p. 392-394.

2. Ce fonds d'archives a été exploré par une autre universitaire, Marine Rouch, dans sa thèse soutenue en décembre 2022 : « "Chère Simone de Beauvoir". Voix et écritures de femmes "ordinaires". Contribution à une histoire de la lettre à l'écrivain·e (1945-1970) ». Marine Rouch effectue un travail formidable pour retrouver la trace des correspondant·es, les interroger et reconstruire le rôle de Beauvoir en tant que mentor littéraire. Les publications sur ses recherches peuvent être consultées à l'adresse https://lirecrire.hypotheses.org/ [lien consulté le 29/03/2023]. Sont également disponibles les articles suivants : « "Vous êtes descendue d'un piédestal". Une appropriation collective des Mémoires de Simone de Beauvoir par ses lectrices (1958-1964) », *Littérature*, 2018/3 (n° 191), p. 68-82 ; « "Vous ne me connaissez pas mais ne jetez pas tout de suite ma lettre". Le courrier des lecteurs et lectrices de Simone de Beauvoir » et « Les féministes et leurs archives » dans Françoise Blum (dir.), *Genre de l'archive. Constitution et transmission des mémoires militantes*, Codhos, 2017, p. 73-83 et 93-108.

Voir aussi « “Merci pour le message d’espoir”. Ces femmes qui écrivaient à Simone de Beauvoir », *Le Magazine littéraire*, avril 2016, p. 79.

3. Joan W. Scott, *The Fantasy of Feminist History*, Duke University Press, 2010, p. 147.

4. Sylvie Le Bon de Beauvoir, « Lettre au Président de la BnF », 23 janvier 1995, dans Éliane Lecarme-Tabone et Jean-Louis Jeannelle (dir.), *Simone de Beauvoir*, L’Herne, 2012, p. 373-374.

5. Dans la terminologie employée par Beauvoir, le mot « décrire » recouvre un sens supplémentaire : « Le geste de l’écriture littéraire s’alourdit, se mêle à une visée théorique » (Geneviève Fraisse, *Le Privilège de Simone de Beauvoir*, Actes Sud, 2008, p. 35). Se décrire soi-même, c’est devenir philosophe de sa propre vie. Au sujet de l’écriture de Beauvoir, consulter Toril Moi, “What Can Literature Do? Simone de Beauvoir as a Literary Theorist”, *PMLA*, 2009/124 (n° 1), p. 189-198, et “The Adventure of Reading: Literature and Philosophy, Cavell and Beauvoir”, *Literature and Theology*, juin 2011/25 (n° 2), p. 125-140. Les réflexions de Beauvoir sur l’écriture et la lecture figurent dans de nombreux ouvrages, mais on peut consulter en particulier *Que peut la littérature ?*, L’Herne, 1965, p. 73-105, et le chapitre 3 de *Tout compte fait*, plus précisément aux pages 193-205.

6. Tony Judt, *Postwar: A History of Europe Since 1945*, Penguin, 2005 ; Herrick Chapman, *France’s Long Reconstruction*, Harvard, 2018.

7. Mark Greif, *The Age of the Crisis of Man: Thought and Fiction in America, 1933-1973*, Princeton University Press, 2015, p. 264-265 (non traduit).

8. J’ai utilisé indistinctement les termes « autobiographie » et « mémoires ». Pour une analyse de la différence terminologique, se référer à Philippe Lejeune, *Le Pacte autobiographique*, Seuil, 1975, p. 236 et à Jean-Louis Jeannelle, « Les Mémoires comme “institution des soi” » dans *(Re)découvrir l’œuvre de Simone de Beauvoir. Du Deuxième Sexe à La Cérémonie des adieux*, Julia Kristeva *et al.*, Le Bord de l’eau, 2008, p. 73-83.

9. Journal à la page du samedi 21 juin 1958 dans *La Force des choses*, t. 2, p. 188.

10. Sarah Bakewell, *At the Existentialist Café: Freedom, Being, and Apricot Cocktails*, Other Press, 2016, p. 216.

11. Dans son analyse de la situation féminine, Beauvoir n'établit pas de frontière nette entre nature et culture. Dans les années 1980, Judith Butler est partie des travaux de Beauvoir pour repenser la distinction entre sexe et genre, question si centrale pour le féminisme de la deuxième vague, ouvrant ainsi la voie aux arguments de poids développés dans les ouvrages *Gender Trouble. Feminism and the subversion of Identity* (Routledge, 1990), traduit en français par Cynthia Kraus sous le titre *Trouble dans le genre* (La Découverte, 2005), et *Bodies that Matter: On the Discursive Limits of "Sex"* (Routledge, 1993), traduit en français par Charlotte Nordmann sous le titre *Ces corps qui comptent. De la matérialité et des limites discursives du « sexe »* (Éditions Amsterdam, 2009), ainsi que dans l'article "Sex and Gender in Simone de Beauvoir's *Second Sex*" (*Simone de Beauvoir: Witness to a Century*, Yale University Press, 1986 [n° 72], p. 35-49). Quelques années plus tard, le concept beauvoirien de « situation » en tant que « relation intentionnelle et incarnée au monde » a été réutilisé par Toril Moi dans sa critique de la pensée de Butler et de l'argumentation post-structuraliste sur le corps : "What Is a Woman? Sex, Gender, and the Body in Feminist Theory" dans *What Is a Woman? and Other Essays*, Oxford University Press, 1999, p. 3-120. Dans son podcast « La Poudre », Lauren Bastide demande à ses invitées : « Êtes-vous née femme ou êtes-vous devenue femme ? » (https://www.nouvellesecoutes.fr/la-poudre/ [lien consulté le 28/01/2023]).

12. Beauvoir a fait l'objet de nouvelles discussions dans les domaines de la théorie critique féministe qui se recoupent entre eux. Les critiques littéraires ont pris le féminisme au sérieux bien plus tôt que la plupart des philosophes, et c'est donc à elles et eux que l'on doit un regain d'intérêt pour Beauvoir. Ce renouveau est à porter très largement au crédit de Toril Moi. Voir *Simone de Beauvoir: The Making of an*

Intellectual Woman, Oxford University Press, 1994, traduit en français par Guillemette Belleteste sous le titre *Simone de Beauvoir. Conflits d'une intellectuelle*, Diderot Éditeur, 1995 ; *Feminist Theory and Simone de Beauvoir,* Blackwell Publishers, 1989 ; et *What Is a Woman? and Other Essays*, l'une des meilleures portes d'entrée pour qui s'intéresse à l'œuvre de Beauvoir. Au sujet des théories de l'autrice sur l'écriture et la lecture, voir "What Can Literature Do? Simone de Beauvoir as a Literary Theorist", et "The Adventure of Reading: Literature and Philosophy, Cavell and Beauvoir", *op. cit.* Les critiques littéraires se sont penché·es plus particulièrement sur les dimensions philosophiques des romans et des récits autobiographiques de Beauvoir, mais aussi sur les dimensions textuelles de sa vie. On peut consulter par exemple le court texte, très pertinent, d'Anne McClintock, "Simone de Beauvoir", dans George Stade (éd.), *European Writers: The Twentieth Century*, t. 2, Scribner, 1990. Elizabeth Fallaize a été la première à étudier les récits de fiction de Beauvoir. Voir *The Novels of Simone de Beauvoir*, Routledge, 1988 ; *Simone de Beauvoir: A Critical Reader*, Routledge, 1998, et les essais en hommage à Fallaize : Margaret Atack *et al.* (éd.), *Women, Genre and Circumstance: Essays in Memory of Elizabeth Fallaize*, Legenda, 2012. Elizabeth Fallaize a également contribué à la traduction de textes de Beauvoir jusqu'alors inconnus, regroupés dans Margaret A. Simons et Marybeth Timmermann (éd.), *Simone de Beauvoir: "The Useless Mouths" and Other Literary Writings*, University of Illinois Press, 2011.

Sur l'histoire littéraire de l'écriture de Beauvoir et ses évolutions, voir Susan Rubin Suleiman, *Crises of Memory and the Second World War,* Harvard University Press, 2006, et l'ouvrage qu'elle a publié avec Christie McDonald, *French Global: A New Approach to Literary History,* Columbia University Press, 2010 ; Elaine Marks, *Critical Essays on Simone de Beauvoir,* G.K. Hall & Co, 1987 ; Emily R. Grosholz (éd.), *The Legacy of Simone de Beauvoir*, Clarendon Press, 2004, et Julia Kristeva, "Reading *The Second Sex* Sixty Years Later", *philoSOPHIA*, 2011/1 (n° 2), p. 137-149.

Note de la page 29

Les œuvres de Beauvoir, en particulier *Le Deuxième Sexe*, sont lues à travers des prismes existentiels, phénoménologiques et féministes. Pour un aperçu des approches philosophiques, voir Nancy Bauer *et al.*, *Simone de Beauvoir, Philosophy, and Feminism*, Columbia University Press, 2001 ; Laura Hengehold et Nancy Bauer *et al.* (éd.), *A Companion to Simone de Beauvoir*, Wiley-Blackwell, 2017 (en particulier l'article de Stella Sandford). Voir également Claudia Card (éd.), *The Cambridge Companion to Simone de Beauvoir*, Cambridge University Press, 2003 ; Stella Sandford, *How to Read Beauvoir*, W.W. Norton & Co, 2007 ; Penelope Deutscher, *The Philosophy of Simone de Beauvoir: Ambiguity, Conversion, Resistance*, Cambridge University Press, 2008 ; plus récemment, Lori Jo Marso, *Politics with Beauvoir: Freedom in the Encounter*, Duke University Press, 2017.

Au sujet de Beauvoir et de l'existentialisme : Michèle Le Dœuff, « Simone de Beauvoir et l'existentialisme », *Le Magazine littéraire* (1979), et *L'Étude et le Rouet. Des femmes, de la philosophie, etc.*, Seuil, 1989 ; et Margaret A. Simons, *Beauvoir and The Second Sex: Feminism, Race, and the Origins of Existentialism*, Rowman & Littlefield, 1999. Margaret Simons a également publié un grand nombre de traductions des textes de Beauvoir. Le lectorat anglophone lui est infiniment redevable.

Sur la position de Beauvoir par rapport à la tradition de Husserl et de Merleau-Ponty, voir Debra B. Bergoffen, *The Philosophy of Simone de Beauvoir: Gendered Phenomenologies, Erotic Generosities*, State University of New York Press, 1997 ; Sara Heinämaa, *Toward a Phenomenology of Sexual Difference: Husserl, Merleau-Ponty, Beauvoir*, Rowman & Littlefield, 2003 ; Sonia Kruks, *Simone de Beauvoir and the Politics of Ambiguity*, Oxford University Press, 2012 ; Wendy O'Brien et Lester Embree (éd.), *The Existential Phenomenology of Simone de Beauvoir*, Kluwer Boston Inc., 2001.

Au sujet de Beauvoir et de la théorie féministe, se référer à Ursula Tidd, *Simone de Beauvoir, Gender and Testimony*, Cambridge University Press, 1999 ; Eva Lundgren-Gothlin, *Sex and Existence: Simone de*

Beauvoir's "The Second Sex", Wesleyan University Press, 1996 ; Mary Evans, *Simone de Beauvoir: A Feminist Mandarin*, Tavistock, 1985. *Le Deuxième Sexe* a été la source de nombreux débats entre les universitaires féministes. Voir Laura Hengehold, *Simone de Beauvoir's Philosophy of Individuation: The Problem of The Second Sex*, Edinburgh University Press, 2017 ; Margaret Simon's "Guess What's Missing in *The Second Sex*?", *Women's Studies International Forum*, 1983/6 (n° 5), 1983, p. 559-564 ; Elizabeth V. Spelman, "Simone de Beauvoir: Just Who Does She Think 'We' Is?", *Inessential Woman: Problems of Exclusion in Feminist Thought*, Beacon Press, 1990 ; et Linda Zerilli, "Feminist Theory without Solace", *Theory & Event*, 2012/15 (n° 2).

Pour la partie historique, voir Sylvie Chaperon, *Les Années Beauvoir : 1945-1970*, Fayard, 2000 ; Christine Delphy et Sylvie Chaperon (dir.), *Cinquantenaire du Deuxième Sexe, op. cit.* ; Sandrine Sanos, *Simone de Beauvoir: Creating a Feminist Existence in the World*, Oxford University Press, 2016 ; Ingrid Galster (éd.), *Simone de Beauvoir. Le Deuxième Sexe, le livre fondateur du féminisme moderne en situation,* Honoré Champion, 2004, avec une analyse détaillée de chaque chapitre du *Deuxième Sexe* ; et Ingrid Galster (dir.), *Le Deuxième Sexe de Simone de Beauvoir*, Presses de l'Université Paris-Sorbonne, 2004, qui compile les premières critiques et recensions du *Deuxième Sexe*. Voir les notes détaillées qui complètent la nouvelle édition, dans la Bibliothèque de la Pléiade, des œuvres de Simone de Beauvoir : Jean-Louis Jeannelle et Éliane Lecarme-Tabone (éd.), *Mémoires*, Gallimard, 2018 ; Annabelle Martin Golay, *Beauvoir intime et politique. La fabrique des Mémoires*, Presses Universitaires de Septentrion, 2013.

13. Galster, *Textes, op. cit.*, p. 22 et 294-296.

14. « La femme se détermine et se différencie par rapport à l'homme et non celui-ci par rapport à elle ; elle est l'inessentiel en face de l'essentiel. Il est le sujet, il est l'Absolu : elle est l'Autre » (*Le Deuxième Sexe*, t. 1, introduction).

15. Martin Weil, "Nelson Algren, Author Hailed as Poet of Chicago Slums, Dies at 72", *The Washington Post*, 10 mai 1981.

16. Moi, *Simone de Beauvoir. Conflits d'une intellectuelle, op. cit.*

17. Le rôle joué par Beauvoir et Sartre en tant qu'intellectuel·les sur la scène mondiale a fait l'objet d'un nouvel examen judicieux de la part de Sandrine Sanos dans *Simone de Beauvoir: Creating a Feminist Existence in the World, op. cit.*, et de Yoav Di-Capua dans *No Exit: Arab Existentialism, Jean-Paul Sartre, and Decolonization,* University of Chicago Press, 2017. Le sujet de l'identité sexuelle de Simone de Beauvoir a été profondément réétudié par Michael Lucey dans *Someone: The Pragmatics of Misfit Sexualities, from Colette to Hervé Guibert,* University of Chicago Press, 2019.

Voir également Bianca Lamblin, *Mémoire d'une jeune fille dérangée*, Balland, 1993 ; Susan Rubin Suleiman, *Crises of Memory and the Second World War*, Harvard University Press, 2006 ; l'introduction de Margaret A. Simons dans *Simone de Beauvoir: Wartime Diary*, University of Illinois Press, 2009 ; Louis Menand, "Stand by Your Man", *The New Yorker*, 26 septembre 2005, recension du livre de Hazel Rowley, *Tête-à-tête: Simone de Beauvoir and Jean-Paul Sartre*, HarperCollins, 2005.

18. *Le Deuxième Sexe*, t. 1, p. 13. Sur la conception beauvoirienne de l'histoire, voir Fraisse, *Le Privilège de Simone de Beauvoir, op. cit.*, p. 93-108. Voir aussi Jo-Ann Pilardi, "Feminists Read *The Second Sex*" dans Margaret A. Simons (éd.), *Feminist Interpretations of Simone de Beauvoir,* Pennsylvania State University Press, 1995, p. 29-43.

19. Audre Lorde, "The Master's Tools Will never Dismantle the Master's House", *Sister Outsider: Essays and Speeches*, Crossing Press, 2007, p. 110-114.

20. Marie-Jo Bonnet, *Simone de Beauvoir et les femmes*, Albin Michel, 2015, p. 205.

21. Tamara Chaplin, *Turning on the Mind: French Philosophers on Television*, University of Chicago Press, 2007, p. 23. Comme le fait remarquer Tamara Chaplin, les philosophes français·es étaient connu·es depuis longtemps pour leurs productions dans des genres littéraires

variés et, en se tournant vers le récit autobiographique, Simone de Beauvoir a suivi cette voie déjà existante. Au sujet de Paris en tant que « plaque tournante » d'échange d'informations sur la pensée et la politique européennes modernes, consulter Judt, *Postwar*, *op. cit.*, p. 210. Sur la question de la célébrité, voir Sharon Marcus, *The Drama of Celebrity*, Princeton University Press, 2019.

22. « Lettres reçues », 6 févier 1970, Bogota.

23. *Ibid.*, 25 août 1968.

24. *Ibid.*, 26 janvier 1957.

25. *Ibid.*, 24 novembre 1970, Québec.

26. *Ibid.*, 8 mai 1969.

27. *Ibid.*, 26 novembre 1969, États-Unis (en anglais).

28. *Ibid.*, 27 octobre 1971 et décembre 1963, Nice (les lettres sont mentionnées dans l'ordre d'apparition). Voir également les lettres datées du 5 décembre 1960 et du 17 novembre 1960. Il existe des cas de correspondances suivies pendant plusieurs années. Un jeune homme, débutant son service militaire en 1957, avait demandé à Beauvoir d'être sa « marraine de guerre » (7 juillet 1987). Les marraines de guerre entretenaient des correspondances avec des soldats au front durant la Première Guerre mondiale afin de les soutenir. Au sujet de cette pratique et de l'histoire de la correspondance épistolaire, voir Martyn Lyons, *The Writing Culture of Ordinary People in Europe, c.1860-1920*, Cambridge University Press, 2012, en particulier p. 82-84.

29. « Lettres reçues », 31 juillet 1964.

30. « Après tout c'est vous qui attirez la correspondance en signalant l'abondance du courrier reçu à l'occasion des livres antérieurs » (« Lettre reçue », 1965, jour et mois non précisés, Paris).

31. *Ibid.*, 7 décembre 1969, Belgrade.

32. *Ibid.*, 26 octobre 1969.

33. *Ibid.*, 27 février 1968, Saint-Quentin.

34. Robert Escarpit, *La Révolution du livre*, UNESCO, 1965, p. 28.

35. Chaplin, *Turning on the Mind*, *op. cit.*, p. 232.

36. "Femininity, the Trap", *Vogue*, 15 mars 1947. Republié dans Margaret A. Simons et Marybeth Timmermann (éd.), *Simone de Beauvoir: Feminist Writings*, University of Illinois Press, 2015, p. 42-48. Nombre de grand·es journalistes, y compris Claude Lanzmann, ont publié dans *Elle*.

37. Judt, *Postwar*, *op. cit.*, p. 5.

38. Hans Ulrich Gumbrecht, *After 1945: Latency as Origin of the Present*, Stanford University Press, 2013, p. 28.

39. Au sujet des problèmes que pose cette terminologie, voir Kathleen A. Laughlin *et al.*, "Is it Time to Jump Ship? Historians Rethink the Waves Metaphor", *Feminist Formations*, janvier 2010/22 (n° 1), p. 76-135.

40. « Lettres reçues », 31 mai 1968, Ontario.

41. *Le Deuxième Sexe*, t. 1, p. 13 et 21.

42. « Lettres reçues », 17 mars 1968.

43. Le fait que les historien·nes se penchent sur la notion d'intimité est plus largement lié à l'intérêt croissant pour le domaine de la subjectivité et de l'émotion. C'est le caractère non spécifique de l'intimité qui, précisément, la rend intéressante. Elle appelle notre attention sur des relations ou des types d'échanges qui n'entrent pas vraiment dans les cases théoriques prédéfinies. Cette notion est également utilisée pour interroger de manière ouverte tout type d'intersubjectivité relationnelle, ainsi que le jeu des attentes, des obligations, des vulnérabilités et des possibilités que ces relations impliquent. Voir, par exemple, Nancy R. Rosenblum, *Good Neighbors: The Democracy of Everyday Life in America*, Princeton University Press, 2016.

44. Bruno Cabanes, "Negotiating Intimacy in the Shadow of War (France, 1914-1920s): New Perspectives in the Cultural History of World War I", *French Politics, Culture & Society*, printemps 2013/31 (n° 1), p. 2. L'article cité n'a pas été traduit, mais cette communication (colloque) est reprise partiellement dans le livre de Bruno Cabanes et Guillaume Piketty, *Retour à l'intime au sortir de la guerre*, Tallandier, 2009 [*NDT*].

45. Niklas Luhmann, *Love as Passion: The Codification of Intimacy*, Harvard University Press, 1987, p. 158 (traduit de l'allemand par Anne-Marie Lionnet sous le titre français : *Amour comme passion. De la codification de l'intimité*, Aubier, 1990).

46. Lauren Berlant, *The Female Complaint: The Unfinished Business of Sentimentality in American Culture*, Duke University Press, 2008, p. viii. La sphère publique intime n'est ni un aspect idéologique implacable de la culture de consommation de masse, ni un « contre-public » qui alimenterait l'opposition. Lauren Berlant la conceptualise de manière judicieuse comme étant « juxtapolitique ». Elle précise : « Ces sphères publiques intimes s'épanouissent généralement en marge de la politique, elles font référence à des subordinations historiques sans pour autant mobiliser l'activisme » (Lauren Berlant et Jay Prosser, "Life Writing and Intimate Publics: A Conversation with Lauren Berlant", *Biography*, hiver 2011/34 [n° 1], p. 180-187).

47. Berlant, *The Female Complaint*, *op. cit.*, p. ix. Jürgen Habermas, *L'Espace public. Archéologie de la publicité comme dimension constitutive de la société bourgeoise,* traduit de l'allemand par Marc B. de Launay, Payot & Rivages, 1988.

48. *La Force des choses,* t. 1, p. 52.

49. « Lettres reçues », 31 août 1970.

50. *Ibid.*, 5 janvier 1973.

51. Pour les précautions concernant les analyses « globales » ou mondiales, voir Frederick Cooper, "How Global Do We Want our Intellectual History to Be?", dans Samuel Moyn et Andrew Sartori (éd.), *Global Intellectual History*, Columbia University Press, 2013, p. 283-294.

52. Sylvie Le Bon de Beauvoir, « Lettre au Président de la BnF », *op. cit.*

53. À titre de comparaison, les archives de Menie Grégoire se situent à l'opposé de celles de Beauvoir. Menie Grégoire a animé à partir de 1967 une émission de radio où les auditeur·rices pouvaient

interagir en écrivant ou en téléphonant. Elle a sauvegardé et indexé chaque lettre et chaque appel téléphonique reçu. Grégoire se considérait comme une radio-psychanalyste. Pour elle, il était donc important de conserver les traces de son dialogue avec le public. Mais elle se voyait également comme une sociologue de la vie privée. Ses recherches lui ont permis d'affirmer une autorité d'experte prenant la parole au nom du grand public. J'ai écrit sur les archives de Menie Grégoire dans "From Interiority to Intimacy: Radio and Psychoanalysis in Twentieth-Century France", *Cultural Critique*, automne 2015, p. 114-119.

54. Gérard Mauger, « Écrits, Lecteurs, Lectures », *Genèses,* mars 1999 (n° 34), p. 144-161.

55. Judith Lyon-Caen, *La Lecture et la Vie. Les usages du roman au temps de Balzac*, Tallandier, 2006, et Carolyn Steedman, "State Sponsored Autobiography" dans Becky Conekin, Frank Mort et Chris Waters (éd.), *Moments of Modernity: Reconstructing Britain, 1945-1964*, Oram Press, 1999, p. 41.

56. Hans Robert Jauss, cité par Gérard Mauger, « Écrits, Lecteurs, Lectures », *op. cit.* ; Hans Robert Jauss, *Pour une esthétique de la réception,* traduit de l'allemand par Claude Maillard, Gallimard, 1990 ; Michel de Certeau, *L'Invention du quotidien*, t. 1 « Arts de faire », Gallimard, 1990. Voir également Nicolas Adell, "Writing One's Life: The French School of the Anthropology of Writing", dans Martyn Lyons et Rita Marquilhas (éd.), *Approaches to the History of Written Culture: A World Inscribed*, Palgrave MacMillan, 2017, p. 97-116.

57. « Lettres reçues », 31 août 1970.

58. *La Force des choses*, t. 1, p. 60. Voir Darrin McMahon et Samuel Moyn (éd.), *Rethinking Modern European Intellectual History*, Oxford University Press, 2014.

59. Pour les débats intellectuels d'historien·nes au sujet de la contextualisation, voir Judith Surkis, "Of Scandals and Supplements: Relating Intellectual and Cultural History", Peter Gordon, "Contextualism

and Criticism in the History of Ideas", et Samuel Moyn, "Imaginary Intellectual History" dans *Rethinking Modern European Intellectual History*, *op. cit.*, p. 34-50, 95-107 et 113-126.

60. Voir en particulier le brillant livre de Judith Lyon-Caen, *La Lecture et la Vie*, *op. cit.* ; Janice A. Radway, *Reading the Romance: Women, Patriarchy, and Popular Culture*, University of North Carolina Press, 1991. Voir les désaccords productifs entre Lauren Berlant, "Reading the Romance: Women, Patriarchy, and Popular Literature. Janice Radway", *Modern Philology*, février 1987/84 (n° 3), p. 346-350 et Janice A. Radway, "Cultivating a Desire to Become 'Not-Something': Lauren Berlant, the Idioms of the Ordinary, and the Kinetic Temporality of the 'Nearly Utopian'", *Communication and Critical/Cultural Studies*, décembre 2012/9 (n° 4), p. 337-345. Voir également Robert Darnton, "Readers Respond to Rousseau: The Fabrication of a Romantic Sensitivity", dans *The Great Cat Massacre and Other Episodes in French Cultural History*, Basic Books, 1984 ; Carla Hesse, "Reading in Extremis: Revolutionaries Respond to Rousseau" dans Charles Walton (éd.), *Into Print: Limits and Legacies of the Enlightenment; Essays in Honor of Robert Darnton*, Pennsylvania State University Press, 2011 ; James Smith Allen, *In the Public Eye: A History of Reading in Modern France, 1800-1940*, Princeton University Press, 2016 ; et les nombreuses publications de Roger Chartier, dont "Reading Practices and the Materiality of Texts", *French Historical Studies*, août 2018/41 (n° 3), p. 397-401.

61. Amélie Nothomb, *Une forme de vie*, Albin Michel, 2010, p. 41-42. Une interview d'Amélie Nothomb au sujet de son roman et de son lectorat est disponible sur YouTube : https://www.youtube.com/watch?v=tNYyvqtcaE4 [lien consulté le 28/01/2023].

62. Margaretta Jolly, *In Love and Struggle: Letters in Contemporary Feminism*, Columbia University Press, 2008, p. 6.

63. « Lettres reçues », 3 novembre 1970, La Canada ; 18 janvier 1961.

64. Martha Hanna, *Your Death Would Be Mine: Paul and Marie Pireaud in the Great War*, Harvard University Press, 2008 ; Martyn

Lyons, *Reading Culture and Writing Practices in Nineteenth-Century France*, University of Toronto Press, 2008 et *The Writing Culture of Ordinary People in Europe, c.1860-1920*, Cambridge University Press, 2012 ; Liz Stanley, "The Epistolarium: On Theorizing Letters and Correspondences", *Auto/Biography*, 2004/12 (n° 3), p. 201-235 ; Deena Goodman, "Letter Writing and the Emergence of Gendered Subjectivity in Eighteenth-Century France", *Journal of Women's History*, été 2005/17 (n° 2), p. 9-37 ; Thomas Dodman, *What Nostalgia Was: War, Empire, and the Time of a Deadly Emotion*, University of Chicago Press, 2018.

1
La vie intime de la nation
Lire Le Deuxième Sexe en 1949

1. Certains passages de ce chapitre ont été publiés dans l'article suivant : Judith G. Coffin, « Historicizing The Second Sex », *French Politics, Culture & Society*, hiver 2007/25 (n° 3), p. 123-148.

2. Deux anthologies publiées par Ingrid Galster m'ont été extrêmement utiles : *Le Deuxième Sexe de Simone de Beauvoir. Textes réunis et présentés par Ingrid Galster*, Presses de l'Université Paris-Sorbonne, 2004, citée dans l'introduction, à laquelle il sera fait référence de manière abrégée avec la mention *Textes* ; et *Simone de Beauvoir. Le Deuxième Sexe, le livre fondateur du féminisme moderne en situation*, Honoré Champion, 2004 (abrégée par la mention ultérieure : *Livre fondateur*). Galster détaille également une partie de ces éléments dans Laura Hengehold et Nancy Bauer (éd.), « The Limits of the Abject: The Reception of *Le Deuxième Sexe* in 1949 », *A Companion to Simone de Beauvoir*, John Wiley & Sons, 2017, p. 37-47. Hengehold et Bauer évoquent la difficulté à recontextualiser *Le Deuxième Sexe* en incluant cinq articles sur le sujet.

3. Jean-Paul Sartre, cité par Gisèle Sapiro, *La Responsabilité de l'écrivain. Littérature, droit et morale en France (XIX*e*-XXI*e *siècle)*, Seuil, 2011, p. 674.

4. *Le Deuxième Sexe*, t. 1, p. 15.

5. *Ibid.*, t. 2, p. 13.

6. *Ibid.*, t. 1, p. 21.

7. Sylvie Chaperon, *Les Années Beauvoir, 1945-1970,* Fayard, 2000, p. 169-201. Voir également l'analyse de Michèle Le Dœuff dans Catherine Rodgers, *Le Deuxième Sexe de Simone de Beauvoir. Un héritage admiré et contesté,* L'Harmattan, 1998, p. 247-249

8. Pour des réflexions similaires sur la pornographie, qui « décrit également des choses dont le contenu n'est pas apparemment sexuel », voir Carolyn J. Dean, *The Frail Social Body. Pornography, Homosexuality, and Other Fantasies in Interwar France,* University of California Press, 2000, p. 7.

9. Au sujet de la culture française et de ses intellectuel·les, consulter Tamara Chaplin, *Turning on the Mind: French Philosophers on Television*, University of Chicago Press, 2007 ; Alice Kaplan, *The Collaborator: The Trial and Execution of Robert Brasillach*, University of Chicago Press, 2000 ; Sapiro, *La Responsabilité de l'écrivain*, *op. cit.*

10. Les premières versions des chapitres sur la mythologie ont été publiées par Beauvoir au début de l'année 1948 dans *Les Temps modernes*. Les chapitres plus choquants, y compris « L'Initiation sexuelle de la femme », ont suivi au printemps 1949. Les tomes 1 et 2 sont parus séparément, respectivement en juin et en octobre 1949.

11. *Paris Match*, 6 août 1949, reproduit dans Galster, *Textes*, *op. cit.*, p. 137.

12. Pendant l'entre-deux-guerres, Jean Prouvost avait racheté *Paris-Soir* à Havas, agence de presse et de publicité, et faisait travailler des écrivain·es comme Colette, Jean Cocteau et Antoine de Saint-Exupéry. En 1940, *Paris-Soir* tire à deux millions d'exemplaires. Prouvost est brièvement ministre de l'Information du maréchal Pétain sous le régime de Vichy. Il se retire à l'automne 1940 et tente de se désolidariser de la version de *Paris-Soir* rédigée et diffusée à Paris sous l'Occupation. Les accusations de collaboration à son encontre sont abandonnées en 1947. Il lance *Paris Match* en mars 1949. Voir Claude

Bellanger, Jacques Godechot, Pierre Guiral et Fernand Terrou (dir.), *Histoire générale de la presse française*, vol. 4, PUF, 1975, p. 423 ; Jean Durieux et Patrick Mahé, *Les Dossiers secrets de Paris Match*, Robert Laffont, 2009, p. 25-27 ; Galster, *Textes*, *op. cit.*, p. 339. *Marie Claire*, qui appartenait également à l'empire de presse de Prouvost, stoppe sa publication et ne réapparaît qu'en 1953.

13. Galster, *Textes*, *op. cit.*, p. 339.

14. Les commentaires éditoriaux sont parus dans *Paris Match*, numéro du 6 août 1949, cité dans Galster, *Textes*, *op. cit.*, p. 136.

15. *Paris Match*, numéro du 6 août 1949, cité dans *ibid.*

16. *Ibid.*, p. 138.

17. *Ibid.*, p. 139.

18. *Le Deuxième Sexe*, t. 1, p. 103. Dans le compte rendu qu'elle rédige des *Structures élémentaires de la parenté*, Beauvoir fait l'éloge de l'ambition globalisante de Lévi-Strauss : « Ce qu'il essaie de comprendre, c'est le mystère de toute la société, le mystère de l'humanité elle-même » (Simone de Beauvoir, « L'être et la parenté », *Les Temps modernes*, 1949 [n° 491], p. 943-949). À propos de Lévi-Strauss, voir Camille Robcis, *The Law of Kinship: Anthropology, Psychoanalysis, and the Family in France*, Cornell University Press, 2014.

19. Galster, *Textes*, *op. cit.*, p. 146.

20. Les opinions politiques de Montherlant en matière de sexualité avaient été vigoureusement contestées par les écrivaines en 1936. Beauvoir, typiquement, a ignoré ce débat, refusant de se positionner comme une écrivaine qui continuait à débattre sur la question féminine. « Elle a fait disparaître ces traces », écrit Margarete Zimmerman dans « Montherlant ou le pain du dégoût » (Galster, *Livre fondateur*, *op. cit.*, p. 185-198 et 95).

21. Galster, *Textes*, *op. cit.*, p. 156 et 158.

22. *Le Deuxième Sexe*, t. 1, p. 377 et 382-83. Voir aussi Christof Weiand, « Stendhal ou le romanesque du vrai », reproduit dans Galster, *Livre fondateur*, *op. cit.*, p. 241-56.

23. *Elle*, 21 novembre 1949, p. 8-9. *Elle* deviendra par la suite l'une des revues au cœur des nouveaux débats féministes. Voir Chaperon, *Les Années Beauvoir*, *op. cit.*, p. 201 et chap. 10.

24. Émile Littré, *Dictionnaire de la langue française*, vol. 3, Hachette, 1873-1874, p. 1379-1380, s.v. pudeur, https://gallica.bnf.fr/ark:/12148/bpt6k5460034d/f1387 [lien consulté le 29/03/2023].

25. Havelock Ellis, *Studies in the Psychology of Sex*, t. 1, préface générale, publication originale à Londres, chez Wilson & Macmillan, 1897. L'ouvrage a ensuite été interdit. Cette citation date de la troisième édition, publiée en 1927. Projet Gutenberg Online, http://www.gutenberg.org/files/13610/13610-h/13610-h.htm [lien consulté le 15/03/2023]. Le livre a été traduit en français par Arnold van Gennep sous le titre *La Pudeur, la périodicité sexuelle, l'auto-érotisme*, Société du Mercure de France, 1908. Pour la citation, voir p. 68 [*NDT*].

Pour un éclairage particulièrement intéressant sur la manière de penser la différence sexuelle (ou la complémentarité des sexes), leurs dimensions psychiques et leurs répercussions politiques, voir Joan W. Scott, « The Persistence of Gender Inequality: How Politics Constructs Gender, and Gender Constructs Politics », *The Institute Letter*, automne 2018, p. 8-10, Institute for Advanced Study, https://www.ias.edu/ideas/scott-gender-inequality [lien consulté le 15/03/2023] et Judith Surkis, *Sexing the Citizen: Morality and Masculinity in France, 1870-1920*, Cornell University Press, 2011.

26. Centre national de ressources textuelles et lexicales, http://www.cnrtl.fr/definition/pudeur [lien consulté le 15/03/2023].

27. Simone de Beauvoir, « La lesbienne », *Les Temps modernes*, juin 1949 (n° 44), p. 1007.

28. *Le Deuxième Sexe*, t. 2, p. 172.

29. *Ibid.*, p. 130.

30. *Les Temps modernes*, mai 1949 (n° 43), p. 770 ; *Le Deuxième Sexe*, t. 2, p. 131. Comme le fait remarquer Nancy Bauer, Simone

de Beauvoir guide très peu son lectorat en matière de pensée philosophique. Nancy Bauer, "Must We Read Simone de Beauvoir?" dans Rodgers, *Le Deuxième Sexe de Simone de Beauvoir*, *op. cit.*, p. 120.

31. *Le Deuxième Sexe*, t. 2, p. 131.

32. Helene Deutsch, *Psychologie des femmes,* trad. Hubert Benoit, PUF, 1997. L'article de Sonya Rudikoff, "Feminism Reconsidered", *Hudson Review*, été 1956/9 (n° 2), p. 178-98, montre également à quel point les théories d'Helene Deutsch ont influencé son époque. Beauvoir a campé sur ses positions jusqu'aux années 1970 au sujet de l'orgasme vaginal. Voir le chapitre 8.

33. En tant que phénoménologue, Beauvoir explore l'expérience spécifique que la femme a de son propre corps, la manière dont elle lui donne du sens et la façon dont ce corps façonne son expérience du monde. La différence sexuelle en soi n'a pas de signification, mais elle ne peut pas être ignorée. Sara Heinämaa, *Toward a Phenomenology of Sexual Difference: Husserl, Merleau-Ponty, Beauvoir*, Rowman & Littlefield, 2003.

34. *La Force des choses*, t. 1, p. 245.

35. Le premier comité éditorial était composé de Raymond Aron, Simone de Beauvoir, Michel Leiris, Maurice Merleau-Ponty, Albert Olivier et Jean Paulhan.

36. Près de neuf cents journaux ont vu leur publication suspendue, certains temporairement. Sandrine Sanos, *Simone de Beauvoir: Creating a Feminist Existence in the World*, Oxford University Press, 2016, p. 59.

37. Jean-Paul Sartre, « Présentation des Temps modernes », *Les Temps modernes*, octobre 1945 (n° 1). Réédité dans Jean-Paul Sartre, *Situations II : Qu'est-ce que la littérature ?*, Gallimard, 1948, p. 11-30.

38. Gisèle Sapiro, *La Guerre des écrivains, 1940-1953*, Fayard, 1999, p. 625. *Les Temps modernes* ont cessé de paraître en mai 2019.

L'histoire de la revue est clairement résumée dans l'article de Mitchell Abidor, *"Les Temps modernes: End of an Epoch"*, *The New York Review of Books*, 17 mai 2019. Voir aussi Mark Poster, *Existential Marxism in Postwar France: From Sartre to Althusser*, Princeton University Press, 1975.

39. *La Force des choses*, t. 1, p. 72.

40. Léopold Sédar Senghor, Aimé Césaire et Léon-Gontran Damas avaient fondé la revue *L'Étudiant noir* à Paris en 1935. Le recueil de textes de la « négritude » publié par Sartre dans « Black Orpheus », un numéro spécial des *Temps modernes* (octobre 1948), était le pendant du recueil de poésie publié par Damas et Senghor en 1947 et 1948, et se faisait aussi l'écho du nouveau journal *Présence africaine*, fondé à Paris en 1947.

41. Pour une analyse des analogies entre « race » et « genre » dans *Le Deuxième Sexe*, des liens entre Alva et Gunnar Myrdal, W.E.B. Du Bois, Richard Wright – les lectures afro-féministes de Beauvoir – et Beauvoir elle-même, voir Kathryn T. Gines, "Simone de Beauvoir and the Race/Gender Analogy in *The Second Sex* Revisited", dans Hengehold et Bauer (dir.), *A Companion to Simone de Beauvoir*, *op. cit.*, p. 47-58. Margaret A. Simons a été l'une des premières à se pencher sur ce sujet dans *Beauvoir and The Second Sex*, *op. cit.*

42. Voir Stella Sandford, "Beauvoir's Transdisciplinarity: From Philosophy to Gender Theory" dans Hengehold et Bauer, *A Companion to Simone de Beauvoir*, *op. cit.*, p. 15-27.

43. *La Force des choses*, t. 1, p. 73.

44. « L'initiation sexuelle de la femme », *Les Temps modernes*, mai 1949/4 (n° 43), p. 773 ; *Le Deuxième Sexe*, t. 2, p. 150. Julien Benda (1867-1956) est notamment célèbre pour son texte *La Trahison des clercs* (1927).

45. *Ibid.*, p. 785.

46. François Mauriac, « Demande d'enquête », *Le Figaro*, 30 mai 1949. Cité dans Galster, *Textes*, *op. cit.*, p. 23.

47. Voir François Mauriac, *Nouvelles lettres d'une vie*, Grasset, 1989, cité dans Galster, *Textes*, *op. cit.*, p. 296. Magny avait critiqué Mauriac dans la revue *Esprit*.

48. Sur Mauriac, voir Jean-Luc Barré, *François Mauriac. Biographie intime, 1885-1940*, Fayard, 2009 ; Nathan Bracher, *François Mauriac on Race, War, Politics, and Religion: The Great War through the 1960s*, Catholic University of America Press, 2016, et "The Cold-War Christian Humanism of François Mauriac", *Christianity and Literature*, printemps 2003/52 (n° 3), p. 387-408 ; Tony Judt, *Past Imperfect: French Intellectuals, 1944-1956*, New York University Press, 2011, p. 68-71 ; Sapiro, *La Guerre des écrivains*, *op. cit.*, p. 232-241, et Claire Blandin, *Le Figaro littéraire. Vie d'un hebdomadaire politique et culturel (1946-1971)*, Nouveau Monde, 2010, p. 102-103 et 135-139. Mauriac s'était opposé à Sartre en 1939 sur la question de la politique littéraire ; cet affrontement a repris après la guerre et battait son plein à la parution du *Deuxième Sexe*. Beauvoir a décrit le fils de François Mauriac, Claude Mauriac (également romancier), comme un exemple de masculinité pompeuse (*Le Deuxième Sexe*, t. 1, p. 28). Voir les notes d'Ingrid Galster au sujet de François Mauriac dans *Textes*, *op. cit.*, p. 335 ; et Claude Imbert, "A Woman Philosopher in her Generation", dans Emily R. Grosholz (éd.), *The Legacy of Simone de Beauvoir*, Clarendon Press, 2004, p. 12.

49. Mauriac, « Demande d'enquête », *Le Figaro*, 30 mai 1949, cité dans Galster, *Textes*, *op. cit.*, p. 21.

50. Galster, *Textes*, *op. cit.*, p. 22.

51. *Ibid.*, p. 29-31, au sujet du caractère homophobe de ces attaques.

52. « La question posée », *Le Figaro*, 6 juin 1949, cité dans Galster, *Textes*, *op. cit.*, p. 29. Les réponses ont été publiées dans *Le Figaro littéraire* entre le 25 juin et le 6 août 1949. L'enquête complète est disponible dans le livre de Galster, p. 28-92.

53. En 1940, Mauriac se demandait si la littérature n'avait pas « pris un mauvais virage » et si elle n'était pas en train de « semer les graines de la défaite ». Voir Sapiro, *La Guerre des écrivains*, *op. cit.*, p. 50 et 125.

54. Voir la réponse d'Henri Hersco dans le *Figaro littéraire* du 30 juillet 1949, citée dans Galster, *Textes*, *op. cit.*, p. 82 ; celle de Bernard Prosen, 25 juin 1949, citée dans *ibid.*, p. 84 ; celle de J.-P. Missoffe, 25 juin 1949, *ibid.*, p. 41-42, et celle de Michel Sinniger, 2 juillet 1949, *ibid.*, p. 43-44.

55. Réponse de L. H. Nicolas dans le journal du 9 juillet 1949, citée dans *ibid.*, p. 57.

56. Pierre de Boisdeffre et François Saint-Anne *et al.*, « Témoignages à propos d'une enquête », *Liberté de l'esprit*, été 1949, cité dans *ibid.*, p. 105-106.

57. Réponse de R. Marchoix dans le journal du 16 juillet 1949, citée dans *ibid.*, p. 68 ; et Jean Kanapa, « Extrait », *La Nouvelle Critique*, juillet-août 1949, *ibid.*, p. 101.

58. Réponse de Maurice Dubouis dans le journal du 2 juillet 1949, *ibid.*, p. 50-51.

59. Réponse de Fernand Houssin dans journal du 9 juillet 1949, *ibid.*, p. 61. Voir aussi p. 48 et p. 68.

60. L. H. Nicolas, cité dans *ibid.*, p. 57.

61. Réponse de François Nourissier dans le journal du 16 juillet 1949, *ibid.*, p. 65.

62. Réponse de Maurice Dubouis, *ibid.*, p. 50.

63. « Conclusions de François Mauriac et lettre de Cécile Gariel », *Le Figaro littéraire*, 6 août 1949, *ibid.*, p. 87.

64. Jean-Marie Domenach, cité dans *ibid.*, p. 34. Voir également les Mémoires très intéressants de Domenach *Beaucoup de gueule et peu d'or. Journal d'un réfractaire (1944-1977)*, Seuil, 2001, p. 54.

65. Galster, *Textes*, *op. cit.*, p. 65.

66. Pierre de Boisdeffre dans le *Figaro littéraire* du 25 juin 1949, cité dans Galster, *Textes*, *op. cit.*, p. 22 ; Pierre Duchateau, cité dans *ibid.*, p. 34 ; Bernard Prosen, dans *ibid.*, p. 37 (il renchérit délibérément dans son courrier ; voir les réponses dans l'enquête de Mauriac, *ibid.*, p. 63-64 et 66). Emmanuel Mounier, *ibid.*, p. 225-231 ;

courrier anonyme, *ibid.*, p. 117-18 ; Armand Hoog, *ibid.*, p. 160 ; Jean Palaiseul, *ibid.*, p. 119-22 ; Pierre Carrigue, *ibid.*, p. 45.

67. François Mauriac, « Notre enquête près de la jeunesse intellectuelle. Conclusions », *Le Figaro littéraire*, 6 août 1949, cité dans Galster, *Textes*, *op. cit.*, p. 88. Voir également la chronique rédigée par Mauriac sur le livre de Micheline Maurel, *Un camp très ordinaire* (1957). Le mystère que représentait le mal n'était pas nouveau. « Nous nous heurtons ici de nouveau au mystère du mal, mais jamais il n'avait dressé devant nous cet appareil étudié, cette méthode éprouvée pour torturer et pour avilir une créature de Dieu » (François Mauriac, *D'autres et moi*, Grasset, 1966, p. 90).

68. À propos de ce témoignage, voir Emma Kuby, *Political Survivors: The Resistance, the Cold War, and the Fight against Concentration Camps after 1945,* Cornell University Press, 2019, p. 27-31 et Amy E. Vidor, "Testifying to Auschwitz and Algeria", thèse de doctorat, University of Texas at Austin, 2019.

69. Francis Jeanson, *Revue du Caire*, mars 1950 (n° 128), cité dans Galster, *Textes*, *op. cit.*, p. 250.

70. Aimé Patri, « Y a-t-il un éternel féminin ? », *Paru*, août-septembre 1949, cité dans *ibid.*, p. 184-185.

71. Beauvoir elle-même a participé au développement de ces associations d'idées. Curieusement, elle a beaucoup apprécié le best-seller de l'auteur américain Philip Wylie, *Generation of Vipers* (1942), qui dénonce le puritanisme et l'aspect répressif de la culture américaine, de même que le côté malsain du *momism*, c'est-à-dire la femme dominatrice. Beauvoir cite Wylie à maintes reprises dans *Le Deuxième Sexe*, et elle publie des extraits traduits de *Génération de vipères* dans un numéro spécial des *Temps modernes* sur les États-Unis. Le « matriarcat américain » est devenu un thème populaire aux États-Unis, et Beauvoir contribuera à le faire connaître en Europe.

72. Galster, *Textes*, *op. cit.*, p. 184-185, 167, 230 et 262-263. Beauvoir connaissait apparemment plusieurs médecins ayant pratiqué

des avortements et a donné leurs coordonnées à un certain nombre de femmes et d'hommes. *Lettres à Nelson Algren,* p. 275 et 305.

73. Gunnar Myrdal, Richard Sterner et Arnold Rose, *An American Dilemma: The Negro Problem and Modern Democracy*, 2 vol., Harper and Brothers, 1944. Voir aussi la note 5, "A Parallel to the Negro Problem" d'Alva Myrdal, qui établit un parallèle entre la position des femmes et celle des Noir·es, ainsi qu'entre les sentiments nourris à leurs égards, et parle d'un « biais fondamental de notre culture » (vol. 2, p. 1073-1074 et 1078 ; Simons, *Beauvoir and The Second Sex, op. cit.*, et Toril Moi, *The Making of an Intellectual Woman,* Oxford University Press, 1994, p. 204-213.

74. Les passages à propos de la race, de l'ouvrage de Myrdal, *An American Dilemma*, et de l'influence qu'a eue Richard Wright sur la manière dont Beauvoir a compris les relations entre les races en Amérique ont été supprimés de la traduction en langue anglaise du *Deuxième Sexe* parue en 1953. Simons, *Beauvoir and The Second Sex, op. cit.*, p. 182. Au plus fort de la guerre froide, alors que d'autres intellectuel·les noir·es radicaux·ales étaient traqué·es par McCarthy, le communisme de Wright explique peut-être que de telles références aient été trop risquées pour Knopf, l'éditeur de Beauvoir.

75. Odette Grosjean-Darier, « Le Deuxième Sexe par Mme Simone de Beauvoir », *Les Cahiers protestants* (Lausanne), novembre-décembre 1950/34 (n° 6), cité dans Galster, *Textes, op. cit.*, p. 260. Odette Grosjean-Darier faisait partie d'une riche famille huguenote et était active dans les milieux protestants genevois.

76. Françoise d'Eaubonne, « Réponse », *Le Figaro littéraire*, 23 juillet 1949, cité dans Galster, *Textes, op. cit.*, p. 73 et Maryse Choisy, « Phallocratie », *Psyché*, juin 1949 (n° 32), p. 124-125.

77. Angie David, *Dominique Aury. La vie secrète de l'auteur d'Histoire d'O*, Leo Scheer, 2006, p. 169.

78. Au sujet de son changement d'orientation politique et de sa position au moment de la Libération, voir David, *Dominique Aury*,

op. cit., p. 300. Sur son appartenance passée à l'aile droite de l'échiquier politique et sur ses projets éditoriaux, *ibid.*, p. 230-231. Édith Thomas a été communiste (jusqu'en 1949, date à laquelle elle quitte le parti), elle a rapidement rejoint la Résistance. C'était aussi une féministe et elle était rédactrice en chef du journal *Femmes françaises*, lancé au moment de la Libération. Plus tard, elle publiera *Les « Pétroleuses »* (1963), un livre sur les femmes radicales ayant participé à la Commune de Paris en 1871. Au sujet de Thomas et de ses relations avec Aury, voir Dorothy Kaufmann, *Édith Thomas: A Passion for Resistance,* Cornell University Press, 2004, trad. en français par Danielle Wargny sous le titre *Édith Thomas, passionnément résistante*, Autrement, 2007.

79. Dominique Aury, « Le visage de Méduse », *Contemporains*, décembre 1950 (n° 2), cité dans Galster, *Textes*, *op. cit.*, p. 266-271. *Contemporains* était un mensuel culturel de l'après-guerre.

80. Galster, *Textes*, *op. cit.*, p. 267-268.

81. Régine Deforges et Pauline Réage, *O m'a dit. Entretiens avec Pauline Réage,* J.-J. Pauvert, 1975, p. 16, 72-73 et 165. Aury rédigeait également un essai sur *Les Liaisons dangereuses* de Laclos. *Ibid.*, p. 63-64

82. Ce point est souligné dans l'étude menée par Manon Garcia sur Simone de Beauvoir. Voir *On ne naît pas soumise, on le devient*, Flammarion, coll. « Climats », 2018.

83. Cette histoire complexe, comme cette intertextualité, méritent d'être étudiées de manière plus approfondie, mais ce devra être l'objet d'un autre livre. La *Juliette* du Marquis de Sade (*Histoire de Juliette, ou les Prospérités du vice*), publiée anonymement en 1797, circulait au XIXe siècle dans des éditions clandestines. Le livre est réédité en 1947 dans ce qui devait être, selon l'éditeur Jean-Jacques Pauvert, une collection complète de l'œuvre de Sade. Pauvert demande à Beauvoir d'écrire une préface à cette nouvelle édition. Elle refuse, mais fait part de ses réflexions sur Sade, son éthique et la morale dans « Faut-il brûler Sade ? » (*Les Temps modernes*, décembre 1951 et janvier 1952). Avoir édité Sade vaudra à Pauvert un certain nombre

d'ennuis judiciaires au cours des années suivantes. Ces événements se déroulent à un moment où l'on constate un regain d'intérêt pour la littérature érotique dans la France de l'après-guerre. Sur le renouveau de Sade au XXe siècle, voir Carolyn J. Dean, *The Self and Its Pleasures. Bataille, Lacan, and the History of the Decentered Subject*, Cornell University Press, 2016 ; Matthew Bridge, "A Monster for Our Times. Reading Sade across the Centuries", thèse de doctorat, Columbia University, 2011, chap. 5, p. 214. Aury a fait une recension des *Mandarins* dans *La Nouvelle Revue française*, 1954, p. 1080.

84. Voir *La Force des choses*, p. 245.

85. Aury, citée dans Galster, *Textes*, *op. cit.*, p. 266.

86. Jane Albert-Hesse, « Esclave ? Victime ? Complice ? », *Franc-Tireur*, 3 novembre 1949, citée dans Galster, *Textes*, *op. cit.*, p. 204-206 ; Raymond Las Vergnas, « Le troisième sexe », *Les Nouvelles littéraires*, 8 septembre 1949, p. 191-94.

87. *La Force des choses*, t. 1, p 135-136.

88. Maurice Merleau-Ponty, *Sens et non-sens*, Nagel, 1948.

89. *La Force des choses*, t. 1, p. 72.

2
Beauvoir, Kinsey, et les choses du sexe au milieu du siècle

1. François Mauriac, cité dans *Le Deuxième Sexe de Simone de Beauvoir. Textes réunis et présentés par Ingrid Galster*, Presses de l'Université Paris-Sorbonne, 2004, p. 87-88.

2. Marie-Louise Barron, citée dans Galster, *Textes*, *op. cit.*, p. 126.

3. Parmi les exceptions notables, on peut citer Sylvie Chaperon, « Kinsey en France : les sexualités féminine et masculine en débat », *Le Mouvement social*, mars 2002/198 (n° 1), p. 91-110 ; Dagmar Herzog, "The Reception of the Kinsey Reports in Europe", *Sexuality*

and Culture, hiver 2006/10 (n° 1), p. 39-48. Voir également Jo-Ann Pilardi, "The Changing Critical Fortunes of The Second Sex", *History and Theory*, février 1993/32 (n° 1), p. 51-73.

4. "The Talk of the Town", *The New Yorker*, 22 février 1947, p. 19-20. Sur le caractère formateur de ses lectures des œuvres de Wright et des autres écrivain·es, voir Margaret A. Simons, *Beauvoir and The Second Sex: Feminism, Race, and the Origins of Existentialism,* Rowman & Littlefield, 1999 ; Sarah Relyea, *Outsider Citizens: The Remaking of Postwar Identity in Wright, Beauvoir, and Baldwin*, Routledge, 2013 ; Alice Yaeger Kaplan, *Dreaming in French: The Paris Years of Jacqueline Bouvier Kennedy, Susan Sontag, and Angela Davis*, University of Chicago Press, 2012 (traduit en français par Patrick Hersant sous le titre *Trois Américaines à Paris : Jacqueline Bouvier Kennedy, Susan Sontag et Angela Davis*, Gallimard, 2012) ; Whitney Walton, *Internationalism, National Identities, and Study Abroad. France and the United States, 1890-1970,* Stanford University Press, 2009 ; et Ursula Tidd, *Simone de Beauvoir, Gender and Testimony,* Cambridge University Press, 1999.

5. La liste de lecteur·rices potentiel·les établie par Knopf montre bien la difficulté qu'il y avait à rattacher *Le Deuxième Sexe* à une discipline ou une catégorie spécifique. Parmi la liste de femmes se trouvaient les noms de Margaret Mead, Margaret Sanger, Helene Deutsch, Pearl Buck, Eleanor Roosevelt et Lillian Hellman. La liste d'hommes incluait Max Lerner, Ashley Montagu, Philip Wylie, David Reisman, Benjamin Spock et Kinsey lui-même, qui refusa cette proposition. Archives d'Alfred A. Knopf, Inc., Harry Ransom Center, Université d'Austin, Texas, boîte 1177.21, Hannah Arendt, 16 décembre 1952.

6. Deirdre Bair, *Simone de Beauvoir: A Biography,* Summit Books, 1990, p. 432 (disponible en français dans la traduction de Marie-France de Paloméra, Fayard, 1993).

7. Michel Bozon, « Les cadres sociaux de la sexualité », *Sociétés contemporaines*, 2001 (n° 41-42), p. 5-9.

8. Dagmar Herzog, *Sexuality in Europe: A Twentieth-Century History*, Cambridge University Press, 2011, p. 3.

9. « Lettres reçues », 24 février 1953, 15 mai 1952 et 11 mai 1953.

10. Françoise Dolto, « Paris en parle. Le comportement sexuel de la femme américaine par le Docteur Alfred Kinsey », *L'Express*, 19 septembre 1953.

Au sujet de Kinsey aux États-Unis, voir Sarah E. Igo, *The Averaged American. Surveys, Citizens and the Making of a Mass Public*, Harvard University Press, 2007 ; Miriam G. Reumann, *American Sexual Character: Sex, Gender, and National Identity in the Kinsey Reports*, University of California Press, 2005 ; Donna J. Drucker, *The Classification of Sex: Alfred Kinsey and the Organization of Knowledge*, University of Pittsburgh Press, 2014 ; Lynn K. Gorchov, *Sexual Science and Sexual Politics. American Sex Research (Alfred C. Kinsey), 1920-1956*, Johns Hopkins University Press, 2003 ; Regina Markell Morantz, "The Scientist as Sex Crusader: Alfred C. Kinsey and American Culture", *American Quarterly*, hiver 1978/29 (n° 5), p. 563-589 ; Lionel Trilling, "The Kinsey Report" dans *The Liberal Imagination: Essays on Literature and Society*, Doubleday, 1953. Au sujet des études sur la sexualité, voir Jacqueline Feldman, « Les rapports nationaux sur les comportements sexuels : un exemple de deux types d'interaction science-société », *Archives européennes de sociologie*, 1975 (n° 16), p. 95-110.

11. Galster, *Textes, op. cit.*, p. 33 et 39.

12. Morris Ernst et David Loth, préface à *La Vie sexuelle en Amérique et le rapport Kinsey*, SFELT, 1948. Sur les différents aspects de la gêne occasionnée par la présence américaine, voir Victoria de Grazia, *Irresistible Empire: America's Advance through Twentieth-Century Europe,* Cambridge, Harvard University Press, 2005 ; Richard F. Kuisel, *Seducing the French. The Dilemma of Americanization*, University of California Press, 1993 (traduit en français par Élie-Robert Nicoud sous le titre *Le Miroir américain, 50 ans de regard français sur l'Amérique*, JC Lattès, 1996). Au sujet de la difficulté à résister aux avances américaines, voir Mary Louise Roberts, *What Soldiers Do: Sex and the American GI in World War II*, University of Chicago Press, 2011

(traduit en français par Cécile Deniard et Léa Drouet sous le titre *Des GI et des femmes. Amours, viols et prostitution à la Libération*, Seuil, 2014).

13. Marie-Louise Barron, citée dans Galster, *Textes*, *op. cit.*, p. 128.

14. Jeannette Prenant, citée dans Galster, *Textes*, *op. cit.*, p. 272-284 ; critique anonyme, *ibid.*, p. 117 ; Jean-Marie Domenach, *ibid.*, p. 37.

15. Jean-Marie Domenach, cité dans *ibid.*, p. 33-34.

16. "In This Corner, Woman", *The Hartford Courant*, 8 mars 1953.

17. *The Boston Traveler*, 5 mars 1953. Les archives de la maison d'édition Alfred A. Knopf au Harry Ransom Center contiennent un très grand nombre de chroniques et d'extraits de presse ; boîte 1300.7.

18. Ashley Montagu, "A French Gauntlet Tossed to Dr Kinsey", *The Herald Tribune*, 22 février 1953.

19. Clyde Kluckhohn, "The Female of Our Species", *The New York Times*, 22 février 1953.

20. « Lettres reçues », 24 février 1953, Vermont (en anglais).

21. A. R. Mangus, coupure de presse non datée (1953), archives Knopf, 1300.7.

22. Voir Margaret Mead, "The Second Sex, by an Angry Woman", *The New York Post*, 22 février 1953, et sa contribution à la chronique "A SR Panel Takes Aim at *The Second Sex*", *The Saturday Review*, 21 février 1953.

23. Coupure de presse non datée, 1953, archives Knopf, 1300.7.

24. Margaret P. Redfield, "Book Review: The Second Sex", *American Journal of Sociology*, novembre 1953/59 (n° 3), p. 269. Redfield, tout comme Mead, était anthropologue. Voir également les autres lettres de Clara Thompson, Abraham Scheinfeld, et d'autres encore, dans les archives Knopf, 1177.21.

25. Elsa Maxwell, "Party Line", *The New York Post Home News*, 14 octobre 1948.

26. Carle C. Zimmerman, “Review: Sexual Behavior in the Human Female”, *The Harvard Law Review*, janvier 1954/67 (n° 3), p. 539.

27. Judith Surkis, “Sex, Sovereignty, and Transnational Intimacies”, *The American Historical Review*, 2010/115 (n° 4), p. 1093.

28. Lionel Trilling, cité dans Mari Jo Buhle, *Feminism and Its Discontents. A Century of Struggle with Psychoanalysis*, Harvard University Press, 1998, p. 128. Voir également Joanne Meyerowitz, “‘How Common Culture Shapes the Separate Lives’: Sexuality, Race, and Mid-Twentieth-Century Social Constructionist Thought”, *The Journal of American History*, mars 2010/96 (n° 4), p. 1057-1084 ; Rebecca Jo Plant, *Mom: The Transformation of Motherhood in Modern America*, University of Chicago Press, 2010.

29. Bruce Bliven, cité dans Chaperon, *Kinsey en France*, *op. cit.*, p. 92.

30. Françoise d’Eaubonne, *Une femme nommée Castor. Mon amie Simone de Beauvoir,* Encre, 1986, p. 162 et p. 18.

31. Joanne J. Meyerowitz, *How Sex Changed: A History of Transsexuality in the United States,* Harvard University Press, 2002. Voir aussi John Gagnon, *An Interpretation of Desire: Essays in the Study of Sexuality*, University of Chicago Press, 2004 ; Thomas Laqueur, *Making Sex: Body and Gender from the Greeks to Freud*, Harvard University Press, 1990 (traduit en français par Michel Gautier sous le titre *La Fabrique du sexe. Essai sur le corps et le genre en Occident*, Gallimard, 1992) ; Arnold I. Davidson, *The Emergence of Sexuality: Historical Epistemology and the Formation of Concepts*, Harvard University Press, 2001 (traduit en français par Pierre-Emmanuel Dauzat sous le titre *L’Émergence de la sexualité. Épistémologie historique et formation des concepts*, Albin Michel, 2005) ; Paul A. Robinson, *The Modernization of Sex: Havelock Ellis, Alfred Kinsey, William Masters, and Virginia Johnson*, Harper & Row, 1977 ; Jane F. Gerhard, *Desiring Revolution. Second-Wave Feminism and the Rewriting of American Sexual Thought, 1920 to 1982,* Columbia University Press, 2001.

32. Voir Harry Oosterhuis, *Stepchildren of Nature*, University of Chicago Press, 2000, et "Sexual Modernity in the Works of Richard von Krafft-Ebing and Albert Moll", *Medical History*, 2012/56 (n° 2), p. 133-155.

33. Laure Murat, *La Loi du genre. Une histoire culturelle du « troisième sexe »*, Fayard, 2006, p. 150-157.

34. Ellis, *La Pudeur, la périodicité sexuelle, l'auto-érotisme*, *op. cit.*, préface générale, p. 6.

35. Alors qu'il correspond avec Alfred Knopf au sujet du *Deuxième Sexe*, H. M. Parshley (Parshley est le traducteur choisi par l'éditeur américain du *Deuxième Sexe* [*NDT*]) rappelle que les *Études de psychologie sexuelle* d'Ellis étaient inaccessibles pour le grand public : « Qu'il était difficile de se procurer ces volumes à la couverture marron ! Et maintenant on peut acheter partout des rééditions en deux volumes fidèles à l'original, contenant les études de cas et tout le reste. Puissiez-vous avoir raison en prévoyant que le "de Beauvoir", sur lequel nous sommes en train de travailler, fasse l'objet d'une forte demande ! » (lettre de Parshley adressée à Knopf, 10 décembre 1951, Archives Knopf, 689.13).

36. Voir George Chauncey Jr., "From Sexual Inversion to Homosexuality. Medicine and the Changing Conceptualization of Female Deviance", *Salmagundi*, automne 1982-hiver 1983 (n° 58/59), p. 114-146 ; plus récemment, Heike Bauer, "Theorizing Female Inversion: Sexology, Discipline, and Gender at the Fin de Siècle", *Journal of the History of Sexuality*, janvier 2009/18 (n° 1), p. 84-102.

37. Tracie Matysik, *Reforming the Moral Subject. Ethics and Sexuality in Central Europe, 1890-1930,* Cornell University Press, 2008 ; Herzog, *Sexuality in Europe*, *op. cit.*, p. 18 et 28-29. Au sujet de Magnus Hirschfeld, voir également Meyerowitz, *How Sex Changed*, *op. cit.*

38. Heike Bauer, "Introduction: Translation and the Global Histories of Sexuality", dans Veronika Fuechtner, Douglas E. Haynes,

et Ryan M. Jones (dir.), *A Global History of Sexual Science, 1880-1960*, University of California Press, 2018, p. 5. En France, ces recherches sont morcelées dans des disciplines distinctes : médecine, psychologie et droit. Pour certain·es historien·nes, l'indifférence à l'égard de la sexologie en France s'explique par des lois sur l'homosexualité relativement permissives, celle-ci ayant été dépénalisée en 1791 pour ce qui concerne la pratique de la sodomie entre adultes dans un cercle intime, puis par le Code Napoléon de 1810. Mais d'autres lois répressives font des ravages. La loi française de juillet 1920 rend passible de poursuites quiconque aura, par des discours ou des écrits, « décrit ou divulgué, ou offert de révéler des procédés propres à prévenir la grossesse, ou encore faciliter l'usage de ces procédés ». Cette loi freine inévitablement les débats et les avancées de la recherche. Sylvie Chaperon, « La sexologie française contemporaine. Un premier bilan historiographique », *Revue d'histoire des sciences humaines*, 2007/17 (n° 2), p. 15 ; Sylvie Chaperon, *Les Origines de la sexologie*, Louis Audibert, 2007 ; Alain Corbin, *L'Harmonie des plaisirs. Les manières de jouir du siècle des Lumières à l'avènement de la sexologie*, Perrin, 2008 ; Janine Mossuz-Lavau, *Les Lois de l'amour. Les politiques de la sexualité en France de 1950 à nos jours*, Éditions Payot, 1991 ; Murat, *La Loi du genre*, *op. cit.*

39. Kate Fisher et Jana Funke, "'Let Us Leave the Hospital; Let Us Go on a Journey around the World': British and German Sexual Science and the Global Search for Sexual Variation", dans Fuechtner, Haynes et Jones (dir.), *A Global History of Sexual Science*, *op. cit.*, p. 51-69. Les travaux de Judith Surkis abordent en particulier la dimension coloniale dans les réflexions sur la question sexuelle ; voir *Sexing the Citizen: Morality and Masculinity in France, 1870-1920*, Cornell University Press, 2006, et *Sex, Law, and Sovereignty in French Algeria, 1830-1930*, Cornell University Press, 2019. En français, on pourra consulter Judith Surkis, « Propriété, polygamie et statut personnel en Algérie coloniale, 1830-1873 », *Revue d'histoire du XIXe siècle*, 2010/41, http://journals.openedition.org/rh19/4041 [lien consulté le 17/03/23] [*NDT*].

40. Arnold I. Davidson, "Sex and the Emergence of Sexuality", *Critical Inquiry*, automne 1987/14 (n° 1), p. 21.

41. Buhle, *Feminism and Its Discontents*, *op. cit.*, p. 23.

42. « Nous connaissons moins bien la vie sexuelle de la petite fille que celle du petit garçon. N'en ayons pas trop honte : la vie sexuelle de la femme adulte est encore un "continent noir" pour la psychologie » (Sigmund Freud, *Ma vie et la psychanalyse* suivi de *Psychanalyse et médecine*, traduit de l'allemand par Marie Bonaparte, Gallimard, 1968, p. 133).

43. Pour des informations concises et pertinentes sur ce sujet, voir Luce Irigaray, « Retour sur la théorie psychanalytique », dans *Ce sexe qui n'en est pas un*, Éditions de Minuit, 1977, p. 33-64, et pour des informations plus détaillées, voir Buhle, *Feminism and Its Discontents*, *op. cit.*, p. 22-124.

44. « Il a concentré dans les attributs de la sexualité toute la variété des types d'émotions. La sympathie et l'attachement, le respect et le mépris, l'amour parental et la piété filiale, l'amitié et l'inimitié, les victoires corporelles et les défaites symboliques, les plaisirs esthétiques et l'attrait pour ce qui est laid, tous ces éléments sont assimilés à cette même source unifiante » (Philip Rieff, *Freud: The Mind of the Moralist*, University of Chicago Press, 1979, p. 152).

45. Meyerowitz, "Common Culture", *op. cit.*, p. 1057-1058.

46. Serge Moscovici, *La Psychanalyse. Son image et son public*, PUF, 1961, p. 19, sur l'*Homo psychanalyticus.*

47. *Modern Woman: The Lost Sex* de Ferdinand Lundberg et Marynia F. Farnham (Harper & Brothers, 1947) évoque le cas des conservateur·rices en utilisant les termes de la psychologie de l'ego, et en établissant un lien entre les femmes ayant perdu « leur fonction et leur valeur » et les hommes « efféminés », ainsi que les troubles émotionnels consécutifs au fascisme et au nazisme. Beauvoir mentionne le livre dans l'introduction du *Deuxième Sexe*. Pour en savoir plus sur la version américaine de ces événements, voir Plant, *Mom*,

op. cit., p. 19-54 ; et Buhle, *Feminism and Its Discontents*, *op. cit.*, p. 175-179.

48. Dagmar Herzog, *Cold War Freud: Psychoanalysis in an Age of Catastrophes,* Cambridge University Press, 2017, p. 15 (en français, on peut consulter Dagmar Herzog, « Psychanalyse pendant la guerre froide », dans Sylvie Chaperon, Carla Nagels et Cécile Vanderpelen-Diagre (dir.), *Le Rideau déchiré. La sexologie à l'heure de la guerre froide*, Université de Bruxelles, 2021 [*NDT*]).

49. Alfred C. Kinsey, Wardell B. Pomeroy et Clyde Martin, *Sexual Behavior in the Human Male*, W. B. Saunders, 1948 (le rapport Kinsey a été traduit en français sous le titre *Le Comportement sexuel de l'homme* par Eugène Bestaux, Pierre Bobaut, Pierre Gruénais, René et Y. Surleau (sous la dir. du Dr Pierre Desclaux), Éditions du Pavois, 1948. Les extraits cités figurent p. 21 et 27 [*NDT*]).

50. Robinson, *The Modernization of Sex*, *op. cit.*, p 57 ; Kinsey, *Le Comportement sexuel de l'homme*, *op. cit.*, p. 265.

51. Kinsey, *Le Comportement sexuel de l'homme*, *op. cit.*, p. 44, 62, 283, 41 et 28. Dans *Sexual Behavior in the Human Female* (W. B. Saunders, 1953, traduit en français sous le titre *Le Comportement sexuel de la femme*, Amiot-Dumont, 1954), Kinsey souligne l'ignorance dont les gens « ordinaires » font preuve à l'égard de leur propre sexualité (p. 5-6).

52. *Ibid.*, p. 39, 269 et 94.

53. *Lettres à Nelson Algren*, p. 266.

54. *Le Deuxième Sexe*, t. 1, p. 13.

55. *Ibid.*, p. 73.

56. *Ibid.*, p. 77 ; voir aussi Moi, *The Making of an Intellectual Woman*, *op. cit.*, p. 169.

57. *Le Deuxième Sexe*, t. 1, p. 92 ; Juliet Mitchell propose un examen critique de l'interprétation erronée que fait Beauvoir de la doctrine freudienne : *Psychoanalysis and Feminism: Freud, Reich, Laing, and Women*, Pantheon, 1974, p. 310-311 (traduit en français par

Françoise Ducrocq, Françoise Basch et Catherine Lawton sous le titre *Psychanalyse et Féminisme*, Éditions Des Femmes, 1975).

58. Marie-Christine Hamon, « Le point de vue psychanalytique », dans Ingrid Galster (éd.), *Simone de Beauvoir. Le Deuxième Sexe, le livre fondateur du féminisme moderne en situation*, Honoré Champion, 2004, p. 53-68. Alors qu'il est en train de traduire *Le Deuxième Sexe*, H. M. Parshley s'inquiète du fait que Simone de Beauvoir emprunte trop à Helene Deutsch, à la fois dans *Psychoanalysis and the Sexual Functions of Woman* (1924) et *The Psychology of Women* (1944) (ouvrages parus en français aux PUF, respectivement en 1994 et 1987, le premier traduit par Pierre-Emmanuel Dauzat sous le titre *Psychanalyse des fonctions sexuelles de la femme*, et le second par Hubert Benoit et paru en deux volumes sous le titre *La Psychologie des femmes : étude psychanalytique*). Karl Menninger déplore le manque de connaissance de Beauvoir en matière de littérature psychanalytique portant spécifiquement sur les questions féminines. Voir le forum d'échanges "A SR Panel Takes Aim at The Second Sex", *The Saturday Review*, 21 février 1953, Archives Knopf, 1300.7.

59. En 1949, l'ouvrage de Roland Dalbiez, *La Méthode psychanalytique et la doctrine freudienne,* introduit auprès du public français la doctrine freudienne et tous les débats qui lui sont associés. Élisabeth Roudinesco, *Histoire de la psychanalyse en France*, 2 vol., Fayard, 1994 ; Moscovici, *La Psychanalyse*, *op. cit.*

60. Le magazine *Esquire*, lancé aux États-Unis en 1933, est un mensuel destiné aux hommes [*NDT*].

61. Simone de Beauvoir, « Brigitte Bardot and the Lolita Syndrome », *Esquire,* août 1959, réédité dans Margaret A. Simons et Marybeth Timmermann (éd.), *Simone de Beauvoir: Feminist Writings*, University of Illinois Press, 2015, p. 119.

62. *Le Deuxième Sexe*, t. 1, p. 105.

63. Herman R. Lantz, "Review: The Second Sex", *Marriage and Family Living*, août 1953/15 (n° 3), p. 276. Coupure de presse, Archives

Knopf, 1300.7. Alfred A. Knopf et H. M. Parshley s'interrrogent sur la réception du livre – voir les courriers du 27 novembre et du 10 décembre 1951, Archives Knopf, 689.13.

64. Carl Victor Little, "New Books: The Second Sex", *Houston Texas Press*, 27 février 1953, Archives Knopf, 1300.7.

65. Dans son article "*Sexual Behavior in the Human Female* and *The Second Sex*" (*Perspectives USA*, printemps 1954, p. 144-147), Clyde Kluckhohn compare *Le Deuxième Sexe* au second rapport Kinsey. Margaret Mead, quant à elle, regrette qu'à la suite de la « suppression soudaine de garde-fous qui existaient auparavant », beaucoup de jeunes se retrouvent « sans défense dans des domaines où leur désir de respecter les règles était protégé par le fait qu'ils ignoraient l'étendue de la non-conformité » (cité dans Gerhard, *Desiring Revolution*, *op. cit.*, p. 63). De la même manière, le compte rendu de Kluckhohn publié dans le *New York Times* considère que le livre traite « essentiellement de sexualité » ("Fowler V. Harper Book Review: *Sexual Behavior in the Human Female*", *Yale Law Journal*, 1954/895 [n° 63], p. 895-899).

66. Brendan Gill, "Books. No More Eve", *The New Yorker*, 28 février 1953, p. 99. Gill se félicite de la façon dont Beauvoir déboulonne les idées sur la féminité : « Rien n'a l'air aussi coriace et incontestable qu'un lieu commun, jusqu'au moment où il n'a plus aucune utilité, et où on peut désormais l'appeler baliverne. »

67. Kinsey, *Sexual Behavior in the Human Female*, *op. cit.*, au sujet du coït avant le mariage, p. 325-326 et 578 ; sur la question du viol, 213, 287 et 321 ; voir aussi p. 237-238, 263-264, 391, 578, 608 et 300. La grossesse non désirée est une source de « regret post-coïtal » (*ibid.*, p. 318, 345 et p. 5).

Sur l'échantillon utilisé pour rédiger le rapport, 2 094 femmes étaient des femmes « célibataires blanches », et 476 grossesses ont été comptabilisées. Mais Kinsey faisait remarquer que « les 2 094 femmes qui avaient pratiqué le coït l'avaient fait approximativement 460 000 fois au total » (*ibid.*, p. 327). On remarque qu'il utilise le terme « blanche ».

Il précise qu'il est possible qu'il y ait des différences entre les populations européennes et asiatiques et ne mentionne nulle part les Africaines-Américaines.

68. *Ibid.*, p. 582. On trouvera des informations complémentaires dans Regina Morantz-Sanchez, "Scientist as Sex Crusader", *American Quarterly*, 1977/29 (nº 5), p. 571-573 ; Gerhard, *Desiring Revolution*, *op. cit.*, p. 29-43 ; Deutsch, *La Psychologie des femmes*, *op. cit.* L'article de Sonya Rudikoff, "Feminism Reconsidered", montre également à quel point les travaux d'Helene Deutsch étaient influents (*The Hudson Review*, été 1956/9 [nº 2], p. 178-198).

69. Barbara S. Andrew, "Beauvoir's Place in Philosophical Thought", dans Claudia Card (éd.), *The Cambridge Companion to Simone de Beauvoir*, Cambridge University Press, 2003, p. 38.

70. "Brigitte Bardot and the Lolita Syndrome", *op. cit.*, p. 124.

71. Sally Wood, "The Truth about Women", *The Kenyon Review*, été 1953/15 (nº 3), p. 484-489.

72. Parmi ces voix, on trouve celles qui s'expriment dans le nouveau journal homophile *Arcadie,* fondé en 1955, et celle de Daniel Guérin, prolifique intellectuel de gauche. Voir Daniel Guérin, *Kinsey et la sexualité*, Julliard, 1954, et *Essai sur la révolution sexuelle. Après Reich et Kinsey*, Éditions Belfond, 1969 ; Chaperon, « Kinsey en France », *op. cit.*, p. 100-103 ; Julian Jackson, *Living in Arcadia: Homosexuality, Politics, and Morality in France from the Liberation to AIDS*, University of Chicago Press, 2009.

73. Au sujet des enquêtes, de leur popularité, de leur force de persuasion et de la forme d'autorité qui leur est conférée, voir Igo, *The Averaged American*, *op. cit.* ; sur cette période précise en France, voir Judith Coffin, "Between Opinion and Desire. *Elle* Magazine's Survey Research in 1950s France" dans Kerstin Brückweh (éd.), *The Voice of the Citizen Consumer: A History of Market Research, Consumer Movements, and the Political Public Sphere*, Oxford University Press, 2011, p. 51-73.

74. *Elle*, 15 mars 1954 et 27 juin 1955.

75. « La Française et l'amour », *Sondages. Revue française de l'opinion publique*, 1961/23 (n° 1), p. 1 et 37-85 ; *La Française et l'amour. Une enquête de l'Institut français d'opinion publique*, Jacques Rémy et Robert Woog, Robert Laffont, 1960, p. 10 et 13. Le film est disponible aux Archives du film au Centre national du cinéma.

76. *La Française et l'amour*, *op. cit.*, p. 15.

77. « La Française et l'amour », *op. cit.*, p. 40.

78. La jeunesse ne fait pas confiance aux autorités, mais les jeunes « se sont fait confiance entre eux et se respectent », poursuit Françoise Giroud en soulignant la dimension démocratique de cette nouvelle étude. L'année précédente, elle a passé la commande d'une étude sur la Nouvelle Vague défendant les aspects démocratiques de ces nouvelles formes de recherche (« La Française et l'amour », *op. cit.*, p. 170). Giroud avait commandé l'étude sur la Nouvelle Vague un an plus tôt. Elle n'était pas du genre à relever toutes les disparités significatives de classe, de race et d'ethnie, d'éducation ou de niveau culturel, éléments qui se fondaient en un tout dans la globalisation des statistiques établies à l'échelle d'une génération.

79. *Elle*, 15 mars 1954.

80. Cette phrase est tirée d'une intervention de Samuel Moyn à propos des échanges sur la notion de contexte dans l'histoire intellectuelle ; il ne s'agit pas de sa propre position sur le sujet. Samuel Moyn, "Imaginary Intellectual History", dans Darrin McMahon et Samuel Moyn (éd.), *Rethinking Modern European Intellectual History*, Oxford University Press, 2014, p. 116. En français, on peut consulter « L'histoire intellectuelle de l'Europe après le tournant global », *Annales. Histoire, Sciences Sociales*, 2021/76 (n° 4), p. 717-727, traduit de l'anglais par Antoine Heudre [*NDT*]. Voir également les contributions de Peter Gordon et Judith Surkis à ce même ouvrage : Judith Surkis, "Of Scandals and Supplements: Relating Intellectual and Cultural History", *ibid.*, p. 95-107 et Peter

Gordon, "Contextualism and Criticism in the History of Ideas", *ibid.*, p. 34-50.

81. Simone de Beauvoir, "The Chemistry of Love", *The Daily Express*, 11 août 1959, p. 8 (BnF, NAF 28501, Beauvoir : coupures de presse).

3
Les lecteur·rices prennent la plume

1. Voir Tamara Chaplin, *Turning on the Mind: French Philosophers on Television*, University of Chicago Press, 2007, chap. 1 ; Julie Augras, « Écritures de lecteur : Beauvoir lue. La réception des *Mandarins* (1954-1959) », *Revue d'histoire littéraire de la France,* avril-juin 2016/116 (n° 2), p. 387-408 ; Björn Larsson, *La Réception des Mandarins : le roman de Simone de Beauvoir face à la critique littéraire en France*, Lund University Press, 1988 ; et Sally Scholz et Shannon Mussett, *The Contradictions of Freedom: Philosophical Essays on Simone de Beauvoir's "The Mandarins",* SUNY Press, 2005.

2. Sandrine Sanos, *Simone de Beauvoir: Creating a Feminist Existence in the World,* Oxford University Press, 2017, p. 78-80.

3. « Lettres reçues », non datée, mais vraisemblablement fin 1954, Queyrac-Médoc.

4. *Ibid.*, 4 décembre 1960. Voir aussi la lettre datée du 24 septembre 1969.

5. *Ibid.*, 8 décembre 1954, Bruxelles ; 21 septembre 1956 ; 6 août 1956, Montréal ; et 13 janvier 1960, Lausanne.

6. Pour plus de détails sur les articles parus dans *Paris Match* et *Jours de France,* consulter les archives de Simone de Beauvoir à la Bibliothèque nationale de France (NAF 28501, dossier 1954). Voir aussi Chaplin, *Turning on the Mind*, *op. cit.*, chap. 2, et Sophie de Closets, *Quand la télévision aimait les écrivains*, De Boeck, 2004, p. 86, au sujet de Beauvoir dans l'émission « Lecture pour tous ».

7. « Lettres reçues », janvier-juin 1957, jour non précisé.

8. Judith Lyon-Caen et Dinah Ribard, *L'Historien et la Littérature*, La Découverte, 2010, p. 85.

9. Chaplin, *Turning on the Mind, op. cit.*, chap. 1.

10. « Lettres reçues », février 1960 et 29 janvier 1957. Dès 1959, Beauvoir expose sa théorie sur la notion de célébrité, tout en incarnant elle-même ce statut de « vedette ». Simone de Beauvoir, « Brigitte Bardot and the Lolita Syndrome », *Esquire*, août 1959 réédité dans Margaret A. Simons et Marybeth Timmermann (éd.), *Simone de Beauvoir: Feminist Writings*, University of Illinois Press, 2015, p. 119.

11. « Lettres reçues », 7 juillet 1957.

12. *Ibid.*, 16 mars, année non précisée (la lettre est inventoriée à l'année 1957, mais elle a été écrite après la parution de *La Force de l'âge* et date donc probablement de 1960).

13. *Ibid.*, 26 décembre 1958.

14. *Ibid.*, non datée, dernière lettre du dossier de l'année 1957 (en anglais).

15. Edgar Morin, *Les Stars*, Seuil, 2015.

16. *Ibid.*, 24 septembre 1969, Durban ; 12 février 1969, Londres.

17. Sharon Marcus, *The Drama of Celebrity*, Princeton University Press, 2019, p. 6.

18. « Lettres reçues », 27 octobre 1954 ; 1970, jour et mois non précisés ; juin-juillet 1968 ; 27 janvier 1961 ; 11 mai 1957, Liège ; 13 février 1959 ; 11 février 1961, Paris.

19. *Ibid.*, 27 janvier 1961, Montréal ; voir aussi les lettres datées du 12 juin 1960 et du 29 janvier 1957.

20. « Il l'avait d'abord trouvée si gourmée qu'il lui avait dit en riant : "Vous prenez la vie avec des gants de chevreau glacé" » (*Mémoires d'une jeune fille rangée*, p. 302).

21. « Lettres reçues », 26 mai 1973.

22. Bruno Cabanes, "Negotiating Intimacy in the Shadow of War (France, 1914-1920s)", *French Politics, Culture & Society,* printemps 2013 (n° 31), p. 9 ; Martyn Lyons, *Reading Cultures and Writing Practices in Nineteenth-Century France*, University of Toronto Press, 2008, p. 167-184.

23. Martha Hanna, *Your Death Would Be Mine: Paul and Marie Pireaud in the Great War,* Harvard University Press, 2006 ; Ferdinand Buisson, *Dictionnaire de pédagogie et d'instruction primaire*, Hachette, 1886-1888, à l'entrée « correspondance scolaire ».

24. Par exemple Lucien Heudebert, *La Correspondance de tout le monde, lettres intimes, lettres commerciales, lettres diverses*, Albin Michel, 1917 (révisé en 1926, 1930 et 1951).

25. « Lettres reçues », 23 décembre 1970, Rome (en anglais) ; 31 mars 1970, Venise (en anglais) ; 30 mai 1970.

26. *Ibid.*, 21 décembre 1963 et 3 mars 1972.

27. Cité par Cécile Dauphin, « Les manuels épistolaires au XIXe siècle », dans *La Correspondance. Les usages de la lettre au XIXe siècle*, Roger Chartier, Fayard, 1991, p. 229. Voir aussi Daniel Fabre, introduction du livre *Écritures ordinaires,* P.O.L, 1999, p. 18.

28. Liz Stanley, "The Epistolarium. On Theorizing Letters and Correspondences", *Autobiography*, 2004/12 (n° 3), p. 208. Voir aussi Deena Goodman, "Letter Writing and the Emergence of Gendered Subjectivity in Eighteenth-Century France", *Journal of Women's History*, 2005/17 (n° 2), p. 9-37.

29. Louis Lavelle, chapitre 1 « Les Aventures de Narcisse » dans *L'Erreur de Narcisse*, Grasset, 1939 pour la première édition, puis La Table ronde, 2003. Lavelle (1883-1951) était un philosophe français, représentant de la philosophie de l'esprit. Il étudiait les notions de conscience et de perception.

30. « Lettres reçues », 25 octobre 1960, Mons-en-Barœul.

31. *Ibid.*, janvier 1965.

32. *Ibid.*, 14 janvier 1959 ; 11 mai 1957, Liège.

33. *Ibid.*, 1957, jour et mois non précisés ; 5 mars 1957, Sao Paulo ; 28 décembre 1957. Beauvoir revient dans *La Force des choses* (t. 1, p. 364-370) sur les débats autour de l'étiquette de « roman à clé » qu'on a attribuée à ses *Mandarins.*

34. *Ibid.*, 1er janvier 1955 ; 11 février 1961, Paris ; 9 mars 1966.

35. *Ibid.*, 25 février 1959 ; voir aussi 13 décembre 1958 ; 13 décembre 1958, Paris ; 17 novembre 1958 ; 13 février 1959 ; 26 novembre 1960 et 22 novembre 1960.

36. *Ibid.*, 3 mai 1959 ; 27 janvier 1961, Montréal.

37. Nancy K. Miller, "But enough about me, what do you think of my memoir?", *The Yale Journal of Criticism*, 2000/13 (n° 2), p. 426-427.

38. En référence à *La Force de l'âge,* « Lettres reçues », 25 octobre 1960, Mons-en-Barœul ; décembre 1960, Romans-sur-Isère ; 11 novembre 1967.

39. « Lettres reçues », 3 mai 1959 ; 27 octobre 1958. Pour les autres, voir 16 janvier 1961 ; 21 mai 1959 (écrite par une femme âgée de douze ans de plus que Beauvoir) ; 3 mai 1959. Voir aussi les lettres datées des 6 mai 1960, du 27 octobre 1958 (Hauteville) et du 28 novembre 1958.

Voir Carolyn K. Steedman, *Dust: The Archive and Cultural History*, Rutgers University Press, 2002, p. 76-78, où elle se penche sur la recherche de ce sentiment d'identité par les lecteur·rices et analyse en quoi la lecture « apporte une confirmation de ce qu'on veut être, et permet de sentir que, dans une certaine mesure, nous le sommes déjà ».

40. « Lettres reçues », 27 décembre 1960, Paris.

41. Miller, "But enough about me", *op. cit.*, p. 432.

42. « Lettres reçues », 1958, jour et mois non précisés.

43. *Ibid.*, 24 juin 1964 ; 1963, jour et mois non précisés ; 30 mars 1965, Montréal ; 13 juin 1964 ; 30 janvier 1964 ; 1963, jour et mois non précisés, Paris, Montmartre, et bien d'autres exemples.

44. *Ibid.*, 25 mars 1955 ; 5 mars 1955, Alger ; 19 juin 1960, Sarthe (une lectrice lui a bel et bien envoyé son journal intime) ; 30 janvier 1959 ; 13 mars 1964 ; 13 mars 1964.

45. *Ibid.*, 19 juin 1964, Garches ; 15 avril 1955, Paris.

46. *Ibid.*, 8 novembre 1958 ; 26 novembre 1960 ; 1er novembre 1958 ; 20 novembre 1958.

47. Martine Sonnet, « L'émoi des demoiselles en voyage. Du voyage dans quelques journaux intimes de jeunes filles du XIXe siècle », *Genre & Histoire*, automne 2011 (no 9) : http://genrehistoire.revues.org/1382 [lien consulté le 29/03/2023]. Philippe Lejeune et Catherine Bogaert, *Le Journal intime. Histoire et anthologie*, Textuel, 2006 ; Françoise Simonet-Tenant, *Le Journal intime. Genre littéraire et écriture ordinaire*, Nathan Université, 2001 ; Lyons, *Reading Cultures and Writing Practices*, *op. cit.*, p. 167-184.

48. « Lettres reçues », 31 août 1970.

49. Voir Lejeune et Bogaert, *Le Journal intime*, *op. cit.*, p. 91-92.

50. Fabre, *Écritures ordinaires*, *op. cit.*, p. 20.

51. Jennifer V. Ebbeler, *Disciplining Christians: Correction and Community in Augustine's Letters*, Oxford University Press, 2012.

52. Cité dans Ann Fabian, *The Unvarnished Truth. Personal Narratives in Nineteenth-Century America*, University of California Press, 2002.

53. Kate Millett, "Simone de Beauvoir… Autobiographer", dans Elaine Marks (éd.), *Critical Essays on Simone de Beauvoir*, G. K. Hall, 1987, p. 202-203. Sur la dimension féministe de l'autobiographie, voir aussi Nancy K. Miller, *Subject to Change*, Columbia University Press, 1990, p. 55. Dans son ouvrage *Between Women: Friendship, Desire, and Marriage in Victorian England* (Princeton University Press, 2007), Sharon Marcus propose également des caractéristiques distinctives de l'« écriture de la vie » et de l'autobiographie au XIXe siècle.

54. « Lettres reçues », 8 septembre 1960, Saint-Cloud.

55. Plusieurs correspondant·es ont envoyé leurs propres notes de lecture. Voir par exemple la lettre datée du 2 janvier 1957.

56. Voir la critique éloquente qu'Anne Fabian émet sur la thèse développée par Williams dans *The Unvarnished Truth*, *op. cit.*, p. 7.

57. *Mémoires d'une jeune fille rangée*, p. 190.

58. « Lettres reçues », 29 août 1957 ; décembre 1960.

59. « Lettres reçues », 3 décembre 1952.

60. *Le Deuxième Sexe*, t. 2, p. 146-147. Voir aussi « Lettres reçues », 16 mai 1961 (en anglais), et 1961, jour et mois non précisés, déjà citée.

61. Tamara Chaplin, « Émile perverti ? ou "Comment se font les enfants". Deux siècles d'éducation sexuelle en France », dans Régis Revenin (éd.), *Les Jeunes et la sexualité : Initiations, interdits, identités (XIXe-XXIe siècle)*, Autrement, 2010, p. 380.

62. Chaplin, *ibid.* ; Mary Louise Roberts, *What Soldiers Do: Sex and the American GI in World War II,* University of Chicago Press, 2011 (traduit en français par Cécile Deniard et Léa Drouet sous le titre *Des GI et des femmes. Amours, viols et prostitution à la Libération*, Seuil, avril 2014) ; Alain Corbin, *Les Filles de noce. Misère sexuelle et prostitution au XIXe siècle,* Aubier Montaigne, 1978. Dans les Antilles françaises, les stratégies politiques sont très différentes et l'État encourage la régulation des naissances. Voir le chapitre 8 ainsi que Kristen Stromberg Childers, *Seeking Imperialism's Embrace: National Identity, Decolonization, and Assimilation in the French Caribbean,* University Press, 2019. En français, on peut consulter « Politique familiale aux Antilles en 1946. Études démographiques et stéréotypes raciaux », *Monde(s),* 2013/2 (n° 4), p. 145-158, https://www.cairn.info/revue-mondes1-2013-2-page-145.htm [lien consulté le 30/03/2022] (*NDT*).

63. Sarah Fishman, *From Vichy to the Sexual Revolution: Gender and Family Life in Postwar France*, Oxford University Press, 2017, p. 98-99.

64. Sally Alexander, "The Mysteries and Secrets of Women's Bodies: Sexual Knowledge in the First Half of the Twentieth Century", dans Mica Nava et Alan O'Shea (éd.), *Modern Times: Reflections on a Century of English Modernity*, Routledge, 1996, p. 163.

65. Beauvoir, « Lettres reçues », 30 novembre 1957, Thiers. Au sujet des calendriers Ogino-Knaus, voir Melanie Latham, *Regulating Reproduction: A Century of Conflict in Britain and France*, Manchester University Press, 2002 ; Anne-Claire Rebreyend, *Intimités amoureuses. France 1920-1975*, Presses Universitaires du Mirail, 2009, p. 212-13.

66. Jacques Derogy, *Des enfants malgré nous*, Éditions de Minuit, 1956, p. 17.

67. Beauvoir, « Lettres reçues », 16 mars 1956 ; 21 novembre 1956. Voir également la lettre datée du 3 avril 1956.

68. Michel Foucault, *Histoire de la sexualité,* t. 1 « La volonté de savoir », Gallimard, 1976, p. 38.

69. « Lettres reçues », juillet 1968, jour non précisé ; 23 décembre 1963 ; non datée, dans le dossier de l'année 1961.

70. *Ibid.*, 19 avril 1957.

71. *Ibid.*, non datée, 1961.

72. *Ibid.*, 13 octobre 1958.

73. *Ibid.*, 19 janvier 1958 ; et non datée, 1961.

74. Mona Ozouf, *Les Mots des femmes. Essai sur la singularité française*, Fayard, 1995, p. 295.

75. Menie Grégoire, « La presse féminine, la femme et l'amour », *Esprit*, juillet-août 1959, p. 17-34 ; Marcelle Ségal, *Mon métier : le courrier du cœur*, P. Horay, 1952 (Ségal s'est occupée de la rubrique du courrier du cœur dans *Elle* pendant quarante ans) ; Évelyne Sullerot, *La Presse féminine*, Armand Colin, 1963 ; Edgar Morin, *L'Esprit du temps. Essai sur la culture de masse*, 2. vol., Grasset, 1962.

76. Morin, *L'Esprit du temps*, *op. cit.* ; Sullerot, *La Presse féminine*, *op. cit.* ; Christian Delporte, « Au miroir des médias », dans Jean-Pierre Rioux et Jean-Francois Sirinelli (dir.), *La Culture de masse en France de la Belle Époque à aujourd'hui*, Fayard, 2002, p. 305-307.

77. « Lettres reçues », 28 décembre 1957 ; 18 juin 1964, Aixe-sur-Vienne.

78. Comme l'explique Nancy K. Miller, une personne qui écrit ses Mémoires souhaite « être pour ainsi dire abordée de cette façon, trouvée sur cette étagère particulière ». Les Mémoires sont le « récit d'une expérience en quête d'une communauté » ("But Enough about Me", *op. cit.*, p. 423).

79. *La Force de l'âge*, p. 644.

80. « Lettres reçues », 30 novembre 1960.

81. Tracie Matysik, "Belated Lessons from Freud. Why Historians Never Tell the (Whole) Truth", article non publié, Institute for Historical Studies, UT Austin, 8 mai 2014. Nous remercions l'autrice pour ce partage.

82. « Lettres reçues », 30 novembre 1954, Lausanne.

83. *Ibid.*, 16 novembre 1954 ; 21 novembre 1956. Voir également la lettre datée du 16 juillet 1960, Paris.

84. *Ibid.*, 25 octobre 1960.

85. *Ibid.*, 18 novembre 1961, Paris.

86. *Ibid.*, 31 décembre 1961.

87. Geneviève Fraisse, *Le Privilège de Simone de Beauvoir,* Actes Sud, 2008.

88. « Lettres reçues », 31 décembre 1961.

89. *Ibid.*, 12 février 1960, Londres (en anglais).

90. Voir Lyon-Caen et Ribard, *L'Historien*, *op. cit.*, p. 90-100, pour une excellente analyse du « phénomène Rousseau » et, plus généralement, de la pratique épistolaire à la période du romantisme. Voir aussi

Robert Darnton, "Readers Respond to Rousseau: The Fabrication of Romantic Sensitivity", dans *The Great Cat Massacre And Other Episodes in French Cultural History*, Basic Books, 1984, p. 215-256 ; Philippe Lejeune, *Le Pacte autobiographique*, Seuil, 1975 ; Jim Miller, *Rousseau: Dreamer of Democracy*, Yale University Press, 1984.

91. En parlant des médias sociaux, Lejeune écrit : « C'est le frisson du direct, régime que le journal, au cours de sa longue histoire, n'avait jamais connu, et qui le rapproche de la correspondance » (Lejeune et Bogaert, *Le Journal intime, op. cit.*, p. 226).

« Lettres reçues », 11 novembre 1964.

92. À la suite des remarques de Beauvoir, certain·es lecteur·rices ont réagi au sujet de Rousseau : « Dire que cet homme a écrit ça avant Freud. Alternance de la plus pure mauvaise foi avec la plus pénétrante analyse de cette même mauvaise foi… » (« Lettres reçues », 24 août 1960).

93. Carolyn Steedman, "State-Sponsored Autobiography", dans Becky Conekin, Frank Mort et Chris Waters (éd.), *Moments of Modernity: Reconstructing Britain, 1945-1964*, Oram Press, 1999, p. 55.

94. « Lettres reçues », 24 septembre 1959, Durban (en anglais).

95. *Ibid.*, 3 novembre 1960.

96. *Ibid.*, 15 octobre 1961, Sofia.

97. *Ibid.*, 20 mai 1960.

98. *La Force de l'âge*, p. 11-12 ; *La Force des choses*, t. 1, p. 1 et 8.

99. *La Force de l'âge*, p. 29-33 ; « Lettres reçues », 26 novembre 1960.

4
La guerre d'Algérie ou le scandale de la torture

1. Ursula Tidd, « Simone de Beauvoir et les usages de la mémoire », dans Éliane Lecarme-Tabone et Jean-Louis Jeannelle (dir.), *Simone de Beauvoir*, L'Herne, 2012, p. 241-246. Cette analyse peut être

rapprochée de l'ouvrage de Michael Rothberg, *Multidirectional Memory: Remembering the Holocaust in the Age of Decolonization*, Stanford University Press, 2009. Voir Sandrine Sanos, *Simone de Beauvoir. Creating a Feminist Existence in The World*, Oxford University Press, 2016 ; Annabelle Golay, « Féminisme et postcolonialisme : Beauvoir, Fanon et la guerre d'Algérie », *International Journal of Francophone Studies*, 2007/10 (n° 3), p. 407-424 ; Judith Surkis, "Ethics and Violence. Simone de Beauvoir, Djamila Boupacha, and the Algerian War", *French Politics, Culture & Society*, 2010/28 (n° 2), p. 38-55. Voir aussi Heidi Brown, "From Sensation to Representation: The Torture of Djamila Boupacha during the Algerian War", *Women in French Studies*, 2018/26, p. 83-95 ; Mary Caputi, "Beauvoir and the Case of Djamila Boupacha", dans Lori Jo Marso et Patricia Moynagh (éd.), *Simone de Beauvoir's Political Thinking*, University of Illinois Press, 2006, p. 109-126 ; Mairéad Ní Bhriain, "Public Opinion and Passive Complicity during the Algerian War: Simone de Beauvoir and the Djamila Boupacha Affair", *Irish Journal of French Studies* 2010/10, p. 97 ; Julien Murphy, "Beauvoir and the Algerian War: Toward a Postcolonial Ethics", dans Margaret A. Simons, *Feminist Interpretations of Simone de Beauvoir*, Pennsylvania State University Press, 1995, chap. 14. La question générale du rôle joué par les intellectuel·les français·es et la nature motrice de leur action politique ont été abordées par Tony Judt dans *Past Imperfect: French Intellectuals, 1944-1956*, New York University Press, 1992 ; Benjamin Stora, *La Gangrène et l'Oubli. La mémoire de la guerre d'Algérie*, La Découverte, 1991 ; James D. Le Sueur, *Uncivil War: Intellectuals and Identity Politics during the Decolonization of Algeria*, University of Pennsylvania Press, 2001 ; Yoav Di-Capua, *No Exit: Arab Existentialism, Jean-Paul Sartre, and Decolonization*, University of Chicago Press, 2018 ; Emma Kuby, *Political Survivors: The Resistance, the Cold War, and the Fight against Concentration Camps after 1945*, Cornell University Press, 2019.

2. Herrick Chapman, *France's Long Reconstruction*, Harvard University Press, 2018, p. 26-298 (ouvrage traduit par Odile Demange

sous le litre de *La Longue Reconstruction de la France. À la recherche de la république moderne*, Presses de Sciences Po, 2021.

Le massacre de mai 1945 à Sétif est souvent considéré comme le début de la guerre. Les célébrations de la victoire européenne s'accompagnent de manifestations pour les droits politiques. La police s'engage dans des affrontements avec les manifestant·es, qui font une centaine de victimes dans la foule. La milice française, la police et les milices des colons s'affrontent au cours d'une campagne de « pacification » qui, en une semaine, occasionnera la mort de milliers d'Algérien·nes. À la suite des émeutes de Sétif, le nationalisme algérien s'engage dans la clandestinité et se radicalise. À l'automne 1954, le FLN lance une série d'attaques qui marquent le début d'une guerre ouverte. Benjamin Stora, *Histoire de l'Algérie coloniale (1830-1954)*, La Découverte, 1991 ; James McDougall, *A History of Algeria*, Oxford University Press, 2017, p. 179-180.

3. Beauvoir rédige ses *Mémoires d'une jeune fille rangée* entre 1956 and 1958. Le livre paraît la même année que l'ouvrage d'Henri Alleg, *La Question* (Gallimard, 1958), qui fait scandale à cause de ses révélations sur la pratique de la torture. François Mauriac comparera ce dossier à celui de l'affaire Dreyfus.

4. De Gaulle n'est pas élu au suffrage universel mais par un collège électoral, qui assure la transition vers l'élection directe en 1965. Le référendum donne également aux territoires d'outre-mer la possibilité de valider la constitution ou de choisir l'indépendance, avec pour cette dernière option le retrait immédiat des aides apportées par la France. Seule la Guinée devient indépendante.

5. De Gaulle poursuit une stratégie politique ambiguë. Il évoque différentes solutions pour parvenir à l'« autodétermination », mais le FLN ne donne pas suite à ses propositions.

6. En Algérie, l'année 1960 s'ouvre sur la « semaine des barricades » au cours de laquelle des militant·es d'extrême droite tentent de mobiliser les colons européen·nes contre De Gaulle. La première audience de Djamila Boupacha a lieu en juin 1960, le procès de Francis Jeanson,

en septembre de la même année. Pour un exposé détaillé de ces événements, voir Le Sueur, *Uncivil War*, *op. cit.*, p. 230-238.

7. Voir la lecture minutieuse que Mireille Rosello fait des différentes autobiographies de Gisèle Halimi dans son article « Gisèle Halimi, entre plainte et plaidoyer : “On naît avocate, on ne le devient pas” », *Modern & Contemporary France,* 2004/12 (n° 3), p. 287-298 ; Vanessa Codaccioni, « (Dé)politisation du genre et des questions sexuelles dans un procès politique en contexte colonial. Le viol, le procès et l'affaire Djamila Boupacha (1960-1962) », *Nouvelles Questions féministes,* 2010/29 (n° 1), p. 32-45.

8. « Lettres reçues », 10 octobre 1960, Paris.

9. Pour plus de détails, voir le texte de Jean-Louis Jeannelle dans la Bibliothèque de la Pléiade, *Mémoires*, t. 1, Gallimard, 2018, p. 1395. L'Algérie a obtenu son indépendance en juillet 1963.

10. Simone de Beauvoir, *La Force des choses*, t. 2, p. 501.

11. Beauvoir explique pourquoi elle se sent incapable de fêter ces événements dans le tome 2 de *La Force des choses*, p. 487-488.

12. Comme elle le fait remarquer, Beauvoir rejoignait sur ce point Jean Genet et Michel Leiris. *Ibid.*, p. 57.

13. *La Force des choses*, t. 1, p. 10.

14. Beauvoir évoque son lectorat dans l'ouvrage de Francis Jeanson, *Simone de Beauvoir ou l'Entreprise de vivre. Suivi de deux entretiens avec Simone de Beauvoir*, Seuil, 1966, p. 269-272, et dans un entretien accordé à Madeleine Gobeil, “Simone de Beauvoir : The Art of Fiction”, *The Paris Review*, printemps automne 1965/34 (n° 35). Voir aussi Jean-Louis Jeannelle, « Notice », dans *Mémoires, op. cit.*, p. 1415.

15. *Tout compte fait*, p. 32.

16. *La Force de l'âge*, p. 411.

17. *Tout compte fait*, p. 38.

18. Simone de Beauvoir, « Œil pour œil », *Les Temps modernes*, 1946 (n° 5) ; Margaret A. Simons, *Simone de Beauvoir : Philosophical*

Writings, University of Illinois Press, 2004 ; Alice Kaplan, *The Collaborator: The Trial and Execution of Robert Brasillach*, University of Chicago Press, 2000.

19. *La Force des choses*, t. 1, p. 120.

20. *Ibid.* Concernant la célébrité durant la période d'après-guerre et la façon dont Simone de Beauvoir l'a vécue, voir *La Force des choses*, t. 1, p. 62-71. Concernant la manière dont le couple organisait la répartition du travail sur les questions politiques, *ibid.*, p. 359 et *Tout compte fait*, p. 43. Beauvoir fait part de ses inquiétudes quant à la façon dont elle pourrait « s'engager » dans ce conflit, elle évoque Jeanson et sa politique, et explique sa décision de rédiger ses Mémoires (toutes ces réflexions ayant été consignées aux environs de l'année 1956) dans *La Force des choses*, t. 2, p. 126-129.

21. Pierre Mendès France, le 12 novembre 1954, devant l'Assemblée nationale. Le discours de François Mitterrand a également été prononcé devant l'Assemblée nationale le 12 novembre. Cet épisode est relaté dans Martin Evans, *Algeria: France's Undeclared War*, Oxford University Press, 2012, p. 124.

22. Matthew James Connelly, *A Diplomatic Revolution: Algeria's Fight for Independence and the Origins of the Post-Cold War Era*, Oxford University Press, 2002 ; Christopher Harrison, "French Attitudes to Empire and the Algerian War", *African Affairs,* 1983/82 (n° 326), p. 75-95.

23. Entre 1956 et 1962, quatre mille Algérien·nes ont été tué·es (immigré·es et ressortissant·es français·es) et on dénombre dix mille blessé·es en France métropolitaine. Les attentats ont eu lieu à Paris et à Lyon. Voir Benjamin Stora, « La gauche et les minorités anticoloniales françaises devant les divisions du nationalisme algérien (1954-1958) », dans Jean-Pierre Rioux (dir.), *La Guerre d'Algérie et les Français. Colloque de L'Institut d'histoire du temps présent*, Fayard, 1990, p. 63.

24. Voir Charles-Robert Ageron, « L'opinion française à travers les sondages », dans *La Guerre d'Algérie et les Français*, *op. cit.*, p. 25-44.

D'après l'auteur, les sondages d'opinion indiquent un fort attachement à l'Empire colonial et à tout ce qu'il représente, mais cet attachement est nuancé. D'une part, le public se montre pessimiste face à l'avenir d'une possible « union » entre la France et l'Algérie ; d'autre part, personne ne voit dans quelles conditions ce conflit pourrait prendre fin. Il en résulte une « résignation présomptive », selon les termes d'Ageron : « Le peuple de France [...], bien que sceptique sur les chances de réussite [...] acceptait, sans illusion comme sans drame de conscience collective, la disparition de l'Algérie comme province française » (*ibid.*, p. 31 et 41-42).

25. En janvier 1957, au cœur de la bataille d'Alger, le FLN se sert de son influence sur les populations civiles en appelant à une grève générale à partir du 28 janvier. L'offensive militaire française se traduit par des arrestations nocturnes ainsi que la mise en place d'opérations de surveillance et de contrôle de la population algérienne.

26. Le général Jacques Massu utilise le terme de « formules nouvelles », comme l'explique Raphaëlle Branche dans son ouvrage *La Torture et l'armée pendant la guerre d'Algérie (1954-1962)*, Gallimard, 2001, p. 105-106 et 116. Voir aussi Cole, "Unspeakable Acts" et Neil Macmaster, "The Torture Controversy (1998-2002). Towards a 'New History' of the Algerian War?", *Modern & Contemporary France,* 2002/10 (n° 4), p. 449-459.

27. Pierre-Henri Simon, *Contre la torture*, Seuil, 1957, p. 12.

28. Sylvie Thénault, « Défendre les nationalistes algériens en lutte pour l'indépendance. La "défense de rupture" en question », *Le Mouvement social,* 2012/3 (n° 240), p. 121-135 et p. 10.

29. Vergès assurera plus tard la défense de Klaus Barbie, le « boucher de Lyon », ainsi que celle des Khmers rouges et du négationniste Roger Garaudy. La médiatisation autour de cette affaire est imprégnée de symboles nationalistes : ces épouses ou ces filles se sont sacrifiées pour leurs maris, pères et frères, et on en appelle à la protection masculine. Natalya Vince, *Our Fighting Sisters. Nation, Memory, and Gender in Algeria, 1954-2012*, Manchester University Press, 2015,

p. 83-85 ; voir aussi Malika El Korso, « La mémoire des militantes de la Guerre de libération nationale », *Mémoire et Histoire*, 1998/3, p. 25-51 ; et Surkis, “Ethics and Violence”, *op. cit.* Zohra Drif-Bitat a écrit son propre témoignage, *La Mort de mes frères* (1960) et, plus tard, elle a publié ses Mémoires : *Mémoires d'une combattante de l'ALN. Zone autonome d'Alger*, Éditions Chihab, 2013.

30. Gisèle Sapiro, *La Responsabilité de l'écrivain. Littérature, droit et morale en France (XIXe-XXIe siècle)*, Seuil, 2011, p. 700-702 ; Pierre Vidal-Naquet, *L'Affaire Audin*, Éditions de Minuit, 1958. Ces événements sont relatés dans de nombreux articles et ouvrages, notamment dans *Les Temps modernes*, mai 1957 (n° 135) ; « Le Dossier Jean Muller », *Témoignage chrétien*, février 1957 ; *Les rappelés témoignent…*, Comité Résistance spirituelle, 1957 ; et Stora, *La Gangrène, op. cit.*, qui relate les épreuves des Algérien·nes arrêté·es et torturé·es à Paris après l'arrivée au pouvoir de De Gaulle en 1958, alors que celui-ci s'était engagé à employer de nouvelles méthodes.

31. « Lettres reçues », 12 avril 1957.

32. Kuby, *Political Survivors, op. cit.* ; Ageron, « L'opinion française », *op. cit.*, p. 25-44.

33. Les fonctionnaires qui signent ce manifeste sont poursuivi·es en justice, mais pas les intellectuel·les. Comme l'a déclaré De Gaulle, « on n'arrête pas Sartre ». Sapiro, *La Responsabilité de l'écrivain, op. cit.*, p. 702-703.

34. Frantz Fanon, *L'An V de la révolution algérienne*, Maspero, 1959, réédité en 1966 sous le titre *Sociologie d'une révolution* (édition numérique, Chicoutimi, Saguenay, Québec, 2011, p. 14).

35. D'autres affaires sont également connues du grand public, les plus célèbres étant celles de Djamila Bouharid et de Jacqueline Guerroudj. Voir Michael Bruguier, « Plaidoyer pour les Guerroudj », *Esprit*, 1958/3 (n° 259), p. 495-506 ; Ní Bhriain, “Public Opinion and Passive Complicity during the Algerian War”, *op. cit.*, p. 97 ; Vince, *Our Fighting Sisters, op. cit.* ; Malika El Korso, « La mémoire des militantes de la Guerre de libération nationale », *op. cit.*, p. 25-51.

36. Au sujet de l'« opinion anesthésiée » et de la série de scandales sur la torture, voir Surkis, "Ethics and Violence", *op. cit.*, et Branche, *La Torture, op. cit.*

37. Le procès était initialement prévu à la date du 18 mai 1960 et le gouvernement n'autorisait Halimi à être présente à Alger que du 16 au 19.

38. « Pour Djamila Boupacha », *Le Monde*, 2 juin 1960. La première page de ce même numéro indique que les audiences pour l'affaire Alleg auront lieu à Alger le 13 juin. La comparution de Boupacha, qui devait avoir lieu le 17 juin, est reportée.

Parmi les autres membres du comité se trouvent Jean-Paul Sartre, Louis Aragon, Gabriel Marcel, Geneviève de Gaulle et Germaine Tillion. Germaine Tillion est déjà intervenue dans l'affaire du nationaliste algérien Yacef Saâdi en plaidant auprès du gouvernement contre sa condamnation à mort. Voir Germaine Tillion, « Deux rencontres avec le FLN clandestin », lettre ouverte au *Monde*, 11 mars 1964. Beauvoir n'était pas d'accord avec cette démarche, reprochant à Tillion d'adoucir l'image du révolutionnaire pour le rendre plus sympathique.

Sur les dimensions féministes des stratégies juridiques et politiques, voir les différents points de vue dans Lee Whitfield, "The French Military under Female Fire: The Public Opinion Campaign and Justice in the Case of Djamila Boupacha, 1960-1962", *Contemporary French Civilization*, 1996/20 (n° 1), p. 76-90 ; et Codaccioni, « (Dé) Politisation du genre et des questions sexuelles dans un procès politique en contexte colonial », *op. cit.* Vanessa Codaccioni souligne le peu de place accordé aux accusations de viol dans les audiences ; pour elle, ce dossier n'est pas représentatif d'une approche féministe de la pratique du droit.

39. « Pour Djamila Boupacha », republié dans *Djamila Boupacha*, p. 220-223. Voir également *La Force des choses*, t. 2, p. 298-306.

40. *Djamila Boupacha*, p. 223.

41. On peut citer par exemple l'article de Françoise Giroud sur la torture, publié dans *L'Express* : « Si vous n'avez jamais été aux mains d'un bourreau ricanant – car cela les amuse toujours – si vous n'avez jamais vu naître lentement sur le visage d'une femme ou d'un homme la volupté qu'il tire de votre humiliation, de votre souffrance, de votre déchéance, vous ne savez rien de la torture. Pas même ce que vous pourriez faire d'elle, pas davantage ce qu'elle peut faire de vous » (cité par Emma Kuby, "From the Torture Chamber to the Bedchamber: French Soldiers, Antiwar Activists, and the Discourse of Sexual Deviancy in the Algerian War (1954-1962)", *Contemporary French Civilization*, 2013/38 (n° 2), p. 144-145 et 141). Voir Dagmar Herzog, *Sex after Fascism: Memory and Morality in Twentieth-Century Germany*, Princeton University Press, 2005.

42. Sur le caractère scandaleux de la banalisation, voir Surkis, "Ethics and Violence", *op. cit.*

43. « Lettres reçues », 16 juillet 1960, Paris.

44. En 1958, la Guinée, dirigée par Ahmed Sékou Touré, a obtenu son indépendance de la France. Elle dépend de l'aide économique soviétique et la dissidence politique est violemment réprimée. L'existence du camp Boiro, centre d'internement politique, est déjà connue.

45. *Ibid.*, 3 juin 1960, Dakar. Voir Frederick Cooper, *Citizenship between Empire and Nation: Remaking France and French Africa, 1945-1960*, Princeton University Press, 2014 ; Clifford May, "In Post-Coup Guinea, a Jail Is Thrown Open", *The New York Times*, 12 avril 1984.

46. Le nom a été retiré sur demande. Lettre à Hubert Beuve-Méry, *Le Monde*, 4 juin 1960, Archives d'histoire contemporaine, Paris, fonds Beuve-Méry, BM 140, sous-dossier « Beauvoir/Boupacha ». Merci à Emma Kuby d'avoir mis ce contenu à ma disposition.

47. Le nom a été retiré sur demande. Lettre à Robert Gauthier, juin 1960, Archives d'histoire contemporaine, Paris, fonds Robert Gauthier, RGl, Affaires de sévices, 1957-1962, sous-dossier « Djamila Boupacha ». Merci à Emma Kuby.

48. *Ibid.*

49. « Lettres reçues », 15 août 1965, Seine-Maritime.

50. *L'Express*, 15 janvier 1955.

51. « Lettres reçues », 21 novembre 1961.

52. Mauriac, « Bloc-Notes », *L'Express*, 26 mai 1960, cité dans *Djamila Boupacha*, p. 63.

53. Dans son ouvrage *Les Belles Lettres* (Éditions de Minuit, 1961), Charlotte Delbo expose le contexte de l'indignation morale exprimée dans les lettres pendant la guerre d'Algérie. Pour plus de détails sur ce sujet, voir Amy E. Vidor, "Repurposing *l'art épistolaire*: Letter-writing as Civil Disobedience in Charlotte Delbo's *Les Belles Lettres*", *Women in French Studies,* 2019/8 (numéro spécial), p. 236-246.

54. « Lettres reçues », 11 juin 1960.

55. Les publications sur le sujet montrent que parmi les femmes qui souhaitent avorter beaucoup ont déjà plusieurs enfants. Rapport de Madame Dourlin Grollier pour le Premier Congrès international de prophylaxie criminelle, 27 septembre 1960, UNESCO. Voir Marcelle Auclair, *Le Livre noir de l'avortement*, Fayard, 1962, p. 13.

56. Djamila Boupacha ne tenait pas à être mêlée à cette lutte. Comme elle l'écrit dans la lettre qu'elle adresse à Simone de Beauvoir, « cette guerre lui aura appris beaucoup de choses », notamment à se méfier des Européen·nes. De son propre aveu, elle était proche de Gisèle Halimi, mais les deux femmes n'ont pas gardé contact après le conflit algérien.

57. « Lettres reçues », 1960 jour et mois non précisés, en réponse à un article sur Boupacha ; 21 juillet 1960 ; 24 décembre 1960, Paris.

58. *Ibid.* Les notes relatives à l'action civile, enregistrées à la date du 4 décembre 1960, sont classées dans la boîte de l'année 1960.

59. Le juge d'instruction, Philippe Chausserie-Laprée, s'est montré moins empressé de dissimuler l'affaire. Surkis, "Ethics and Violence", *op. cit.*, p. 48-49.

60. La Ligue des droits de l'homme a déposé un dossier de soutien.

61. En 1960, l'armée française perd du terrain et, à l'occasion du référendum organisé en janvier 1961, les électeur·rices se prononcent à 75 % des voix en faveur de l'autodétermination de l'Algérie. En avril 1961, le « putsch des généraux » vise à renverser De Gaulle et à empêcher tout projet de ce type. Si la tentative échoue, elle marque le renforcement de l'OAS. Les négociations avec le FLN s'ouvrent à Évian. Elles sont interrompues à l'été 1961, mais des pourparlers secrets se poursuivent.

62. Les chiffres sont contestés. Ceux qui sont indiqués ici sont extraits du chapitre traitant de la recherche des preuves dans Jim House et Neil MacMaster, *Paris, 1961: Algerians, State Terror, and Memory*, Oxford University Press, 2006, p. 167 (ouvrage traduit en français par Christophe Jaquet sous le titre *Paris 1961. Les Algériens, la terreur d'État et la mémoire*, Tallandier, 2008). Voir Stora, *La Gangrène*, *op. cit.*, p. 92-96 et, au sujet de la réaction de la presse, p. 96-100. Le chef de la police parisienne est Maurice Papon. Sa responsabilité dans l'usage de la violence au cours de ces événements et sa participation, quelques années plus tôt, à la déportation des personnes juives de la région de Bordeaux sous le régime de Vichy seront révélées plus tard. Sur le massacre du 17 octobre 1961, voir le documentaire *Nuit noire* réalisé par Alain Tasma en 2005.

63. « Lettres reçues », 25 novembre 1961, Fresnes.

64. Les attentats perpétrés par l'OAS se concentraient à Paris mais ne se limitaient pas à la capitale. Stora, *La Gangrène*, *op. cit.*, p. 90.

65. *L'Express*, 8 février 1962, le jour même de la manifestation qui s'est terminée par le massacre à la station de métro Charonne.

66. Alain Dewerpe, *Charonne, 8 février 1962. Anthropologie historique d'un massacre d'État*, Gallimard, 2006.

67. « Lettres reçues », 10 février 1962, Stockholm ; 1er mars 1962. Voir également les lettres des 9, 13 et 16 février 1962.

68. *L'Express*, 11 janvier 1962. Dans le même numéro, le magazine publie des articles d'histoire sur des batailles ayant eu lieu en 1934 entre des factions nazies rivales.

69. *Djamila Boupacha*, p. 1 et 12. Halimi trouve en Beauvoir une brillante porte-parole pour la cause, mais celle-ci gardera ses distances avec l'avocate et sa cliente. Beauvoir n'a jamais rencontré Boupacha. Elle poursuit son propre cheminement, revenant sur les questions soulevées dans *Le Deuxième Sexe* : le viol et sa relation avec la violence plus quotidienne de l'intimité, la cruauté sadique de ces lois qui humilient les femmes, le silence complice du public qui refuse de reconnaître cette cruauté, et les croisements entre domination raciale, coloniale et de genre, bien que ce dernier thème soit traité sous l'angle existentiel, à un niveau d'abstraction assez élevé.

70. « Lettres reçues », 8 avril 1962, Amiens ; 22 mars 1962. Voir aussi les lettres datées du 15 avril et du 6 mai 1962.

71. Les accords d'Évian sont signés le 18 mars 1962 et ratifiés par les électeur·rices français·es en mai ; le vote par référendum valide l'autodétermination en juillet 1962.

72. « Lettres reçues », 21 mars 1962, Saint-Mandé.

73. Stora, *La Gangrène*, *op. cit.*, p. 115-116.

74. « Lettres reçues », 29 juin 1964.

75. *Ibid.*, 23 février 1962.

76. Branche, *La Torture*, *op. cit.*, p. 426.

5
La honte, une émotion politique

1. *La Force des choses*, t. 1, p. 389-399.

2. Un commentateur le décrit comme « le plus beau et le plus périlleux » de ses différents volumes de Mémoires (*Libération* du 12 novembre 1963, cité dans Éliane Lecarme-Tabone et Jean-Louis Jeannelle (dir.), *Simone de Beauvoir*, L'Herne, 2013, p. 226-227).

3. *La Force de l'âge*, p. 424. Toril Moi met ces défaillances sur le compte de la vie amoureuse de Beauvoir (voir *Simone de Beauvoir: The Making of an Intellectual Woman*, Oxford University Press, 2008). Susan Rubin Suleiman, elle, les analyse en rapport à la guerre dans son article "Memory Troubles: Remembering the Occupation in Simone de Beauvoir's *Les Mandarins*", *French Politics, Culture & Society*, été 2010/28 (n° 2), p. 4-17.

4. *La Force des choses*, t. 2, p. 212 et 248.

5. « Lettres reçues », 13 juin 1964.

6. Max Silverman, *Palimpsestic Memory: The Holocaust and Colonialism in French and Francophone Fiction and Film*, Berghahn Books, 2013.

7. « Lettres reçues », 25 février 1962 ; lettre non datée, mais vraisemblablement début septembre 1960 ; la même personne écrit à nouveau le 29 septembre de la même année ; 1960, jour et mois non précisés, Rio de Janeiro ; 13 octobre 1960, Saint-Dié-des-Vosges. Voir aussi la lettre du 8 octobre 1961, envoyée d'Uruguay.

8. *La Force des choses*, t. 2, p. 228, 146 et 166.

9. *Ibid.*, t. 1, p. 23, texte repris de *La Force de l'âge*, p. 405-407 et 389.

10. *Ibid.*, t. 2, p. 124-125.

11. *Ibid.*, p. 125.

12. Jean-Paul Sartre, *L'Être et le Néant*, Gallimard, coll. « Tel », 1976, p. 259-260.

13. *La Force des choses*, t. 2, p. 177 et 45 ; Joseph P. Fell, *Emotion in the Thought of Sartre*, Columbia University Press, 1965, p. 20.

14. *La Force des choses*, t. 2, p. 230 et 237.

15. Juste avant le deuxième attentat contre Sartre, une boutique de la rue Saint-Guillaume, à quatre pâtés de maison de là, a été également balayée. Il s'est avéré plus tard que cet attentat était dirigé contre un membre récalcitrant de l'OAS (*La Force des choses*, t. 2, p. 445-446). Beauvoir reçoit une avalanche de témoignages d'empathie et un

télégramme la sollicitant pour un entretien sur le thème des « écrivains en temps de crise politique ». « Lettres reçues », 9 et 11 janvier 1962.

16. *La Force des choses*, t. 2, p. 446.

17. *Ibid.*, p. 408-409. Voir Claude Lanzmann, *Le Lièvre de Patagonie*, Gallimard, 2009 ; David Macey, *Frantz Fanon: A Biography*, Picador, 2000.

18. *La Force des choses*, t. 2, p. 359.

19. Voir Macey, *Frantz Fanon, op. cit.*, chap. 7. Francis Jeanson a décrit des conversations tout aussi déconcertantes avec Fanon au sujet de « l'enfer "hospitalier" » de Blida, où ce dernier travaillait auprès des nombreuses victimes des violences psychologiques du colonialisme. Voir la postface de Jeanson à *Peau noire, masques blancs*, (Seuil, édition posthume de 1965, p. 214). Concernant Blida, voir Camille Robcis, *Disalienation: Politics, Philosophy, and Radical Psychiatry in Postwar France*, University of Chicago Press, 2021, chap. 2.

20. *La Force des choses*, t. 2, p. 422-426 et 455.

21. *Ibid.*, p. 427.

22. *Ibid.*, p. 421. Dans une autre version de cette rencontre, Fanon a clairement fait savoir que la préface de Sartre lui importait beaucoup, et qu'il aurait souhaité parler avec lui seul à seul, sans Beauvoir. Voir Alice Cherki, *Frantz Fanon. Portrait*, Seuil, 2000.

23. Jean-Paul Sartre, préface aux *Damnés de la Terre*, Maspero, 1961, p. 31.

24. « Lettres reçues », non datée, vers novembre-décembre 1963, Saint-Brieuc ; 23 juillet 1964.

25. *Ibid.*, 11 juin 1960, Besançon.

26. *Ibid.*, 16 novembre 1963, Besançon ; 16 novembre 1963 ; 21 novembre 1963, Paris.

27. *Ibid.*, non datée, vers novembre-décembre 1963, Saint-Brieuc. Voir aussi les lettres datées du 17 janvier 1963 (lettre certainement écrite en 1964) ; du 14 novembre 1963, Saint-Germain-en-Laye, et du 10 janvier 1964.

28. *Ibid.*, 21 janvier 1964, Paris.

29. *Ibid.*, 1960, jour et mois non précisés, Rio de Janeiro. Pour plus de détails sur l'expérience juive, relatée sur le ton de l'excuse, voir la lettre du 1er décembre 1963.

30. Jean-Marie Domenach, « Une politique de la certitude », *Esprit*, mars 1964/32 (n° 3), p. 504. La revue *Esprit*, qu'édite Domenach, est à couteaux tirés avec *Les Temps modernes*. En rédigeant une critique de *La Force des choses*, Domenach peut reprendre le fil de son réquisitoire contre le radicalisme de Sartre.

31. *La Force de l'âge*, p. 532 ; Jean-Louis Jeannelle, *Écrire ses Mémoires au XXe siècle*, Gallimard, 2008, p. 177-178. Au sujet des journaux de guerre de Simone de Beauvoir, voir Susan Rubin Suleiman, *Crises of Memory and the Second World War*, Harvard University Press, 2006, p. 220-224 ; Sonia Kruks, *Simone de Beauvoir and the Politics of Ambiguity*, Oxford University Press, 2012, p. 156 ; Ingrid Galster, « Simone de Beauvoir face à l'occupation allemande : essai provisoire d'un réexamen à partir des écrits posthumes », *Contemporary French Civilization*, printemps-automne 1996/20 (n° 2), p. 288.

32. Jeannelle, *Écrire ses Mémoires au XXe siècle*, *op. cit.*, p. 178 ; Michael Rothberg, *Multidirectional Memory: Remembering the Holocaust in the Age of Decolonization*, Stanford University Press, 2009 ; Ursula Tidd, « Simone de Beauvoir et les usages de la mémoire », cité dans Lecarme-Tabone et Jeannelle (dir.), *Simone de Beauvoir*, *op. cit.*, où l'on trouve un développement sur l'interprétation de Rothberg p. 241-246. Emma Kuby a examiné en détail comment différents groupes de survivant·es de la Seconde Guerre mondiale ont tenté de généraliser leur expérience, et l'éthique politique très complexe qui en découlait, mettant implicitement à l'épreuve la thèse de Rothberg (*Political Survivors: The Resistance, the Cold War, and the Fight against Concentration Camp after 1945*, Cornell University press, 2019).

33. Henry Rousso, *The Vichy Syndrome: History and Memory in France since 1944*, Harvard University Press, 1991. La théorie de

Rousso, suivant un schéma très vaguement freudien, ancre le syndrome de Vichy dans le deuil « inachevé » ou « avorté » de centaines de milliers de vies et d'une certaine idée de la France. Pour des commentaires critiques, voir Dominick LaCapra, *History in Transit: Experience, Identity, Critical Theory*, Cornell University Press, 2004, p. 94-95, et Alon Confino, "Collective Memory and Cultural History: Problems of Method", *The American Historical Review*, décembre 1997/102 (n° 5), p. 1394.

34. *La Force des choses*, t. 2, p. 504 et 506-507.

35. Otto Hahn, « Simone de Beauvoir : Qu'ai-je fait de ma liberté ? », *L'Express*, 7 novembre 1963, p. 39.

36. *La Force des choses*, t. 1, épilogue.

37. *Ibid.*, p. 508.

38. José Cabanis conclut sa critique par cette phrase : « Jamais plus un homme » (« Le bilan de Simone de Beauvoir », *La Table ronde*, janvier 1964 (n° 192), p. 10).

39. Pierre-Henri Simon, *Contre la torture*, Seuil, 1957, p. 115.

40. *Id.*, *Le Monde*, 18 décembre 1963.

41. « Lettres reçues », 26 décembre 1963, Strasbourg. Voir aussi la lettre du 8 décembre 1963, envoyée à *France Observateur* et transmise à Beauvoir.

42. *Ibid.*, 21 décembre 1963, Nice. Voir la lettre similaire du 23 janvier 1964.

43. *Ibid.*, 21 novembre 1963 (cette épistolière est issue d'une famille de la classe ouvrière. Elle a enseigné pendant quatorze ans avant de se consacrer entièrement à l'éducation de son fils de trois ans et demi) ; non datée, vers novembre-décembre 1963, Saint-Brieuc ; 7 juin 1964, Sainte-Adresse ; 5 janvier 1964 ; 3 juin 1964 ; 1963, jour et mois non précisés, Bouches-du-Rhône ; non datée, probablement 1963, Paris, ainsi que beaucoup d'autres.

44. *Ibid.*, 17 novembre 1963.

45. *Ibid.*, 17 novembre 1963 ; 28 juin 1964 ; 6 janvier 1964 ; 17 janvier 1964. Voir aussi la lettre datée du 4 novembre 1963.

46. Sa réponse : « Madame, avec une gentillesse que je n'attendais pas, vous m'avez dit que, comme tout le monde, je n'avais rien compris aux fameuses dernières pages de votre livre » (« Lettres reçues », 8 avril 1964). Voir aussi *Tout compte fait*, p. 162-168.

47. Entretien avec Francis Jeanson, *Simone de Beauvoir ou l'Entreprise de vivre. Suivi de deux entretiens avec Simone de Beauvoir*, Seuil, 1966, p. 270-271. Dans son dernier volume de Mémoires, Beauvoir tente d'expliquer ce qu'elle entend par là : « La culture bourgeoise est une promesse : d'un univers harmonieux où on peut jouir sans scrupule des biens de ce monde ; elle garantit des valeurs sûres qui s'intègrent à notre existence et lui donnent la splendeur d'une Idée. Je ne me suis pas facilement arrachée à de si grands espoirs » (*Tout compte fait*, p. 166).

48. *Tout compte fait*, p. 132-133. Voir aussi l'entretien de Madeleine Gobeil avec Simone de Beauvoir, traduit en anglais par Bernard Frechtman et paru dans le numéro 34 de *The Paris Review* (printemps-été 1965). Republié plus tard dans *Simone de Beauvoir Studies*, 2005-2006/22, p. 86-91.

49. *Chronique d'un été* (1961), qui filme une série de conversations entre divers groupes et individus français au sujet de l'état de la France en 1960, montre que pratiquement tout ce qui a une importance politique, et en particulier la guerre d'Algérie, se trouve censuré, réprimé ou éludé. « Êtes-vous heureux ? » est la question qui revient sans cesse, réitérée dans une sorte de parodie du journalisme télévisuel, toujours à l'affût de non-événements. Les réponses à la question sont révélatrices, soit d'une troublante omission des drames et des misères du monde (*a fortiori* de la France et du Maghreb), soit d'une sorte de vague malaise, associé pendant plusieurs heures et de nombreuses scènes du film à la répression et au déni du passé, comme c'est le cas dans les Mémoires de Beauvoir et dans les nombreuses lettres qu'elle a reçues.

50. Hahn, « Simone de Beauvoir : Qu'ai-je fait de ma liberté ? », *op. cit.*

51. « Lettres reçues », 4 janvier 1963 (probablement écrite en 1964), Cannes ; 11 novembre 1963 ; 17 janvier 1963 (probablement écrite en 1964). Sur l'impossibilité de l'oubli, voir aussi la lettre du 5 mai 1965 : « J'ai souffert avec vous et autant que vous du déshonneur d'être Français, à cause des tortures en Algérie. Je hais l'armée et la France. Je les hais toujours car je n'oublie pas des choses qu'on ne peut oublier qui marquent un peuple, une époque. »

52. Jean-Paul Sartre, *Esquisse d'une théorie des émotions*, Hermann, 1939, p. 23.

53. *Id., L'Être et le Néant, op. cit.*, p. 260.

54. *Id., Orphée noir*, Gallimard, 1963, p. 5. Voir aussi Jean-Pierre Martin, *Le Livre des hontes*, Seuil, 2006, p. 24 ; Xavier Martin, *La France abîmée. Essai historique sur un sentiment révolutionnaire*, Dominique Martin Morin, 1991.

55. Frantz Fanon, *Peau noire, masques blancs*, Seuil, 2015, p. 110-112.

56. Jean-Paul Sartre, préface aux *Damnés de la Terre*. Domenach tient aussi la honte pour un « sentiment politique, au meilleur sens du mot » – une marque de conscience, de cœur et d'engagement. Il y voit une alternative au cynisme ambiant et à l'indifférence pour la vie publique au lendemain de la guerre d'Algérie (« Une politique de la certitude », *op. cit.*, p. 505).

57. Karl Marx à Arnold Ruge, 18 mars 1843, lettre publiée dans la *Deutsch-Französische Jahrbücher* en 1844.

58. « La perception de ces états émotionnels est si diverse qu'il n'est pas possible d'employer ces mots avec la certitude qu'une autre personne saura exactement ce que nous voulons dire » (Donald L. Nathanson, *The Many Faces of Shame*, Guilford Press, 1987, p. 4).

59. Comparez ces quatre passages : 1) Beauvoir, commentant les événements de l'année 1958, l'arrivée au pouvoir de De Gaulle

et la complaisance de l'opinion publique : « [...] quelque chose de hideux se démasquait » (*La Force des choses*, t. 2, p. 166) ; 2) Sartre, dans sa préface aux *Damnés de la Terre* : « Il faut affronter ce spectacle inattendu : le *strip-tease* de notre humanisme » ; 3) Sartre, dans son article des *Temps modernes* sur l'OAS : « Née du régime, liée à ses hommes, à ses rouages, utilisée par lui-même s'il affecte de la combattre pour en limiter l'influence, elle est le fantôme qui le hante, la vérité hideuse de la guerre qu'il poursuit en Algérie » (cité dans *L'Express* du 2 février 1962) ; 4) Marx : « L'habit de parade du libéralisme est tombé, et le despotisme le plus répugnant se dresse dans toute sa nudité à la vue du monde entier » (lettre à Ruge du 18 mars 1843).

Sur la façon dont Sartre et Beauvoir se sont mutuellement inspiré·es, voir *La Force des choses*, t. 2, p. 489.

60. *La Force des choses*, t. 2, p. 429. Voir Joseph P. Fell, *Emotion in the Thought of Sartre*, Columbia University Press, 1965, p. 17.

61. Moi, *The Making of an Intellectual Woman*, *op. cit.*, p. 208.

62. Cité dans Judith Surkis, *Sexing the Citizen: Morality and Masculinity in France, 1870-1920*, Cornell University Press, 2006, p. 40. Alleg, lui aussi, avait écrit qu'il était fier, en tant qu'Européen, d'être salué comme un « frère » par les prisonniers algériens qui partageaient sa cellule. Voir *La Force des choses*, t. 1, p. 159-160 à propos de la présentation du texte de Sartre, *Morts sans sépulture* (1947), comme une réflexion sur la torture.

63. « Lettres reçues », 12 avril 1957.

64. Concernant la fin de l'aventure spirituelle occidentale, voir la conclusion des *Damnés de la Terre*.

65. Voir par exemple le texte de Fanon *L'An V de la révolution algérienne* (La Découverte, 2011, p. 149). Jeanson avait été piqué au vif par le mépris de Fanon pour ses allié·es français·es et les efforts qui avaient été déployés : « Fanon manifeste en effet le plus entier dédain à l'égard de ce qui se passait en France, de ce que nous tentions d'y

faire et de l'organisation même qui le prenait en charge pour lui faciliter son passage » (postface à *Peau noire, masques blancs*, Seuil, 1965, p. 209-238, 214 et 222. Cette édition comporte aussi la préface de Jeanson).

66. « Les matrices de race, de classe, de sexe, etc. montrent que certaines subjectivités sont plus incarnées, plus autodestructrices que d'autres » (Jill Locke, "Shame and the Future of Feminism", *Hypatia*, 2007/22 [n° 4], p. 158).

67. Eve Kosofsky Sedgwick, *Touching Feeling: Affect, Pedagogy, Performativity*, Duke University Press, 2003, p. 37 ; Eve Kosofsky Sedgwick, Adam Frank et Irving E. Alexander (éd.), *Shame and Its Sisters: A Silvan Tomkins Reader*, Duke University Press, 1995. Comme l'explique Norbert Elias dans *La Civilisation des mœurs*, l'angoisse que nous appelons honte est dissimulée à la vue des autres et les réactions face à elle ne s'expriment jamais par des gestes tapageurs (trad. de l'allemand par Pierre Kamnitzer, Pocket, 2003).

68. « Une mort très douce », d'abord publié dans *Les Temps modernes*, 1964/19 (n° 216), p. 1921-1985. Pour les condoléances, voir les lettres datées du 8 et du 12 décembre 1963, et d'autres sans date.

Concernant *Une mort très douce*, voir l'essai de Nancy K. Miller, brillante autobiographe : "Autobiographical Deaths", *The Massachusetts* Review, 1992/33 (n° 1), p. 19-47 ; Susan Bainbrigge, *Writings Against Death: The Autobiographies of Simone de Beauvoir*, Rodopi, 2005, avec son large corpus de références ; Christie McDonald, "The Death of Maternity? Simone de Beauvoir's *A Very Easy Death*", *French Politics, Culture & Society*, 2010/28 (n° 2), p. 56-65 ; Catherine R. Montfort, "'La Vieille Née': Simone de Beauvoir, *Une mort très douce*, and Annie Ernaux, *Une femme*", *French Forum*, 1996/21 (n° 3), p. 349-364 ; Doris Y. Kadish, "Simone de Beauvoir's *Une mort très douce*: Existential and Feminist Perspectives on Old Age", *The French Review*, 1989/62 (n° 4), p. 631-639, et enfin Claire Etcherelli, « Un récit sans artifice », dans Lecarme-Tabone et Jeannelle (dir.), *Simone de Beauvoir, op. cit.*, p. 247-249.

69. « Lettres reçues », 22 novembre 1963.

70. *Ibid.*, 11 avril 1964 et 19 juin 1964.

71. *La Force des choses*, t. 1, p. 52-53.

72. « Lettres reçues », 30 janvier 1964, également 22 février 1964.

73. *Ibid.*, 19 décembre 1963.

74. *Ibid.*, 23 juin 1964.

75. *Ibid.*, 16 juin 1964. Sa lettre précédente ne semble pas contenue dans l'archive.

76. *Ibid.*, 9 mars 1964.

77. Domenach, « Une politique de la certitude », *op. cit.*, p. 502.

78. Jeannelle, *Écrire ses Mémoires au XXe siècle*, *op. cit.*, p. 150-155.

79. *La Force des choses*, t. 2, p. 57, en écho aux remarques de *La Force de l'âge*, p. 416. Voir aussi *La Force des choses*, t. 2, p. 148, 266-270 et 299.

80. *Tout compte fait*, p. 187-188.

81. « Lettres reçues », 25 novembre 1963.

6
Le Deuxième Sexe, acte II

1. « Ces fortes femmes », *France Observateur*, 3 mars 1960, 11e année (n° 513), p. 17-18.

2. « Simone de Beauvoir répond à notre enquête », *France Observateur*, 10 mars 1960, 11e année (n° 514), p. 14-15. Les commentaires de Maria Craipeau, comme on pouvait s'y attendre, mettent en avant des femmes qui ont réussi dans leur carrière, mais « échoué » dans leur vie amoureuse.

3. *Le Deuxième Sexe*, t. 1, p. 21.

4. Lettre à l'éditeur de *France Observateur*, transmise à Beauvoir. « Lettres reçues », 17 mars 1960.

5. *Le Deuxième Sexe*, t. 1, introduction , p. 13 et 21.

6. *La Force des choses*, t. 1, p. 267.

7. Geneviève Fraisse, *Le Privilège de Simone de Beauvoir*, Actes Sud, 2008, p. 109.

8. Simone de Beauvoir, préface à *Sexual Response in Women* de Phyllis Kronhausen et Eberhard Kronhausen, traduit en français par P. Lehur sous le titre *Majorité sexuelle de la femme*, Buchet-Chastel, 1966, p. 7. Fort courte, cette contribution était néanmoins annoncée sur la couverture en lettres rouge vif : « Préface de Simone de Beauvoir ».

9. « Lettres reçues », 2 mai 1966, Ferney.

10. Anne Zelensky-Tristan, *Histoire de vivre. Mémoires d'une féministe*, Calmann-Lévy, 2005 ; Jacqueline Feldman, « De FMA au MLF : un témoignage sur les débuts du mouvement de libération des femmes », *Clio. Histoire, Femmes et Sociétés*, 2009/29, p. 193-203.

11. Sylvie Chaperon offre un excellent aperçu de tous ces changements. Voir *Les Années Beauvoir*, Fayard, 2000.

12. Cette correspondante affirme aussi que les étudiant·es sont mieux informé·es et plus avisé·es politiquement que la presse de gauche ne veut bien le laisser entendre. « Aucun des problèmes qui se posent à l'étudiant ne peuvent être séparés de ceux qui se posent au reste de la nation » (« Lettres reçues », 2 janvier 1963).

13. « Lettres reçues », 28 octobre 1961 ; 9 janvier 1960. Voir aussi l'intéressante série de lettres des 4, 9, 12 et 31 janvier, et du 16 février 1960. Une autre lectrice fait valoir que les femmes catholiques constituent une « puissante majorité de fait », dont l'anticléricalisme devait être développé de peur qu'elles ne deviennent le « poids mort pour tout progrès en France », ce qui impliquait de s'occuper du courant de la pensée catholique féminine qui refusait l'Église « monarchiste, totalitaire et phallique » (12 janvier 1960). Voir de même les lettres des 3 et 19 décembre 1961, ainsi que du 6 novembre 1964.

14. Marie Vogel, « Andrée Michel, sociologue sans frontières », *Travail, genre et sociétés*, 2009/2 (n° 22), p. 5-7. Sur les liens entre mouvements antiguerre et féministe, voir Michelle Zancarini-Fournel et Philippe Artières (dir.), *68. Une histoire collective (1962-1981)*, La Découverte, 2008, p. 18.

15. L'Assemblée nationale et le Sénat doivent normalement approuver la réforme constitutionnelle avant qu'elle ne soit soumise à référendum. Le gouvernement du général de Gaulle court-circuite ce prérequis. Pour un bon compte rendu de la réorganisation hâtive des institutions républicaines en 1962, voir Todd Shepard, *The Invention of Decolonization: The Algerian War and the Remaking of France*, Cornell University Press, 2008, p. 262-268.

16. Andrée Michel, « Les Françaises et la politique », *Les Temps modernes*, avril 1965/21 (n° 230), p. 61-91. Voir aussi Andrée Michel et Geneviève Texier, *La Condition de la Française d'aujourd'hui*, t. 1, Gonthier, 1964, p. 133-135.

17. Michel et Texier, *La Condition de la Française d'aujourd'hui*, t. 1, *op. cit.*, p. 67. Les déclarations féministes d'indépendance politique ne font pas bon ménage avec la gauche. Dans deux longs entretiens après la victoire de De Gaulle en novembre 1965, Francis Jeanson sollicite l'opinion de Beauvoir sur les femmes en politique. Beauvoir répond qu'elle se réjouit de soutenir le féminisme radical. Jeanson, sceptique, n'entend pas en rester là : « Je veux dire, est-ce qu'il ne vous semble pas qu'il y a parfois une espèce de confusion qui se produit entre le plan *personnel* – le plan de la vie concrète – et le plan de la *lutte*, en ce sens que certaines femmes se comportent, vis-à-vis de *l'homme* avec qui elles vivent, comme des adversaires ? » Beauvoir répond : « Je trouve absurde cette attitude de "challenge" (qui n'est même pas une vraie lutte, parce que toute lutte suppose un enjeu) [...]. C'est d'ailleurs très "femme américaine" et c'est extrêmement irritant » (Francis Jeanson, *Simone de Beauvoir ou l'Entreprise de vivre. Suivi de deux entretiens avec Simone de Beauvoir*, Seuil, 1966, p. 262-264. Jeanson avait repris les propos de Beauvoir sur l'« attitude de défi »

dans *La Force des choses*, t. 2, p. 674. Voir aussi Fraisse, *Le Privilège de Simone de Beauvoir*, *op. cit.*, p. 81.

18. Le décret 11063, notamment, publié par le président John Kennedy le 20 novembre 1962, interdit la discrimination raciale dans les logements détenus ou financés par le gouvernement fédéral. Michel et Texier, *La Condition de la Française d'aujourd'hui*, t. 1, *op. cit.*, p. 63-64.

19. Shepard, *The Invention of Decolonization*, *op. cit.*, p. 5.

20. Jean Foyer, cité par Camille Robcis dans *The Law of Kinship: Anthropology, Psychoanalysis, and the Family in France*, Cornell University Press, 2008, p. 162.

21. « Lettres reçues », 14 février 1958.

22. Pour différents points de vue sur la politique discursive de la décolonisation, comparer Shepard, *The Invention of Decolonization*, *op. cit.*, et Yoav Di-Capua, *No Exit: Arab Existentialism, Jean-Paul Sartre, and Decolonization*, University of Chicago Press, 2018.

23. « Lettres reçues », 22 août 1964 ; 25 novembre 1965, Saint-Étienne.

24. Edgar Morin, *L'Esprit du temps. Essai sur la culture de masse*, t. 1, Grasset, 1963, p. 13.

25. Sur la figure de critique culturel d'Henri Lefebvre, voir Kristin Ross, *Fast Cars, Clean Bodies: Decolonization and the Reordering of French Culture*, MIT Press, 1995.

26. *Tout compte fait*, p. 503.

27. Évelyne Sullerot, *La Presse féminine*, Armand Colin, 1963, p. 58 et 73-74.

28. « Lettres reçues », 1er février 1960, Londres.

29. Michel et Texier, *La Condition de la Française d'aujourd'hui*, t. 1, *op. cit.*, p. 33.

30. Betty Friedan, *The Feminine Mystique*, W. W. Norton & Co, 1963. En France, le titre paraît d'abord dans la traduction française

d'Yvette Roudy sous son titre original, *The Feminine Mystique* (1964), avant d'être réédité par Belfond sous le titre *La Femme mystifiée* (2019). On trouvera les passages cités aux pages 142, 81 et 478 de cette édition française [*NDT*].

31. Daniel Horowitz, *Betty Friedan and the Making of the "Feminine Mystique": The American Left, the Cold War, and Modern Feminism,* University of Massachusetts Press, 1998. Le parcours politique de Betty Friedan est en effet complexe : elle a été journaliste syndicaliste pour le Front populaire dans les années 1940 et a syndiqué des travailleuses domestiques au Smith College. Entre 1942 et 1952, elle a écrit pour deux journaux syndicaux radicaux, *Federated Press* et *United Electrical, Radio & Machine Workers.* L'exploitation des travailleuses est un sujet fréquent de son journalisme syndical.

32. Friedan, *La Femme mystifiée, op. cit.*, p. 345-347.

33. Ces trois titres ont été traduits en français sous les titres *La Foule solitaire. Anatomie de la société moderne,* Arthaud, 1964 (trad. anonyme) ; *L'Homme de l'organisation,* Librairie Plon, 1959 (trad. Yves Rivière) ; *La Persuasion clandestine,* Calmann-Lévy, 1958 (trad. Hélène Claireau) [*NDT*].

34. Daniel Horowitz, *Betty Friedan and the Making of the "Feminine Mystique", op. cit.*, p. 207, et en particulier p. 200-223. Voir aussi Stephanie Coontz, *A Strange Stirring: "The Feminine Mystique" and American Women at the Dawn of the 1960s,* Basic Books, 2010 ; Louis Menand, "Books and Bombs", *The New Yorker,* 24 janvier 2011, p. 76-79 ; Sandra Dijkstra, "Simone de Beauvoir and Betty Friedan: The Politics of Omission", *Feminist Studies,* été 1980/6 (n° 2), p. 290-303 ; Rupa Mitra, « Simone de Beauvoir et Betty Friedan : écho transatlantique », dans Christine Delphy et Sylvie Chaperon (dir.), *Cinquantenaire du Deuxième Sexe*, Syllepse, 2002, p. 440-446. Friedan s'est inspirée de beaucoup d'autres. De plus, comme Horowitz le fait remarquer, *La Femme mystifiée* n'est qu'un ouvrage américain parmi de nombreux autres dans la même veine, portant sur le malaise existentiel et la vie insatisfaisante des

femmes de la classe moyenne. Il lui faut se frayer un chemin à travers une foule de développements similaires.

35. Friedan, *La Femme mystifiée, op. cit.*, p. 14.

36. « Lettres reçues », 19 juin 1973 (en anglais). Voir aussi *Tout compte fait*, p. 502.

37. “Sex, Society and the Female Dilemma: A Dialogue between Simone de Beauvoir and Betty Friedan”, *Saturday Review*, 14 juin 1975, p. 13-20. Voir aussi l’article de Betty Friedan dans le même numéro, p. 16-17.

38. Archives de Ti-Grace Atkinson, 1938-2013, MC 785, Schlesinger Library, Radcliffe Institute, Harvard University, 35.12.

39. « Lettres reçues », 1er juin 1963, Rome.

40. Jean Fourastié, *Les Trente Glorieuses ou la Révolution invisible de 1946 à 1975*, Fayard, 1979.

41. « Lettres reçues », 19 mars 1963.

42. Aux États-Unis, Bantam Books achète les droits de l’édition de poche et publie *Le Deuxième Sexe* en 1965. Une lectrice américaine enthousiaste rapporte : « J’étais tellement contente quand le prix du livre a été réduit de 10 dollars à 99 cents que j’en ai envoyé des dizaines d’exemplaires à mes proches pour Noël » (« Lettres reçues », 15 février 1965, Boston, en anglais). L’édition du *Deuxième Sexe* en livre de poche est sortie en France trois ans plus tard.

43. « Lettres reçues », 24 mai 1962.

44. *Ibid.*, 16 novembre 1963.

45. *Ibid.*, 8 novembre 1960 ; 24 juin 1968 ; 27 juin 1961, Montréal.

46. *Ibid.*, 16 novembre 1963, Besançon ; 14 juillet 1960, Londres.

47. *Ibid.*, 17 juillet 1964. Voir aussi la lettre datée du 4 décembre 1963.

48. Monique Hincker, « Pour Simone de Beauvoir », *La Nouvelle Critique*, février 1965 (n° 163), p. 123-131.

49. « Lettres reçues », 8 janvier 1965.

50. *Ibid.*, 8 juillet 1964. Voir aussi les lettres datées du 11 novembre 1964 ; du 25 août 1966 ; du 19 novembre 1963.

51. *Ibid.*, 3 janvier 1960, Strasbourg. Voir aussi *La Force de l'âge*, p. 654, et la lettre datée du 13 septembre 1963.

52. *Ibid.*, 8 avril 1962, Le Vésinet ; 8 octobre 1963 ; 18 janvier 1961.

53. *Ibid.*, février 1961.

54. *Ibid.*, 9 janvier 1960.

55. *Ibid.*, 29 mars 1960, Montréal ; 2 avril 1967, Veyrier (pour les citations de Beauvoir : *Le Deuxième Sexe*, t. 2, p. 546).

56. *Ibid.*, 15 février 1965 (en anglais). Voir aussi la lettre datée du 29 mars 1960.

57. *Ibid.*, 16 novembre 1963, Besançon.

58. Beauvoir a décrit ce dilemme dans l'introduction du *Deuxième Sexe* : « Si je veux me définir je suis obligée d'abord de déclarer "Je suis une femme" ; cette vérité constitue le fond sur lequel s'enlèvera toute autre affirmation. » D'un côté, le qualificatif est agaçant, comme un rappel constant de son statut d'« Autre » ; d'un autre côté, impossible de se soustraire au fait d'être une femme. Sur ce problème, se reporter aux excellents débats de Linda Zerilli dans "Feminist Theory without Solace", *Theory & Event*, 2012/15 (n° 2) et "Politics", dans Lisa Disch et Mary Hawkesworth (éd.), *The Oxford Handbook of Feminist Theory*, Oxford University Press, 2016.

59. « Lettres reçues », 16 avril 1967, Zaandam.

60. *Ibid.*, 17 novembre 1963. Pour un excellent aperçu de la manière dont Beauvoir s'est réapproprié la tradition cartésienne, voir Nancy Bauer, *Simone de Beauvoir, Philosophy, and Feminism*, Columbia University Press, 2001.

61. *Ibid.*, 17 novembre 1963.

62. *Ibid.*, 21 janvier 1961.

63. Annie Ernaux, *La Femme gelée*, Gallimard, 1981, p. 93.

64. « Lettres reçues », 8 juillet 1964 ; 8 avril 1962 ; 15 août 1965 et 9 mars 1966, Belo Horizonte.

65. *Ibid.*, 12 juillet 1966, Oslo (en anglais).

66. *Ibid.*, 14 décembre 1963.

67. *Ibid.*, Paris ; 24 juin 1968. Voir aussi les lettres datées du 22 août 1967 ; du 2 mai 1967 ; du 16 juillet 1964 ; du 2 août 1966 ; du 3 mars 1964 ; du 22 novembre 1960.

68. « S'il y a bien une phénoménologie du fait d'habiter un sexe, le mouvement de balancier qui consiste à l'habiter et à en sortir ressemble plus à des tentatives de se hasarder à travers les représentations [des femmes] qu'à des retours à une condition sexuelle fondatrice » (Denise Riley, *"Am I That Name?": Feminism and the Category of "Women" in History*, Palgrave Macmillan, 1988, p. 97-98).

69. Jacqueline Feldman, « Une expérience de féminisme : vérité personnelle, vérités sociales, vérités sociologiques », 12e Congrès mondial de sociologie, Madrid, 1990, bibliothèque Marguerite-Durand, 13ROC MF570, p. 2.

7
Troubles dans le couple

1. « Lettres reçues », 15 décembre 1967, Vienne, contenant la référence à l'édition allemande du *Deuxième Sexe*, *Das andere Geschlecht*, dans la traduction de Fritz Montfort, Leipzig, Rowohlt Verlag, 1951.

2. « Le mariage a défini les modes d'action des deux sexes dans le monde et la relation de réciprocité qui existe entre eux. Il s'y est attelé peut-être plus vigoureusement que n'importe quelle autre institution ou force sociale. Mariée ou non mariées, chaque personne porte l'empreinte idéologique, éthique et pratique de l'institution maritale, à laquelle il est difficile, sinon impossible, d'échapper » (Nancy F. Cott,

Public Vows: A History of Marriage and the Nation, Harvard University Press, 2000, p. 3. Sur le pouvoir de l'amour conjugal comme « métaphore et source d'intégration sociale », voir la convaincante analyse de Judith Surkis, *Sexing the Citizen: Morality and Masculinity in France, 1870-1920*, Cornell University Press, 2006, introduction et p. 51-58.

3. Parmi ces critiques, il convient de mentionner en premier lieu Elizabeth Fallaize, "Resisting Romance: Simone de Beauvoir, 'The Woman Destroyed' and the Romance Script", dans Margaret Atack et Phil Powrie (éd.), *Contemporary French Fiction by Women: Feminist Perspectives*, Manchester University Press, 1990, p. 15-25 ; citons également le volume paru en hommage à Fallaize : Margaret Atack *et al.* (éd.), *Women, Genre and Circumstances: Essays in Memory of Elizabeth Fallaize*, Legenda, 2012.

4. Lauren Berlant, *The Female Complaint: The Unfinished Business of Sentimentality in American Culture*, Duke University Press, 2008, p. viii et x.

5. Voir Kristin Ross, *Fast Cars, Clean Bodies : Decolonization and the Reordering of French Culture*, MIT Press, 1995.

6. Colin Dyer, *Population and Society in Twentieth Century France*, Hodder & Stoughton, 1978, p. 135. Au cours des décennies d'après-guerre, la population française a connu une croissance plus rapide que durant toutes les périodes précédentes de l'histoire. La fécondité augmente. Les antibiotiques, des médicaments de meilleure qualité et mieux approvisionnés, ainsi que la législation favorisant les soins de santé permettent d'allonger l'espérance de vie ; la population, ainsi élargie, comprend un nombre important de sexagénaires. L'immigration compte pour au moins 35 % de la croissance démographique totale de la France (voir *ibid.*, p. 136-141) ; sur le renversement de ces tendances au milieu des années 1970, en particulier la procréation, voir également p. 187-190. Pour une analyse plus détaillée des différences entre ces évolutions selon les classes sociales, voir Jacques Dupâquier, *Histoire de la population française*, vol. 4, PUF, 1995, p. 302-309.

En 1935, l'âge moyen du mariage est de vingt-six ans pour les hommes et de vingt-trois ans pour les femmes ; en 1955, les moyennes sont respectivement de vingt-six et vingt-quatre ans ; en 1965, de vingt-cinq et vingt-trois ans (Dupâquier, *ibid.*, p. 528). Voir aussi Rebecca J. Pulju, "Finding a *Grand Amour* in Marriage in Postwar France", dans Kristin Celello et Hanan Kholoussy (éd.), *Domestic Tensions, National Anxieties: Global Perspectives on Marriage, Crisis, and Nation*, Oxford University Press, 2016.

7. Pulju, "Finding a *Grand Amour* in Marriage in Postwar France", *op. cit.* Voir aussi, de la même autrice, *Women and Mass Consumer Society*, Cambridge University Press, 2011, chap. 3.

8. Geneviève Gennari, *Simone de Beauvoir*, Éditions Universitaires, 1958, p. 107.

9. Morin, *L'Esprit du temps*, t. 1, *op. cit.*, chap. 12. Voir aussi Surkis, *Sexing the Citizen* pour une solide analyse féministe des observations du sociologue.

10. Évelyne Sullerot, « Mariage et famille », dans Georges Santoni (éd.), *Société et culture de la France contemporaine*, SUNY Press, 1981, p. 93.

11. Dagmar Herzog, *Sexuality in Europe: A Twentieth-Century History*, Cambridge University Press, p. 17-18.

12. *Ibid.*

13. Pulju, *Women and Mass Consumer Society in Postwar France*, *op. cit.*, p. 209.

14. « Lettres reçues », 9 janvier 1960 et 25 février 1965. Voir aussi Ross, *Fast Cars, Clean Bodies*, *op. cit.*, chap. 3.

15. Jean-Paul Sartre, *Lettres au Castor*, Gallimard, 1983 ; Simone de Beauvoir, *Lettres à Sartre*, Gallimard, 1990.

16. Citée dans le livre d'Ingrid Galster, *Beauvoir dans tous ses états*, Tallandier, 2007, p. 67. Galster résume efficacement la relation entre Sartre et Beauvoir (p. 65-67). Pour aller plus loin à ce sujet, voir

Marie-Jo Bonnet, *Simone de Beauvoir et les femmes*, Albin Michel, 2015, p. 48-92.

17. Toril Moi, *Simone de Beauvoir: The Making of an Intellectual Woman*, Oxford University Press, 2009, p. 248.

18. Bienenfeld laissera libre cours à sa colère dans *Mémoires d'une jeune fille dérangée*, texte publié sous le nom de Bianca Lamblin (Balland, 1993).

19. *Lettres à Nelson Algren*, lettre 282 (23 septembre 1960), p. 582 et la suivante (28 octobre 1960), p. 584.

20. On trouvera l'un des meilleurs comptes rendus dans l'article d'Anne McClintock, "Simone (Lucie Ernestine Marie Bertrand) de Beauvoir", dans George Stade (éd.), *European Writers: The Twentieth Century*, vol. 12, Charles Scribner's Sons, 1990 ; voir aussi Annabelle Martin Golay, *Beauvoir intime et politique. La fabrique des Mémoires*, Septentrion, 2013, p. 151-157.

Voir de même Galster, *Beauvoir dans tous ses états*, *op. cit.*, p. 65-67 ; Bonnet, *Simone de Beauvoir et les femmes*, *op. cit.*, p. 48-92 ; Louis Menand, "Stand By Your Man: The Strange Liaison of Sartre and Beauvoir", *The New Yorker*, 26 septembre 2005 ; Hazel Rowley, *Tête-à-Tête: Simone de Beauvoir and Jean-Paul Sartre*, Harper, 2005 ; Deirdre Bair, *Simone de Beauvoir: A Biography*, Summit, 1990, traduit en français par Marie-France de Paloméra, Fayard, 1991 ; Margaret A. Simons, "Lesbian Connections: Simone de Beauvoir and Feminism", *Signs*, automne 1992/18 (n° 1), p. 131-161 ; Lamblin, *Mémoires d'une jeune fille dérangée*, *op. cit.* Arlette Elkaïm, qui était juive et native d'Algérie, rencontre Sartre à dix-neuf ans alors qu'elle est étudiante en philosophie. Après une liaison qui semble avoir été de courte durée, Sartre l'adopte. Elle devient, à la mort de ce dernier, l'exécutrice testamentaire de sa succession (R. Hayman, *Sartre: A Life*, Simon & Schuster, 1987, p. 323). Voir aussi Annie Cohen-Solal, *Sartre. 1905-1980*, Gallimard, 1985, p. 452. Francis Jeanson défend le couple Sartre-Beauvoir dans son livre *Simone de Beauvoir ou l'Entreprise de vivre* (Seuil, 1966, p. 216).

21. « Lettres reçues », 31 juillet 1964. La réponse de Beauvoir appartient à des archives privées.

22. Sharon Marcus, *The Drama of Celebrity*, Princeton University Press, 2019, p. 151.

23. Citée dans Simone de Beauvoir, *Mémoires*, t. 1, Jean-Louis Jeannelle et Éliane Lecarme-Tabone (éd.), Gallimard, 2018, p. 1300.

24. John Weightman, "Beauvoir the Beaver", *The Observer Weekend Review*, 17 février 1963.

25. *La Force de l'âge*, p. 30-31, 74 et 85-89.

26. Voir *ibid.*, p. 191 et 277. Sur Olga, p. 189-192 ; sur le trio lui-même, p. 276-278 ; sur sa désintégration, p. 291-299 ; sur le quatuor ultérieur, p. 323-325. Beauvoir a reconnu que ce récit était incomplet, et s'est excusée auprès de celles et ceux qu'il avait blessé : « Une discrétion nécessaire a compromis l'exactitude du tableau peint dans *La Force de l'âge* » (*La Force des choses*, t. 1, p. 177). Voir aussi Simons, "Lesbian Connections", *op. cit.*, p. 188-196. Pour une critique incisive de Beauvoir à travers tous ces épisodes, voir Bonnet, *Simone de Beauvoir et les femmes*, *op. cit.*, p. 48-92. Le compte rendu le plus complet se trouve dans les notes qui accompagnent l'édition de Jean-Louis Jeannelle et Éliane Lecarme-Tabone (p. 1304-1309).

27. *La Force des choses*, t. 1, p. 176-177.

28. *Ibid.*, p. 176 ; *Tout compte fait*, p. 211.

29. "Brigitte Bardot and the Lolita Syndrome", *Esquire*, août 1959, p. 32-38 ; "The Chemistry of Love", *The Daily Express*, 11 août 1959, p. 8 ; BnF, NAF 28501, Beauvoir : coupures de presse.

30. Beauvoir a tenu à se distinguer de George Sand, dont elle rejetait le « masque vertueux » : « Avoir des amants, les tromper, leur mentir, pourquoi pas ? Mais il ne faut pas alors clamer son amour de la vérité, crier à la calomnie et se donner des airs de sainte. [...]

Ce que je lui pardonne le moins, c'est la falsification systématique de son langage intérieur qui transfigure toutes ses conduites en exemples édifiants » (*Tout compte fait*, p. 211-212). Beauvoir se défend en vain. Il lui est impossible d'éviter le modèle d'écrivaine, d'intellectuelle, de non-conformiste, d'experte en amour, en mariage et en relations qu'était George Sand.

31. Germaine Bree, "The Dutiful Daughter in the Corner-Seat: Review of *The Prime of Life*", *New York Times*, 3 juin 1962.

32. *La Force des choses*, t. 2, p. 263-264.

33. « Lettres reçues », 25 août 1966.

34. Cott, *Public Vows op. cit.* ; Susan Moller Okin, *Justice, Gender, and the Family*, Basic Books, 1989, p. 138 ; Nancy Fraser, "Feminism's Two Legacies: A Tale of Ambivalence", *The South Atlantic Quarterly*, octobre 2015/114 (n° 4), p. 710.

35. « Lettres reçues », 17 janvier 1966, Londres ; 1963, jour et mois non précisés ; 24 octobre 1964. Sur Beauvoir en tant qu'experte du couple et de l'amour, voir Monique Hincker, « Pour Simone de Beauvoir », *La Nouvelle Critique*, février 1965 (n° 163), p. 127-128.

36. « Lettres reçues », 1er décembre 1964 (en anglais).

37. *Ibid.*, 3 août 1966.

38. *Ibid.*, 1964, jour et mois non précisés ; 8 mai 1961 ; 1968, jour et mois non précisés, Aix-en-Provence.

39. *Ibid.*, 26 avril 1968, Rabat. Une autre correspondante confronte la « recherche de l'amour sentimental et sexuel, presque toujours suivi d'insuccès » qui se dégage des œuvres de Beauvoir à sa propre « conception de l'amour », vécu comme un « émerveillement » : « Parmi nous, toutes n'ont pas eu des vies conjugales unies ; certaines, le plus petit nombre, ont connu des amants, mais leurs aventures furent chaque fois vibrantes, auréolées d'imagination, de passion, jointes à la sensualité. Ces femmes ont donné l'impression d'un excès d'ardeur amoureuse et sexuelle, et non de recherches nouvelles dues à des inassouvissements.

Il me semble que le lot de la génération actuelle soit presque toujours une défaite en matière sentimentale et sexuelle » (14 mai 1962).

40. *Ibid.*, novembre 1960, jour non précisé, Le Raincy. Dans un entretien avec Alice Schwarzer en 1976, bien après la publication du dernier volume de ses Mémoires, Beauvoir reconnaît avoir eu des relations sexuelles avec des femmes. « Aujourd'hui, j'aimerais dire aux femmes comment j'ai vécu ma sexualité, parce ce n'est pas une question individuelle, mais politique. À l'époque je ne l'ai pas fait parce que je n'avais pas compris la dimension de l'importance de cette question, ni la nécessité de la franchise individuelle » (*Simone de Beauvoir aujourd'hui. Six entretiens*, Mercure de France, 1983, p. 89).

41. *Le Deuxième Sexe*, t. 2, p. 196 et 217.

42. *Ibid.*, p. 235 et 246.

43. Pulju, *Women and Mass Consumer Society in Postwar France*, *op. cit.*, p. 13.

44. *Le Deuxième Sexe*, t. 2, p. 228 et 262.

45. *Ibid.*, p. 267.

46. *Ibid.*, p. 563, 561 et 562.

47. *Ibid.*, p. 562-563.

48. « Lettres reçues », 24 mai 1962 (en anglais).

49. *Ibid.*, 6 et 15 décembre 1967 ; 6 avril 1967, Madrid.

50. *Ibid.*, 23 novembre 1960, Paris.

51. *Ibid.*, 4 mars 1967 (en anglais).

52. *Ibid.*, 2 juin 1961, Bogota.

53. *Ibid.*, 23 juillet 1961. Cette correspondante a découvert le Planning familial français et la docteure Marie-Andrée Lagroua Weill-Hallé dans le *Times* du 21 juillet 1961.

54. *Population* (Institut national d'études démographiques), 1966 (n° 2), cité dans Dyer, *Population and Society*, *op. cit.*

55. « Lettres reçues », 1962, jour et mois non précisés.

56. *Ibid.*, 27 janvier 1961, Lyon ; octobre 1968, jour non précisé, Californie. Beauvoir a répondu aux deux lettres.

57. *Ibid.*, 18 octobre 1961, Levallois-Perret. Voir aussi la lettre du 18 juin 1964 et celle d'octobre 1961, jour non précisé.

58. *Ibid.*, 19 juillet 1960 ; 10 juillet 1960.

59. *Ibid.*, 2 février 1961 ; 7 novembre 1963, Angers ; 18 juin 1964, Aixe-sur-Vienne ; 1973, jour et mois non précisés. Voir aussi les lettres datées du 16 avril 1966 (Londres) et du 23 novembre 1960.

60. *Ibid.*, 7 décembre 1963, Paris.

61. *Tout compte fait*, p. 175 et 177. Voir aussi Suzanne Dow, "Madness and (Self-)Deception in Simone de Beauvoir's 'La Femme rompue'", *Madness in Twentieth-Century French Women's Writing*, Peter Lan, 2009, p. 85-112.

62. *La Femme rompue*, p. 138-139 et 149.

63. Fallaize, "Resisting Romance", *op. cit.*, p. 15-25. Voir aussi l'excellente analyse de Fallaize concernant la fiction de Beauvoir : *The Novels of Simone de Beauvoir*, Croom Helm, 1998, p. 43-175.

64. François Nourissier, « *La Femme rompue*, récits de Simone de Beauvoir », *Les Nouvelles littéraires*, 1er février 1968 ; Bernard Pivot, « Simone de Beauvoir : une vraie femme de lettres (pour le courrier du cœur) », *Le Figaro littéraire*, 30 octobre 1967, cité dans Toril Moi, *Feminist Theory and Simone de Beauvoir*, Basil Blackwell, 1990, p. 88 ; Jacqueline Piatier, « Le démon du bien : "La femme rompue" », *Le Monde des livres*, 24 janvier 1968. À propos de la réception du texte, voir *Tout compte fait*, p. 175-179.

65. *Tout compte fait*, p. 177-178.

66. Dans l'analyse de Toril Moi, Beauvoir subvertit les codes de la littérature sentimentale en semant le doute quant à la véracité de la narratrice au fur et à mesure que l'histoire progresse. Beauvoir attend de ses lecteur·rices qu'ils et elles lisent entre les lignes comme on lirait

une étude de cas, c'est-à-dire en s'identifiant à elle en tant qu'observatrice avertie et en constatant la confusion et les incohérences de Monique, comme le ferait une analyste. Toril Moi insiste également sur le pouvoir en jeu dans cette dynamique autrice-lecteur·rices. « Il y a dans "La femme rompue" plus qu'une similitude superficielle entre la position de Beauvoir par rapport à son personnage, et celle de Freud vis-à-vis de Dora. Dans les deux cas, ce qui est en jeu dans la lutte narrative, c'est le droit de revendiquer son propre savoir comme vérité, avec pour corollaire le droit de proclamer la culpabilité de son adversaire vaincu. » Si Beauvoir échoue, c'est en grande partie à cause de l'intensité des sentiments qu'elle verse dans son personnage (Toril Moi, *What Is a Woman? and Other Essays*, Oxford University Press, 1999, p. 470-471 ; *Feminist Theory and Simone de Beauvoir*, Basil Blackwell, 1990, p. 61-93). Beauvoir est bien plus présente en Monique qu'elle n'a voulu le reconnaître. Si le journal ressemble à certaines des lettres qu'elles recevaient, il fait également écho au propre journal de l'autrice, en particulier à ses accès de désespoir face aux difficultés de l'écriture.

L'analyse d'Elizabeth Fallaize adopte un point de vue différent : Fallaize soutient que les intentions de Beauvoir, quelles qu'elles soient, se voient subverties par l'inscription du récit dans le genre de la littérature sentimentale qui, associée à sa publication dans *Elle*, invite le lecteur à s'identifier à Monique ("Resisting Romance", *op. cit.*, p. 15-25). Suzanne Dow apporte une troisième contribution : elle estime qu'en jouant des tours à son lectorat, l'autrice s'expose à être nécessairement déçue par leurs réactions. « Écrire, c'est toujours se rendre vulnérable à l'indétermination de la réception », écrit Dow ("Simone de Beauvoir's 'La Femme rompue': Reception and Deception", *The Modern Language Review*, juillet 2005/100 (n° 3), p. 632-644). Comme le souligne également Dow, Beauvoir a tenté de corriger le ton qu'elle avait employé dans le récit. Elle demande à Gallimard d'insérer un encart dans le livre dans lequel elle fait valoir son intérêt pour les individus qui n'ont pas réussi à prendre le contrôle de leur vie (*ibid.*, p. 644). Une correspondante recopie cet encart dans sa lettre. Beauvoir y écrit que sa solidarité avec les femmes qui « luttent pour réussir » ne l'empêche pas de s'intéresser à celles qui ne le peuvent pas, et à « cette part d'échec qu'il y a dans toute existence » (« Lettres reçues », 3 août 1969). Toril Moi et Suzanne Dow sont revenues sur ces questions dans le recueil d'essais, déjà cité, paru en hommage aux contributions de Fallaize à la critique littéraire : *Women, Genre and Circumstance: Essays in Memory of Elizabeth Fallaize.*

67. « Lettres reçues », 1968, jour et mois non précisés, Marseille ; 15 janvier 1968.

68. *Ibid.*, 20 avril 1961 ; 1968, jour et mois non précisés, Issy-les-Moulineaux ; 4 mai 1968. Voir aussi la lettre datée du 1er novembre 1967.

69. *La Force de l'âge*, p. 73.

70. « Lettres reçues », 20 novembre 1968.

71. *Ibid.*, 13 novembre 1967 ; 18 octobre 1967 ; 20 novembre 1968.

72. *Ibid.*, 2 décembre 1968 (une femme italienne qui vivait en Israël) ; 17 novembre 1967 ; 13 novembre 1967 et 18 octobre 1967.

73. *Ibid.*, 23 janvier 1968 ; 7 mars 1968 ; 29 janvier 1968, en réponse à la critique de Piatier parue dans *Le Monde des livres.*

74. *Ibid.*, 2 décembre 1968 ; 17 mars 1968, Maisons-Alfort.

75. *Ibid.*, 1961, jour et mois non précisés, Genève ; 16 décembre 1967 ; 27 janvier 1965.

76. *Ibid.*, 18 juin 1964.

77. *Ibid.*, 24 janvier 1968, Boulogne-sur-Seine.

78. Cette connaissance de longue date et son cercle amical voient en Beauvoir et Sartre l'« incarnation de leurs aspirations ». *Ibid.*, 7 septembre 1960. Voir aussi les lettres datées du 28 septembre 1960 ; de novembre 1967, jour non précisé, Sucy-en-Brie ; du 1er novembre 1967, et du 1er janvier 1968.

79. *Le Deuxième Sexe*, t. 2, p. 284.

80. Berlant, *The Female Complaint*, *op. cit.*, p. 233. Berlant soutient que le « public intime » se forme « à proximité du politique », ce qui lui permet de rester dégagé des valeurs et des relations du monde politique. Il n'est ni dans l'opposition intrinsèque, ni dans la fuite. *Ibid.*, préface, p. x, 3 et 10. Voir Victoria Hesford, *Feeling Women's Liberation*, Duke University Press, 2013 ; Annamarie Jagose, "Counterfeit Pleasures: Fake Orgasm and Queer Agency", *Textual Practice*, 2010/24 (n° 3), p. 533.

81. Surkis, *Sexing the Citizen*, *op. cit.* ; Cott, *Public Vows*, *op. cit.* ; Robcis, *The Law of Kinship*, *op. cit.*

82. *Le Deuxième Sexe*, t. 2, p. 284.

83. Relaté dans *Tout compte fait*, p. 493.

84. « Le mouvement féminin va se trouver stimulé, voire parfois déclenché, par l'onde de choc existentielle-culturelle, qui met en mouvement la soif de changer la vie dès maintenant, ainsi que par le militantisme gauchiste, qui lui injecte sa virulence agressive » (Morin, *L'Esprit du temps*, *op. cit.*, t. 2, p. 215).

85. Cité dans Robcis, *The Law of Kinship*, *op. cit.*, p. 162 ; voir p. 158-167 pour ces réformes.

86. Le mariage, même dans sa version remaniée et plus égalitaire, a été souvent « boudé » par les jeunes générations. Conseil économique et social, *Le Statut matrimonial : ses conséquences juridiques, fiscales et sociales*, 1984, *Journal officiel de la République française*, p. 6, cité dans Françoise Picq, *Libération des femmes. Les années-mouvement*, Seuil, 1993, p. 80. Voir aussi Évelyne Sullerot, *Pour le meilleur et sans le pire*, Fayard, 1984, p. 28-31.

87. Paul Ricœur, « Introduction », *Esprit*, hors-série sur la sexualité, novembre 1960, p. 1670.

8
Sexe et féminisme

1. L'Argentine a été soumise à une dictature militaire de 1966 à 1973. Ce régime est resté moins tristement célèbre que son successeur, qui a procédé aux disparitions massives de la « sale guerre » entre 1976 et 1983, mais il a été marqué par des mesures de répression à l'encontre des étudiant·es et des travailleur·ses, et par des campagnes de moralisation visant à freiner la politique contre-culturelle des jeunes générations.

2. Annie Ernaux, *Les Années*, Gallimard, 2008, p. 82.

3. Bibia Pavard a signé avec *Si je veux, quand je veux. Contraception et avortement dans la société française, 1956-1979* (PUR, 2012) la meilleure analyse qu'on puisse trouver sur ces questions. Plusieurs générations de chercheur·ses se sont penchées sur les dimensions internationales de 1968 : Arthur Marwick, *The Sixties: Cultural Revolution In Britain, France, Italy, and the United States*, Oxford University Press, 1998 ; Jeremi Suri, *Power and Protest: Global Revolution and the Rise of Detente*, Harvard University Press, 2005 ; Vladimir Tismaneanu (éd.), *Promises of 1968: Crisis, Illusion, and Utopia*, Central European University Press, 2011 (voir notamment la conclusion de Charles S. Maier). Des travaux plus récents, cependant, ont également mis la libération des femmes et des personnes homosexuelles au centre de la vie culturelle et politique : Timothy S. Brown, *West Germany in the Global Sixties: The Antiauthoritarian Revolt, 1962-1978*, Cambridge University Press, 2013 ; Tamara Chaplin et Jadwiga E. Pieper Mooney (éd.), *The Global 1960s: Convention, Contest, and Counterculture*, Routledge, 2017 ; ainsi que le travail de Tamara Chaplin sur la politique lesbienne : *Cabarets to Counterpublics: Female Same-Sex Intimacy and the French Public Sphere, 1930-2013*, University of Chicago Press, 2021.

4. « Lettres reçues », 9 janvier 1956.

5. *Le Deuxième Sexe*, t. 2, p. 326-327.

6. Voir le récit autobiographique particulièrement déchirant de Gisèle Halimi dans *La Cause des femmes* (Grasset, 1973). On a recours aux dilatations et aux curetages pour diagnostiquer des problèmes utérins, éliminer des fibromes ou retirer des parties du placenta après une fausse couche et aussi parfois après l'accouchement car, conservés, ces tissus peuvent produire d'abondants et dangereux saignements autant que des infections.

7. Voir Lisa Greenwald, *Daughters of 1968: Redefining French Feminism and the Women's Liberation Movement*, University of Nebraska Press, 2019, p. 196 ; Sarah Fishman, *From Vichy to the Sexual Revolution: Gender and Family Life in Postwar France*, Oxford University Press, 2017.

8. Jacques Derogy, *Des enfants malgré nous*, Éditions de Minuit, 1956 ; Greenwald, *Daughters of 1968*, *op. cit.*, p. 197-200.

9. Luc Boltanski, *La Condition fœtale. Une sociologie de l'avortement et de l'engendrement*, Gallimard, 2004, p. 32 et 218. Voir aussi p. 33 : « Parmi l'ensemble des pratiques rattachées au pôle féminin, l'avortement est sans doute l'une de celles qui sont les plus fortement mises à l'écart de l'espace public, accomplies dans l'ombre et uniquement entre femmes. »

10. Simone de Beauvoir, préface à Marie-Andrée Lagroua Weill-Hallé, *La Grand'Peur d'aimer*, Gonthier, 1960, p. 8, 11 et 15.

11. Simone de Beauvoir, « Pour Djamila Boupacha », dans le *Monde* du 2 juin 1960.

12. *Le Deuxième Sexe*, t. 2, p. 298.

13. « Lettres reçues », 11 juin 1960.

14. *La Force des choses*, t. 2, p. 297-298. D'autres féministes qui gravitent autour du Planning partagent cette image d'une Lagroua Weill-Hallé quelque peu lunaire (entretien de l'autrice avec la docteure Cécile Goldet).

15. Lagroua Weill-Hallé, *La Grand'Peur d'aimer*, *op. cit.* Les publications traitant du sujet mettent l'accent sur le fait que beaucoup de femmes qui demandent un avortement ont déjà plusieurs enfants (« Rapport de Madame Dourlin Grollier au Premier Congrès international de prophylaxie criminelle [Paris, 27-30 septembre 1959] », cité dans Marcelle Auclair, *Le Livre noir de l'avortement*, Fayard, 1962, p. 13).

16. Lagroua Weill-Hallé, *La Grand'Peur d'aimer*, *op. cit.*, p. 31-35.

17. Kristen Stromberg Childers, *Seeking Imperialism's Embrace: National Identity, Decolonization, and Assimilation in the French Caribbean*, Oxford University Press, 2016, p. 156-157 ; Felix Germain, "Jezebels and Victims: Antillean Women in Postwar France, 1946-1974", *French Historical Studies*, été 2010/33 (n° 3), p. 475-495.

18. Sur ce tournant dans l'opinion publique, voir Sylvie Chaperon, « La radicalisation des mouvements féminins français de 1960 à 1970 », *Vingtième Siècle. Revue d'histoire*, 1995/4 (n° 48), p. 61-74 ; Michelle Zancarini-Fournel et Philippe Artières (dir.), *68 : une histoire collective, 1962-1981*, La Découverte, 2008, et enfin Martine Sevegrand, *Les Enfants du Bon Dieu. Les catholiques français et la procréation au XXe siècle*, Albin Michel, 1995, p. 230-233.

19. La loi ne prévoit pas d'éducation sexuelle ni de formation des médecins à la prescription de la pilule ; les pharmacien·nes doivent garder trace des patientes qui l'achètent, et le consentement parental est requis pour les mineures. Les sociétés pharmaceutiques ne peuvent pas obtenir l'autorisation de les commercialiser. Beaucoup, du reste, préfèrent éviter d'être associées à la contraception. Le scandale du thalidomide est encore frais dans les esprits, et il est difficile de dissocier ces craintes de l'opposition à la contraception. « À l'automne 1970 [soit trois ans après l'adoption de la loi Neuwirth], aucun contraceptif oral ou DIU n'est encore autorisé à la vente » (Sophie Chauveau, « Les espoirs déçus de la loi Neuwirth », *Clio. Histoire, Femmes et Sociétés*, 2003/18, p. 228). En 1972, Lucien Neuwirth, le législateur à l'origine de la loi, accuse l'administration de la saboter délibérément.

20. La vie iconoclaste de Reich (1897-1957) a inspiré de nombreuses radicales et radicaux, mais son histoire n'est pas des plus heureuses. Radical juif d'origine autrichienne, Reich s'était vu expulser du parti socialiste autrichien et du parti communiste allemand. Il avait étudié avec Freud, mais connu quelques démêlés avec les autres disciples freudiens. Après avoir circulé entre l'Autriche, l'Allemagne, la Grande-Bretagne, le Danemark, la Suède et la Norvège, il s'était exilé aux États-Unis. Ses expériences révolutionnaires avec les « accumulateurs d'orgone » thérapeutiques, destinés à capter les énergies biologiques, lui valent d'être inculpé pour fraude scientifique. Refusant de se présenter à son audience, il est emprisonné pour outrage à la cour et meurt au bout d'un an, en 1957.

Sur Reich, voir Brown, *West Germany in the Global Sixties*, *op. cit.*, p. 307-309 ; Dagmar Herzog, *Sex after Fascism: Memory and Morality in Twentieth-Century Germany*, Princeton University Press, 2005, p. 156-162 ; Juliet Mitchell, *Psychoanalysis and Feminism: A Radical Reassessment of Freudian Psychoanalysis*, Pantheon, 1974, p. 137-226. Le livre de Reich *Die Sexualität im Kulturkampf* (1936) a été traduit en français en 1968 sous le titre *La Révolution sexuelle*, et *Der Sexuelle Kampf der Jugend* (1932) en 1972 sous le titre *La Lutte sexuelle des jeunes*, dans la collection de livres de poche Maspero, très appréciée des étudiant·es. Voir aussi Daniel Guérin, *Essai sur la révolution sexuelle. Après Reich et Kinsey*, Belfond, 1969.

21. Cité dans le livre de Ludivine Bantigny, *1968 : de grands soirs en petits matins*, qui offre l'une des meilleures études récentes sur Mai 68 (Seuil, 2018, p. 217-218).

22. Cathy Bernheim, *Perturbation, ma sœur. Naissance d'un mouvement de femmes*, Seuil, 1983, p. 82-83.

23. Les situationnistes s'inspirent de la critique de la vie quotidienne d'Henri Lefebvre et de son appel à reprendre possession de l'humanité de l'espace urbain et capitaliste. Avec leurs slogans, tels que « Prenez vos désirs pour des réalités », la poésie fait irruption dans les rues en 1968.

24. « De la misère en milieu étudiant », 1968. Voir Bantigny, *1968 : de grands soirs en petits matins*, *op. cit.*, p. 203.

25. « La grande peur des hommes », *Le torchon brûle*, 1972 (n° 3), cité dans l'excellent livre de Françoise Picq, *Libération des femmes. Les années-mouvement*, Seuil, 1993, p. 62.

26. Pavard, *Si je veux, quand je veux*, *op. cit.*, p. 135.

27. Edgar Morin, *L'Esprit du temps. Essai sur la culture de masse*, t. 2, Grasset, 1962, p. 219 et 217.

28. *Le Nouvel Observateur*, 5 avril 1971 (n° 334), cité dans Cathy Bernheim, Liliane Kandel, Françoise Picq et Nadja Ringart (éd.), *Mouvement de libération des Femmes. Textes premiers*, Stock, 2009, p. 179.

29. Wittig devient l'une des figures de proue du MLF encore naissant. Elle comptera bientôt parmi les théoriciennes les plus influentes de la nécessité de déconstruire la différence sexuelle binaire. Son texte « One Is Not Born a Woman », présenté pour la première fois lors d'une conférence sur Simone de Beauvoir en 1979, s'impose comme une déclaration d'indépendance lesbienne vis-à-vis du féminisme et comme un appel à repenser en profondeur les prémices du mouvement (« On ne naît pas femme » dans *La Pensée straight*, Balland, 2001, p. 51-65). *Le Corps lesbien* (Éditions de Minuit, 1973) a développé ces arguments, montrant comment les codes et les plaisirs érotiques du corps, étant écrits, pouvaient être réécrits. Voir Judith Butler, "Variations on Sex and Gender: Beauvoir, Wittig, and Foucault", *Praxis International*, janvier 1986/5 (n° 4), p. 505-516.

30. Jacqueline Feldman, « De FMA au MLF : un témoignage sur les débuts du mouvement de libération des femmes », *Clio. Histoire, Femmes et Sociétés*, 2009/1 (n° 29), p. 193-203 et 202. La rencontre a lieu au printemps de l'année 1970. À l'époque, Feldman est encore au FMA (à l'origine « Féminin, Masculin, Avenir », rebaptisé plus tard en « Féminisme, Marxisme, Action »). Voir aussi le récit d'Anne Zelensky, *Histoire de vivre. Mémoires d'une féministe*, Calmann-Lévy, 2005, p. 48 et 197.

31. L'idée d'un manifeste public est venue des journalistes progressistes du *Nouvel Observateur*, qui avaient le sens des médias et des coups de projecteur politiques (Pavard, *Si je veux, quand je veux*, *op. cit.*, p. 139-141). Voir « Matière pour une réflexion politique sur l'avortement », *Partisans*, « Libération des femmes : année zéro », 1970 (nº 54-55). Les articles en français ont été publiés séparément par Maspero, certains abrégés, dans la « Petite Collection Maspero » (1972, nº 106).

32. Voir le reportage de Guy Sitbon, « Avortement : La France hors la loi », *Le Nouvel Observateur*, 20 novembre 1972.

33. Christiane Rochefort, « L'idiot Liberté », *Le torchon brûle* dans Bernheim *et al.*, *MLF. Textes premiers*, *op. cit.*, p. 171-172 ; « Boulot, Omo, Marmots, y'en a marre ! Contraception pour toutes et tous ; avortement libre et gratuit » (*ibid.*, p. 99-101). Voir aussi Greenwald, *Daughters of 1968*, *op. cit.*, p. 120-123 pour un développement sur la presse.

34. « Lettres reçues », 1971-1972, jour et mois non précisés, Paris ; 10 mars 1972 ; 23 novembre 1972 ; 30 septembre 1972. Beauvoir ne reçoit que quelques lettres d'opposant·es à l'avortement. Voir aussi les lettres datées du 5 mai 1971 et du 30 juin 1972.

35. *Ibid.*, 24 février 1972.

36. *Ibid.*, 3 mai 1971. La somme de 3 000 francs en 1972 équivaut environ à 3 350 euros en 2022. (source : Insee).

37. Tony Judt, *Postwar: A History of Europe since 1945*, Penguin, 2005, p. 489. Ces chiffres proviennent des études menées par l'Institut national d'études démographiques (Ined). Chantal Blayo, « L'enregistrement des avortements en Angleterre, au Pays de Galles et au Danemark », *Population*, 1974/29 (nº 2), p. 333.

38. « Lettres reçues », 4 novembre 1972. Nancy K. Miller raconte dans *Breathless: An American Girl in Paris* la quasi-obligation qui pèse sur les rapports sexuels occasionnels, la terreur de la grossesse, le voyage de Paris à Londres pour obtenir un diaphragme, les injections d'hormones auprès d'un médecin pour provoquer ses règles, etc. (Seal Press, 2013, p. 46).

39. Les dossiers de Menie Grégoire sont conservés aux archives départementales d'Indre-et-Loire : Archives contemporaines, Tours, France, fonds Menie Grégoire, 1948-2005, FR AD37, ser. J 66, cartons 35-63, « Lettres passées à l'antenne » ; cartons 176-282, Lettres classées par thème, esp 228 : « avortements ». Sur l'évolution de l'opinion, voir Sevegrand, *Les Enfants du Bon Dieu*, *op. cit.*, p. 183-185. Le recoupement de ces publics respectifs est mentionné dans la lettre adressée à Beauvoir le 13 février 1970, et dans une autre envoyée de Paris en 1972 (jour et mois non précisés).

40. Fonds Grégoire, J 66, 228, 30 novembre 1971, Rochefort, Charente-Maritime.

41. *Ibid.*, 8 mai 1971, Créteil. Voir aussi 6 mai 1971, Seine-et-Marne.

42. *Ibid.*, 16 juin 1971, Saône-et-Loire.

43. « Lettres reçues », 19 janvier 1972, Saint-Cloud.

44. Fonds Grégoire, J 66, 228, 10 février 1970.

45. « Lettres reçues », 21 décembre 1973, L'Haÿ-les-Roses.

46. Fonds Grégoire, J 66, 228, 5 juillet 1971, Rémilly.

47. Pavard, *Si je veux, quand je veux*, *op. cit.*, p. 145. Voir *Le Livre blanc de l'avortement* publié par les Cahiers du Club du Nouvel Observateur, 1971 (n° 2), p. 89-185. Certaines lettres sont signées ; beaucoup proviennent de médecins.

48. La protestation se prolonge contre une table ronde publique diffusée depuis la salle Pleyel sur le thème « L'homosexualité, ce douloureux problème » en mars 1971 (Michael Sibalis, "Gay Liberation Comes to France: The Front Homosexuel d'Action Révolutionnaire (FHAR)", *French History and Civilization*, 2005/1, p. 265-276).

49. *Tout !*, avril 1971 (n° 12), cité dans Sébastien Chauvin, « Les aventures d'une "alliance objective". Quelques moments de la relation entre mouvements homosexuels et mouvements féministes au XXe siècle », *L'Homme et la Société*, 2005 (n° 158), p. 117 ; Todd

Shepard, *Sex, France, and Arab Men: 1962-1979*, University of Chicago Press, 2017.

50. Frédéric Martel, *Le Rose et le Noir. Les homosexuels en France depuis 1968*, Seuil, 2000, p. 58. Sur les relations entre le Mouvement de libération des femmes et le FHAR dans les années 1971-1972, voir Chauvin, « Les aventures d'une "alliance objective" », p. 111-130 ; Julian Jackson, *Living in Arcadia: Homosexuality, Politics, and Morality in France from the Liberation to AIDS*, University of Chicago Press, 2009. Pour une interprétation moins réjouissante, voir Marie-Jo Bonnet, "Gay Mimesis and Misogyny: Two Aspects of the Same Refusal of the Other?", dans Jeffrey Merrick et Michael Sibalis (éd.), *Homosexuality in French History and Culture*, Harrington Park Press, 2001, p. 265-280.

51. « Les pédés et la révolution », *Tout !*, avril 1971 (n° 12), cité dans Chauvin, « Les aventures d'une "alliance objective" », p. 117.

52. Bernheim, *Perturbation, ma sœur*, *op. cit.*, p. 87. Voir aussi son entretien « Les féministes sont-elles des femmes ? » dans *Le Nouvel Observateur* du 4 juillet 2012.

53. Zelensky-Tristan, *Histoire de vivre*, *op. cit.*, p. 58 ; Françoise d'Eaubonne, « Le FHAR, origines et illustrations », *Revue h*, 1996 (n° 2), p. 24.

54. « Le mythe de la frigidité féminine », *Partisans*, « Libération des femmes : année zéro », 1970 (n° 54-55), p. 61 ; Rochefort est citée dans Picq, *Libération des femmes. Les années-mouvement*, *op. cit.*, p. 34-35.

55. « Lettres reçues », 17 février 1972.

56. *Tout compte fait*, p. 626-627.

57. Gérard Zwang est un urologue, chirurgien et sexologue clinicien français. Il est l'auteur de deux livres, *Le Sexe de la femme* et *Atlas du sexe de la femme*, tous deux parus en 1967. Beauvoir cite Zwang dans *Tout compte fait*, p. 627.

58. « Lettres reçues », 1er août 1973, Luxembourg.

59. Anne Koedt, "The Myth of the Vaginal Orgasm", 1968, republié dans *Partisans*, « Libération des femmes : année zéro », 1970 (n° 54-55), p. 54-60. Voir aussi Jane Gerhard, "Revisiting 'The Myth of the Vaginal Orgasm': The Female Orgasm in American Sexual Thought and Second Wave Feminism", *Feminist Studies*, été 2000/26 (n° 2), p. 449-476.

60. « Lettres reçues », 24 octobre 1972.

61. Marie-Jo Bonnet, *Simone de Beauvoir et les femmes*, Albin Michel, 2015, p. 158-162 ; Margaret A. Simons, "Lesbian Connections: Simone de Beauvoir and Feminism", *Signs*, automne 1992/18 (n° 1), p. 136-161 ; Ursula Tidd, « *Le Deuxième Sexe*, la conscience noire et la conscience lesbienne », dans Christine Delphy et Sylvie Chaperon (éd.), *Cinquantenaire du Deuxième Sexe*, Syllepse, 2002, p. 72-80. L'analyse minutieuse de Michael Lucey sur le « cas complexe de sexualité dissociée » de Beauvoir – tel qu'on pouvait analyser par exemple *L'Invitée* – rend mieux compte de ce que les épistolier·es ont clairement perçu et analysé comme de l'amitié homosexuelle (*Someone*: *The Pragmatics of Misfit Sexualities, from Colette to Hervé Guibert*, University of Chicago Press, 2019, p. 108-138).

62. « Lettres reçues », 21 novembre 1956 (voir aussi la lettre datée du 1er janvier 1957) ; 21 novembre et 3 avril 1956 ; 11 septembre 1962, Cornwall (en anglais). Sur l'histoire de Christine Jorgensen, qui fait la une des journaux internationaux en 1952, voir Joanne Meyerowitz, *How Sex Changed: A History of Transsexuality in the United States*, Harvard University Press, 1980.

63. *Le Deuxième Sexe*, t. 2, p. 186.

64. « Lettres reçues », 6 août 1963, Paris ; 1968, jour et mois non précisés.

65. *Le Deuxième Sexe*, t. 2, p. 173.

66. Lucey, *Someone*, *op. cit.*, p. 136.

67. *Ibid.*, voir le chapitre 6, consacré à Violette Leduc.

68. « Lettres reçues », 2 février 1965 ; 28 décembre 1965 ; 19 avril 1968.

69. *Ibid.*, 9 novembre 1972 (voir aussi la lettre datée du 9 août 1972) ; 24 octobre 1972 ; 1972, jour et mois non précisés.

70. *Ibid.*, 11 décembre 1972. Voir aussi la lettre datée du 27 août 1968.

71. *Ibid.*, 1968, jour et mois non précisés, Le Bouscat.

72. *Ibid.*, 11 février 1973 (la lettre fait partie d'une série datée des 3, 5, 7 et 25 janvier ; des 6, 8 et 11 février, ainsi que du 15 décembre 1973).

73. *Ibid.*, 26 mai 1968, Paris.

74. *Ibid.*, 18 octobre 1971, Nice.

75. Pour le témoignage de Marie-Claire Chevalier, voir *Avortement, une loi en procès. L'affaire de Bobigny*, Gallimard, 1973, p. 39-46.

76. Le corps médical lance une enquête auprès de ses membres. Les résultats révèlent des dissensions au sein de la profession. Il existe cependant un solide consensus en faveur de la libéralisation de la loi, et très peu de médecins sont prêt·es à condamner les femmes qui avortent, encore moins à permettre au gouvernement de les poursuivre (Catherine Valenti, *Bobigny. Le procès de l'avortement*, Larousse, 2010, p. 90-91).

77. Pour une analyse précise du mouvement et de la position de Beauvoir, voir Sylvie Chaperon, "The MLF and the Bobigny Affair", dans Margaret A. Simons et Marybeth Timmerman (éd.), *Simone de Beauvoir: Feminist Writings*, University of Illinois Press, 2015, p. 181-189. Lors du second procès, Halimi défend Michèle Chevalier et ses amies Renée Sausset et Lucette Duboucheix. Micheline Bambuck, l'avorteuse, fait le choix de ne pas être défendue par Choisir (*Avortement, une loi en procès*, *op. cit.*, p. 39).

78. Halimi, *La Cause des femmes*, *op. cit.*, p. 53 ; Valenti, *Bobigny. Le procès de l'avortement*, *op. cit.*, p. 93 ; Zelensky-Tristan, *Histoire de vivre*, *op. cit.*, p. 61.

79. Voir le témoignage de Bambuck dans *Avortement, une loi en procès*, *op. cit.*, p. 35-39.

80. *Ibid.*, p. 87 et 121.

81. « Lettres reçues », 18 novembre 1972.

82. *Ibid.*, 6 mars 1972, suivie de la lettre datée du 11 mars 1972.

83. Sur les tensions autour des stratégies de Gisèle Halimi, voir *La Cause des femmes*, *op. cit.*, p. 46-47 et 50-57 ; Sylvie Chaperon, "The MLF and the Bobigny Affair", *op. cit.*, p. 188.

84. Valenti, *Bobigny. Le procès de l'avortement*, *op. cit.*, p. 95-98 ; Halimi, *La Cause des femmes*, *op. cit.*, p. 55.

85. « Lettres reçues », 5 et 11 novembre 1972. Dans les rangs des conservateur·rices, on est particulièrement choqué·e de ces témoignages de femmes qui n'affichent pas la contenance grave et traumatisée requise par les circonstances. *Ibid.*, 29 décembre 1972. Sur les positions de Choisir, voir *Le torchon brûle*, 1972 (n° 5).

86. « Lettres reçues », 11 décembre 1972. Je remercie la fille de Jacqueline Manicom, Gaëlle Letourneur, pour son aimable autorisation.

87. Discours de 1972 à la Maison de la Mutualité, cité dans Patrick Siry, « Bobigny : entre l'absurde et la honte », *Le Nouvel Observateur*, 27 novembre-3 décembre 1972. Jacqueline Manicom (1935-1976) est alors en train d'écrire son ouvrage semi-autobiographique, *Mon examen de blanc* (Éditions de Sarrazin, 1972). Elle compile également les études de cas de ses propres patientes et collègues de couleur dans *La Graine : journal d'une sage-femme* (France Loisirs, 1974). Son témoignage à Bobigny figure dans *Avortement, une loi en procès*, *op. cit.*, p. 89-90.

88. *Tout compte fait*, p. 506-507.

89. « Simone de Beauvoir : la femme révoltée », *Le Nouvel Observateur*, 14 février 1972, p. 47-53.

90. *Le Nouvel Observateur* vient de publier un important entretien de Guy Hocquenghem par François Paul-Boncour, « La révolution des homosexuels » (10 janvier 1972, p. 32-35).

91. « Lettres reçues », 14 février 1972 ; 19 janvier et 19 avril de la même année.

92. *Ibid.*, février 1972, jour non précisé, 22 février 1972, 24 février 1972 et 9 mars 1972. Beauvoir répond à ces critiques – voir « Débat : réponse à quelques femmes et à un homme » dans *Le Nouvel Observateur* du 6 mars 1972. Elle n'en reçoit que plus de lettres. Voir les réponses en date des 5, 8, 9 et 15 mars 1972.

93. Sylvie Chaperon, "The MLF and the Bobigny Affair: Introduction", dans Simons et Timmerman (éd.), *Simone de Beauvoir: Feminist Writings*, *op. cit.*, p. 183.

94. *Tout compte fait*, p. 497.

95. Joan Wallach Scott, *The Fantasy of Feminist History*, Duke University Press, 2011, p. 19 et 30-31.

96. Picq, *Libération des femmes. Les années-mouvement*, *op. cit.*, p. 14 ; Claire Duchen, *Feminism in France: From May '68 to Mitterrand*, Routledge, 2013, p. 19-21 ; Nelcya Delanoë, « Quelques réflexions », *Partisans*, « Libération des femmes : année zéro », 1970 (n° 54-55), p. 101-104.

97. Zelensky, *Histoire de vivre*, *op. cit.*, p. 36-37.

98. « Lettres reçues », 1968, jour et mois non précisés, Marseille.

99. Rochefort, « La politique, c'est la vie même », *Le torchon brûle*, citée dans *MLF. Textes premiers*, *op. cit.*, p. 125-126.

100. Voir Margaretta Jolly, *In Love and Struggle: Letters in Contemporary Feminism*, Columbia University Press, 2010, p. 13.

101. Dagmar Herzog, *Sexuality in Europe: A Twentieth-Century History*, Cambridge University Press, 2012, p. 5 ; Camille Robcis, "Catholics, the 'Theory of Gender', and the Turn to the Human in France: A New Dreyfus Affair?", *Journal of Modern History*, décembre 2015/87 (n° 4), p. 892-899 ; "Liberté, Égalité, Hétérosexualité: Race and Reproduction in the French Gay Marriage Debates", *Constellations*, septembre 2015/22 (n° 3), p. 447-461.

Conclusion

1. Shulamith Firestone à Laya Firestone Seghi, 1er juillet 1968. Merci à Susan Faludi.

2. *Tout compte fait*, p. 576-582.

3. *Les Temps modernes*, 4 juillet 1967, numéro dirigé par Claude Lanzmann. Voir *Tout compte fait*, p. 548, et Yoav Di-Capua, *No Exit: Arab Existentialism, Jean-Paul Sartre, and Decolonization*, Columbia University Press, 2017.

En 1966, Beauvoir fait une brève et maladroite incursion dans le débat sur l'Holocauste en rédigeant la préface de *Treblinka. La révolte d'un camp d'extermination*, de Jean-François Steiner (Fayard, 1966). Les critiques sont outré·es par l'approche de Steiner, qui traite froidement de l'absence de résistance dans les camps et avance que les *Sonderkommandos*, avant de se révolter, ont été complices du génocide. Beauvoir, fidèle à elle-même, salue le choix de Steiner de s'emparer de faits honteux, ce qu'elle voit comme une étape à franchir pour accéder à une forme accrue de résistance. Elle n'a pas grand-chose à dire concernant le caractère spécifique de l'antisémitisme et de la Shoah. Ce n'est pas pour autant qu'elle correspond au portrait de la sartrienne désemparée que l'on trouve dans le livre de Samuel Moyn sur la controverse de Treblinka, *A Holocaust Controversy: The Treblinka Affair in Postwar France* (Brandeis University Press, 2005). La préface a suscité quelques lettres. Voir « Lettres reçues », 24 avril 1966 ; 1971, jour et mois non précisés, Le Havre. De nombreux·ses épistolier·es souhaitent aborder avec Beauvoir le sujet de la déportation et des camps, mais le font la plupart du temps en évoquant leurs propres souvenirs ou des histoires familiales.

4. Deirdre Bair, *Simone de Beauvoir*, traduit de l'anglais par Marie-France de Paloméra, Fayard, 1991, p. 477.

5. « Lettres reçues », 1970, jour et mois non précisés, et 19 janvier 1970.

6. Susan Faludi, "Death of a Revolutionary", *The New Yorker*, 15 avril 2013. Pour une version agréablement détaillée du rôle de Beauvoir en tant qu'icône pour une nouvelle génération de féministes, voir le livre de Geneviève Fraisse déjà cité au cours des chapitres, *Le Privilège de Simone de Beauvoir*, Actes Sud, 2008, p. 55-57, ainsi que ses écrits dans *Les Révoltes logiques* (Solin, 1975-1981), une revue qu'elle avait créée avec Jacques Rancière. Le manifeste de Shulamith Firestone a été traduit en français sous le titre *La Dialectique du sexe* (trad. Sylvia Gleadow, Stock, 1972) [*NDT*].

7. Voir Elaine Marks et Isabelle de Courtivron (éd.), *New French Feminisms: An Anthology*, University of Massachusetts Press, 1980 ; Catherine Rodgers, "Contemporary French Feminism and *Le Deuxième Sexe*", *Simone de Beauvoir Studies*, 1996 (n° 13), p. 78-88. L'analyse élogieuse de Beauvoir par Michèle Le Dœuff, fort différente, a suscité moins d'écho aux États-Unis, mais Le Dœuff s'est imposée comme une figure majeure du féminisme français. Voir son article « De l'existentialisme au *Deuxième Sexe* » dans *Le Magazine littéraire*, février 1979 (n° 145), p. 18-21 et *L'Étude et le Rouet. Des femmes, de la philosophie, etc.*, Seuil, 1989. Du côté américain, Judith Butler a relu Beauvoir pour renverser la distinction entre sexe et genre, et Toril Moi l'a elle-même relue comme une alternative à Butler et à la pensée poststructuraliste sur le sexe et le genre. Voir Judith Butler, "Sex and Gender in Simone de Beauvoir's *Second Sex*", *Yale French Studies*, "Simone de Beauvoir: Witness to a Century", 1986 (n° 72), p. 35-49 ; *Gender Trouble: Feminism and the Subversion of Identity*, Routledge, 1990 (traduit en français par Cynthia Kraus sous le titre *Trouble dans le genre. Pour un féminisme de la subversion*, La Découverte, 2005) ; *Bodies That Matter: On the Discursive Limits of "Sex"*, Routledge, 1993 (traduit en français par Charlotte Nordmann sous le titre *Ces corps qui comptent. De la matérialité et des limites discursives du « sexe »*, Éditions Amsterdam, 2009). Pour Toril Moi, voir *What Is a Woman? and Other Essays*, Oxford University Press, 1999. Voir aussi Nancy Bauer, *Simone de Beauvoir, Philosophy, and*

Feminism, Columbia University Press, 2001. Concernant les âpres disputes sectaires au sein du mouvement féministe français, voir Lisa Greenwald, *Daughters of 1968. Redefining French Feminism and the Women's Liberation Movement*, University of Nebraska Press, 2019, chap. 6.

8. Sur *La Vieillesse*, voir *Tout compte fait*, p. 183-187. Deux rapports de l'Inspection générale des affaires sociales sont publiés au même moment, en 1969 : « Les problèmes sociaux des personnes âgées : rapport annuel (1966-1969) » et, de Marie-Madeleine Dienesch, la « Consultation sur les problèmes d'action sociale en faveur des personnes âgées » (IGAS). Voir aussi Christophe Capuano, *Que faire de nos vieux : Une histoire de la protection sociale de 1880 à nos jours*, Presses de Sciences Po, 2018. L'édition en anglais de *La Vieillesse* est recensée dans le *New York Times Magazine* du 26 mars 1972 et par Rebecca West dans le *Sunday Telegraph* de mars 1972 ("Books of the Week: Meet France's Mrs. Gummidge").

9. « Lettres reçues », 1965, jour et mois non précisés.

10. *Ibid.*, 19 mai 1970 ; 6 janvier 1970 ; 14 août 1970 (une femme juive de Woodmere) ; 12 novembre 1970 ; 6 février1970 ; 19 août 1970. Voir aussi, pour la même année, les lettres datées du 30 novembre ; du 23 mars ; du 25 janvier ; du 20 avril.

11. *Ibid.*, 25 juin 1970 ; 17 janvier 1970, Tours ; 29 janvier 1970 ; 17 janvier 1970 ; 12 juin 1970 ; 16 janvier 1970 ; 26 janvier 1970. Voir aussi les lettres datées du 8 janvier et du 20 octobre de la même année.

12. *Ibid.*, 19 mars 1970.

13. *Ibid.*, 27 mai 1970.

14. *Ibid.*, 1970, jour et mois non précisés.

15. *Ibid.*, 11 mai 1970, Genève.

16. Monique Wittig, « La pensée straight », *Questions féministes*, février 1980 (n° 7), p. 45-53 ; Frédéric Martel, *Le Rose et le Noir. Les homosexuels en France depuis 1968*, Seuil, 2008 ; Greenwald, *Daughters of 1968*, *op. cit.*, p. 201-205.

17. Simone de Beauvoir, « Littérature et métaphysique », *Les Temps modernes*, avril 1946/1 (n° 7), p. 1153-1163, réimprimé dans *L'Existentialisme et la Sagesse des nations*, Gallimard, 2008, p. 71-84 ; Toril Moi, "The Adventure of Reading: Literature and Philosophy, Cavell and Beauvoir", *Literature and Theology*, juin 2011/25 (n° 2), p. 133.

18. Simone de Beauvoir *et al.*, *Que peut la littérature ?*, L'Herne, 1965, p. 82-83.

19. Pendant qu'elle travaille à la rédaction du *Deuxième Sexe*, Simone de Beauvoir écrit à Nelson Algren : « Quand je regarde les femmes autour de moi, je constate qu'elles vivent des problèmes spécifiques et qu'il vaudrait la peine de les analyser dans leur particularité » (*Lettres à Nelson Algren*, p. 141).

20. Marie-Jo Bonnet, *Simone de Beauvoir et les femmes*, Albin Michel, 2015, p. 17. Concernant le débat sur l'empathie de Simone de Beauvoir, voir Manon Garcia, *On ne naît pas soumise, on le devient*, Flammarion, coll. « Climats », 2018 : « Beauvoir ne juge pas des femmes réelles qui se mentent à elles-mêmes ; elle juge sévèrement le comportement des femmes qui est prescrit par la structuration par les hommes de la destinée des femmes » (chap. 5, p. 136).

21. Voir les critiques de Dominique Aury et Jane Albert-Hesse à l'époque de la parution dans *Le Deuxième Sexe de Simone de Beauvoir. Textes réunis et présentés par Ingrid Galster*, Presses de l'université Paris-Sorbonne, 2004, p. 203-206 et 266-271.

22. « Lettres reçues », 9 février 1972 (en anglais).

23. « Lettres reçues », 2 février 1972.

24. Merci à Indrani Chatterjee pour le terme *followership* (dans le texte original [*NDT*]).

25. « Lettres reçues », 9 mars 1966, Belo Horizonte ; août 1970, jour non précisé, Mexico.

26. Daniel Fabre (dir.), *Écritures ordinaires*, P.O.L, 1993, p. 63. Comme moi, Fabre utilise librement le terme de Pierre Nora.

27. Kathryn T. Gines, “Simone de Beauvoir and the Race/Gender Analogy in *The Second Sex* Revisited” ; Shannon Sullivan, “Race after Beauvoir” ; Diane Perpich, “Beauvoir's Legacy to the Quartiers: The Changing Face of French Feminism”, tous trois dans Laura Hengehold et Nancy Bauer (éd.), *A Companion to Simone de Beauvoir*, John Wiley & Sons, 2017, p. 47-58, 449-462 et 489-499.

28. « Lettres reçues », 16 novembre 1963, Besançon.

29. Voir la discussion particulièrement enrichissante de Margaretta Jolly sur les dynamiques affectives du « monde féministe de l'amour et du rituel » dans *In Love and Struggle: Letters in Contemporary Feminism*, Columbia University Press, 2009, p. 13.

30. Rappelons les propos d'Amélie Nothomb dans *Une forme de vie* (2010) : « Et soudain, l'autre est là, devant la porte. Dessaoulé d'un coup, on ne sait comment lui dire qu'on ne l'y a pas invité. Les autres ont tant de façons de débarquer chez vous et de s'imposer. » Les lecteur·rices de Beauvoir ont débarqué dans son œuvre et s'y sont installé·es. Les lettres de ces archives composent un grand roman à part entière.

Archives

Archives départementales d'Indre-et-Loire : Archives contemporaines, Tours.
Fonds Menie Grégoire, 1948-2005, FR AD37.

Bibliothèque Marguerite-Durand, Paris.
Dossiers : Avortement ; contraception ; MLF ; *Le torchon brûle* ; féminisme.

Bibliothèque nationale de France, Paris.
Simone de Beauvoir, 1908-1986, « Lettres reçues », sous-unité « Lettres reçues de lectrices et lecteurs », département des Manuscrits, fonds NAF 28501.

Archives d'histoire contemporaine, Paris.
Archives Beuve-Méry, BM 140, sous-dossier « Beauvoir/Boupacha ».
Archives Robert Gauthier, RGl, affaires de sévices, 1957-1962, sous-dossier « Djamila Boupacha ».

Harry Ransom Center, University of Texas, Austin.

Alfred A. Knopf, Inc., Records: Series III, Blanche W. Knopf, 1918-1966, boîte 689, dossiers 12-13, « Simone de Beauvoir ».

Séries VII, “Other Department Files”, 1916-1996, Bulk 1943-1968.
Sous-séries A, “Publicity Dept.”, 1916-1996, Bulk 1943-1968.
Sous-séries 1, “Publicity Files”, 1916-1967, Bulk 1943-1958, boîte 1 177, dossiers 21-22 ; boîte 1 300, classeur 7.

Schlesinger Library, Radcliffe Institute for Advanced Study, Cambridge, Massachusetts.
Archives de Betty Friedan, 1933-1985, MC 575-577.
Archives de Ti-Grace Atkinson, 1938-2013, MC 785.

Remerciements

Si j'ai découvert avec enthousiasme la correspondance des lecteur·rices de Simone de Beauvoir, ce livre s'est avéré plus difficile à écrire que je ne l'avais imaginé. Je tiens à remercier les collègues, les ami·es et les institutions qui m'ont aidée pendant toutes ces années. Je souhaite exprimer ma gratitude au Radcliffe Institute for Advanced Study, tout spécialement à la regrettée et bien-aimée Judith Vishniac, qui a mis ce projet sur les rails. Ellen Fitzpatrick, Helen et Dan Horowitz, Susan Faludi et Russ Rymer, mes collègues au Radcliffe Institute, m'ont encouragée à poursuivre cette aventure. Je remercie Alan Tully et Jacqueline Jones du département d'histoire de l'université du Texas, à Austin, ainsi que l'Institute for Historical Studies lui-même. Et tout particulièrement Nancy F. Cott pour son soutien, ses conseils avisés, sa présence chaleureuse et son amitié depuis tant d'années.

Tout au long de ce projet, critiques, suggestions ou idées formulées au moment opportun se sont révélées précieuses. Que soient remercié·es ici mes nombreux·ses collègues et ami·es, notamment Darcy Vebber et Andy Romanoff ; Hervé Picherit, Evan Carton et Alex Wettlaufer ; Leora Auslander et Thomas Holt ; Ben Brower, Tamara Chaplin, Herrick Chapman, Indrani Chatterjee, Yoav Di-Capua, Carolyn Eastman, Sabine Hake, Alice Kaplan, Seth Koven, Sheryl Kroen, Emma Kuby, Lisa Leff, Philippa Levine,

Sharon Marcus, Tracie Matysik, le regretté John Merriman, Mark Meyers, Mark Micale, Joan Neuberger, Samantha Pinto, Mary Louise Roberts, Marine Rouch, Sandrine Sanos, Joan Scott, Todd Shepard, Daniel Sherman, Jim Sidbury et Judith Surkis. J'ai eu la chance d'avoir des étudiant·es doué·es, devenu·es aujourd'hui des collègues. Leur assistance a été inestimable pour les recherches, les références à retrouver dans les archives, les illustrations, les problèmes informatiques ou les concepts ardus. Merci donc à Katie Anania, Matthew Bunn, Elizabeth Garver, Sarah Le Pichon, Mary Katherine Matalon, Michael Schmidt, Evan Spritzer, et surtout Amy Vidor.

Ce fut un plaisir de travailler avec Emily Andrew, Jennifer Savran Kelly et toute l'équipe de Cornell University Press. Pour l'édition française de ce texte et sa traduction, merci à Lorraine Selle-Delavaud, éditrice exigeante et passionnée, qui a porté ce texte du début à la fin avec un dévouement exceptionnel, à Marine Vaslin, traductrice en or, ainsi qu'à Sandrine Sanos, mon amie prodigieuse, pour sa brillante relecture. Mille mercis également à Manon Garcia pour sa préface ; j'aime à penser ce livre comme une petite sœur de son travail.

Aujourd'hui, on a pris l'habitude de photographier des centaines de documents dans les archives et de rentrer ensuite chez soi les étudier. Or, les lettres qui constituent la trame de ce livre ne peuvent être reproduites sous quelque forme que ce soit. C'est pourquoi j'ai passé de nombreux étés studieux à Paris. Ce fut un plaisir. Je suis très reconnaissante aux conservateur·rices du département des manuscrits de la Bibliothèque nationale de France, Mauricette Berne, Anne Verdure-Mary et Guillaume Delaunay, pour leur assistance dans l'étude de ces archives en cours de catalogage. Je tiens à remercier Sylvie Le Bon de Beauvoir, qui a encouragé les chercheur·ses à se plonger dans ces lettres et m'a si généreusement permis de les citer.

Merci à mes ami·es français·es et à leurs familles pour le temps que nous avons passé ensemble. Au fil de ces années, leurs contributions ont été précieuses : une amitié sans faille, des repas de fête, des informations historiques, des pistes de recherche. La regrettée docteure Cécile Goldet m'a permis de découvrir ce qu'était la vie d'une gynécologue-obstétricienne dans les années 1950 et 1960, avec notamment l'ouverture des premières cliniques et l'importation clandestine de méthodes contraceptives en France. Toute ma reconnaissance également à Philippe Oyhamburu pour sa généreuse contribution. Catherine Fermand, Jean-Philippe et Julia Pfertzel, Martine Méjean et Pierre Goldet, Kattalin et Jean-Michel Gabriel, Joel Dyon et Lydia Zerbib – merci à chacun·e d'entre vous, pour tout.

William Forbath a lu chaque chapitre de ce livre, certains d'entre eux plusieurs fois. La perspicacité dont il fait preuve dans bien des domaines n'a d'égal que sa patience, son enthousiasme pour les idées des autres et sa sagesse au quotidien. Ce livre n'aurait pas été le même sans lui, et la même chose vaut pour ma vie. Zoey et Aaron Forbath peuvent en témoigner, qui méritent également ces remerciements. Merci à Haley Perkins, à Tom Langer et, plus récemment, à Henry et Charlotte Langer – vous apportez tant de joie dans la famille.

Je dédie ce livre à la mémoire de mes parents, Ned et Vi Coffin, à celles de ma tante Margot Coffin Lindsay et de mon oncle William Coffin, lecteur·rices passionné·es et écrivain·es talentueux·ses. Ils et elles ont aimé les premières pages de ce livre à l'époque.

Table des matières

Pour en savoir plus
sur les Éditions Plon
(catalogue, auteurs, vidéos, actualités...),
vous pouvez consulter
www.plon.fr
www.lisez.com

et nous suivre sur les réseaux sociaux

Editions Plon

@EditionsPlon

@editionsplon

Pour plus d'information :

Achevé d'imprimer en juillet 2023
par Normandie Roto Impression s.a.s.
61250 Lonrai
N° d'impression : 2303386

Imprimé en France